AWAKENING THE CHURCH

WTM KOREA

AWAKENING THE CHURCH
BY JOHN MULINDE, MARK DANIEL

Copyright ⓒ 2010 John Mulinde & Mark Daniel

Korean translation Copyright ⓒ 2014 by LIFE LINK
6F 108, Gunja-ro, Gwangjin-gu, Seoul, Korea

The Korean edition is published by arrangement with John Mulinde.
All rights reserved.

이 책의 한국어판 저작권은 저자와의 독점계약으로 '라이프링크(LIFE LINK)'가 소유합니다.
저작권법에 의해 한국에서 보호받는 저작물이므로 무단전재와 무단복제를 금합니다.

교회여 깨어나라
MISSION : OPEN HEAVENS - MODULE 1 - Awakening the Church

초판발행 | 2014년 4월 7일

지 은 이 | 존 물린디, 마크 다니엘
옮 긴 이 | 피기영

펴 낸 이 | 피기영
편   집 | 디자인칼라
북디자인 | 디자인칼라
인 쇄 소 | 예원프린팅

펴 낸 곳 | 도서출판 LIFE LINK
등록번호 | 2014년 3월 6일 제2014-21호
주   소 | 서울특별시 광진구 군자로 108(군자동) 군자빌딩 6층
도서문의 | (02)-6337-7182 / 010-2017-7182
팩   스 | (02)-6337-7182

이 메 일 | pikeeyoung@hanmail.net
출 판 사 홈페이지 | http://www.cafe.daum.net/LIFELINK
WTM KOREA 홈페이지 | http://www.wtmkorea.org

Printed in Korea
ISBN   979-11-952532-0-3   03230

정가 18,000원

이 도서의 국립중앙도서관 출판시도서목록(CIP)은 서지정보유통지원시스템 홈페이지
(http://www.nl.go.kr/kolisnet)에서 이용하실 수 있습니다. (CIP제어번호:CIP2014009741)

MISSION : OPEN HEAVENS
- MODULE 1 -

(사명 : 열린 하늘 - 모듈 1)

AWAKENING THE CHURCH

교회여 깨어나라

존 물린디 · 마크 다니엘 지음 | 피기영 옮김

WTM KOREA

서 문 preface

이 교재는 저희 사역의 열매를 검토하는 여정 가운데 나오게 되었습니다. 월드 트럼펫 미션(World Trumpet Mission)은 전 세계의 도시와 나라들에서 20년이 넘게 사역을 해왔습니다. 그러나 우리가 갈망했던 장기간의 변화는 보이지 않았습니다. 저희는 "나팔을 불어서" 교회가 깨어나도록 외쳐왔으며, 저희가 가는 곳마다 교회와 사람들이 영향을 받거나, 회복되는 것을 보았습니다. 그러나 하나님께서는 저희 가슴속에 더 큰 무엇인가를 볼 것에 대해 말씀하셨습니다. 하나님께서는 군대가 일어나고, 열방을 변혁시키는 방식 안에서 하나님께서 운행하시는 것에 대한 비전을 허락하셨습니다. 하나님께서는 저희의 심령 속에 하나님의 손길의 강력한 움직임을 보도록 하셨습니다. 저희는 이 일들이 다 일어나기를 소망했습니다. 그래서 하나님께서만 가져다주실 수 있는 열매를 추구하기 시작했습니다.

우리의 사역에 대한 영향과 열매를 평가했을 때, 저희는 수년 동안 많은 도시들과 열방에 엄청난 영향을 가져온 것을 부정할 수 없다는 것을 발견하게 되었습니다. 그리고 나라들 가운데 심지어 몇 개의 나라에서는 변화를 가져왔습니다. 그러나 변화의 상태를 유지하는 것은 어려웠습니다. 몇 년이 지난 후, 많은 경우에 사역의 열매는 예전의 방식으로 퇴보했습니다. 주님께서는 저희에게 "많은 열매를 맺고, 열매가 남아있어야 하는 것을" 요구하셨습니다. 저희는 변화의 필요에 대해서 심각하게 여쭈어야 하는 상황에 직면하게 되었습니다.

우리가 개인적으로 또는 사역자로서 눈으로 분명히 볼 수 있고 측정할 수 있는 방식들 안에서 주님을 위해 더 많은 열매를 맺도록 무엇을 해야 할지 찾는 것을 질문하기 시작했을 때, 그리고 우리의 열매들이 남는 것을 보기 위해, 성령님께서는 몇 가지에 대해서 저희를 격려하기 시작하셨습니다. 이 말씀 구절이 저희가 찾던 토대가 되었습니다.

요한복음 6장 28절 "그들이 묻되 우리가 어떻게 하여야 하나님의 일을 하오리이까?"

이 말씀 안으로 들어가 기도를 할 때, 성령님께서는 우리의 부르심을 성취하고, 주님을 위해 많은 열매를 맺을 수 있는 중요한 몇 가지 일을 저희에게 나타내셨습니다. 첫 번째는 모든 교회의 활동들과 우리가 하는 선한 행위들이 하나님께서 우리에게 요구하시는 과업의 필연적인 것이 아니라는 것이었습니다. 사역은 더 이상도, 더 이하도 아닌! 하나님의 마음의 소원을 성취하는 것이라고 배웠습니다. 또한 하나님의 과업들의 진행 과정을 이해하면서, 하나님의 의도들이 무엇인지, 그리고 정확하게 하나님께서 특별한 상황 속에서 무엇을 성취하시기 원하시는지 볼 수 있는 것을 배웠습니다. 하나님께서 가지고 계시는 사명과 큰 비전을 우리에게 드러내시는 것은 매우 중요한 것입니다. 하나님의 일을 홀로 찾는 것으로는 충분하지 않습니다. 저희가 하나님의 의도들과 사명을 이해하게 될 때, 하나님의 과업에 저희가 하나님께서 일하실 수 있도록 하나님의 목표들과 요구되는 목적들을 볼 수 있게 됩니다. 그것 또한 우리가 열매 맺음을 평가할 수 있게 해 줍니다. 만약 우리가 하나님의 목표들과 목적들을 대면 할 수 있다면, 우리는 하나님의 마음의 소원을 성취할 수 있는 사역을 할 수 있을 것입니다. 만약 우리가 이 목표들을 만나지 못한다면, 하나님께서 우리에게 부여하신 명령을 우리가 회복하도록 하나님께 간구하고 울부짖어야 하는 것을 알게 됩니다.

하나님의 은혜로, 왜 우리의 사역이 오랫동안 지속되는 열매를 맺을 수 없었는지 알기 시작했습니다. 하나님의 마음의 소원을 성취할 수 없는 그 영역들을 깨닫기 시작했습니다. 그리고 우리가 창조되고, 하나님의 마음의 소원을 성취할 우리의 운명을 완수하기 원했기 때문에, 이 교재에서 여러분과 함께 나누기 위해 우리가 노력한 이러한 이해를 가지게 된 것이 엄청난 것이었습니다.

이것은 쉬운 과정이 아닙니다. 이전에 여러분들이 행한 대부분의 공부들보다 더 많은 것을 요구하고 더 많이 치열할 것입니다. 이 공부의 각 과들은 - 모두 오디오 메시지가 있으며, 읽고, 기도하는 시간이 될 것입니다. 모든 연습문제들과 깊이 생각해 보는 시간이 있을 것입니다. - 여러분이 세워지고, 돌파할 수 있는 수준으로 작용할 것이며, 오랜 동안 열매를 맺도록 도울 것입니다.

우리는 2달 동안 하나님의 사명, 열방의 상태, 교회의 상태, 교회가 직면한 도전들 그리고 하나님의 사명을 우리의 시대에 완수하기 위해서 행해야 할 하나님의 부르심 안으로 깊이 들어가 경작하는 시간을 보낼 것입니다. 이 공부를 하면서, 여러분 스스로 이 경작이 열매를 맺는 것이라고 지속적으로 격려하고, 여러분이 더 깊게 들어가도록 돕고, 성령 안에서 머무는 장소로 이끌고, 우리의 심령이 하나님의 나라를 앞당기도록 사용할 수 있는 우리의 심령 안으로 이끌고, 하나님의 과업을 성취할 수 있도록 사용할 수 있는 그릇들을 준비하실 것입니다. 이 교과 과정이 우리를 붙잡고, 우리가 일어서서, 하나님의 군대의 한 부분으로써 진정으로 열방의 변화를 가져오기 시작할, 그리고 앞으로 나아갈 준비를 하도록 더 깊이 우리 안에서 역사하시기 시작하도록 기도하시기 바랍니다. **"우리가 어떻게 하여야 하나님의 일을 하오리이까?"** 라는 질문의 답을 찾기 시작함으로써 주님께서 우리의 마음과 생각을 열도록 기도하시기 바랍니다.

존 물린디
캄팔라, 우간다
2010년 10월

이 교재를 어떻게 사용할 것인가
How to Use This Study

이 교재는 집중과정을 위해서 만들어졌습니다. 교재의 목적은 우리가 믿음 안에 견고히 세워지도록 하는 것이며 또한 공부를 통해 다음 단계로 돌파해 나가도록 돕는 것입니다. 각 과정을 공부할 때 여러분에게 많은 과제를 수행하도록 할 것입니다. 과정을 시작할 때 많은 과제가 부여된다는 의미는 여러분에게 많은 시간이 요구된다는 것을 뜻합니다. 이 성경공부에서 여러분이 말씀 듣기, 읽기, 기도 시간에 더욱 많이 참여할수록, 은혜가 더 커질 것이고, 말씀이 내면 속에 더욱 깊이 자리 잡을 수 있을 것입니다.

이 교재는 어떻게 구성되어 있습니까?
(How is the Study Arranged?)

- 이 워크북 교재는 7주 과정으로 되어 있습니다. 매주마다 4과를 공부해야 합니다. 매주 과정은 5일 동안 진행이 되며, 오디오 공부와 4과의 교재를 이수해야 하는 것을 포함하고 있습니다. 학생들은 소그룹 안에서 공부해야 합니다. 그러면서 일주일에 한 번은 성령님께서 어떻게 일하셨는지 나누는 시간을 가져야 됩니다. 성경공부 과정을 통해 소그룹이 시간을 함께 보낼 때 각 구성원을 서로 격려하고 용기를 주는 시간이 있어야 합니다.

- 각 주의 공부를 시작하기 전에 오디오 과정을 하나 들어야 합니다. 매주 시작하는 장에서 이 오디오 과정이 박스로 소개되어 있는 것을 찾을 수 있습니다. 각 과와 연관된 메시지를 들음으로 매주가 시작되고, 각 주의 교과과정을 위한 준비를 하면서 여러분의 마음에 메시지가 들어와 심령을 경작하도록 할 것입니다.

- 이 주간 또는 매일의 기도 제목들은 공부의 중심적이며, 필수적인 부분입니다. 매 주의 교과 과정을 이수 하면서 기도 시간에 여러 제목들을 가지고 매일 기도하게 될 것입니다. 이 공부는 여러분이 돌파가 시작되는 것을 보도록 주님 앞에서 기도 가운데 머물 때에만 바른 방향으로 인도해줄 것입니다.

- 이 교과과정은 공부와 연습문제, 깊이 생각하는 시간, 기도의 시간, 매일의 교과 과정에 반응하도록 다양하게 구성되어 있습니다. 공부를 통해서 가장 큰 유익을 얻도록 최선을 다하시기 바랍니다.

혼자 공부할 수 있습니까? 혹은 소그룹으로 하는 것이 필수적입니까?
(Can I Do This Study Alone or Is It Necessary to be in a Group?)

이 교재를 그룹 안에서 공부할 때 홀로 하는 것보다 – 교제라는 관점에서, 기도 동역 그리고 주의 깊게 주제들을 토론함에 있어서 – 훨씬 큰 유익이 있습니다. 그렇지만 각 과정은 개인적으로 공부할 수 있도록 꾸며졌습니다. 주의해야 할 것은 하나님께서 무엇을 가르치셨고, 성령께서 어떻게 일하셨는지에 대한 요소들을 토론하기 위해 일주일에 한 번은 이 교재를 통해 각자 공부하신 분들이 소그룹으로 함께 모여야 한다는 것입니다.

우리가 이 공부를 통해서 얻으려고 하는 토대는 영적 전쟁에 들어가는 것입니다. 만약 여러분 주변에 사람들이 없다면, 홀로 이 영적 전쟁을 견디기 어려울 것이며, 또한 여러분이 추구하는 온전한 상태를 얻기도 어려울 것입니다. 여러분이 다른 사람들과 함께 걸어가기 위해서는 반드시 도움과 격려가 필요한 것입니다.

얼마나 많은 시간이 요구됩니까?
(How Much Time Does the Study Require?)

우리는 매주 공부를 하는데 8-10시간이 할애 될 것으로 예측합니다. 매주 시작하기 전에 오디오를 통해 1-2시간 말씀을 듣게 될 것입니다. 그리고 과정을 이수하면서 기도를 포함해서 각 과를 소화하는데 1-2시간 정도 시간이 소요될 것입니다. 매일의 과정을 끝내기 위해서 필요한 시간을 드리기로 지금 마음으로 헌신하시기 바랍니다. 이 공부를 감당하려는 단호한 결심을 하지 않는다면 삶 가운데 교재를 제쳐놓게 되거나 나중에는 각과를 따라갈 수도 없게 될 것입니다.

필요한 것은 무엇입니까?
(What Will I Need?)

공부와 기도, 그룹의 사람들을 만나는 것과는 별도로, 성경을 읽고, 말씀을 적어오는 시간이 요구될 뿐만 아니라 인내하려는 노력이 필요합니다.

기도 제목들은 어떤 것입니까?
(What Are Prayer Targets?)

매일의 교과과정은 "기도 제목들"을 포함합니다. 이것은 여러분이 기도 안에서 올바른 방향을 찾도록 도움을 주기 위한 것입니다. 성령님께서는 우리가 무슨 기도를 하는지 우리보다 더 잘 아시는 분이십니다. 그러나 우리가 어떤 것에 기도의 목표를 둘 때, 우리가 "기도의 제목들"로 기도할 때, 항상 소망하는 더 많은 결과들을 보게 될 것입니다.

기도의 제목들은 여러분의 일들을 내려놓게 할 것입니다. 우리는 싸워야 하는 영적인 자리가 있습니다. 우리가 들어가려고 추구하는 영적인 실체가 있습니다. 우리가 영적인 영역에서의 지경을 얻기 시작하면, 우리는 물리적인 영역에 영향을 미치기 시작할 것입니다. 그러므로 기도의 제목들은 필수적입니다. 왜냐하면 여러분에게 권세를 주고, 통찰력과 물리적 세계에 영향을 끼칠 수 있는 이해를 가져다주는, 영적인 영역에서의 지경을 얻도록 갈망하게 될 것이기 때문입니다. 이 책의 대부분의 메시지들이 여러분이 주님 앞에 걸어가고자 하는 마음과 하나님께서 여러분의 삶에서 영향을 끼쳐주신 영적 지경을 얻고자 하는 마음을 불러일으킬 것입니다.

"기도의 자리로 들어가는 것"은 무엇을 의미합니까?
(What Does It Mean to "Pray Into" a Position?)

하나님께서 더욱 우리를 이끌고 들어가시려는 어떤 곳이 있다는 것을 나타내실 때, 우리는 반드시 기도의 자리로 들어가야 하는 것입니다. 우리는 하나님께서 높은 곳, 깊은 곳, 새로운 곳 그리고 아직 가보지 못한 곳으로 부르신 것을 압니다. 왜냐하면 이전에는 우리가 가보지 못했기 때문입니다(수3:4). 우리는 모든 길에서 성령님을 따라가야 합니다. 새로운 지경을 얻기 위해 구할 때, 우리는 반드시 하나님께서 말씀하신 것을 붙들어야 합니다. 우리는 하나님이 누구시고, 하나님께서 어떻게 행하셨는지 붙잡아야만 합니다. 하나님께서 행하신 모든 일에 얼마나 하나님께서 신실하신지를 선포해야 합니다. 우리는 하나님께서 행하시겠다고 말씀하신 것을 깨달아 믿음 안으로 들어가 기도해야 합니다.

우리가 기도의 자리로 들어갈 때 주님께서는 하나님께서 여러분이 행하시기 원하는 새로운 일을 말씀하실 수 있습니다. (예를 들어, 어떤 것을 포기하고, 어떤 명령에 순종하고, 특별한 상황 속에서 여러분 자신을 겸손하게 하는 것). 게다가, 성령께서 여러분에게 말씀하셨던 방식 안에서 걸어가도록 확증하고, 이미 말씀하신 것들이 기억나게 하실 것입니다.

이 공부를 마치는 여러분을 축복합니다.
(Bless You as You Complete This Study)

주님께서 이 공부를 이끌어 가시기를 원합니다. 그리고 이 시대에 하나님의 목적들을 성취하기 위해 여러분을 사용하시도록 하나님이 요구하시는 것들이 여러분의 심령 안에 깊이 새겨 지기를 소망합니다. "우리가 어떻게 하여야 하나님의 일을 하오리이까?" 여러분이 이 질문을 배우기 시작할 때 하나님께서 여러분을 지키시고, 힘주시기를 소망합니다.

CONTENTS

MISSION : OPEN HEAVENS
- MODULE 1 -
(사명 : 열린 하늘 - 모듈 1)

서문 4

WEEK 1. 깨어나라 A Wake-Up / 12

LESSON 1: 이 세상의 상태와 교회의 대응 The State of the World and the Response of the Church / 14
LESSON 2: 하늘은 열려있는가 아니면 닫혀있는가? Are the Heaven Open or Closed? / 21
LESSON 3: 왜 깨어있어야 하는가? 때가 차매 Why Awaken? Time is Growing late / 27
LESSON 4: 깨어남과 일어남, 하나님의 군대 Awaken and Rise up, Army of God / 32

WEEK 2. 하나님께서 요구하신 일을 우리가 어떻게 할 것인가?
How Do We do the Work God Requires? / 38

LESSON 1: 하나님의 뜻을 성취 하는 것 Fulfilling the will of God / 40
LESSON 2: 하나님 마음의 소원이 드러나도록 하나님께 간구하는 것 Asking God to Reveal His Heart's Desires / 46
LESSON 3: 예수님은 어떻게 하나님이 원하시는 것을 행하셨습니까? How Did Jesus Do the Work That God Required? / 50
LESSON 4: 단지 선한 일로서가 아니라, 어떻게 사역을 할 수 있을까? How Do We Do Ministry and Not Just Good Works? / 55

WEEK 3. 하나님은 일하신다. God Is At Work / 60

LESSON 1: 하나님의 마음을 아는 것 Knowing the Heart of God / 61
LESSON 2: 하나님은 하나님의 목적을 계속해서 성취하신다. God Continues to Fulfill His Purposes. / 69
LESSON 3: 하나님께서 하나님의 목적을 위해서 한 나라를 창조하셨다. God Creates a Nations for His Purposes / 75
LESSON 4: 하나님의 구원의 계획: 한 구원자, 교회 그리고 주님의 날 / 83
God's Redemptive Plan: A Savior, the Church, and the Day of the Lord

WEEK 4. 하나님 일의 전개 과정 The Process by Which God Works / 100

LESSON 1: 하나님 일의 전개 과정 The Process God Follows / 101
LESSON 2: 상황 분석: 하나님의 사명과 목표들 Situation Analysis: God's Mission and Goals / 111
LESSON 3: 자격이 박탈되는 것 Being Disqualified / 116
LESSON 4: 하나님의 그릇 God's Vessel / 125

WEEK 5. 하나님의 위임명령 God's Mandate / 132

LESSON 1: 인류를 향한 하나님의 위임명령: 위임 God's Mandate to Man: Commissioning / 134
LESSON 2: 인류를 향한 하나님의 위임명령: 하나님의 마음의 비전을 붙잡는 것 / 144
God's Mandate to Man: Catching the vision of God's heart
LESSON 3: 인류를 향한 하나님의 위임명령: 언약의 자리 God's Mandate to Man: Covenantal Position / 153
LESSON 4: 계속되는 인류를 향한 하나님의 위임명령 God's Mandate to Man Continued / 158

WEEK 6. 하나님께서 요구하시는 영적 분위기
Creating the Atmosphere That God Requires / 170

LESSON 1: 성령의 임재 The Presence of the Holy Spirit / 173
LESSON 2: 우리의 마음: 우리 안에 성령의 임재 Our Hearts: The Holy Spirit's Presence Within Us / 178
LESSON 3: 우리를 둘러싼 분위기 The Atmosphere Around us / 187
LESSON 4: 우리를 둘러싼 삶의 시스템 The System of Life Around us / 194

WEEK 7. 성공으로 가는 길 The Way Forward / 205

LESSON 1: 개인적 생활양식 변화 - 절박함을 유지하는 것 / 207
A Personal Lifestyle Change - Maintaining a Sense of Urgency
LESSON 2: 개인적 생활양식 변화 - 하나님께 구별되어지는 것 / 216
A Personal Lifestyle Change - Being Set Apart Unto God
LESSON 3: 지역적 생활양식 변화 - 나의 지역 안에서 거룩한 제사장을 일으키는 것 / 224
Regional Lifestyle Change - Raising Up a Holy Priesthood in My Area
LESSON 4: 우리 사명에 대한 사고체계의 전환 - 하나님의 군대에 함께 하는 것 / 234
A Mindset Change of Our Mission- Joining the Army of God

Week 1   Lesson 1

Week 1.
A Wake-Up Call
깨어나라

> **금주의 목표:**
> 이번 주에 우리는
> 1. 세계의 정황과 교회의 대응 그리고 어떻게 우리가 열방에 실제적인 영향을 줄 수 있는지 살펴볼 것입니다.
> 2. 하나님을 향한 간절함의 자리로 오게 될 것과 하나님의 목적들이 열방에서 성취되는 것을 보게 될 것입니다.

우리가 열방들을 여행할 때, "부흥을 기다리다 지쳤다(revival fatigue)."라는 이전에는 들어보지 못했던 표현을 사용하는 수많은 사람들을 만났습니다. 사람들은 하나님께서 도시들과 국가들 가운데서 강력하게 일하시는 것을 보기 위한 모든 시도들을 해왔습니다. 그러나 많은 이들이 어떤 일이라도 일어나는 것을 기대했지만 아무것도 볼 수 없었습니다. 많은 도시 가운데서 연합을 이루도록 노력하는 이들이 있고, 기도가 더 많이 드려지기 위해서 노력하는 사람들도 있으며, 구제 사역들을 일으키는 분들이 있습니다. 그러나 그들이 기대했던 돌파가 경험되지는 않았으며, 그들의 노력과 사역이 그들을 대항해서 다가오는 전쟁을 버텨내지 못했습니다. 그들은 갈망하던 용기를 잃어버리기 시작했으며, 지속해서 감당할 열정을 놓치기 시작했고, 마침내 이것들이 헛되다는 것과 어떠한 영향력도 가질 수 없다는 것을 느끼기 시작했습니다. 그들은 소망을 잃어버렸으며 이 "부흥을 기다리다 지쳤다(revival fatigue)."라는 표현을 경험하기 시작했습니다.

제가 믿기로는 우리는 우리의 도시들과 열방에 영향력을 끼칠 수 있으며 그 일에 부르심을 받았습니다. 하나님의 일을 하는데 있어 사람들이 인간적인 방법들과 수단들을 가지고 시도할 때 하나님께서는 그것에 대해서 아무런 응답도 하지 않으신다는 사실을 살펴볼 수 있었습니다. 이로 인해서 우리는 연구를 더 진전시킬 수 있었습니다. 이 교재에서 우리는 하나님의 일을 어떻게 찾을 수 있는지? 어떻게 하나님의 일을 함으로써 그것이 충격과 변화 그리고 변혁을 가져오게 되는지? 어떻게 열방의 소망이신 예수님을 교회가 진정으로 드러낼 것인지와 같은 많은 중요한 질문들을 할 것입니다.

성경은 하나님의 일과 하나님의 관점에 대하여 엄청난 통찰력을 줍니다. 무엇이 하나님의 진정한 일에 연관이 되어 있는지 이해하려면 우리는 반드시 말씀으로 돌아가야 합니다. 예를 들어, 하나님께서 열린 하늘에 대하여 감동을 주시면 우리는 그것을 말씀 속에서 찾을 필요가 있으며 반드시 그 말씀에 몰두해야 합니다. 그 안에는 우리가 이해하고, 적용해야 하는 필수적인 영적 원리들이 있습니다. 만약 우리가 영적인 실제에 대한 이해가 없는 상태에서 실제적인 전략들에만 관심을 가진다면, 우리는 단순히 어떤 다른 프로그램이나 다른 방식을 만들어내는 것에 불과할 것입니다.

Lesson 1　　Week 1

우리가 살고 있는 이 세상의 정황과 교회의 상태를 살펴볼 때, 우리는 하나님의 마음이 무엇이고, 뜻은 어떠하며, 오늘날 우리가 직면한 문제들에 관하여 하나님이 무엇을 원하시는지를 배우기 위한 많은 비판적인 질문들을 던지게 될 것입니다. 우리도 이를 위하여 유대인들이 예수님 당시 행했던 것과 같이 예수님께 여쭈어야 합니다.

"그들이 묻되 우리가 어떻게 하여야 하나님의 일을 하오리이까?" (요6:28)

Pastor John Mulinde,
Pastor Mark Daniel,
and the WTM Missionaries

첫 번째 주간을 위한 기도 제목들

1. 우리가 이 시간의 필요를 보게 해 주시도록 주님께 간구하십시오.

2. 이 주간 동안 하나님 앞에서 여러분 자신이 겸손하게 시간을 보내십시오. 그리고 이 공부를 위해서 여러분 자신이 준비되도록 간구하시기 바랍니다.

Audio/video link for week 1:

http://worldtrumpet.org/awakening-the-church
(week 1)

Week 1 Lesson 1

LESSON 1:

이 세상의 상태와 교회의 대응
The State of the World and the Response of the Church

> 지구에 있는 나라들은 흔들리고 있으며, 좋아지기 보다는 더욱 악화되고 있는 것처럼 보입니다.

우리 모두는 혼란과 문제들 그리고 위기들이 전 지구적으로 일어나고 있다는 것과 이것들이 어떻게 세계 지도자들을 당혹스럽게 하고 있는지 볼 수 있습니다. 이 일들은 더 빠르게 일어나는 것처럼 보이고, 각각의 일들이 일어나는 빈도수는 세계에 더 크게 충격을 주고 있습니다.

최근의 예를 들면, 2010년 1월 12일 진도 7의 지진이 아이티를 강타했습니다. 아이티 전 지역은 그 기초가 완전히 흔들려 버렸습니다. 아이티 정부는 200,000명의 사람들이 죽은 것으로 추정했습니다. 이 나라는 인구 9백여만 명 정도로, 서반구에서 가장 가난한 나라로 간주되었고, 2백만 명이 집이 없으며, 3백 만 명이 긴급 원조를 요청하고 있는 것으로 추산됩니다. 이 사건에 대하여 전 지구적으로 실행 가능한 대응들이나 효과적인 조치들을 찾기도 전에 우리의 주의를 빼앗아 가버리는 또 다른 위기들이 발생되었습니다. 진도 8.8의 지진이 2010년 2월 27일 칠레에서 발생했습니다. 인구의 80%까지 미세한 떨림을 경험한 것으로 보고되었습니다. 지진은 엄청나게 강력한 쓰나미를 유발했으며 무려 53개국에서 쓰나미 경고는 민감한 사안이 되었습니다. 쓰나미의 영향은 캘리포니아 샌디에고, 일본 토호쿠의 해안가에서 감지되었습니다. 몇 주 후에는, 진도 6.9의 지진이 2010년 4월 13일 중국 서부지방을 강타하여 2,200명이 사망했습니다. 위수 지방에서는 가옥의 85% 이상이 파괴되었습니다.

이 충격이 가라앉자마자 이번에는 아일랜드의 화산 분출이 유럽을 진동시켜 버렸습니다. 2010년 4월, 빙하의 땅에서 불을 내뿜어 버린 것입니다. 전 세계는 멈추어 쳐다볼 수밖에 없었습니다. 유럽을 관통하는 공항들은 문을 닫았으며, 그로 인해서 수백만의 승객들은 오도가도 못하는 신세가 되었습니다. 국제항공운송협회는 전 세계 항공 산업이 운항차질을 빚으면서 매일 2억불(약 2,200억)의 손해를 보았다고 추정했습니다.

유럽만이 아닌 전 세계가 악영향을 받았습니다. 생산품과 다른 식량 수출 즉 가나의 파인애플, 케냐의 아스파라거스, 브로콜리, 껍질 콩, 화훼, 아일랜드의 대구, 베트남, 필리핀의 참치, 이탈리아의 모짜렐라, 신선한 과일들이 상하거나 망가졌고, 비

Lesson 1 | Week 1

행 운송수단의 부족 때문에 가축 사료로 사용되었습니다. 아일랜드와 독일로부터 미출고된 자동차 부품들은 일본과 미국의 자동차 생산을 지연시켰습니다.

정말로 많은 흔들림이 이 지구에서 발생되었습니다. 그리고 이것은 좋아지기보다는 더 악화되는 것처럼 보입니다.

밑에 있는 항목들은 21세기의 처음 10년 동안 세계적으로 발생된 주요한 사건들의 일부분을 나타냅니다.

지난 10년 동안의 지구적인 대재앙의 사건들 (Global Catastrophic Events in Past 10 years)	
자연재앙들	**수송기 참사**
주요 지진들(진도 6.0이상, 측정할 수 없는)	**비행기 추락사고**
• 550,000명이 죽은 것으로 보고됨. 셀 수 없는 수천의 사망자들	• 콩코드 프랑스 고네스 호텔 추락사고, 113명 사망
• 수백만이 노숙자, 부상을 입음	• 아메리카 항공 587편이 뉴욕에서 추락, 265명 사망
허리케인, 태풍, 싸이클론, 폭풍들	• 러시아 제트기와 화물기가 남부독일 상공에서 충돌, 71명 사망
• 수백만이 대피, 수백만이 전기 없이 지냄	• 스페인, 마드리드 근처에서 비행기 추락, 153명 사망
• 30,000명 이상 사망자	**다른 종류들**
• 이 사건들 중 단지 두 재앙으로부터 86.5천만불의 재산이 손해를 봄	• 아프리카 감비아와 홍해에서 패리 침몰, 2,903명 사망
홍수	
•900,000만이 집을 잃음. 500명 이상 사망	
다른 종류들	
• 미국과 호주의 들불, 거의 200명이 사망, 500,000명 대피	
• 프랑스 폭염, 10,090명 이상 사망	
전쟁과 테러	**지난 10년간 지구적인 충격을 가져온 질병과 질환**
• 2000년 9월, 인티파다(팔레스타인 봉기)로 처음 5년 동안 4,000명이 사망	• 광우병
• 2001년 10월, 미국 남부 아프카니스탄 군사 공격	• 사스(severe acute respiratory syndrome, 중증 급성 호흡기 증후근)
• 2002년 12월, 북한 원자력 발전소 재가동	• 인간 면역 결핍 바이러스, 후천성 면역 결핍(아프리카에서 5명 중 1명이 이 질병을 가지고 있음)
• 2003년 3월, 미국 이라크 전쟁 개시	• 조류
• 2004년 10월, 수단 다르푸르에서 70,000명 사망보고	• 콜레라(2008년 12월, 짐바브웨에서 1,000명 사망)
• 2006년 7월, 헤즈볼라 납치 이스라엘에서 전쟁 초래	• 돼지 독감
• 2006년 10월, 북한 핵실험 시작	
• 2008년 8월, 조지아(유럽) 러시아 탱크에 의해 공격당함	
• 2008년 12월, 이스라엘 전투기 가자 타격, 229명 사망	
• 2010년 2월, NATO, 아프카니스탄 주요공세 시작	
테러리스트 공격	**경제**
• 2001년 9월 11일, 테러리스트 미국 공격, 2,967명 희생자 사망, 6,000명 이상 부상	• 2001년 12월, 엔론 파산
• 테러리스트 폭파, 거의 700명 사망, 300명 이상 부상	• 2004년 10월, 1달 사이에 1베럴 기름값 폭등 50달러에서 55달러로
• 전철과 기차 발파, 200명 이상 사망	• 2006년 7월, 1베럴에 78.40달러 기록
	• 2007년 8월, 미국 시장 하락으로 세계시장 동반 하락
	• 2008년 7월, 기름값 1베럴에 147.02달러 기록
	• 2009년 3월, IMF는 지난 60년간 최악의 경제상황이라고 보고
	• 2010년 4월, 아일랜드 화재로 인해 유럽 공항폐쇄, 전 세계 항공 차질
	• 2010년 4월, 텍시스 오일 굴착장치 폭발, 11명 사망, 야생동식물과 해안가 파괴, 4.3억 달러의 경제적 손실 예측

Week 1   Lesson 1

이런 필요의 때에, 교회는 나아갈 방향을 제시하기 위하여 무엇을 할 수 있는가?

"교회는 예수님을 높이고 열방의 소망이 되도록 하기 위해서 무엇을 하게 되어있는가?"

나라들이 흔들리고 있다(The Nations Are Being Shaken)

이 지구의 모든 나라들이 흔들리고 있습니다. 연이어 사건이 발생되면서 죽음과, 혼돈, 정신적 충격, 두려움, 그리고 몰락을 가져옴으로 두려움과 염려가 점점 더 사람들을 사로잡고 있습니다.

- 2001년 9월 11일 미국을 향한 테러리스트들의 공격은 세계를 흔들어 버렸습니다. 2,900명이 넘는 사람들이 생명을 잃었으며, 오늘날까지도 전 세계가 테러리스트들의 공격들로 인한 부작용과 불안감을 느끼고 있습니다.

- 2004년 12월 16일, 진도 9.0을 넘는 인도양 해저 지진으로 인해 일련의 충격적인 쓰나미가 발생하여 14개 국가에서 230,000명이 사망했습니다.

- 태풍 '위파'가 2007년 9월 18일 중국을 강타했습니다. 비록 사망자 수가 대단히 적었지만(14명이 죽음), 2백만 명의 사람들이 대피를 했으며, 가옥이 13,000채 파괴되었고, 57,000채가 손상을 입었으며, 100,000 헥타르의 농지가 침수되었습니다. "10년만에 가장 파괴적인 태풍"으로 언급이 되었으며, 약 1천억 달러의 손해를 입은 것으로 추정됩니다.

- 2010년 1월 12일 "비극적인" 지진이 아이티를 강타했습니다. 230,000명이 사망한 것으로 추정되었으며, 300,000명이 부상을 입었고, 120만 명의 이재민이 발생해서 임시 처소에 수용되었습니다.

- 2010년 4월 경 "유행성 돼지 독감"인 H1N1(독감종류중 하나)이 원인으로 여겨져서 전 세계에서 적어도 17,700명이 사망했습니다.

이 다섯 가지 사건들로부터 발생한 사망자 수는 거의 50만 명에 육박합니다. 그 말은 거의 50만 명이 사망했다는 것이며 그 50만 명이 속해 있는 가정들이 파괴되었다는 것입니다.

슬픔과 정신적 충격과 고통을 생각해 봅니다. 아이들, 엄마들, 아빠들 그리고 남편과 아내들의 죽음을 생각해 봅니다. 이것들은 지난 10년 동안 세계를 흔들어 버린 단 5가지의 사건들이며, 이런 사건들은 끊임없이 계속 증가하고 있습니다. 상실의 공포, 고통의 공포, 아픔, 고뇌, 두려움 등 이것들은 단지 죽음에 대한 부분만이 아닙니다. 그와 같은 사건들로 인해 수 많은 사람들이 부상을 입었습니다. 최근에 아이티 지진으로, 감정적 또는 심리적인 상처는 논외로 치더라도 어린이 혼자서 육체적으로 부상을 당한 숫자가 110,000만 명으로 추산이 되고(대략적으로 전체 부상자 숫자의 반 정도)있습니다. 이 사건들은 매우 짧은 시간 동안에 발생한 것으로 보입니다. 이 흔들림은 생명의 상실을 넘어서 재정의 몰락이나 경제적 손실을 가져옵니다. 가축을 잃어버리는 것은 두려움과 우울증, 패닉, 실망을 넘어 가난 그리고 가정경제의 붕괴를 가져옵니다. 각 재앙은 개인들, 가족, 공동체, 나라, 모든 대륙들에게 충격을 끼칩니다. 지난 수년간의 지구적인 재정의 위기는 지속되고 있으며, 생존을 위한 투쟁은 점점 더 어려워지고 있습니다. 은행파산과 부채 그리고 생활고는 세계적으로 수많은 사람들이 당면한 것 입니다. 자기 가족을 더 이상 부양할 수 없는 사람들은 자포자기와 두려움 그리고 부끄러움에 사로잡히고 있습니다.

지구적으로 자살률이 증가하고 있습니다. 포르노, 알코올 중독, 그리고 마약, 다양한 다른 중독들이 증가하고 있어서 사람들에게 파괴적이고 충격적인 결과들을 야기시키고 있습니다. 그러나 이 중독들은 잠시 동안만 저들의 두려움과 걱정을 마비시킬 뿐입니다. 인터넷은 포르노의 확산을 가능하게 했으며 이전과는 달리 조폭, 소아성애자, 인신매매자 등 범죄자들을 서로 연결시켜주기까지 하고 있습니다.

2006년 UN의 아동 폭력에 대한 한 연구에서 2002년, 1억 5천만의 여자 아이들과 7천 3백만의 남자 아이들이 18세 이전에 성적인 관계와 다른 형태의 성적 폭력 아래에 있다는 사실이 보고되었습니다. 이것은 일 년 동안에 2억 2천 3백만 명의 아이들이 정신적인 외상을 입었거나 성적 학대에 영향을 받았다는 것입니다. 지난 세기에는 아이들이 길거리에서 놀 수 있었던 자유와 부모님들을 위한 마음의 평안, 안전한 느낌, 동심(童心)이 있었습니다. 지금은 불안과 두려움 그리고 범죄의 증가만 있을 뿐입니다.

세계 곳곳에서 자행되고 있는 테러리스트들의 공격들과 이를 막기 위한 "대 테러 전쟁"이 모든 지역 사람들의 생각과 마음 속에 근심, 경고 그리고 불안감을 더욱 확산시키며 고조시키고 있습니다. 폭파나 공격은 더욱 강화된 예방 조치들을 수반하게 되고 이는 항공 여행을 점점 어렵게 만들어 긴장을 더욱 증가시키는 결과를 낳았습니다. 삶의 혼란들이 심화되고 있습니다. 질서가 흔들리고 있습니다.

2009년 3월 9일 블룸버그 통신의 샤밈 아담에 따르면, 증권, 회사채, 화폐 등 국제금융자산의 가치가 2008년도에 50조 달러 하락된 것으로 추정하고 있습니다. 이 경제적 실패로 인해 전 세계 대부분의 지역에 안전한 곳은 없었습니다. 금융기관들은 몰락하고, 은행이 문을 닫고, 주택 시장은 파괴되었고, 대기업과 심지어 나라들까지도 파산을 했으며 실업자 수는 사상 최고치에 달했습니다(2009년 10월 미국의 실업률은 10.1%에 달했는데, 이것은 지난 25년 이래 가장 높았습니다. 2010년 말에는 중동 국가들의 실업률은 17%까지 올라갈 것으로 예측되고 있습니다). 2010년 3월, EU의 많은 회원국들은 경제 위기에 처한 회원국들에 재정적 원조를 공급할 것을 찬성했습니다.

> 증권, 회사채, 화폐 등 국제금융자산의 가치가 2008년도에 50조 달러 하락된 것으로 추정하고 있습니다.

다가올 미래에 이 두려움과 테러들은 상당히 증가되지 않을까요? 많은 나라들에서 하나님은 밀쳐져 버렸습니다. 교회들은 목소리를 잃어버렸고, 세속주의가 일어나고 있습니다. 교회가 부패되었다는 기사가 자주 보고되고 있습니다.

Week 1　　Lesson 1

> 어디에 우리의 소망이 있습니까? 우리는 이런 염려와 두려움이 퍼지고 우리에게 다가올 때 어떻게 설 수 있습니까?

▶ **연습(Exercise):**

이 질문들을 깊이 생각해 봅시다.

- 인류에게 제안된 해결책은 무엇입니까?
- 학문적 해결책은 무엇입니까?
- 환경적인 해결책은 무엇입니까?
- 그 해결책들이 해결한 문제가 있었습니까?

여러분의 생각을 여백에 적으시고, 여러분의 그룹에서 이것을 토론할 준비를 하시기 바랍니다.

교회는 예수님께서 열방의 소망이라는 것을 보여주기 위해서 무엇을 할 수 있습니까?
(What Is the Church Doing to Show That Christ Is the Hope of the Nations?)

교회는 해답을 제시할 수 있습니까? 사람들이 정신을 잃어버리고, 정신적 충격을 받고, 둔감해지고, 그리고 무감각해질 때 교회는 나아가야 할 방향을 제시할 수 있습니까? 예수님께서 열방의 소망이라는 사실을 밝히 드러낼 수 있습니까? 이 흔들림이 지속되는 이 때, 교회는 이 시대에서 어떤 의미를 갖습니까?

하나님께서는 교회가 많은 역할을 감당하도록 창조하셨습니다. 교회는 전 세계적으로 하나님의 백성들의 구속에 쓰임 받아왔습니다.

1. 누가 죄와 타락한 본성 또는 사탄의 권세 아래 살지 않는 사람입니까?
   (롬6:6-7; 10-11, 22; 8:2-3, 12; 엡 2:2; 히 9:14)

2. 누가 하나님의 자녀로 언약을 맺었으며, 하나님의 이름으로 부름받은 자입니까?
   (요1:12-13; 눅20:36; 행3:25; 롬8:14-17,23; 9:4; 갈3:26, 29; 4:5-6; 히2:14; 요3:1-2; 5:18)

3. 누가 이 세상의 시스템과 패턴에 부름받은 자들입니까?
   (요15:19; 17:16; 롬12:2; 요1서 3:1)

4. 누가 하나님의 영광과 하나님의 사랑, 하나님의 공의, 하나님 나라의 권세를 이 땅에서 드러낼 사람입니까?
   (요13:35; 요1서 3:10,16; 골3:4; 벧전4:13; 5:1; 고후 8:24)

Lesson 1　　　Week 1

5. 누가 인류 가운데에서 하나님의 목적을 성취할 사람입니까?
   (행26:16; 롬8:28; 엡1:11; 3:10-11)

6. 누가 잃어버린 세상이 창조주 하나님과 화해하도록 보냄을 받은 그리스도의 대사들입니까?
   (고후 5:18-20)

7. 누가 사탄의 일을 파괴시키도록 보냄을 받았으며 백성들을 어둠에서부터 빛으로 인도할 하나님의 군대에 속합니까?
   (행26:17-18; 히2:14)

8. 누가 주의 날이 다가오는 것을 준비하는 순결하고, 흠 없고, 허물없는 그리스도의 신부입니까?
   (고전11:2; 계19:7; 빌1:9-11)

> 나라들은 해답들을 위해서 교회를 바라보지 않습니다.

나라들은 해답들을 위해서 교회를 바라보지 않습니다. 많은 열방들은 교회를 구석으로 몰아넣거나, 관계 없는 곳에 둡니다. 하나님은 세상에 충격을 주기 위해 교회에게 신성한 소명과 위치를 주셨습니다. 그러나 나라들이 가장 필요로 하는 때에, 교회는 그리스도 안에서 교회에게 주어진 권세와 자리를 취하지 않았습니다.

그러므로 우리는 이 가르침 전체를 통해서 우리를 인도해 줄 질문을 여러분 자신에게 해 보시기 바랍니다.

"우리가 어떻게 하여야 하나님의 일을 하오리이까?" (요 6:28)

▶ **깊이 생각해 보는 시간(Time for Reflection):**

오늘 읽은 문장이나 말씀 가운데서 가장 의미있는 것은 무엇이었습니까?
_____
_____
_____

하나님께서 이것에 대한 응답으로 당신에게 원하시는 것은 무엇입니까?
_____
_____
_____

Week 1   Lesson 1

> 오늘/이 주에 여러분의 기도제목으로 기도드릴 때, 여러분들은 성령님께서 하시는 말씀이나 여러분을 향한 부르심이 무엇이라고 느낍니까? 그리고 여러분이 직면한 영적 전쟁은 무엇입니까?
>
> _____
> _____
> _____

> 여기에서 기도의 시간을 가지기 원합니다. 이것은 매순간 그리고 매일의 과정 중에서 중요한 부분입니다. 우리는 단지 정보를 모으거나, 지식을 주입하지 않는다는 것을 알아야 합니다. '우리는 하나님의 성령의 임재로 들어가기를 원하고, 하나님께서 우리에게 계시하시는 것들을 취하시기 바랍니다.'

▶ **기도의 시간(Time for Prayer):**

1과를 끝내게 되면서, 이 여정을 이제 막 시작했다는 것을 분명한 사실로 깨닫는 것이 중요합니다. 비록 우리가 주님을 오랜 시간 사랑해왔고, 많은 기도를 드렸지만 우리가 다른 장소로 들어갈 필요가 있으며, 그래서 우리는 이제 막 토론한 바와 같이 다른 결과들을 보게 될 것입니다. 우리가 이 첫 번째 기도의 주간 동안 접근하게 되는 것은 우리의 마음, 사고방식, 방법들에서 변화가 시작되도록 주님께 간구할 필요가 있다는 것을 깨닫는 것입니다. 주님의 인도하심 가운데, 우리가 현재 머물러있는 곳에서 나와, 주님이 원하시는 장소로 옮겨지도록 간구를 시작하기 원합니다. 우리는 회개와 우리가 깊은 회개의 갈망을 가질 필요가 있다는 것을 알고 있습니다. 그러나 우리는 어떻게 그것을 진짜로 할 수 있을지 아직 보지 못했습니다. 괜찮습니다. 이것이 바로 우리가 하나님의 은혜 안에서 하나님의 자비와 신뢰를 얻기 위하여 부르짖는 출발점입니다. 우리는 겸손의 영과 회개를 달라고 기도해야 합니다. 하나님은 신실하십니다.

LESSON 2:

하늘은 열려있는가 아니면 닫혀있는가?
Are the Heaven Open or Closed?

예수님께서 공생애를 시작하실 때, 요한에게 세례를 받으시기 위해서 요단강에 가셨습니다. 요한이 예수님을 처음 보았을 때, 요한은 예수님께 세례를 주는 것을 주저했으나 예수님께서 말씀하셨습니다. "이제 허락하라 우리가 이와 같이 하여 모든 의를 이루는 것이 합당하니라"(마3:15). 예수님께서 하신 말을 다른 말로 풀어보면 "만약 나의 사명이 성취되기 위해서라면, 나의 아버지께서 나를 위해 단호하게 결정하신 과정의 모든 단계들을 취할 필요가 있다." 는 것입니다.

열린 하늘(Open Heavens)

요한이 요단강에서 다른 사람들에게 세례를 줄 때, 요한은 예수님께서 오시는 것을 보았으며 이렇게 말했습니다. "보라 세상 죄를 지고 가는 하나님의 어린 양이로다... 나도 그를 알지 못하였으나 내가 와서 물로 세례를 베푸는 것은 그를 이스라엘에 나타내려 함이라 하니라 요한이 또 증언하여 이르되...그이가 나에게 말씀하시되 성령이 내려서 누구 위에든지 머무는 것을 보거든 그가 곧 성령으로 세례를 베푸는 이인 줄 알라 하셨기에"(요1:29-33). 성경은 예수님께서 세례를 받으시던 날에 대해서 말하고 있습니다. 예수님께서 물에서 나오시고 기도하셨습니다. 그리고 "하늘이 열리며 성령이 비둘기 같은 형체로 그의 위에 강림하시더니 하늘로부터 소리가 나기를 너는 내 사랑하는 아들이라 내가 너를 기뻐하노라 하시니라"(눅3:21-22).

> 백성이 다 세례를 받을새 예수도 세례를 받으시고 기도하실 때에 하늘이 열리며 성령이 비둘기 같은 형체로 그의 위에 강림하시더니 하늘로부터 소리가 나기를 너는 내 사랑하는 아들이라 내가 너를 기뻐하노라 하시니라.
>
> 눅 3:21-22

▶ **연습(Exercise):**

요한복음 1:43-51절을 읽으시오.

50절에서, 예수님께서 그들이 무엇을 보게 될 것이라 말씀하셨습니까? _____

51절에서, 예수님께서 그들이 무엇을 보게 될 것이라 말씀하셨습니까? _____

Week 1　　Lesson 2

예수님께서 진정으로 무엇이라고 말씀하셨는지에 대한 이해가 없이 이 절을 쉽게 지나칠 수 있습니다. 예수님께서는 이렇게 말씀하지 않으셨습니다. "너희가 많은 위대한 일들을 보게 될 것이다. 절름발이가 걷게 되고, 눈먼 자가 눈을 뜨고, 귀머거리가 듣게 되고, 수천의 사람들이 식사를 하고 또는 죽은 자들이 살아나게 될 것이다." 그 대신에 이렇게 말씀하셨습니다. "이보다 더 큰 일을 보게 될 것이다. 하늘이 열리고 하나님의 사자들이 인자 위에 오르락내리락 하는 것을 보게 될 것이다."

예수님께서 나다나엘에게 말씀하실 때 언급하신 "이보다 더 큰 일을 보게 될 것이다."는 무엇을 말하는 것입니까? 주님은 말씀하셨습니다. "너희는 하늘의 열린 문들을 보게 될 것이다! 너희는 하나님의 백성들 가운데 거하시는 하나님을 보게 될 것이다. 죽은 자가 일어나고, 눈먼 자가 눈을 뜨고, 수천의 사람들이 식사를 하는 것들은 그의 백성들 위에 임하는 하나님의 임재하심의 단순한 열매들이다." 이것이 바로 예수님께서 제자들에게 어떻게 기도를 해야 할 지 가르쳐 주실 때 하신 말씀입니다. "나라가 임하시오며 뜻이 하늘에서 이루어진 것 같이 땅에서도 이루어지이다"(마6:10).

하나님의 백성들 가운데 하나님의 임재가 나타난 증거들을 가리키는 많은 말씀이 있습니다.

- 야곱은 벧엘의 제단에서 천사들이 하늘로부터 오르락내리락 하는 것을 보았으며(창28:11-12) 그리고 주님의 천사와 겨루었습니다(창32:24-30).

- 불기둥이 홍해를 통과해서 이스라엘의 백성들을 인도했고(출14:19-25), 그리고 광야에서 40년을 함께 했습니다(출13:21-22; 민9:15, 14:14; 신1:32-33; 느9:12,19).

- 모세가 아말렉과의 전투에서 손을 들어 승리할 때 하나님의 임재가 있었습니다(출17:8-16).

- 언약궤가 전투에서 승리를 가져다 주었습니다(수6:1-20). 그리고 요단강을 갈랐습니다(수3:6-17).

- 예수님께서 예루살렘에서 제자들과 함께 계실 때, 주님의 사역을 위해서 제자들에게 권능과 권세를 주셨습니다(눅9:1-2; 마10:1).

- 초대교회는 열방에 복음을 전파했습니다. 그리고 성령을 통해서 제자들에게 주어진 권능으로 도시들이 진동했습니다(행4:31; 롬15:18-21; 살전1:4-5; 고전2:1-5; 벧전1:12).

▶ 연습(Exercise):

위의 6가지 예들 중 한 문장을 선택해서 나열된 각 말씀들을 읽으시오. 이 예들 가운데

| Lesson 2 | Week 1 |

하나님의 임재가 어떻게 이 땅에 충격을 주었습니까? _____

하늘이 열릴 때 우리는, 예수님의 임재가 사람들 가운데 함께 하는 것을, 예수님의 권위가 풀어져 가르침과 사역이 이루어지는 것을, 예수님께서 치유와 축사하시는 것을 보았습니다. 우리는 하나님께서 사역하시고 백성들 가운데 움직이시는 것을 보았습니다. 초대교회는 연합이 있었으며, 도시를 진동했고, 성령의 권능과 하나님의 임재가 교회에 충만했습니다. 하늘이 열려있었습니다!

하늘이 열릴 때, 당신은 하나님의 임재가 역동적으로 이 땅 위에 충격을 가하는 것을 보게 될 것입니다.

닫힌 하늘(Closed Heavens)

성경이 하늘이 열릴 수 있다는 것을 가르친다면, 우리는 또한 하늘이 닫힐 수 있다는 것을 유념해야 합니다. 성경은 하늘이 닫히는 것을 언급하고 있습니까? 그리고 하늘이 닫힐 때, 이것을 야기하는 사람들의 상태는 어떠합니까?

하늘이 닫히는 것에 대해서 말하고 있는 많은 성경 본문이 있습니다. 이사야 25장 7절은 열방 위의 "덮게"를 언급하고 있습니다. 에스겔 32장 7-8절에서는 하나님께서 때로는 이 땅 위의 하늘을 어둡게 하신다고 말하고 있습니다. 이사야 59장 2절은 하나님께서 우리로부터 얼굴을 숨기신다고 말하고 있으며 역대하 7장 13절에서 하나님은 이렇게 말씀하십니다. "혹 내가 하늘을 닫고 비를 내리지 아니하거나 혹 메뚜기들에게 토산을 먹게 하거나 혹 전염병이 내 백성 가운데에 유행하게 할 때에." 성경의 본문들은 실제로 하나님께서 하늘을 닫는 것을 보여주고 있습니다. 그리고 하나님이 그렇게 하실 때에는 악이 땅에 범람하게 됩니다. 어둠이 흥왕하게 됩니다. 마귀는 훔치고, 죽이고, 멸하려고 찾아옵니다.

우리가 하늘이 열려 있는 것을 주로 보게 되든지 혹은 우리가 하늘이 닫히는 것을 주로 보게 되는 시대와 때에 우리는 살고 있습니까? 우리는 보고 있습니까?

• 승리에 승리를

• 하나님께서 우리의 적들을 보내시는 것을

• 건널 수 없는 바다들로 나누어진 것을

• 권능과 권세를

• 하나님이 가능하게 하시는 것과 준비를

▶ **연습(Exercise):**

Week 1   Lesson 2

정말로 많은 성경 본문들이 닫힌 하늘과 열린 하늘에 대해 묘사하고 있습니다. 아래에 있는 말씀에서 어둠이 다가오고, 하늘이 닫히는 때에 발생하는 것들에 대해서 표시를 하시기 바랍니다.

역대하 7장 13절 "혹 내가 하늘을 닫고 비를 내리지 아니하거나 혹 메뚜기들에게 토산을 먹게 하거나 혹 전염병이 내 백성 가운데에 유행하게 할 때에"

역대하 7장 13절에 적용되는 모든 것을 표시하시오.

___가뭄   ___지진
___메뚜기   ___흉작
___홍수   ___전염병

학개 1장 9-12절 "너희가 많은 것을 바랐으나 도리어 적었고 너희가 그것을 집으로 가져갔으나 내가 불어 버렸느니라 나 만군의 여호와가 말하노라 이것이 무슨 까닭이냐 내 집은 황폐하였으되 너희는 각각 자기의 집을 짓기 위하여 빨랐음이라 그러므로 너희로 말미암아 하늘은 이슬을 그쳤고 땅은 산물을 그쳤으며 내가 이 땅과 산과 곡물과 새 포도주와 기름과 땅의 모든 소산과 사람과 가축과 손으로 수고하는 모든 일에 가뭄을 들게 하였느니라 스알디엘의 아들 스룹바벨과 여호사닥의 아들 대제사장 여호수아와 남은 모든 백성이 그들의 하나님 여호와의 목소리와 선지자 학개의 말을 들었으니 이는 그들의 하나님 여호와께서 그를 보내셨음이라 백성이 다 여호와를 경외하매"

학개 1장 9-10절에 적용되는 모든 것을 표시하시오.

___가뭄   ___지진
___메뚜기   ___굶주림
___헛된 노동   ___흉작

이사야 59장 1-2절 "여호와의 손이 짧아 구원하지 못하심도 아니요 귀가 둔하여 듣지 못하심도 아니라 오직 너희 죄악이 너희와 너희 하나님 사이를 갈라놓았고 너희 죄가 그의 얼굴을 가리어서 너희에게서 듣지 않으시게 함이니라"

이사야 59장 1-2절에 적용되는 모든 것을 표시하시오.

___가로막힌 기도   ___하나님 임재의 메마름
___우박   ___지진
___홍수   ___하나님과의 소통의 부재

오늘날 우리는 가뭄들, 홍수들, 메뚜기 떼, 전염병, 기근을 경험하고 있습니까? 여러분들은 하늘이 닫히는 징조를 볼 수 있습니까? 인터넷에 있는 포르노의 범람에 대해서 어떻게 생각하십니까? 이 세계의 체계로 인해 우리의 아이들의 순결함과 믿음이 침식당하고 있는 것은 어떻게 생각합니까? 부도덕이 전염병처럼 퍼지고, 하나님의 일들의 흉작, 하나님의 임재에 대한 갈망, 악의 범람에 대해서 어떻게 생각하

십니까? 하나님은 세상으로부터 밀쳐져 있고, 우리는 홍수와 같은 어둠이 다가오는 것을 보고 있습니다.

▶ **깊이 생각해 보십시오(Reflection):**

당신의 나라에서는 하늘이 더 열려있는 것을 보십니까? 아니면 더 닫혀있는 것을 보십니까? 여러분의 언어로 설명해 보시기 바랍니다: _____
_____
_____

우리는 반드시 하늘을 닫히게 하신 하나님께 부르짖어야 한다
(We Must Cry Out to the One Who Closed the Heavens)

우리는 또한 한 가지를 기억해야 합니다: 마귀는 하늘을 스스로 닫을 힘이 없습니다. 성경은 누가 하늘을 닫으셨는지 이야기합니다. 그것은 바로 우리 하나님 아버지이십니다. 하나님께서 말씀하셨습니다. "내가 하늘을 닫고..."(대하7:13). 이 말의 의미는 우리가 적들이 떠나기를 명령하거나, 가도록 하거나, 하늘을 열거나 하기 전에 하늘이 맨 처음에 닫히도록 허락하신 하나님 아버지께 가야 할 필요가 있다는 것입니다. 우리는 우리 자신을 겸손케 하고, 기도하며 하나님의 얼굴을 구하는 것이 더 낫습니다(대하7:14). 그리고 이렇게 아뢰어야 합니다. "우리가 당신에게 나아가는 것을 차단하신 원인이 무엇입니까?" 하나님께서 이렇게 말씀하십니다. "여호와의 손이 짧아 구원하지 못하심도 아니요 귀가 둔하여 듣지 못하심도 아니라 오직 너희 죄악이 너희와 너희 하나님 사이를 갈라놓았고 너희 죄가 그의 얼굴을 가리어서 너희에게서 듣지 않으시게 함이니라"(사59:1-2). 그럼으로 우리가 적들을 대항하여 권세를 사용하기 전에, 메뚜기에 대항하기 전에, 전염병에 저항하기 전에, 맨 처음 하늘을 닫으시고 적들이 통제권을 얻도록 하신, 노여움 가운데 있으신 하나님께 나아가야 합니다. 이 모든 단계의 영역들이 우리를 하늘이 열린 곳으로 인도하는 과정이 됩니다.

> 혹 내가 하늘을 닫고 비를 내리지 아니하거나 혹 메뚜기들에게 토산을 먹게 하거나 혹 전염병이 내 백성 가운데에 유행하게 할 때에 내 이름으로 일컫는 내 백성이 그들의 악한 길에서 떠나 스스로 낮추고 기도하여 내 얼굴을 찾으면 내가 하늘에서 듣고 그들의 죄를 사하고 그들의 땅을 고칠지라
>
> 역대하 7:13-14

▶ **깊이 생각해 보는 시간(Time for Reflection):**

오늘 읽은 문장이나 말씀 가운데서 가장 의미있는 것은 무엇이었습니까?
_____
_____
_____

하나님께서 이것에 대한 응답으로 당신에게 원하시는 것은 무엇입니까?
_____
_____
_____

Week 1　　　　Lesson 2

> 오늘/이 주에 여러분의 기도제목으로 기도드릴 때, 여러분들은 성령님께서 하시는 말씀이나 여러분을 향한 부르심이 무엇이라고 느낍니까? 그리고 여러분이 직면한 영적 전쟁은 무엇입니까?
> _____
> _____
> _____

▶ 기도의 시간(Time for Prayer):

오늘 우리는 겸비함과 회개의 마음을 구합니다. 살아계시고, 여러분의 마음 깊은 곳으로부터 당신에게 하늘을 여는 유일한 권세를 가지신 분이신 하나님께 부르짖기 바랍니다. 성령께서 모든 진리 가운데로 여러분을 인도해달라고 울부짖으시기 바랍니다. 우리가 더 깊이 깨닫는 것은 열린 하늘보다 닫힌 하늘에 대하여 더 많은 증거가 있다는 것이었습니다. 우리가 다르게 이 상황을 직시하기 시작했을 때, 여러분의 삶 위에 하늘이 열리도록 하나님께 간구하시기 바랍니다. 하나님께서 우리의 눈을 덮고 있는 어둠의 막이 큰소리를 내고 떠나가기 시작할 때 성령님께서 우리를 빛 가운데로 더 깊이 인도해 달라고 부르짖어야 합니다.

다음에 링크되어 있는 곳은 2010년 4,5월 달에 열린 하늘 미션이라는 훈련 기간 동안 우간다에서 있었던 기도의 시간을 녹음한 것을 청취하시기 바랍니다.
http://worldtrumpet.org/awakening-the-church(week 1 prayer time).

이 기도의 시간을 청취하는 것은 여러분이 하나님께서 이끄시기 원하는 곳으로 가는데 있어 격려와 도움을 줄 것입니다. 이 기도의 시간 녹음에는 회개의 영과 깊은 겸비의 영이 있으니 꼭 청취하시기 바랍니다. 그리고 성령님께 간구하십시오.

- 겸비함이 휘몰아치도록

- 여러분의 심장이 회개의 영에 온전히 사로잡히도록

- 하나님께서 여러분이 있었던 곳에서 데리고 나와서 하나님이 여러분에게 있기 원하시는 곳으로 인도하도록, 겸비와 통회함으로 여러분을 더 깊이 인도하도록

LESSON 3:

왜 깨어있어야 하는가? 때가 차매
Why Awaken? Time is Growing late

우리가 하나님께 자신을 내어드리고, 깨어있어야 하는 또 다른 이유는, 때가 찼으며, 주님의 다시 오시는 날이 매우 가깝기 때문입니다. 그리고 성경 본문에서는 때가 찰 때, 상황이 점점 더 치열해 질 것을 말하고 있습니다. 우리는 예언되어진 마지막 때에 살고 있습니다. 성경은 하나님의 사람들을 집어삼키러 오는 많은 일들에 대해서 예견하고 있습니다. 많은 사람들이 신앙을 버리게 되고, 심지어 신실한 사람들조차 그러할 것입니다(마24:10). 할 수만 있다면 택하신 자들을 미혹하려는 것이 원수들의 목표가 될 것이라고 예수님께서 말씀하셨습니다(마13:22).

정말로 때가 차기 시작하면서 사람들이 어떻게 그것들에 영향을 받고 무엇이 다가오는 지에 관해서 많은 예측들이 있습니다. 속임수들이 다가올 것과 상처와 죄가 사람들의 마음을 꿰뚫게 되고 사랑이 식어지고 많은 사람들이 신앙을 버리는 것을 예견하고 있습니다.

▶ **연습(Exercise):**

다음 구절들을 읽으시오. 때가 다가올 때 벌어지는 것들에 대해서 하나님이 말씀하신 것들의 목록을 적으시오.

마 24:4,9-14	딤후 3:1-5

눅 21:8-19,34	

Week 1　　　　　Lesson 3

오늘날 이 세상에서 벌어지는 일들을 정직하게 살펴보면 우리는 단지 물리적인 위기들보다 더 한 것에 직면한 것을 볼 수 있습니다. 세상은 하나님의 일들에 대해 분노는 아니더라도, 냉담함이 점점 커지고 있습니다. 인간은 점점 더 자신을 사랑하는 자가 되어가고 있고, 이기적으로 살아가고 있습니다. 만약 우리가 그리스도의 교회 안에서 조차 불신, 의심, 연약한 믿음, 스캔들, 결점들, 죄의 수준, 실체가 없는 미사여구들, 하나님 말씀의 기준을 충족시키는데 실패하는 것과 같은 영적인 실체들을 접한다면 우리는 마지막 때에 관한 많은 성경적인 예언들이 펼쳐지고 있다는 것을 깨닫게 될 것입니다. 이미 속임과 어둠이 많은 영혼을 삼켜버렸습니다. 그리스도를 모르는, 매일 스치는 많은 사람들은 더욱 강퍅해지고 있고, 더욱 냉소적으로 되어가고 연약해지고 있으며, 회개하거나 믿을 힘도 없습니다.

> 잠자는 것은 우리의 필요가 무엇인지 인식하기는 하나 그 필요를 채우기 위해 아무 것도 할 수 없고 무능한 상태를 말합니다.

잠자는 영혼(The Spirit of Slumber)

마지막 때에 우리가 경험하게 되는 또 다른 일은 졸고 있는 영혼들입니다. 성경에서는 때가 차기 시작하면서 인간의 두 그룹 사이에 분리가 증가될 것을 표현하고 있습니다. 이 세계에서 일어나는 조류에 사로잡힌 자들이 되거나 주님이 다시 오시는 날을 고대하며, "거룩한 행실과 경건함으로", "주 앞에서 점도 없고 흠도 없이 평강 가운데서 나타나기를 힘쓰라"는 것을 위한 삶을 간구하는 자들입니다(벧후 3:12,14). 여기에는 두 종류의 사람이 있습니다. 먼저 조롱하는 자들입니다. "이게 웬 소란이지?"하면서 자신의 사악한 욕정에 사로잡혀 사는 자들입니다. 그 다음엔 하나님과 동행하고, 하나님을 구하며, 하나님의 의로움에 동참하려고 모든 노력을 하는 사람들입니다. 때가 차기 시작하면서, 이 분리는 문화 가운데 일어나는 것들로 발목이 잡히는 사람들 그리고 예전에는 결코 없었던 하나님을 갈망하기 시작하는 자들로 더욱 벌어지고 벌어질 것입니다. 이것이 바로 예수님께서 우리가 깨닫지 못할 것이라고 말씀하신 이유입니다(막13:33). 때가 차면, 하나님을 추구하지 못하는 졸고 있는 영혼들이 증가하는 것을 보게 될 것입니다.

이 마지막 때에 가장 큰 적들 중의 하나는 바로 잠자는 것입니다. 왜냐하면 잠자는 것은 상황을 더욱 악화시켜서 우리는 정녕 깨어있을 수 없다고 생각하게 만들어 도저히 준비되어질 수 없는 상태에 이르게 합니다. 졸고 있는 자들은 무력감, 전무한 기도생활, 무기력을 우리에게 주거나, 받거나 하는 강력한 힘이 있습니다. 그럼으로 우리는 잠자는 것과 싸우지 않을 수 없고, 다가오는 어둠과도 싸우지 않을 수도 없습니다.

▶ **연습(Exercise):**

베드로후서 3장 3-14절과 데살로니가전서 5장 1-9절을 읽으시오. 어떤 종류의 사람이 되어야 할 필요가 있습니까?_____
_____
_____

졸음의 영이 사람들 위에 자리 잡기 시작했습니다. 이것은 여러분이 보듯이 어떤 면에서 더욱 겹겹이 두터워졌습니다. 시간이 흐를수록, 잠자는 자들이 더욱 많아지는 것을 보게 될 것입니다.

> 잠자는 것은 우리의 필요가 무엇인지 인식하기는 하나 그 필요를 채우기 위하여 아무것도 할 수 없는 무능한 상태를 말합니다.

우리는 이 세상과 우리 자신의 삶에서 문제들을 발견합니다.

- 우리는 망연자실하면서 냉정합니다.

- 우리는 어떤 것도 일으키거나 변화시킬 수 없는 아주 작은 믿음을 가지고 있습니다.

- 우리는 피해자처럼 느끼고 있습니다.

- 우리는 아무런 희망도 없고

- 우리는 앞으로 나갈 비전도 힘도 없습니다.

우리는 우리 주변에 어떤 일들이 일어나는지 볼 수 있습니다. 그러나 우리는 어떠한 일을 하거나, 일으킬 능력을 가지고 있지 않습니다.

이 말의 의미는 적들이 우리를 속일 수 있으며, 포로로 잡아서 우리를 뒤로 물러나게 하고 우리의 믿음을 연약하게 할 수 있다는 것입니다. 이것은 우리가 싸우거나 맞서서 일어나지 못하는 곳으로 데려가고 맙니다. 우리, 우리의 도시, 공동체 그리고 가정들 주위의 모든 곳에는 우리 자신을 포함하여 많은 사람들이 잠자는 상태로 떨어져 속임을 당하고 있습니다. 많은 부분에서 우리는 더욱 더 힘이 없음을 느낍니다. 심지어 우리는 교회가 많은 나라들 가운데서 상관이 없는 곳으로부터 영향을 받는 것을 보게 됩니다. 기독교인들은 소망, 힘과 용기를 잃어버리고 있습니다. 다른 말로하면 어둠이 증가할수록 기독교인들은 약해지고 있다는 것입니다.

우리 주변의 어린아이들과 젊은이들이 망가지고 있습니다. 그것에 대해서 우리에게 말해줄 뉴스매체가 필요하지는 않습니다. 우리는 우리 두 눈으로 보고 있습니다. 우리는 가정이 파괴되고, 결혼이 허물어지는 것을 보고 있습니다. 우리 아이들을 위한 가정 교육이 약해지고 있으며 아이들이 지나친 방임으로 인해서 세상적으로 되는 것과 망가지고 있는 것을 보게 됩니다. 우리는 저들을 구해줄 힘이 없는 잃어버린 세대를 보고 있습니다. 이런 상황 속에서, 우리 자신에게 물어보아야 합니다. "그들이 묻되 우리가 어떻게 하여야 하나님의 일을 하오리이까?"

이것이 개인적으로 우리에게 어떤 영향을 끼치는가?
(How Does This Affect Us Personally?)

Week 1 — Lesson 3

이제 이것을 개인적인 관점에서 보기 원합니다. 때가 차면서 사람들의 삶 가운데 어떤 일이 일어날 것인지 살펴보겠습니다.

▶ **연습(Exercise):**

디모데후서 3장 1-5절에서 여러분의 대답을 다시 살펴보겠습니다.

"너는 이것을 알라 말세에 고통하는 때가 이르러 사람들이 자기를 사랑하며 돈을 사랑하며 자랑하며 교만하며 비방하며 부모를 거역하며 감사하지 아니하며 거룩하지 아니하며 무정하며 원통함을 풀지 아니하며 모함하며 절제하지 못하며 사나우며 선한 것을 좋아하지 아니하며 배신하며 조급하며 자만하며 쾌락을 사랑하기를 하나님 사랑하는 것보다 더하며 경건의 모양은 있으나 경건의 능력은 부인하니 이같은 자들에게서 네가 돌아서라"

이것들 중에서 여러분에게 특별히 영향을 주는 것과 힘들게 하는 것은 무엇입니까? _____
_____
_____

여러분은 이것에 대항하여 싸우십니까? 아니면 그냥 순응하고 있습니까? _____
_____
_____

여러분이 여러분의 눈을 열고 성령 안에서 바라보면 시대의 긴박성과 이 세대에 소망없음을 느끼지 않을 수 없게 됩니다. 누가복음 21장 34-36절을 보면서 우리의 심령이 울부짖어 우리를 휘젓게 될 것입니다. "하나님, 이 사악한 세대로부터 우리를 지켜주십시오."

"너희는 스스로 조심하라 그렇지 않으면 방탕함과 술취함과 생활의 염려로 마음이 둔하여지고 뜻밖에 그 날이 덫과 같이 너희에게 임하리라 이 날은 온 지구상에 거하는 모든 사람에게 임하리라"

말씀은 많은 사람들의 믿음이 파선되고 기만에 빠질 것을 우리에게 말해주고 있습니다(딤전1:19). 때가 차면서 하나님과 함께 동행하는 발걸음을 방해하는 강도가 더욱 증가될 것입니다. 그러나 우리는 일어나서 거부하며, 싸워야 할 것입니다.

형제, 자매 여러분, 여기서 말씀드리고 싶은 것은 마지막 날에는 배교가 있을 것이며, 미혹이 있으며, 신앙을 버리는 자들이 있으며, 잠자는 자들이 있고, 하나님으로부터 떠나가는 자들, 짝퉁 신앙생활, 경건의 모양은 있으나 경건의 능력은 부인하게 될 것입니다. 우리는 우리 자신을 위해서 만이 아니라 우리 민족을 위해서 깨어있고, 하나님을 구하기 위해 부르짖어야 합니다.

Lesson 3 — Week 1

▶ **깊이 생각해 보는 시간(Time for Reflection):**

오늘 읽은 문장이나 말씀 가운데서 가장 의미있는 것은 무엇이었습니까?
_____
_____
_____

하나님께서 이것에 대한 응답으로 당신에게 원하시는 것은 무엇입니까?
_____
_____
_____

오늘/이 주에 여러분의 기도제목으로 기도드릴 때, 여러분들은 성령님께서 하시는 말씀이나 여러분을 향한 부르심이 무엇이라고 느낍니까? 그리고 여러분이 직면한 영적 전쟁은 무엇입니까?
_____
_____
_____

▶ **기도의 시간(Time for Prayer):**

오늘 주님과 함께 시간을 보내기 위해서 여러분들이 계속해서 이것들을 간구하시기 바랍니다.

- 깊은 겸손의 수준을 위해서

- 깊은 차원의 회개의 필요를 지속적으로 깨닫게 되도록

- 어둠의 그 어떤 형태의 것이라도 뽑아지기 위해서 부르짖고, 특별히 잠자는 자들을 위해서 기도합시다.

주님께 여러분의 인생길에서 힘을 부어주시고 여러분으로부터 하나님을 가로막는 것들을 지속적으로 찾아내어 여러분의 삶을 통해 하나님의 충만한 생명이 흘러가도록 기도하시기 바랍니다. 또한 하나님께서 여러분 안에 깊은 겸손과 회개가 지속적으로 움직이게 하시도록 기도하시기 바랍니다. 우리는 하나님께서 드러내시기 원하시는 것을 볼 필요가 있습니다. 그래서 적들이 홍수처럼 다가올 때, 우리가 더욱 깊이 그리고 견고하게 그리스도 안에서 설 수 있게 되도록 기도하시기 바랍니다. 여호와는 많은 물(flood) 위에 계시도다(시29:3).

Week 1   Lesson 4

LESSON 4:

깨어남과 일어남, 하나님의 군대
Awaken and Rise up, Army of God

> 시온에서 나팔을 불며 나의 거룩한 산에서 경고의 소리를 질러 이 땅 주민들로 다 떨게 할지니 이는 여호와의 날이 이르게 됨이니라 이제 임박하였으니
>
> 요엘 2:1
>
> 너는 그리스도 예수의 좋은 병사로 나와 함께 고난을 받으라 병사로 복무하는 자는 자기 생활에 얽매이는 자가 하나도 없나니 이는 병사로 모집한 자를 기쁘게 하려 함이라
>
> 디모데후서 2:3-4

우리는 시간이 얼마 남지 않았다는 것을 보고 있습니다; 우리가 사는 이 세상에 정신적인 충격과 혼란 그리고 고난이 증가하고 있습니다; 하늘이 열려지고, 닫히는 것은 실제입니다; 교회로써 우리는 다가오는 시대와 변화를 위해서 아직 준비와 각오가 되어있지 않습니다.

어둠과 빛의 전쟁이 벌어지고 있습니다. 이것은 예수님께서 말씀하신 전쟁입니다. "이기는 자들에게 내가 상급을 주리니." 이것은 우리가 선택하는 전쟁이 아닙니다. 전쟁이 우리를 선택하는 것입니다. 여러분은 돌이킬 수 없습니다. 그리고 이렇게 말할 수도 없습니다. "나는 저런 전투를 원하지 않아. 나는 다른 것을 원해." 잘 들으세요! 전쟁이 여러분을 선택한 것입니다. 때로는 우리에게 후퇴할 수 있는 옵션도 없습니다. 우리는 전진해야 하고, 넘어서야 하는 것입니다.

마지막 때에 군대를 일으키는 부르심
(There is a Call to Raise an Army in These Last Days)

요엘 2:1 "시온에서 나팔을 불며 나의 거룩한 산에서 경고의 소리를 질러 이 땅 주민들로 다 떨게 할지니 이는 여호와의 날이 이르게 됨이니라 이제 임박하였으니"

딤후 2:3-4 "너는 그리스도 예수의 좋은 병사로 나와 함께 고난을 받으라 병사로 복무하는 자는 자기 생활에 얽매이는 자가 하나도 없나니 이는 병사로 모집한 자를 기쁘게 하려 함이라"

전 세계에서 하나님께서 남은 자(군대)를 일으키시고 있습니다. 하나님께서는 이 세상으로부터 구별되어 자신을 내어드린 자들을 부르시고 계시며, 앞에 놓인 시기와, 엄청난 고난과 유혹의 때를 위해서 군대를 준비시키시고, 그들 가운데 하나님이 일하시도록 허락하고 계십니다. 우리는 다가오는 때에 많은 사람들이 타락하고 신앙을 배신하게 되는 것을 볼 것입니다. 우리 주님으로부터 이길 힘을 공급받지 않는다면, 아무도 이 시련을 통과할 수 없습니다. 그러나 하나님께서는 말씀하신 한 사람을 일으키고 계십니다. "오직 자기의 하나님을 아는 백성은 강하여 용맹을 떨치리라"(단11:32). 하나님께서는 열방 가운데 군대를 일으키시고 성령께서 개입하시는

Lesson 4   Week 1

것을 선포할 그릇들을 준비시키고 있습니다. 그리고 하나님께서는 이렇게 약속하셨습니다. "When the enemy shall come in like a flood, the Spirit of the LORD shall lift up a standard against him(KJV) - 원수가 강물처럼 몰려오겠으나, 주님의 영이 그들을 물리치실 것이다(새번역) / 여호와께서 그 기운에 몰려 급히 흐르는 강물 같이 오실 것임이로다(개역개정)"(사59:19). 하나님의 군대가 일어날 것입니다. 할렐루야!

군사에게는 상대방이 있습니다. 그것은 적입니다. 전쟁에서는 더욱 어둠이 드리워지고, 더욱 더 난폭해지고, 전쟁에서 이탈하도록 하며, 파괴하고, 무능하게 만들어 우리를 대항하여 다가오는 많은 영적인 어둠의 세력들이 있습니다.

잠자는 것은 많은 영향을 끼치는 어둠의 영적 세력 가운데 하나입니다. 그 영향 중의 하나는 우리가 그리스도의 권능 가운데 일어나는 것과 하나님의 목적을 진전시키는 것을 지체시켜버립니다. 때가 찰수록, 이 세력이 증가될 것입니다. 인간의 본성은 맞서기 너무 어려운 것이 다가올 때, 후퇴하거나 맞서는 것을 뒤로 미루거나, 취소하거나, 쉬운 일을 먼저 하려는 성향을 가지고 있습니다. 그러나 우리는 우리에게 남아있는 시간이 얼마나 되는지 살펴보아야 할 필요가 있습니다. 사랑하는 여러분, 시간이 늦었습니다. 주님의 날이 목전에 있습니다. 예수님께서는 우리가 반드시 해야 할 것에 대해서 경고하셨습니다.

- 준비되어지도록 (마24:44, 25:10, 눅 12:35, 38, 40-47)

- 깨닫지 못하는 상태에 이르지 않도록 (마24:39, 눅21:34)

- 정신을 바짝 차리고 기도하도록 (막13:33)

▶ **연습(Exercise):**

마태복음 25장 1-13절을 읽으시오.

슬기로운 처녀들과 미련한 처녀들 사이에 무슨 차이점이 있습니까?
_____
_____

미련한 처녀들의 결말은 무엇입니까? _____
_____
_____

기름이 상징하는 것은 무엇입니까? _____
_____
_____

> 그 때에 천국은 마치 등을 들고 신랑을 맞으러 나간 열 처녀와 같다 하리니 그 중의 다섯은 미련하고 다섯은 슬기 있는 자라 미련한 자들은 등을 가지되 기름을 가지지 아니하고 슬기 있는 자들은 그릇에 기름을 담아 등과 함께 가져갔더니 신랑이 더디 오므로 다 졸며 잘새 밤중에 소리가 나되 보라 신랑이로다 맞으러 나오라 하매 이에 그 처녀들이 다 일어나 등을 준비할새 미련한 자들이 슬기 있는 자들에게 이르되 우리 등불이 꺼져가니 너희 기름을 좀 나눠 달라 하거늘 슬기 있는 자들이 대답하여 이르되 우리와 너희가 쓰기에 다 부족할까 하노니 차라리 파는 자들에게 가서 너희 쓸 것을 사라 하니 그들이 사러 간 사이에 신랑이 오므로 준비하였던 자들은 함께 혼인 잔치에 들어가고 문은 닫힌지라 그 후에 남은 처녀들이 와서 이르되 주여 주여 우리에게 열어 주소서 대답하여 이르되 진실로 너희에게 이르노니 내가 너희를 알지 못하노라 하였느니라 그런즉 깨어 있으라 너희는 그 날과 그 때를 알지 못하느니라
>
> 마태복음 25:1-13

Week 1   Lesson 4

미국에서 26살의 한 청년이 새벽 4시에 잠자리에서 일어나 성경을 읽기 시작했습니다. 이 청년은 6시 30분까지 성경을 읽고 기도했습니다. 청년은 큰 도시의 범죄가 극성인 지역에 살고 있었습니다. 이 청년은 같이 살고 있는 다른 청년들과 만나서 예배드리고, 기도하고, 교제하며, 말씀을 같이 읽고, 8시에 직장으로 출근했습니다. 또한 청년은 저녁에 하나님을 향하여 목말라하는 남자와 여자들인 다른 믿음의 사람들과 가정교회를 인도하며 자주 기도하고 교제를 나누었습니다.

기독교인이었던 이 청년은 4년 전에 열린 아프리캠프에서 깨어나고 일어나도록 부름을 받기 시작했습니다. 이 청년의 가슴은 "예!"라고 대답했습니다. 그리고 메시지들을 심각하게 받아들였고, 주님 앞에서 자신의 삶을 거룩하게 구별하고, 자신을 내어드리기 시작했습니다. 주님께서는, 이 청년이 그렇게 했을 때, 그의 삶속의 어떤 것들 즉 인간적인 노력, 숨겨진 우상들과 깊숙이 자리 잡은 사고방식을 드러내셨고 그것들이 벗겨지는 것을 경험케 했습니다.

하나님께서 그 안에서 일하시도록 내어드렸을 때, 이 청년은 오직 하나님만이 하실 수 있는 일들의 증인이 되기 시작했습니다. 기도를 통해 이웃 청년들을 집으로 이끌어 모임을 가졌고, 청년의 가족과 자신의 삶에서 어둠이 물러가도록 구했으며, 자신 주변에 있는 다른 사람들을, 함께 모여 전쟁을 준비하는 남은 자들로 깨우기 시작했습니다.

모든 처녀들은 다 조는 자들이었습니다. 그러나 어떤 시점에 깨우는 소리(wake-up call)가 있었습니다. "신랑이 온다, 깨어나라."

지금 깨어나야 할 때입니다. 지금은 슬기로운 처녀와 미련한 처녀가 나뉘는 때입니다. 어떤 사람들은 변화되지 않을 것입니다. 그들은 어리석고 완고하게 있을 것입니다. 그들은 그들의 길로 계속 갈 것입니다. 데살로니가후서 2장 11절에서 "이러므로 하나님이 미혹의 역사를 그들에게 보내사 거짓 것을 믿게 하심은"이라고 말하고 있습니다.

하나님을 알고, 찾고, 신뢰하는 사람들과 속이고, 기만하고, 잠자고 있는 자들의 차이는 더욱 벌어질 것입니다. 인간의 노력은 이 세상의 문제들을 해결하는데 실패했습니다. 오늘날 우리는 적들이 홍수처럼 밀려오는 것을 봅니다. 적들은 나라를 뒤덮었고, 교회를 뒤덮었으며, 가정과 전 사회를 뒤덮어 버렸습니다. 아주 짧은 순간 동안 우리는 우리의 표준이 낮아지는 것에 직면해 버렸습니다. 적이 홍수처럼 범람할 때; 이것은 우리에게 하나님의 군대가 일어나는 주님을 위한 때라는 것을 말해주고 있는 것입니다. 우리는 좋은 일을 하도록 선택하는 것들에 관한 것이 아니라, 위급한 상황에 처해있는 인류의 문제들을 다루시는 하나님의 방법을 볼 수 있는 곳으로 가기를 원합니다. 우리는 반드시 이렇게 여쭈어야 합니다.

"그들이 묻되 우리가 어떻게 하여야 하나님의 일을 하오리이까?"

하나님은 자신의 백성을 부르신다(God is Calling Out His People)

온 열방에 주님으로부터 구별된 삶을 살고, 깨어있고, 일어나라는 부르심을 받은 남성들과 여성들이 있습니다. 많은 이들이 미적거리고, 한가하게 변명하고 있는 동안에, 많은 사람들이 마지막 때의 군대로 이미 자신들의 자리를 취하는 일을 시작하는 이들이 있습니다. 그들은 대가를 지불하고 이 시대에 그 어떤 귀한 것보다 하나님을 더욱 가치 있는 분으로 여기고 있습니다.

만약 우리가 그릇이 되면 하나님께서 우리를 이 시대에 사용할 것입니다. 우리는 하나님 앞에서 무릎꿇고 이렇게 말해야 합니다. "하나님, 저에게 자비를 배푸소서! 저는 어떤 말씀 속에서 나의 삶이 묘사된 것을 볼 수 있습니다. 지난 며칠 동안 말씀을 읽어왔는데, 저는 유명한 신학을 신뢰하기 원하지 않습니다. 누가 의로운지 증명하는 그 날까지 기다리기 원하지 않습니다. 저는 오늘 시작하기 원합니다. 저의 삶을 위한 것뿐만 아니라, 열방을 위해서입니다. 저는 열방으로 대위임령을 운반하고, 모든 나라를 제자로 삼는 진정한 교회가 되기 원합니다. 주님이 가르치신 것을 열방에 가르쳐 지키게 하러 나가기 원합니다." 우리는 현재의 상황에서 나아가야 하며, 그리고 우리 앞에 직면한 도전들을 위해서 세워지고 준비되도록 우리 자신을 주님 앞에서 포기해야 합니다. 교회인 우리는 부르짖을 필요가 있습니다. "하나님, 어떻게 당신께서 성경에서 하신 것처럼 우리를 통해, 우리 안에 일하실 수 있습니까?"

하나님께서는 군대를 일으키고 계십니다: 말씀을 전파하기 위한 능력을 지닌 군대, 하나님의 진노로부터 도망시키고, 하나님의 군대를 일으키도록 열방에 분명한 경고의 메시지를 전하도록 군대를 일으키고 계십니다. 이 군대는 시간이 얼마 남지 않았다는 것을 알고 있으며, 그들의 사령관의 부름을 위해 모든 것을 드린 자들입니다. 그들은 사심이 없는 자들이며 하나님께서 하나님의 뜻을 그들 가운데 행하시도록 굴복된 그릇들로서 자신을 사용하도록 내어드린 자들입니다.

한때는 여자 사업가였던, 케냐에 있는 한 여자 분께서, 기도하기 위해서 작은 방의 먼지투성이 바닥에 무릎을 꿇었습니다. 그녀는 지난 일 년 동안 기도 가운데 하나님을 찾는 일에 자신을 드림으로써, 그녀를 이끌어주시고, 인도하시는 하나님을 깨닫게 되었고, 그녀가 결코 상상해 본 적이 없는 여러 방식으로 하나님을 만나고 알게 되었습니다. 때로는 낮 시간에 하나님의 목적을 위해서 마을에서 기도하고, 부르짖기 위해서 다른 사람과 함께 한 번에 6-7시간을 모이기도 했습니다. 다른 때에는, 하나님의 공급하심을 위해서 주님을 의지하면서 행정의 은사를 가지고 공동체를 섬겼습니다.

몇 년 전만 해도 그녀는 잠자는 상태에 있었습니다. 마지막 때라는 것을 알지 못하고, 그녀의 부르심과 운명을 의식하지 못하고 살아왔습니다. 그러나 그녀 가슴 속에 채워지지 않는 갈급함으로부터 오는 소용돌이를 경험하게 되었고 마침내 교회와 그녀의 삶에서 영적 실제를 향한 소망을 가지게 되었습니다. 그녀가 하나님을 찾기로 결정했을 때, 하나님께서는 그분의 말씀에 신실하셨고, 그녀에게 가까이 오셔서, 하나님의 나라를 위해서 기도하고 싸우도록 그녀를 깨우고, 일으키고, 가르치셨습니다. 이제 그녀는 하나님께서 그녀가 속한 공동체에 부흥을 가져오는 것을 보고 있으며, 하나님께서 그녀가 이전에는 결코 열수 없었던 문들을 여시는 것을 목격하고 있습니다. 그래서 그녀는 심지어 텔레비전에 출연하여 "경고의 나팔 소리"에 대하여 나눌 수 있게 되었습니다.

유럽에 어느 한 부부의 집으로 한 교사가 다른 성도들과 함께 하기 위해서 10킬로미터를 이동했습니다. 수년 전에 '깨어나라' 책으로 많은 영향을 받았던 남편과 아내는, 저들의 집에 기도의 제단을 세웠고 점차 많은 사람을 이끌고, 모으게 되었습니다.

아들이 깨기 전에, 그들은 기도하고, 말씀을 읽고, 하나님께 자신들을 헌신하기 위해서 오전 4시에 모였습니다. 그런 다음 아이들이 그들과 함께 했고, 근무를 시작하기 전에 기도와 예배를 위해서, 교회의 동료 성도들이 함께 했습니다. 몇 시간 동안 주님을 구하고, 불이 타는 것을 유지하고, 어둠을 밀어내기 위해서 또한 매일 함께 했습니다.

하나님의 목적과 소원에 합하도록 그들의 마음이 깨어나기 전에는, 이들은 전투에 무지했고, 영적 전쟁이 일어나는 것을 의식하지 못하고 교회에 참석만하는 사람들이었습니다. 그러나 하나님께서 그들을 깨우셨고, 도시와 국가에 기도의 수준을 높이고, 사람들의 마음을 하나님께로 돌이키도록 저들을 사용하셨습니다.

우리는 군사로 부름 받았습니다. 당신도 이 군대로 부름 받았습니다. 그것은 혼란스럽고, 방해가 되고, 패배한 군대가 아닙니다. 왜냐하면 주님의 불이 그들과 함께 하기 때문입니다.

Week 1   Lesson 4

▶ **깊이 생각해 보는 시간(Time for Reflection):**

오늘 읽은 문장이나 말씀 가운데서 가장 의미있는 것은 무엇이었습니까?
___
___
___

하나님께서 이것에 대한 응답으로 당신에게 원하시는 것은 무엇입니까?
___
___
___

오늘/이 주에 여러분의 기도제목으로 기도드릴 때, 여러분들은 성령님께서 하시는 말씀이나 여러분을 향한 부르심이 무엇이라고 느낍니까? 그리고 여러분이 직면한 영적 전쟁은 무엇입니까?
___
___
___

▶ **기도의 시간(Time for Prayer):**

오늘 우리는 주님 앞에 한 시간 또는 한 시간 반 정도의 시간을 구별해서 드려야 합니다. 일주일 내내 겸손과 회개의 필요를 가져오도록 시작하기 위해 주님께 기도한 후에 우리는 하나님께서 신실하시다는 것을 믿어야 합니다. 하나님과 시간을 보내십시오. 여러분이 한적한 장소에서 부르짖기 위해 잠시 동안 걷거나 혹은 여러분의 기도의 골방에 머물 필요가 있습니다. 그러나 이 시간은 주님을 위해서 여러분들이 더욱 깊이, 멀리 기도하기 위해서 드려져야 합니다.

우리는 이러한 것들을 보아왔습니다.

- 우리가 행한 것 중 무엇이 하나님의 일을 온전히 성취하지 못하게 했나?
- 세상 사람들은 이 시대의 문제를 해결하기 위한 "해결책"과 도움을 청하기 위해 세상으로 가고 있습니다. 교회로 향하지 않습니다.
- 우리는 열린 하늘 아래에 살고 있지 않습니다.
- 우리는 졸고 있는 상태에 있습니다.

우리는 이러한 것들과 그리고 교회와 우리 자신의 삶의 상태에 대해서 주님께서 우리의 눈을 열어주시는 것을 너무도 많이 보아왔습니다. 우리의 심령이 겸비해지고

Lesson 4 | Week 1

성령께서 하나님의 기준과 관련해서 우리 자신의 삶의 상태에 관하여 확신을 주시고, 더 깊은 단계를 위해서 지속적으로 우리가 울부짖도록 기도해야 합니다. 우리는 주님께서 누구시며 무엇을 하기 원하는지 보도록 간구해야 합니다. 어떻게 보이든 상관 없이 여러분은 더 이상 여러분이 머물러 있는 곳에 있지 않고, 하나님께서 여러분이 되어지도록 원하시는 곳에 있기를 위해 간구하고 기도드려야 합니다. 하나님께서 흘려보내고 싶으신 그릇이 되기를 원해야 합니다. 하나님께서 전 세계를 관통해서 일으키고 계시는 군대의 일부분으로 즉 남은 자가 되도록 간구하십시오.

Week 2.
How Do We Do the Work God Requires?
하나님께서 요구하신 일을 우리가 어떻게 할 것인가?

> **금주의 목표:**
> 이번 주에 우리는
> 1. 선한 일을 하는 것과 하나님의 뜻을 완성하는 것에 대하여 이해하도록
> 2. 하나님의 뜻과 마음이 이루어지도록 우리 자신을 복종하는 것에 대해 나누기 원합니다.

저는 10대에 사역으로 부름 받았다고 느꼈습니다. 저는 그리스도께 모든 것을 포기하고, 사람들의 삶 가운데서 역사하시는 하나님을 보는 큰 부담을 가지고 있었습니다. 저는 대학에서 성경을 공부했으며, 더 많은 훈련을 위해 신학교로 갔습니다.

저는 20대 초반에 교회에서 목회를 시작했습니다. 그 때 하루의 모든 프로그램들을 계획하고 그대로 행했으나 내 마음 가운데는 뚫리지 않는 뭔가가 있었고 그 돌파구를 찾을 수 없어서 좌절하고, 낙담했습니다. 도시에 끼치는 영향력은 미비했으며, 심지어 교회에서의 영향력도 부족했습니다. 여러 차례 교회 안에서 겪은 중독들과, 문제들 그리고 갈등들은 세상에서 본 것들과 같이 심각했습니다. 그러나 저는 희망을 가졌습니다.

15년 동안 저는 성공적인 목회를 위하여 모든 새로운 전략들과 가르침들을 시도했습니다. 컨퍼런스, 도서, CD, 그리고 프로그램에 많은 돈을 썼습니다. 심지어 새로운 예배 스타일을 시도했고, 소그룹 모델들에 새로운 영적인 주안점을 두었습니다. 6개월 혹은 9개월 동안 심지어 1년 간 새로운 프로그램을 시도했습니다. 그런 다음 우리가 처음 시작했던 곳으로 되돌아가고 있다는 것을 깨달았습니다. 우리는 그 어떤 실제적인 길로 나아가지 못했습니다. 우리는 의구심을 느꼈습니다.

저는 결국 모든 희망을 잃어버렸습니다. 저는 사역을 그만두거나 아니면 하나님은 여러분이 보고 있는 성경에서 이루어진 그 일을 할 방법을 저에게 보여주셔야만 했습니다. 저는 엘리야, 엘리사, 모세와 다른 인물들 그리고 그들을 통해서 행하셨던 하나님의 권능을 보았고, 그들의 사명에 대한 분명한 이해, 하나님께서 그들에게 말씀하셨던 방식, 그리고 모든 것으로 그들을 인도하신에 것에 대해서 읽은 것을 기억합니다. 저에게는 그것이 없었습니다. 저는 프로그램을 따라갔지 하나님을 따라간 것이 아니었습니다. 그리고는 성경에서 계시된 하나님을 알기 위해 갈급해졌습니다. 저는 하나님을 따라가기 위해서 완전히 모든 것을 굴복하기 시작했습니다. 저는 성경에서 나타난 하나님을 알지 못한다는 것을 깊이 깨달았습니다. 그래서 저는 하나님을 갈구했습니다. 저는 교회에서 직업을 가지기 위해서도 아니고 교회 프로그램

을 운영하기 위해서가 아니라 어떻게 하나님의 일을 하는지 알기 원했습니다. 저는 알기를 원했습니다. "어떻게 하나님께서 요구하시는 일을 할 것인가?"

하나님께서 저를 다루시기 시작하셨을 때 저는 저의 삶을 하나님께서 이끄시는대로 내어드리기 시작했습니다. 하나님께서는 그의 스스로의 삶과 스스로의 노력을 벗겨 내셨고, 저는 저의 삶을 하나님께 의탁하는 것의 진정한 의미가 무엇인지 알아가기 시작했습니다. 제 자신을 포기하고 하나님을 따르는 시점에서 더 이상 어떤 방법이나 프로그램을 따르지 않았으며 예수님의 성품을 따르게 되었고, 하나님께서 저에게 요구하시는 모든 것을 기꺼이 내려놓았으며, 하나님께서는 제가 결코 경험해 본적이 없는 대단히 큰 사역으로 인도하시기 시작하셨습니다. 이것은 주님의 일이었으며, 하나님께서 문을 여셨고, 통찰력과 계시를 주셨습니다. 그간 흩어져 있던 조각들이 앞으로 갈 하나님의 사역을 위해서 한 곳으로 모아지기 시작했습니다. 그 때 저 스스로의 힘으로는 결코 할 수 없었던 일들을 저를 통해서 이루시는 하나님을 보았습니다. 저는 우리가 삶을 하나님께 드리면 하나님께서는 정말로 우리를 통해서 하나님의 일을 하신다는 사실을 깨닫기 시작했습니다.

— 마크 다니엘 목사

두 번째 주간을 위한 기도 제목들

1. 하나님께서 요구하시는 일을 하기 위해서 무엇을 해야하는가?

2. 하나님께서 보내신 분을 어떻게 신뢰할 수 있는가?

Audio/video link for week 2:

http://worldtrumpet.org/awakening-the-church
(week 2)

Week 2　　Lesson 1

Lesson 1:

하나님의 뜻을 성취하는 것
Fulfilling the will of God

> 예수께서 대답하여 이르시되 하나님께서 보내신 이를 믿는 것이 하나님의 일이니라 하시니
> 요한복음 6:29

요한복음 6장 28절에서 예수님께서 요청을 받으신 질문에 집중해 봅시다. "우리가 어떻게 하여야 하나님의 일을 하오리이까?"

이와 같은 때에, 인간의 지혜가 난처하게 된 시대, 하나님께서 우리에게 요구하신 일을 하기 위해서 우리는 무엇을 반드시 해야 합니까? 이 질문의 근원(해답)으로 다가가기 위해서, 우리는 예수님께서 주신 답을 이해할 필요가 있습니다. 사람들이 예수님께 물었습니다. "어떻게 하여야 하나님의 일을 하오리이까?"(요6:28), 예수님께서 대답하시기를, "하나님께서 보내신 이를 믿는 것이 하나님의 일이니라"(요6:29).

주님께서 우리를 위해 보내신 분을 믿기 위해서, 우리는 반드시 우리가 할 수 있는 최선을 다해 신뢰하고, 따라야 합니다. 예수님께서 하셨던 동일한 방식으로 우리는 하나님을 섬기고 사랑하셨던 예수님의 본보기, 사역, 행위 그리고 생각과 순종을 반드시 따라야 합니다.

어떻게 예수님께서 하나님을 섬기셨습니까? 예수님은 하나님의 뜻을 행하기로 결심하셨습니다 - **온전하게**(마7:21). 예수님께서는 하나님께서 하시는 일을 본 것만 행하셨습니다(요5:19). 예수님께서는 하나님께서 말할 것을 주신 것만 말씀하셨습니다. 이것이 바로 하나님의 일을 하기 위해서 요구되어진 그 무엇인 것입니다.

무엇이 요구되어지는가? (What Is Required?)

하나님이 요구하시는 일을 한다는 것이 어떤 것인지를 알기 위해서는, 우리는 하나님의 일을 그럴듯하게 만들어 보이려는 주제 넘는 어떤 행위들도 포기해야 합니다. 우리 기독교인들의 행위는 비록 그것들이 좋을지라도, 하나님 마음의 소망을 이루어드리기 위해 반드시 필연적인 것은 아닙니다. 이와 같은 추측들을 벗어버리기 시작하면, 우리는 하나님께서 요구하시는 것을 이해하기 위해서 더 가까이 나아가기 시작합니다.

Lesson 1   Week 2

마태복음 7장 21-23절에서 예수님께서 말씀하셨습니다. "나더러 주여 주여 하는 자마다 다 천국에 들어갈 것이 아니요 다만 하늘에 계신 내 아버지의 뜻대로 행하는 자라야 들어가리라 그날에 많은 사람이 나더러 이르되 주여 주여 우리가 주의 이름으로 선지자 노릇하며 주의 이름으로 귀신을 쫓아내며 주의 이름으로 많은 권능을 행하지 아니하였나이까 하리니 그 때에 내가 그들에게 밝히 말하되 내가 너희를 도무지 알지 못하니 불법을 행하는 자들아 내게서 떠나가라 하리라!"

사역에 대한 우리의 단순한 이해 안에서, 이 사람들이 "우리가 주님의 이름으로 사역을 하지 않았습니까?" 우리가 주님을 섬기지 않았습니까? 우리에게 요구하신 일을 하지 않았습니까? 라고 말했습니다. 그러나 주님은 이렇게 말씀하셨습니다. "아니다. 불법을 행하는 자들아 내게서 떠나가라!" 비록 저들이 주의 이름으로 설교하고, 예언하고, 기적을 행했지만 주님은 저들을 불법을 행하는 자들로 생각하셨다는 것입니다. 예수님은 그들이 하나님의 뜻을 행하지 않았기 때문에 천국에 들어갈 수 없다고 말씀하셨습니다.

> 하나님께서 요구하신 과업을 수행하는것은 단지 선한 행위를 하는 것이 아닙니다. 이것은 하나님의 마음의 소원을 성취하는 것 입니다.

> 그들이 무슨 일을 행하든지 하나님께서 그들에게 요구하신 일은 아니라는 것입니다.

예수님께서는 모두가 천국에 들어가는 것이 아니라고 확증하셨습니다. "다만 하늘에 계신 내 아버지의 뜻대로 행하는 자라야 들어가리라"(마7:21). 다른 말로 하면 "내 아버지의 뜻은 하나님 마음의 소망입니다: 하나님께서는 하나님의 뜻이 성취되는 것을 보기 원하시는 동시에 그 뜻이 어떻게(어떤 방식으로) 성취되는지도 보기 원하십니다.

▶ **연습(Exercise):**

선한 행위를 하는 것과 하나님의 뜻을 성취하는 것의 차이는 무엇입니까? _____
_____
_____

하나님의 일을 하는 것은 선한 행위를 하는 것을 말하는 것이 아닙니다. 그것은 아버지 마음의 소망을 성취해드리는 것입니다.

> 하나님의 사역은 어떤 방식으로 단지 어떤 좋은 일을 하는 것이 아니라, 하나님의 방식으로 하나님의 뜻을 행하는 것입니다.

여호수아 1장을 읽으시오.

Week 2　　　　Lesson 1

하나님께서는 완수하셔야 할 분명하신 뜻과 사명을 가지고 계셨습니까(3-5절)? _____

그것은 무엇이었습니까? _____
_____
_____

만약 여호수아가 하나님께서 요구하셨던 것이 아닌 다른 어떤 것을 했더라면 결과는 무엇이 되었을까요? _____
_____
_____

주님은 어떻게 이 일을 해야 할 지에 대한 분명한 길을 이스라엘 사람들에게 주셨습니까 (6-9절)? _____ 그것은 무엇이었습니까? _____
_____
_____

이스라엘 사람들이 하나님께서 맡겨주신 사명을 하나님의 뜻에 합당하게 그리고 하나님의 방식으로 행했을 때 결과는 무엇이었습니까(수21:43-45)? _____
_____
_____

> 여호와께서 그들의 주위에 안식을 주셨으되 그 조상들에게 맹세하신 대로 하셨으므로 그들의 모든 원수들 중에 그들과 맞선 자가 하나도 없었으니 이는 여호와께서 그들의 모든 원수들을 그들의 손에 넘겨 주셨음이니라 여호와께서 이스라엘 족속에게 말씀하신 선한 말씀이 하나도 남음이 없이 다 응하였더라
>
> 여호수아 21:43-45

하나님께서는 여호수아에게 약속의 땅으로 가서, 취하라는 사명을 주셨습니다. 하나님께서는 어떻게 그것을 행할지를 말씀하셨고, 하나님께서 여호수아의 발이 밟는 땅을 여호수아에게 주시기로 약속하셨습니다. 하나님께서는 모세와 함께 하셨던 것처럼 여호수아와 함께 하시겠다고 약속하셨습니다. 왜냐하면 여호수아와 이스라엘 백성들이 주님께서 명령하신 것을 행했기 때문입니다. "모든 원수들 중에 그들과 맞선 자가 하나도 없었으니" 그리고 "여호와께서 이스라엘 족속에게 말씀하신 선한 말씀이 하나도 남음이 없이 다 응하였더라"(수21:43-45).

> 하나님께서 요구하시는 일은 리더십의 입장에서 하나님을 섬기는 것을 말하는 것이 아닙니다. 그것은 하나님 마음의 소망을 깨닫는 것이며, 복종하며, 성취하는 것입니다.

사무엘상 15장을 읽으시오.

하나님께서는 사울에게 무엇을 요구하셨습니까(1-3절)? _____
_____
_____

사울은 하나님을 위해 일을 했습니까? ___ 그것은 하나님께서 요구하신 것이었습니까? ___
_____

사울이 하나님을 위해 한 일에 대한 하나님의 반응은 무엇이었습니까(11절)? _____
_____
_____

사울의 인간적인 생각은 주님께서 주신 지시를 온전하게 따라갔다고 느꼈습니다. 우리들 중 많은 사람이 같은 일을 합니다. 아마도 올바르게 행했다고 느낄 것입니다. 그러나 사울은 하나님의 말씀에 순종하지 않았고 하나님께서 주신 사명을 완수하지 않았습니다. 그래서 왕국이 그에게서 취해져서 다른 이에게 넘겨진 것입니다.

> 하나님의 일은 단지 인간적인 생각을 사용하거나, 사역을 하기 위한 노력을 하는 것이 아닙니다. 그것은 하나님의 음성을 듣는 것이며, 하나님께서 주신 지시를 따르는 것입니다.

사사기 7장1-8절, 16-25절을 읽으시오.

하나님께서 기드온과 그의 군사들에게 주신 지시는 무엇이었습니까(3-7절, 16-20절)?
_____
_____
_____

이 지시 사항은 명확했습니까? _____ 기드온은 그것들을 따랐습니까? _____
결과는 무엇이었습니까(22절, 삿8:28절)? _____
_____
_____

하나님께서는 기드온에게 매우 분명하고 특별한 지시를 주셨고, 기드온과 그의 군사들은 주님을 신뢰했으며, 정확하게 그 지시사항을 따라갔습니다. 비록 군대의 규모를 300명으로 줄이는 것이 인간의 이성으로는 이해할 수 없었지만, 그들은 그렇게 행했습니다. 비록 나팔과 항아리를 들고 전투에 참석하는 것이 어리석어 보였지만, 저들은 주님께서 승리를 가져오실 것을 바라보았습니다. 하나님께 순종하고, 하나님께서 그들에게 말씀하신 것을 정확하게 행함으로 300명의 작은 군대가 135,000명의 군대를 패퇴시켰습니다.

하나님의 뜻을 행하기 (Doing the Will of God)

Week 2　　Lesson 1

우리는 하나님을 위한 활동들을 그저 행하려고 하는 것이 아니며 또는 하나님을 섬기려고 우리가 할 수 있는 최선을 시도하는 것이 아닌 자리로 나아왔습니다. 하지만 우리는 하나님의 뜻을 행하기를 원하며, 하나님의 마음을 알기 원하고, 하나님 마음의 소망을 성취하기 원하는 것입니다. 다른 것을 하는 것은 받아들여질 수 없습니다.

여호수아는 하나님이 말씀하신 것을 정확하게 행했습니다. 그는 기도했으며, 그의 마음 안에 두려움과 낙심을 받아들이지 않았고, 여호수아는 말씀을 깊이 숙고했으며, 사람들 앞에서 그 일들을 지켜나갔습니다. 사울은 그렇게 하지 않았습니다. 사울이 행했던 일은 작은 것처럼 보였습니다. 이것은 우리가 행하는 많은 일들 가운데 아마도 아무 일도 아닌 것으로 보일 수도 있습니다. 사울은 하나님께서 말씀하신 것을 온전히 순종하지 않았으며, 자신의 방식으로 일을 행했고 자신의 생각들을 따랐습니다. 그러나 그가 행한 일은 그의 권한 밖의 일이었습니다. 하나님께서 말씀하셨습니다. "여호와께서 그의 마음에 맞는 사람을 구하여"(삼상 13:14), 그리고 하나님께서는 사울로부터 왕국을 취하여 다윗에게 주었습니다.

> 지금은 왕의 나라가 길지 못할 것이라 여호와께서 왕에게 명령하신 바를 왕이 지키지 아니하였으므로 여호와께서 그의 마음에 맞는 사람을 구하여 여호와께서 그를 그의 백성의 지도자로 삼으셨느니라 하고
>
> 사무엘상 13:14

▶ **깊이 생각해 보는 시간(Time for Reflection):**

오늘 읽은 문장이나 말씀 가운데서 가장 의미있는 것은 무엇이었습니까?
___
___
___

하나님께서 이것에 대한 응답으로 당신에게 원하시는 것은 무엇입니까?
___
___
___

오늘/이 주에 여러분의 기도제목으로 기도드릴 때, 여러분들은 성령님께서 하시는 말씀이나 여러분을 향한 부르심이 무엇이라고 느낍니까? 그리고 여러분이 직면한 영적 전쟁은 무엇입니까?
___
___
___

▶ **기도의 시간(Time for Prayer):**

우리가 어떻게 하여야 하나님의 일을 하오리이까? 주님께 여러분의 눈이 열리도록 그

리고 여러분의 이해를 위해 간구하십시오. 좋은 행위를 하는 것과 하나님 마음의 소원을 성취하는 것 사이에서 여러분의 마음 가운데 확연히 구별되기 시작하도록 간구하십시오. 보좌 앞에서 겸손과 그리고 뉘우침 가운데, 하나님께서 보내신 예수님을 믿기 위한, 이 질문의 "정답"안에서 걷는 법을 당신에게 보여 달라고 주님께 간구하시기 바랍니다.

Week 2   Lesson 2

LESSON 2:
하나님 마음의 소원이 드러나도록 하나님께 간구하는 것
Asking God to Reveal His Heart's Desires

> 하나님 마음의 소원을 이루기 위해서 중요한 것은 단지 좋은 일을 하거나, 옳은 행위를 하는 것이 아닙니다.

하나님은 일하십니다. 하나님은 사명을 가지고 계십니다. 만약 여러분과 제가 하나님의 마음 아는 것을 추구하지 않는다 해도, 그것이 하나님께서 하나님의 일을 하시는 것이나 하나님께서 원하시는 일의 성취를 막을 수는 없습니다. 그러나 이로 인해서 우리가 열매를 맺고, 효율적으로 성취하는 것으로부터 방해가 될 것입니다.

그러므로 우리는 하나님 마음의 울부짖음을 무시해서는 안 됩니다. 이것은 하나님의 종으로서 하나님의 마음의 소원을 우리의 목적으로 삼고, 하나님의 사명이 성취되는 것을 보기 원하는 우리의 도리입니다. 우리는 하나님의 뜻(목적들, 목표들, 소원들)이 실현되도록 적극적으로 나설 필요가 있으며 또한 우리가 하는 다른 모든 일들이 하나님의 진정한 일로부터 우리를 멀어지게 할 수 있다는 것입니다. 우리는 그저 우리의 여정에 다가오는 유행들, 방식들 또는 최신의 프로그램들을 따라서 삶을 항해할 여유가 없습니다. 우리는 하나님의 마음과 사명과 방식들을 갈망하고, 간구해야 할 필요가 있습니다.

하나님 마음의 소원을 이루기 위해서 중요한 것은 단지 좋은 일을 하거나, 옳은 행위를 하는 것이 아닙니다.

▶ **연습(Exercise):**

고린도전서 3장 10-15절을 읽으시오.

어떻게 하나님의 일이 행해져야만 합니까(10절)? _____
_____
_____

일을 하는 옳은 방식과 잘못된 방식이 있습니까? _____
결과는 무엇입니까? _____
_____
_____

이 본문에서 강조하는 것은 우리가 하는 공적이 마지막 날에 시험을 당하기 때문에 하나님을 섬김에 있어서 무슨 일을 하든지 신중해야 한다는 것입니다. 우리가 행한 일들의 질을 테스트 받기 위해서 불을 통과해 지나가게 될 것입니다. 어떤 공적은 남아 있지 않게 될 것이고, 남아 있지 않는 공적을 이룬 사람들은 잃어버리는 고통을 당하게 되며, 일한 인생의 시간들은 헛된 것이 될 것입니다. 다른 공적들은 남아 있을 것이며, 이 사람들은 상급을 받게 될 것입니다.

인간의 방식들과 하나님의 방식들 (Man's Ways Versus God's Ways)

많은 경우에 우리는 우리의 문화가 해온 방식으로 그저 일을 합니다. 우리는 얼마나 자주 우리 문화의 방식들을 채용하는지 깨닫지 못합니다. 이것들은 하나님의 방식이 아니며 하나님께서 받아주실 수도 없는 것입니다. 우리는 많은 시간 사람들이 하는 방식으로 일을 해왔습니다. 그러나 이것은 열매도 많지 않고, 마지막 때에 견딜 수조차도 없는 것입니다. 인간의 방식들과 하나님의 방식들의 차이를 살펴보겠습니다.

인간의 방식 Man's Way	하나님의 방식 God's Way
• 자아를 신뢰함, 자립적임, 자급자족	• 하나님을 의지하고 신뢰함
• 규제하기를 원함, 자신의 방식으로 일을 행함	• 하나님의 필요를 봄
• 욕구가 많은 정신을 가짐	• 통치권 이양, 하나님의 신뢰, 하나님의 뜻을 원하고 바람
• 시간, 일들, 자신에 대해 방어적임	• 자신의 권리를 기꺼이 내려놓으려고 함
• 인정받고 찬성되는 것에 이끌림	• 덕스러운 가슴과 정신을 지님
• 승진하지 못할 때 상처를 받음	• 자아 부정, 이웃을 섬기고, 자신을 내어줌
• 하나님을 위해서 무엇을 할 수 있는지를 생각함	• 하나님을 기쁘게 하기 원함
• 자신이 얼마나 아는 것에 대한 확신을 느낌	• 하나님 섬기는 것에 감격하고 다른 사람과 칭찬을 나눔
• 더 성공하기 위해 하나님을 원함	• 다른 사람이 높아질 때 기뻐함
• 자신의 이미지를 지키기 위해 일함	• 하나님의 일을 할 수 없다는 것을 깨달음(오직 하나님이 하시고, 하나님을 전적으로 의지함)
• 남의 시선을 많이 의식함	• 그가 얼마나 많이 배워야 할 필요가 있는지 알고, 하나님을 갈망함
• 자신과 남을 비교함(나는 그렇게 나쁘지 않아)	
• 자신의 능력으로 일 하는 것을 추구함	• 그의 소유가 아닌 하나님의 얼굴을 구함
• 하나님과 시간을 많이 보내지 않음	• 그러한 척 시도하지 않음
• 기도와 말씀 가운데 시간을 많이 보내지 않음	• 자신을 걱정하지 않음
• 하나님 마음의 소망에 대해서 가슴 아프지 않음	• 자신을 하나님과 비교함
• 하나님의 부담을 지지 않음	• 하나님을 떠나 아무것도 할 수 없다는 것을 앎
	• 기도와 말씀 안에서 시간을 보냄
	• 하나님의 부담을 짊어질 때 가슴이 깨어짐

▶ **연습(Exercise):**

인간의 방식으로 행해지는 사역에 대해 자신의 말로 써보시오: _____

_____
_____

하나님의 방식으로 행해지는 사역에 대해 자신의 말로 써보시오: _____
_____
_____

"하나님이 요구하시는 일을 하기 위해서 우리는 무엇을 해야 합니까?"

하나님이 당신에게 무엇을 요구하시는지 알기 위해 추구하는 것
(Seeking to Know What God Requires of You)

해답을 찾으려고 진정으로 갈구하는 한 사람으로써, 여러분 심령의 깊은 곳으로부터 이 질문을 여러분 자신에게 물어보시기 바랍니다. "우리가 어떻게 하여야 하나님의 일을 하오리이까?" 이 질문이 여러분의 질문이 되도록 합시다. 이 질문이 여러분의 심장에 진정한 탐구가 되도록 합시다. 하나님께서 원하시는 것이 무엇인지 여러분에게 가르쳐 줄 다른 어떤 사람이나 설교자를 기다리지 마십시오. "이것이 정확하게 하나님께서 여러분을 위해 요구하시는 것입니다", 아무도 여러분에게 말해주지 않을 것이며, 이 공부는 끝나게 될 것입니다. 그러나 만약 여러분들이 이 질문을 개인적인 것으로 취하고, 여러분이 전심으로 주님께 간구하면, 하나님께서는 진정으로 무엇을 당신에게 요구하시는지 말씀하시기 시작하실 것입니다.

사랑하는 여러분, 때가 차면, 하나님께서 열방 가운데 새로운 일을 행하실 것입니다. 그것은 우리가 꿈꾸고, 그림을 그리는 방식으로 다가오지 않을 것입니다. 그것은 우리가 생각하는 그러한 방식으로 시작되지 않을 것입니다. 그렇기 때문에 우리는 현실에 안주할 여유가 없는 것입니다. 우리는 찾으려고 해야 합니다. 하나님께 하나님의 소원과 목적을 드러내 달라고 하나님께 부르짖어야 하는 것입니다.

예수님은 말씀하셨습니다.

- 겸손한 자에게 하나님 나라의 비밀을 드러내시는 아버지 하나님을 기뻐하셨습니다 (눅10:21)

- "나를 보내신 아버지께서 이끌지 아니하시면 아무도 내게 올 수 없으니"(요6:44)

- "그들이 다 하나님의 가르치심을 받으리라"(요6:45)

그래서 우리 가슴의 울부짖음은 이러해야 합니다. "주님 만약 주님이 저를 이끄시지 않으시면, 저는 이 움직임을 놓쳐버릴 것입니다. 저는 스스로 그곳에 이를 수 없습니다. 저는 그것이 어떻게 시작하는지 깨달을 수도 없습니다. 아버지, 나의 가슴이 주님과 함께 하게 하십시오. 저는 모든 것을 내려놓습니다. 그래서 저는 주님이 무엇을 원하시는지 잡을 수 있습니다."

Lesson 2 Week 2

여기에서 공부한 것을 요약하면, 열방이 어둠 가운데 있고 소망이 없는 것처럼 보일 때에도, 하나님 아버지께서는 잠자지 않으십니다. 하나님은 일하십니다. 하나님은 하나님을 갈망하며 자신을 하나님께 드리고, 하나님의 뜻과 하나님의 선하신 목적이 성취되는 일에 자신을 순복한 자들에게 하나님의 마음과 일과 사명을 드러내는 것을 기뻐하십니다.

> ▶ **깊이 생각해 보는 시간(Time for Reflection):**
>
> 오늘 읽은 문장이나 말씀 가운데서 가장 의미있는 것은 무엇이었습니까?
> _____
> _____
>
> 하나님께서 이것에 대한 응답으로 당신에게 원하시는 것은 무엇입니까?
> _____
> _____
>
> 오늘/이 주에 여러분의 기도제목으로 기도드릴 때, 여러분들은 성령님께서 하시는 말씀이나 여러분을 향한 부르심이 무엇이라고 느낍니까? 그리고 여러분이 직면한 영적 전쟁은 무엇입니까?
> _____
> _____

▶ **기도의 시간(Time for Prayer):**

1시간 동안 주님을 구하십시오. 어제부터 기도를 계속한, "하나님이 요구하시는 일을 우리가 하기 위해서 우리는 무엇을 해야 합니까?"라고 성령님께서 이 질문에 정답으로 더 가까이 인도하시도록 기대하십시오. 하나님께 여러분이 진정으로 "하나님이 보내신 분을 믿는 것"으로부터 여러분을 방해하는 것을 드러내기 시작하도록 하나님께 간구하십시오. 이 질문과 아래의 질문을 다루시기 시작하실 것입니다.

성령께서 여러분에 무엇을 드러내십니까? _____
_____
_____

여러분을 힘들게 하는 것은 무엇입니까? _____
_____
_____

Week 2   Lesson 3

LESSON 3:

예수님은 어떻게 하나님이 원하시는 것을 행하셨습니까?
How Did Jesus Do the Work That God Required?

간증 (Testimony)

수년 전에, 하나님께서 우간다를 통하여 열방이 회개하도록 부르시기 위해 WTM(World Trumpet Mission) 사역이 동, 서, 남, 북으로 퍼져나갈 것을 저에게 약속하셨습니다. 열방이 기도하고 회개하도록 부르는 것은 인간이 또는 사역이 할 수 있는 일이 아닙니다. 이것은 오직 하나님만이 하실 수 있는 일입니다.

순종 가운데, 우리는 이 나라의 모든 목회자들이 함께 모이도록 초청해서 우리에게 주어진 하나님의 지시를 나누려고 했으나 아주 적은 수의 목회자들만이 화답했습니다. 우리는 정부의 공직자들과 높은 위치에 있는 다른 분들에게 우리가 받은 주님의 말씀을 나누기 위해서 편지를 드렸습니다. 다시금 아주 적은 수만 호응을 했습니다.

저는 하나님께서 우리를 통하여 이루시고자 하는 사명이 있으시다는 것을 알고 있었습니다. 그러나 우리가 그 사명을 완수하지 못하는 것을 보면서, 저는 중보자들이 함께 하도록 초청했습니다. 그리고 이렇게 말했습니다. "우리는 스스로 겸비해져야 합니다. 그리고 이 일에 왜 진전이 없는지에 대해서 하나님께 구해야 합니다."

중보자들과 함께 주님의 마음을 구하기로 한 날, 저의 아침 기도시간에 주님께서 말씀하셨습니다. "너는 너의 모임에 갈 수 있다. 그러나 네가 나에게 모든 것을 순복하지 않으면 나는 너와 함께 가지 않을 것이다." 이 말씀이 저를 대단히 당혹스럽게 했습니다! 저는 제가 이미 할 수 있는 모든 것을 하나님께 양도했다고 생각을 했습니다. 아니 저는 그렇다고 알고 있었습니다. 그러나 시간이 흐르면서, 저는 하나님께서 저에게 요구하신 것의 실천을 늦추고 있었습니다. 그러므로 "모든 것에 순복하지 않으면 저와 함께 가지 않으시겠다."라고 하나님께서 말씀하신 의미를 저는 알고 있었습니다.

저는 회의 전에 기도로 시간을 보내기 위해서 몇 시간 일찍 도착했습니다. 제가 주님 앞에 머물고 있을 때, 주님은 저에게 보여주셨습니다. "너의 가정을 나에게 맡기렴. 너의 가정에서 무슨 일이 발생하든지 상관없이, 너는 반드시 나를 섬겨야 한다." 그 기도 시간 동안 주님께서는 양도해야 할 많은 것들을 저에게 보여주셨습니다. 저는 하나님께서 저의 사역과 명성, 가정을 내려놓아야 할 필요를 저에게 보여주실 때, 저는 4-5시간 동안 울며, 부르짖는 시간을 보냈습니다. 무슨 일이 벌어지든지 또는 제가 지불해야 할 대가가 무엇이든지 간에 저는 모든 것을 내려놓아야 했습니다.

그날, 주님께서 저에게 요구하신, 제 능력으로 할 수 있는 최상의 것들을 포함한 모든 것을 저는 포기했으며, 양도해 드렸습니다. 저는 모임에 늦게 갔습니다. 그리고 장기 금식에 들어가야 할 필요가 있다고 느낀 것을 나누었습니다. 금식 기간 동안에 이 나라의 문이 열리고, 기도가 일어나고, 회개가 터져 나오도록 도와 달라고 주님께 울부짖었습니다. 1주일도 채 지나기 전에, 이 소식이 널리 퍼져서 전국에서 거의 10,000명의 사람들이 기도와 금식으로 우리와 함께 하기 시작했습니다. 짧은 시간 동안에, 대통령실에서 우리에게 연락을 해왔으며, 목사님들은 서로 전화하기 시작하셨고, 함께 모이게 되었습니다. 그리고 이 일이 사회의 모든 분야로 확산되었습니다.

몇 년 뒤에, 우리는 이전에 가졌던 모임과 비슷한 성격의 모임인 회개를 위한 국가적인 부르심의 시간을 14일 동안 가졌습니다. 국회의원들과 법관들, 경찰관들, 사업가들이 - 사회 모든 분야에서 - 함께 모여, 그들의 죄와 국가의 죄들을 위한 회개의 시간을 보냈습니다. 다른 지방에서 온 사람들은 종족의 문제들을 위해서 회개했습니다. 대통령도 우간다 국기를 중보자들에게 건네주면서 우간다가 기독교 국가가 되었다고 선언해버렸습니다. 우리 사역팀은 우리의 힘으로는 결코 할 수 없었던 일일지라도 하나님은 이루신다는 사실을 똑똑히 보았습니다. 하나님께서 우리에게 주시는 말씀을 경청하고, 순종하는 이 세월들을 통해서, 우리는 위대한 교훈을 배웠습니다. 당신은 하나님의 일을 할 수 없습니다. 오직 하나님께서 여러분을 통해서 그것을 행하십니다.

— 존 물린디 목사

> 여러분은 하나님의 과업을 수행할 수 없습니다. 오직 하나님께서 여러분을 통해 일하실 수 있는 것입니다.
> -존 물린디 목사-

예수님께서 우리에게 주신 본보기 (The Example Jesus Gave Us)

하나님을 섬기는 것이 무엇을 의미하는지 예수님으로부터 배워봅시다. 요한복음에서 예수님께서는 하나님이 어떻게 일하시는지 우리에게 가르치셨습니다. 오직 하나님께서 하신 일을 본 것만 행함으로(요5:19), 예수님은 하나님 아버지를 섬겼으며 그리고 오직 아버지께서 예수님에게 말하라고 이르신 것만 말씀하셨습니다(요12:49-50). 예수님의 일에 관하여 하나님으로부터 직접 온 두 개의 증언이 있습니다. "이는 내 사랑하는 아들이요: 내 기뻐하는 자라 하시니라"(마3:17, 17:5). 하나님께서는 하나님의 일을 그의 아들을 통해서 하셨습니다; 예수님께서는 자신을 위해서(for Him) 일을 하지 않으셨습니다. 예수님께서는 이것을 이해하고 계셨습니다. 예수님께서는 아버지께 스스로 포기되어지셨습니다. 포기되심으로 하나님께서 쉽게 사용

Week 2　　Lesson 3

하시는 그릇으로 만들어졌습니다.

예수님은 어떻게 하나님을 섬기셨고, 어떻게 하나님이 요구하시는 일을 하셨습니까? 요한복음 5장 17절에 "예수께서 그들에게 이르시되 내 아버지께서 이제까지 일하시니 나도 일한다 하시매."라고 말씀하고 있습니다.

하나님은 항상 일하십니다. 하나님께서는 하나님의 일을 끝내시기로 결정하셨습니다. 그리고 하나님께서는 여러분이 그 일의 한 부분을 감당하도록 초청하십니다. 그러나 여러분은 하나님을 위해서 일을 할 수 없습니다. 오직 하나님께서 여러분을 통하여 일을 하실 수 있습니다.

▶ **연습(Exercise):**

요한복음 5장 19절을 읽으시오;

"그러므로 예수께서 그들에게 이르시되 내가 진실로 진실로 너희에게 이르노니 아들이 아버지께서 하시는 일을 보지 않고는 아무 것도 스스로 할 수 없나니 아버지께서 행하시는 그것을 아들도 그와 같이 행하느니라"

예수님께서는 스스로 무엇을 하실 수 있습니까? _____
_____

예수님께서는 무엇을 하셨습니까? _____
_____

예수님은 단지 활동만 하신 것이 아닙니다. 예수님은 하나님 마음의 소원과 깊은 조화를 이루셨습니다. 예수님께서는 하나님께서 하라고 부여하신 일을 마치기 위한 하나의 미션을 수행하고 계셨습니다. 그리고 예수님께서는 그냥 아무렇게나 일을 하지 않으셨습니다. 예수님께서는 아버지께서 그에게 말씀하신 것과 어떻게 하라고 그에게 지시하신 것만 하셨습니다.

▶ **연습(Exercise):**

하나님의 일을 향한 주님의 마음을 보겠습니다. 아래의 본문에서 주님의 마음에 관하여 여러분들이 파악한 핵심 단어에 원을 그리겠습니다.

요 4:34　"예수께서 이르시되 나의 양식은 나를 보내신 이의 뜻을 행하며 그의 일을 온전히 이루는 이것이니라"

요 6:38　"내가 하늘에서 내려온 것은 내 뜻을 행하려 함이 아니요 나를 보내신 이의 뜻을 행하려 함이니라"

요 14:31　"오직 내가 아버지를 사랑하는 것과 아버지께서 명하신 대로 행하는 것을 세상이 알게 하려 함이로라 일어나라 여기를 떠나자 하시니라"

요 17:4 "아버지께서 내게 하라고 주신 일을 내가 이루어 아버지를 이 세상에서 영화롭게 하였사오니"

다음에 언급되는 문장이 옳다면 T(true), 틀리다면 F(false)를 표시하시오.

_____ 나는 하나님을 섬기기 위해서 내가 원하는 것을 하기로 결정한다.

_____ 하나님은 나를 통하여 일을 하신다. 나는 그분의 일을 할 수가 없다.

_____ 하나님은 이 세대에 완수하려고 하시는 사명을 가지고 계신다.

_____ 나는 하나님을 구하며 그의 마음을 가진 다음에 나 자신을 하나님의 사명에 맞춘다.

예수님의 마음은 단지 어떤 사역의 활동을 하거나 좋은 행위를 하는 것이 아닙니다. 주님의 마음은 아버지의 뜻을 이루어드리는 것과 아버지께서 예수님에게 하라고 주신 일을 완수하는 것에 불타고 있습니다.

> 예수님의 마음은 단지 어떤 사역의 활동을 하거나 좋은 행위를 하는 것이 아닙니다. 주님의 마음은 아버지의 뜻을 이루어드리는 것과 아버지께서 예수님에게 하라고 주신 일을 완수하는 것에 불타고 있습니다.

하나님은 그의 일을 우리에게 드러내실 것입니다
(God Will Reveal His Work to Us)

▶ **연습(Exercise):**

요한복음 5장 20절을 읽으시오;

"아버지께서 아들을 사랑하사 자기가 행하시는 것을 다 아들에게 보이시고 또 그보다 더 큰 일을 보이사 너희로 놀랍게 여기게 하시리라"

하나님 아버지께서는 예수님과 같은 마음을 지닌 자들에게 어떻게 반응하실까요? _____
_____

예수님께서 말씀하셨습니다. "아버지께서 나를 사랑하신 것 같이 나도 너희를 사랑하였으니"(요15:9). 만약 아버지께서 예수님을 이런 방식으로 사랑하셨다면, 예수님도 같은 방식으로 우리를 사랑하십니다. **하나님은 하나님을 구하는 자들에게 하나님의 일을 나타내실 것입니다.** 예수님은 하나님의 일을 우리에게 나타내실 때, 아버지 마음의 소원을 전달하실 때, 하나님께서 원하시는 것을 할 수 있도록 우리에게 권세와 능력, 힘을 부어주실 때 기뻐하십니다.

주님은 일하십니다. 때가 점점 차오는 이 시대에도, 주님께서는 단지 앉아서 바라만 보고 계시지 않습니다. 주님은 일하십니다. 주님은 사명이 있으십니다. 하나님에게는 성취해야할 목표가 있습니다. 우리를 통하여 일하시는 하나님을 위하여 우리의 삶을 기꺼이 드릴 수 있습니까?

Week 2 | Lesson 3

▶ 깊이 생각해 보는 시간(Time for Reflection):

오늘 읽은 문장이나 말씀 가운데서 가장 의미있는 것은 무엇이었습니까?
_____
_____
_____

하나님께서 이것에 대한 응답으로 당신에게 원하시는 것은 무엇입니까?
_____
_____
_____

오늘/이 주에 여러분의 기도제목으로 기도드릴 때, 여러분들은 성령님께서 하시는 말씀이나 여러분을 향한 부르심이 무엇이라고 느낍니까? 그리고 여러분이 직면한 영적 전쟁은 무엇입니까?
_____
_____
_____
_____

▶ 기도의 시간(Time for Prayer):

• 여러분의 마음이 하나님이 마음으로 인해 불타오르고 있습니까?

• 여러분의 마음이 하나님의 사명으로 인해 불타오르고 있습니까?

그렇지 않다면, 하나님의 사명에 동참하는 것으로부터 여러분을 방해하는 것은 무엇입니까? 주님께 여러분의 마음을 살피시도록 간구하시기 바랍니다. 여러분 자신을 성령님께 겸손히 열어드리고, 여러분들이 하나님의 소망을 추구하지 못하도록 그리고 하나님께서 주신 사명을 완수하지 못하도록 붙잡고 있는 무엇인가를 하나님께서 조명하여 드러내시도록 내어드리시기 바랍니다. 성령님께서 무엇을 보여주시는지 아래에 적어보시기 바랍니다.
_____
_____
_____
_____
_____
_____
_____
_____

LESSON 4:

단지 선한 일로서가 아니라, 어떻게 사역을 할 수 있을까?
How Do We Do Ministry and Not Just Good Works?

성경은 하나님께서 요구하신 사역으로서의 일은 사람들이 하는 단순히 선한 행위들 - 복음을 설교하고, 가난한 자들을 먹이고, 벗은 자를 입히고, 학교와 병원을 짓는 등등 - 이 아니라고 말씀하고 있습니다(마7:21-23). 이러한 행위들이 사역일 수도 있습니다. 그것들은 하나님께서 요구하신 일들과 행위들이 될 수도 있습니다. 하지만, 우리가 일반적으로 사역이라고 생각하는 이런 일들을 단순히 행하는 것이 하나님이 생각하시는 "사역"으로 간주될 수는 없습니다.

예수님은 말씀하셨습니다. "나더러 주여 주여 하는 자마다 다 천국에 들어갈 것이 아니요 다만 하늘에 계신 내 아버지의 뜻대로 행하는 자라야 들어가리라"(마7:21). 다른 말로 하면, 그들이 그날에 주님께 와서 말합니다. "주님! 우리가 주님의 이름으로 예언했습니다. 우리는 주님의 이름으로 기적을 행했습니다. 주님의 이름으로 설교를 했습니다." 이런 일들이 사역입니까? 우리는 그렇게 생각합니다. 그러나 예수님은 이렇게 말씀하셨습니다. "불법을 행하는 자들아 내게서 떠나가라."

무엇이 "사역" 입니까? (What Is "Ministry"?)

사역은 단순한 선한 행위들이 아닙니다. 사역은 하나님 마음의 소원을 행하는 것입니다. 예수님은 이것을 "하나님의 뜻"으로 부르셨습니다. 이 공부의 마지막에 우리가 해결해야 할 필요가 있는 핵심 질문은 "이 세대와 때에 하나님은 무엇을 요구하시는가?"입니다.

이와 같은 질문을 깊이 생각해 볼 때, 우리는 역사상 다른 때에는 하나님께서 다른 일들을 소망하고 계신다는 것을 깨닫게 됩니다.

- 인류가 피조물을 다스리게 하는 것

- 이스라엘이 세계의 열방 가운데 하나님을 드러내게 하는 것

> 나더러 주여 주여 하는 자마다 다 천국에 들어갈 것이 아니요 다만 하늘에 계신 내 아버지의 뜻대로 행하는 자라야 들어가리라 그 날에 많은 사람이 나더러 이르되 주여 주여 우리가 주의 이름으로 선지자 노릇 하며 주의 이름으로 귀신을 쫓아 내며 주의 이름으로 많은 권능을 행하지 아니하였나이까 하리니 그 때에 내가 그들에게 밝히 말하되 내가 너희를 도무지 알지 못하니 불법을 행하는 자들아 내게서 떠나가라 하리라
>
> 마태복음 7:21-23

Week 2 | Lesson 4

- 교회가 열방을 제자 삼는 것

그렇지만, 모든 일들은 영원한 하나님의 한 가지 목적을 가리키고 있습니다. 그것은 하나님께서 영광을 받으시는 것입니다. 하나님 안에 있고, 하나님께서 가지고 계신 모든 것이 이 세계 위에 나타나는 것입니다.

노아의 세대 가운데 하나님의 일하심 (God's Work in Noah's Generation)

하나님께서 모든 세계를 파괴하려고 작정하신 때가 있었습니다. 왜 그랬습니까? 온 세상이 인간의 사악함 때문에 더럽혀지고, 부패하게 되었습니다. 피조물들은 하나님을 영화롭게 하고 하나님의 성품과 하나님 안에 있는 모든 것들을 드러낼 능력을 잃어버렸습니다. 하나님께서는 이 상황을 분석하셨고, 모든 것을 멸하시고 다시 시작하기로 결정하셨습니다. 다른 말로하면, 주님의 마음의 소망은 세상을 깨끗이 씻어내는 것이었고 새로운 시작을 일으키는 것이었습니다. 하나님께서 그의 눈에서 은혜를 구했던 한 사람, 노아에게 찾아오셔서 "나를 위해 방주를 지어라."고 말씀하셨습니다. **하나님께서는 하나님의 사역 가운데 하나님과 함께 할 노아를 초청하셨습니다.**

> 하나님이 그들에게 복을 주시며 하나님이 그들에게 이르시되 생육하고 번성하여 땅에 충만하라 땅을 정복하라 바다의 물고기와 하늘의 새와 땅에 움직이는 모든 생물을 다스리라 하시니라
> 창세기 1:28

▶ **연습(Exercise):**

창세기 6장 5-22절을 읽으시오. 잠시 동안 멈추고 질문해 보시기 바랍니다. "무엇이 사역입니까?" 우리가 만약 우리의 대답을 노아의 이야기를 기초로 해서 말한다면, "사역은 주님을 위해서 방주를 짓는 것입니다." 우리는 진실로부터 동떨어져 있습니다. 노아는 하나님의 사명, 방주를 지으시려는 하나님의 마음의 소망을 완수했습니다. 만약 우리가 오늘날 이것을 한다면, 우리는 하나님의 사명과 마음의 소원으로부터 수천 마일 떨어져 있을 것입니다.

노아는 방주를 짓는 것과 동물을 돌보는 것이 사역이었습니다. 왜 그렇습니까? 왜냐하면 이것이 그 당시에 하나님께서 성취하기 원하셨던 것과 일치하기 때문입니다. 이것이 하나님께서 세상을 깨끗하게 청소하시고, 새로운 시작을 일으키게 하는 것이었습니다.

여러분의 삶에서 그리고 교회에서 알아왔던 "사역"을 정의해 보시기 바랍니다. _____
_____
_____

하나님께서는 "사역"을 어떻게 정의하셨습니까? _____
_____
_____

노아는 하나님께서 명령하신 모든 것을 행했습니다. 이것이 하나님 마음의 소망을 성취했습니다. 이것이 바로 하나님께서 노아에게 하라고 하신 사명이었습니다. 주님

안에서 노아의 온전한 순종과 신뢰는 노아의 시대와 때에 하나님의 목적을 성취하게 했습니다. **그것이 사역입니다.**

하나님께서 언약을 맺기 위해 노아에게 오셨을 때, 하나님께서는 아담에게 주셨던 완전히 똑같은 위임을 주셨습니다.

아담이 무엇을 실패했는가 하면, 주님께서 완전히 똑같은 말들을 사용하시면서 노아에게 하라고 하신 똑같은 일이었습니다. 그런 다음 노아의 실패가 명확해질 때까지 하나님은 노아와 함께 일하기 시작하셨습니다. 아담과 노아의 경험된 실패들은 하나님의 방식보다는 자신의 방식으로 일을 하기 시작했을 때 다가 왔습니다.

> 하나님이 노아와 그 아들들에게 복을 주시며 그들에게 이르시되 생육하고 번성하여 땅에 충만하라
> 창세기 9:1

아브라함을 통한 하나님의 사명 (God's Mission through Abraham)

홍수의 때가 지난 후에도 하나님께서는 인간의 사악함을 보셨습니다. "이는 사람의 마음이 계획하는 바가 어려서부터 악함이라"(창8:21). 주님께서는 인간을 온 지면에서 강제로 흩어버리셨습니다. 왜냐하면 인간이 하나님 마음의 소원인 "생육하고 번성하여 땅에 충만하라"(창9:1)를 성취하기 보다는 바벨 땅에서 탑과 도시를 건설하고, 정착하는 것을 좋아했기 때문입니다. 하나님의 소유가 되어 하나님을 영화롭게 할 백성을 향한 하나님의 소원을 이루기 위하여, 하나님께서는 아브람을 통해 하나님 자신을 위한 한 나라를 일으키시기로 결심하셨습니다. "여호와께서 아브람에게 이르시되 너는 너의 고향과 친척과 아버지의 집을 떠나 내가 네게 보여 줄 땅으로 가라 내가 너로 큰 민족을 이루고 네게 복을 주어 네 이름을 창대하게 하리니 너는 복이 될지라 너를 축복하는 자에게는 내가 복을 내리고 너를 저주하는 자에게는 내가 저주하리니 땅의 모든 족속이 너로 말미암아 복을 얻을 것이라 하신지라"(창 12:1-3).

하나님께서는 아브라함을 통해서 성취하기 원하시는 사명을 가지고 계셨습니다. 하나님은 말씀하셨습니다. "모든 나라가 나의 나라가 아니다. 나는 한 사람을 취해서 그 중에서 한 나라를 만들 것이다. 그들이 나의 백성이 될 것이다. 나는 그들의 하나님이 될 것이다." 하나님은 친히 어둠으로부터 이끌어내어 구원하신 백성들을 위하여 한 나라를 세우셨는데, 이 나라를 통해서 이 세상의 열방 가운데 하나님 자신을 드러내기 원하셨습니다.

롯은 하나님의 사명으로부터 떨어져 나갔다
(Lot Stopped Away From God's Mission)

우리가 성경에서 읽으면 인간의 생각으로 우리가 작은 것이라고 여기는 실수를 일으킨 사람들이 있습니다. 그러나 하나님의 심판은 저들 위에 가혹했습니다. 한 예로 롯이 아브람으로부터 떠날 때입니다. 아브람은 말했습니다. "네가 좌하면 나는 우하

Week 2 | Lesson 4

고 네가 우하면 나는 좌하리라"(창13:9). 롯이 떠나기로 선택하자마자, 하나님께서 아브람에게 오셨고, 하나님께서는 아브람과 한 언약을 상기시키셨으며, 떠나기로 한 롯의 선택과는 아무런 관련이 없이 아브람에게 보여주셨습니다(창13:14-18).

창세기 14장 8-20절을 읽으시오. 소돔과 고모라가 공격을 당할 때, 하나님께서는 롯에게 경고하지 않으셨습니다. 하나님께서는 롯이 사로잡히게 하셨습니다. 아브람이 공격한 자들을 쫓아가, 패배시킨 후에, 멜기세덱은 아브람에게 승리를 주신 분은 하나님이라고 우리에게 말해주고 있습니다(20절). 하나님께서 곧 일어날 것을 롯에게 경고하지 않으셨을 때, 왜 하나님께서 아브람에게 승리를 주셨습니까?

이것은 단지 하나님의 마음을 이해하는 것이 아닙니다. 하나님께서 일하실 때 하나님과 함께 하는 것에 관한 것입니다. 롯은 하나님께서 아브람을 통해 하시려는 일로부터 떨어져 나갔습니다. 하나님께서 소돔과 고모라를 심판하러 오셨을 때, 하나님께서는 소돔에 살고 있던 롯에게 경고하지 않으셨습니다. 하나님께서는 아브라함에게 가셨고, 말씀하셨습니다. "내가 하려는 것을 아브라함에게 숨기겠느냐"(창18:17-19).

하나님께서 하신 것은 무엇이었습니까? 하나님께서 말씀하신 것을 다른 말로 표현하자면, "나는 한 사람으로부터 시작해서 그 사람과 그의 가정, 나와의 언약에 따라 할례 받은 그의 자손들로 한 나라를 일으킬 것이고 그들과 함께 일 할 것이다. 이것이 나의 마음이다. 왜 그럴까? 왜냐하면 나는 열방을 나에게로 돌이켜 구원하기 위하여, 이 세상의 나라들에게 창조주인 나 자신을 드러낼 한 나라를 일으키기 원하기 때문이다."

> 우리가 하나님의 마음의 소원으로부터 멀어져 갈 때 우리는 더 이상 만들어내지 못하게 됩니다.

롯은 하나님의 사명으로부터 멀어졌습니다. 그리고 하나님은 그를 통해서 두 번째 나라를 만들어내지는 않으실 것입니다. 하나님의 마음은 아브라함을 통해 한 나라를 만들어 내는 것이었습니다. 실수는 작게 보일 수 있습니다. 그러나 한 번 하나님 마음의 소원을 거역하면, 하나님께서는 그들을 통해서 그들이 회개할 때까지 아무 것도 행하지 않으십니다.

▶ **연습(Exercise):**

우리는 왜 하나님의 마음을 이해해야 합니까? _____
_____
_____

우리가 하나님의 소원에서 멀어져 갈 때, 우리는 더 이상 열매를 맺을 수 없으며, 우리가 회개하고, 하나님 마음의 소원으로 돌아올 때까지는 하나님께서 우리를 통해 일하시거나, 혹은 우리를 사용하기 시작하는 것을 보지 못할 것입니다.

▶ **깊이 생각해 보는 시간(Time for Reflection):**

오늘 읽은 문장이나 말씀 가운데서 가장 의미있는 것은 무엇이었습니까?
___
___
___

하나님께서 이것에 대한 응답으로 당신에게 원하시는 것은 무엇입니까?
___
___
___

오늘/이 주에 여러분의 기도제목으로 기도드릴 때, 여러분들은 성령님께서 하시는 말씀이나 여러분을 향한 부르심이 무엇이라고 느낍니까? 그리고 여러분이 직면한 영적 전쟁은 무엇입니까?
___
___
___

▶ **기도의 시간(Time for Prayer):**

여러분은 하나님께 쓰임 받고자 하는 소망과 하나님께 더욱 가까이 나가고자 하는 마음 그리고 여러분의 마음, 가정, 공동체 그리고 아마도 여러분의 나라 가운데 하나님의 목적들이 나타나는 것을 보기 위해서 이 공부를 하고 있습니다. 겸손과 뉘우침 속에서, 좋은 일을 하는 것과 아버지 마음의 소원을 성취시켜드리기 위해 사역을 하는 것의 차이점을 보여 달라고 하나님께 구하십시오. 현재 여러분이 있는 곳으로부터 하나님께서 원하시는 곳으로 여러분을 데려가 달라고 하나님께 지속적으로 간구하시기 바랍니다.

Week 3   Lesson 1

Week 3.
God Is At Work
하나님은 일하신다.

금주의 목표 :
이번 주에 우리는

1. 하나님께서 어떻게 일하시는지, 하나님 마음의 소원이 무엇인지, 하나님은 우리의 시대와 시간에 무엇을 하시는지 그리고 우리가 하나님의 일에 동참할 수 있는지 등을 명확하게 이해하기 시작할 것입니다.

2. 하나님께서 우리에게 요구하시는 일들을 우리가 어떻게 수행할 수 있는지에 대한 깊은 통찰을 얻게 될 것입니다.

우리는 "하나님께서 요구하시는 일을 하기 위해서 무엇을 해야 하는가?"라는 질문으로 우리의 공부를 시작했습니다. 우리가 하나님의 일이 무엇인지 깨닫기 위해서는 반드시 하나님의 마음을 먼저 이해해야 합니다.

하나님 마음의 소원을 이해하는 것이 우리가 하나님의 일을 하고 있는 것인지를 확실하게 알 수 있는 유일한 방법입니다. 우리는 하나님께서 일하고 계시다는 것을 알고 있습니다. 하나님은 항상 일하고 계십니다(요5:17). 그리고 우리는 하나님께서 우리를 그 일에 참여시키기 위해서 초청하신다는 것을 배웠습니다. 하지만, 만약 우리가 하나님께서 특별한 목적들과 목표들을 가지고 계시다는 사실을 명확하게 이해하지 못한 채로 그 일에 동참한다면, 우리의 모든 에너지와 시간 그리고 노력들은 그저 또 하나의 어떤 프로그램이나, 전략, 활동들에 사용되어질 뿐입니다. 우리가 주님을 섬기기 위해서 투자한 노력들은 헛된 것이 되거나 작은 열매만을 생산할 것입니다.

이것이 교회를 포함한, 우리 주변 어디서나 벌어지고 있습니다. 오늘의 교회는 이 지상 명령을 성취할 수 없습니다. 대부분의 경우, 우리가 하는 일들은 하나님 마음의 소원을 이루어드리지 못하고 있습니다. 이것은 교회를 비난하려는 의도가 아닙니다. 이것은 잠든 교회를 깨우기 위한 신호(wake-up call)입니다.

세 번째 주간을 위한 기도 제목들

1. 시대를 통하여 하나님이 하고 계시는 일들에 연결되게 하여 주시기를 간구하십시오.

2. 현 시대를 향하여 이루시고자 하는 하나님 마음의 소원에 연결되게 하여 주시기를 간구하십시오.

교회는 자기 자신을 예수 그리스도께 극단적으로 헌신하려는 사람들을 일으키고 있습니까? 그들은 우리의 공동체로부터 어두움이 밀려나가고, 하나님의 나라가 세워지는 것을 보고 있습니까? 아니면, 단지 예배에 참석하는 사람들을 보고 있습니까? 교회는 2,000년 전에 예수님께서 우리에게 주신 사명을 완수하고 있습니까?

우리는 이런 유형의 질문들을 해볼 필요가 있습니다. 왜냐하면 만약 교회가, 세상 사람들과 같이 하나님과 교감하고 하나님을 의지하는 것으로부터 끊어지면, 교회는 하나님이 일하시는 통로로 효과적으로 사용될 수 있는 진정한 그릇이 되지 못할 것이기 때문입니다.

Audio/video link for week 3:

http://worldtrumpet.org/awakening-the-church(week 3)

LESSON 1:

하나님의 마음을 아는 것
Knowing the Heart of God

성경 본문은 하나님 마음의 소원들과 하나님께서 하시는 일을 우리에게 분명하게 보여줍니다. 이 말씀들은 하나님의 마음속에 있는 목적들과 목표를 드러내고 하나님께서 역사의 어떤 특별한 시간에 성취하기 위해 시도하시는 것으로부터 우리에게 통찰력과 이해를 가져다줍니다. 성경을 면밀히 연구하면 하나님께서 일하셨고, 일하고 계시고, 장차 일어나게 하실 일들을 드러냅니다. 각 시대들에 대해 이해하는 것은 우리에게 하나님의 마음을 알 수 있는 통찰을 주며 하나님께서 무엇을 성취하기 위해 노력하시는지 그리고 우리가 어떻게 그 하나님의 일에 동참할 수 있는지를 분명히 알도록 도움을 줍니다.

> **Six Eras in the Bible**
> - 창조
> - 국가 설립
> - 이스라엘을 일으킴
> - 구원자, 예수 그리스도
> - 교회
> - 주님의 날

우리의 시대와 때 안에서 하나님의 의도들을 파악하기 위하여 우리는 각각의 시대들을 다시 살펴봐야 합니다. 이렇게 할 때, 우리는 여러 가지 사실들을 알게 될 것입니다.

1. 하나님 마음의 소원은 변하지 않았습니다. 하나님께서는 시대를 통하여 지속적으로 동일한 목적과 목표를 가지고 계십니다.

2. 만약 하나님께서 역사 가운데 한 번이라도 배격하셨다면, 하나님께서는 모든 시대 가운데서 - 우리 자신을 포함해서 - 그 일을 계속 배격하실 것입니다. 예를 들어, 나라들이 우상 숭배로 향했기 때문에 하나님께서는 나라들 - 그리고 이스라엘도 - 을 배격하셨습니다. 하나님께서는 오늘날에도 교회에게 그와 같이 하실 것입니다.

3. 그저 종교적인 의식과 전통대로 행하기만 하고 - 이스라엘처럼 - 하나님 마음의 소원을 이루어드리지 못하는 것으로는 하나님을 만족시켜 드릴 수 없습니다. 그런 일은 그 어느 때에도 일어나지 않았습니다. 하나님께서는 의미없는 제사들과 성회들에 싫증이 나셨다고 이스라엘에게 말씀하셨습니다. 그리고 하나님께서는 그들의 금식도 기뻐하지 않으셨습니다(이사야 1장, 58장을 보라).

이번 주의 과정을 해 나갈 때, 하나님께서 어떻게 일하시고, 하나님의 마음의 소원

Week 3　　　　Lesson 1

이 무엇인지, 이 시대와 때에 하나님께서 하시는 일이 무엇이며, 우리가 어떻게 하나님의 일에 동참할 수 있을지에 대해 분명한 이해가 시작될 것입니다. 우리는 하나님께서 요구하시는 일들을 우리가 어떻게 해야 하는지에 대하여 보다 큰 통찰력을 가지게 될 것입니다. 우리는 첫 번째 시대 연구를 시작하려고 합니다: 하나님의 창조.

시대 1 (Era 1) – 창조(Creation)

"태초에 하나님이 천지를 창조하시니라"(창1:1). 왜 그러셨습니까? 창세기 1장 1-25절에서 우리는 하나님께서 우주를 창조하신 것을 봅니다. 하나님께서는 태양과 달, 별들과 하늘, 낮과 밤, 땅과 바다, 그리고 지구 위에 거하는 모든 식물들과 동물들을 만드셨습니다. 하나님께서는 각 날의 마지막에서 일을 잠시 멈추시며, 하나님께서 만드신 것들을 검토하셨습니다. 성경은 여러 번 "하나님이 보시기에 좋았더라"(10, 12, 18, 21, 25절)라고 말씀하셨습니다. 하나님의 마음은 기쁘셨습니다. 하나님께서 소망하셨던 그 일들이 성취되었습니다.

> 하늘이 하나님의 영광을 선포하고 궁창이 그의 손으로 하신 일을 나타내는도다
> 시편 19:1

하나님의 영광은 피조물을 통해서 드러났습니다. 태초에 하나님은 하나님의 본성, 영광 그리고 성품을 반영하는 창조물을 생산하심으로 하나님 자신을 드러내셨습니다. 심지어 인간을 창조하심으로 하나님의 형상을 나타내셨습니다. 하나님 자신을 위해 행하신 첫 번째 사명은, 창조를 통하여 하나님이 어떤 분이신지에 대한 신비를 드러내신 것과 하나님이 누구시며 그 안에 무엇이 있는지를 나타내신 것이었습니다. 하나님께서 창조하신 모든 것은 다른 모든 피조물들을 축복할 능력을 가지고 있습니다. 모든 창조된 것들이 다른 피조물들과 축복을 나눌 때, 하나님의 기쁨과 사랑이 모든 피조물 가운데 나눠졌습니다. 피조물은 진정 하나님의 영광을 반영하는 것이었습니다.

> 주께서 바람을 일으키시매 바다가 그들을 덮으니 그들이 거센 물에 납 같이 잠겼나이다 여호와여 신 중에 주와 같은 자가 누구니이까 주와 같이 거룩함으로 영광스러우며 찬송할 만한 위엄이 있으며 기이한 일을 행하는 자가 누구니이까 주께서 오른손을 드신즉 땅이 그들을 삼켰나이다
> 출애굽기 15:10-12

만약 우리가 한걸음 물러나 하나님의 일의 초기 단계들을 살펴보면, 우리는 피조물을 통해서 자신을 드러내시려는 하나님의 소원, 그리고 하나님께서 하신 일로 인해 매우 기뻐하시는 것을 볼 수 있습니다.

인간은 다스리도록 창조되었습니다. 창세기 1장 25절에 의하면, 하나님은 모든 동물을 창조하셨습니다. 26절에서 하나님께서는 이렇게 말씀하셨습니다. "하나님이 이르시되 우리의 형상을 따라 우리의 모양대로 우리가 사람을 만들고 그들로 바다의 물고기와 하늘의 새와 가축과 온 땅과 땅에 기는 **모든 것을** 다스리게 하자 하시고"

> 이십사 장로들이 보좌에 앉으신 이 앞에 엎드려 세세토록 살아 계시는 이에게 경배하고 자기의 관을 보좌 앞에 드리며 이르되 우리 주 하나님이여 영광과 존귀와 권능을 받으시는 것이 합당하오니 주께서 만물을 지으신지라 만물이 주의 뜻대로 있었고 또 지으심을 받았나이다 하더라
> 요한계시록 4:10-11

▶ **연습(Exercise):**

하나님께서는 모든 식물들과 동물들을 창조하신 후에 멈추실 수 있었습니다. 그리고 그들이 스스로 그냥 존재하도록 하실 수 있었습니다. 대신에 인간을 만드신 것은 하나님의 소망이었습니다. 왜 그렇습니까? _____

Lesson 1 | Week 3

_____
_____

하나님께서는 인간이 피조물을 관리하고, 하나님의 소원하시는 목적을 확실하게 이루어드리는 것을 원하셨습니다. 하나님께서는 인간이 하나님과 교재 안에서 함께 걷고 하나님의 창조물을 인도하기를 원하셨습니다.

하나님 마음의 소망들을 깊이 바라보라(A Deeper Look at God's Heart Desires)

마태복음 20장 25-26절에서 예수님께서는 제자들에게 세상의 집권자들은 피지배 계층 위에 군림하여 지배하고 있지만 하나님의 나라에서는 그렇지 않다고 말씀하셨습니다. 주님은 "너희 중에는 그렇지 않아야 하니 너희 중에 누구든지 크고자 하는 자는 너희를 섬기는 자가 되고"라고 말씀하셨습니다. 그러므로 우리가 "인간을 다스리게 하자"라는 말씀을 읽을 때, 우리는 이 세상이 하는 방식이 아닌, 하나님께서 다스리시는 방식에 대해서 이해할 필요가 있습니다. 우리는 섬김으로서의 다스림에 대해 생각해야 하고, 목자로서의 섬김에 대해서도 생각해야 합니다.

▶ **연습(Exercise):**

마태복음 20장 25-30절을 읽으시오. 성경 본문과 여러분 자신들의 경험으로부터, 다스림에 대한 세상의 방식은 무엇이라고 생각합니까? _____
_____
_____

하나님의 방식은 무엇입니까? _____
_____
_____

다스림에 대한 하나님의 방식에 관한 한 예를 들어보시오: _____
_____
_____

> 예수께서 제자들을 불러다가 이르시되 이방인의 집권자들이 그들을 임의로 주관하고 그 고관들이 그들에게 권세를 부리는 줄을 너희가 알거니와 너희 중에는 그렇지 않아야 하나니 너희 중에 누구든지 크고자 하는 자는 너희를 섬기는 자가 되고 너희 중에 누구든지 으뜸이 되고자 하는 자는 너희의 종이 되어야 하리라 인자가 온 것은 섬김을 받으려 함이 아니라 도리어 섬기려 하고 자기 목숨을 많은 사람의 대속물로 주려 함이니라 그들이 여리고에서 떠나 갈 때에 큰 무리가 예수를 따르더라 맹인 두 사람이 길 가에 앉았다가 예수께서 지나가신다 함을 듣고 소리 질러 이르되 주여 우리를 불쌍히 여기소서 다윗의 자손이여 하니
>
> 마태복음 20:25-30

한 생명체가 나머지 전부를 관장하는 것이 하나님의 마음을 기쁘게 합니다. 하나님께서는 인간이 하나님의 창조물들을 보호하고, 다스리기를 원하셨습니다. 하나님께서는 인간을 창조하셔서 다른 모든 피조물들이 그들의 창조된 목적대로 생육하고 번성할 수 있도록 다스리고 돌보도록 하셨습니다.

인간의 사역. 지난 주의 연구 가운데, 우리는 사역은 활동이 아니라고 말씀드렸습니다. 사역은 하나님 마음의 소원을 성취하는 것입니다.

▶ **연습(Exercise):**

Week 3 — Lesson 1

창조의 첫 번째 시대 가운데 하나님 마음의 소원은 무엇입니까? _____
_____
_____

처음에 하나님 마음의 소원은 모든 피조물들이 하나님의 영광을 드러내고, 하나님이 피조물들을 통하여 그들 가운데 알려지는 것이었습니다. 하나님께서는 특별히 모든 피조물을 관장하고 "다스리도록" 인간을 선택하셨습니다.

> 인간의 진정한 사역은 하나님께서 소원하시는 것을 행하는 것이다.
> 우리가 그것을 할 때, 우리는 하나님의 영광을 드러낸다.

하나님께서 인간을 창조하실 때, 두 가지 매우 중요한 일을 하셨습니다. 첫 번째는 하나님께서는 인간을 자신의 형상을 따라 창조하셨습니다. 이것의 의미는 인간의 어떤 부분이 하나님과 닮았다는 것입니다. 인간은 본성을 지니고 있고 하나님과 닮았습니다. 왜 그렇습니까? 왜냐하면 하나님께서는 인간과 하나님 사이에 깊은 교통이 있기를 원하셨습니다. 이것은 인간으로 하여금 하나님의 무한한 지식으로 다가갈 수 있도록 허락합니다. 여기에는 하나님 마음의 소원과 의도도 포함됩니다.

둘째로, 하나님께서 인간을 자신의 형상과 닮게 창조하신 후에, 인간에게 생명의 호흡을 불어넣으셨습니다. 어떤 것이 하나님 안에서부터 인간 안으로 왔는데 이것을 통하여 인간 안의 깊은 내면에 하나님 안에 있는 깊은 것들을 받아들일 수 있는 능력이 부어졌습니다. 하나님께서는 자신의 생명과 본질을 인간 안에 불어 넣으신 것입니다(창2:7).

하나님과 함께 하는 인간의 교통. 창세기 2장 19-20절에서 말씀하셨습니다. "여호와 하나님이 흙으로 각종 들짐승과 공중의 각종 새를 지으시고 아담이 무엇이라고 부르나 보시려고 그것들을 그에게로 이끌어 가시니 아담이 각 생물을 부르는 것이 곧 그 이름이 되었더라 아담이 모든 가축과 공중의 새와 들의 모든 짐승에게 이름을 주니라" 이것이 어떻게 그렇게 되었을까요? 아담은 하나님과 아담 사이의 깊은 교감과 영적 연결로 하나님의 성령에 의해 인도되었습니다. 깊음은 깊음을 부릅니다(시42:7 새번역).

▶ 연습(Exercise):

모든 살아있는 피조물에 이름을 지어준 아담의 능력 뒤에는 무슨 비밀이 있습니까? _____
_____
_____

아담의 마음은 하나님의 마음과 연결되고, 교감되어 있었습니다. 하나님의 생기(breath)가 아담 안에 있었고, 그에게 모든 것을 드러냈습니다. 그럼 오늘날 무엇이 우리의 비밀입니까? 아담의 마음은 하나님을 의지하고, 신뢰하고, 의존하는 동일한 곳입니다. 그 곳은 머무르는 장소입니다. 이것은 또한 힘, 권위, 지식이며 또한 하나님께서 온 인류 각자에게 부르신 사역을 할 수 있도록 해주는 능력입니다(우리는 후에 이것을 "언약의 자리(covenant position)라고 언급할 것입니다").

> 하나님의 일을 우리가 하는 것의 본질적인 비결은
> 하나님과 교통을 유지하는 것과 하나님을 의지하는 것입니다.

아담을 돕는 것은 하나님과의 깊은 교통이 계속 유지되는 상태에서만 가능합니다. 하나님께서는 아담에게 이렇게 경고하셨습니다. "여호와 하나님이 그 사람에게 명하여 이르시되 동산 각종 나무의 열매는 네가 임의로 먹되 선악을 알게 하는 나무의 열매는 먹지 말라 네가 먹는 날에는 반드시 죽으리라 하시니라"(창 2:16-17).

▶ **연습(Exercise):**

이 지시사항들에서 하나님의 의도는 무엇이었습니까? 하나님은 인간에게 무엇을 말씀하셨습니까? _____
_____
_____

하나님께서는 아담에게 자기 자신의 깨달음을 기반으로 살지 않아야 하는 것과, 자신의 판단으로 일들을 판단하지 않는 것, 그리고 - 무엇보다 중요한 것은 - 하나님과 함께 하는 교제와 교통을 깨뜨리지 않을 것을 말하려고 하셨습니다. 다른 말로 하자면, 하나님께서는 이렇게 말씀하신 것입니다. "아담아, 너의 힘과 능력 그리고 너의 생명 이 모든 것은 하나님과의 교통으로부터 온단다."

형제 자매 여러분, 우리가 하나님의 일을 해드리기 위해서 무엇을 해야 할까요? 우리는 무엇을 할까요?

우리는 하나님을 더 깊이 의지하며, 하나님의 손이 사용할 수 있는 그릇이 되어야 합니다. 이것이 바로 하나님께서 우리를 통해서 일을 시작하실 때 찾으시는 기초석입니다. 우리가 하나님을 위해(**for Him**)서 일하는 것이 아닙니다. 하나님께서 우리를 통해서(**through us**) 일하시는 것입니다. 완전히 엎드려 하나님을 온전히 의지하는 그릇을 통해서 하나님이 하시는 일에는 어떤 제한도 없습니다.

아담이 하나님과 교통 가운데 걷는 동안에는 하나님 마음의 소원을 실현시켰으며 그래서 하나님의 일이 성취되어지는 것을 우리는 볼 수 있었습니다. 하지만, 이 교통이 한 차

Week 3   Lesson 1

례 깨어졌을 때, 아담은 더 이상 하나님을 의지해서 살 수 없었고 그 때문에 아담은 하나님께서 그에게 요구하신 일을 더 이상 할 수 없었습니다. 우리는 우리의 마음이 결코 하나님을 의지하는 것에서 벗어나도록 허용해서는 안 됩니다. 그러나 우리가 하나님과 함께 나아갈 때, 그리고 우리를 통해서 하나님께서 일하시도록 하나님께 우리 자신을 내어 드릴 때 항상 하나님을 의지함이 더욱 깊어지도록 열망해야 합니다.

기도를 위해 잠시 멈추고 주님을 구하기(Pause to Pray and Seek the Lord)

우리는 압박과 의심, 두려움 그리고 우리를 누르고, 쥐어짜고, 우리의 마음을 옥죄기 원하는 세상의 끌어당김 등을 자주 느낄 수 있습니다. 이것들은 우리로 하여금 어떤 신뢰를 철회하거나, 자기-신뢰 그리고 자기-의지로 되돌아가게 하는 원인이 될 수 있습니다. 우리는 이러한 것들을 뒤로 물러나게 하기 위해 그리고 우리 마음의 포기가 확장되는 곳으로 오기 위해, 그리고 내주하시는 그리스도를 더 의지하기 위해 우리의 영의 신뢰의 폭을 넓히기 위해서 지속적으로 그리고 매일 기도로 시간을 보내야 합니다.

만약 하나님의 일을 하는 - 하나님의 마음과 연결되고 하나님의 능력 안에서 걷는 것을 시작하는 - 열쇠가 하나님과 교통하고 하나님을 의지함 안에 머무는 것이라면, 우리가 계속해서 기도하는 것은 매우 중요합니다.

> 세상은 아직도 하나님께서 그 분 앞에 온전히 정결한 사람과 함께 일할 수 있다는 것을 보아야 한다. 나는 하나님의 도움으로 그런 사람이 되려고 한다.

우리는 우리를 폐쇄시키고, 자기-신뢰와 자아-의존으로 우리를 후퇴시키기 원하는 그러한 것들로부터 반드시 물러나야 합니다. 이런 것들은 하나님은 신뢰할 수 있는 분이며, 하나님은 능력이 있는 분이시고, 우리의 모든 신뢰를 드릴 수 있는 분이며, 그 일을 행하실 수 있는 분이라는 믿음으로부터 우리를 의심하도록 부추깁니다. - 이브처럼 -

15-30분 정도 주님과 시간을 보내시기 바랍니다. 여러분 스스로 겸비한 상태에서, 여러분이 하나님을 온전하게 의지하는 것으로부터 돌이키고, 여러분의 손, 마음, 능력 그리고 자유 의지로 취소시킨 것들을 보여 달라고 간구하시기 바랍니다. 하나님께 이러한 것들을 하지 않게 해달라고, 여러분을 더 깊이 하나님을 의지하는 곳으로 데려가 달라고 간구하십시오. 여러분 자신 안에서 보기 시작한 것들을 적고, 전적인 순복과 하나님을 신뢰하는 곳으로 여러분을 인도해 달라고 하나님께 부르짖으시기 바랍니다. 그런 다음에 오직 하나님만이 하실 수 있는 일을 행하시는 주님께 감사드리고 신뢰하시기 바랍니다. _____

_____
_____
_____
_____
_____

Lesson 1 | Week 3

인간의 타락. 아담에게는 분명한 권한이 주어졌습니다. 그리고 아담은 하나님을 의지하는 가운데 하나님이 요구하시는 일을 할 수 있다는 것을 배웠습니다. 그러나 훔치고, 죽이고, 멸망시키기 위해서 온(요 10:10) 사탄은 인간의 생명의 비밀이 하나님과의 교통으로부터 왔다는 것을 알았습니다. 사도 바울은 고린도후서에서 기록했습니다. "뱀이 그 간계로 하와를 미혹한 것 같이 너희 마음이 그리스도를 향하는 진실함과 깨끗함에서 떠나 부패할까 두려워하노라"(고후 11:3). 사도 바울은 하나님과의 교통을 가져오는 깊은 헌신이 우리에게 필요했다는 사실을 알았습니다. 그리고 뱀은 그것을 파괴하려고 시도한 것입니다.

> 그런데 뱀은 여호와 하나님이 지으신 들짐승 중에 가장 간교하니라 뱀이 여자에게 물어 이르되 하나님이 참으로 너희에게 동산 모든 나무의 열매를 먹지 말라 하시더냐 여자가 뱀에게 말하되 동산 나무의 열매를 우리가 먹을 수 있으나 동산 중앙에 있는 나무의 열매는 하나님의 말씀에 너희는 먹지도 말고 만지지도 말라 너희가 죽을까 하노라 하셨느니라 뱀이 여자에게 이르되 너희가 결코 죽지 아니하리라 너희가 그것을 먹는 날에는 너희 눈이 밝아져 하나님과 같이 되어 선악을 알 줄 하나님이 아심이니라 여자가 그 나무를 본즉 먹음직도 하고 보암직도 하고 지혜롭게 할 만큼 탐스럽기도 한 나무인지라 여자가 그 열매를 따먹고 자기와 함께 있는 남편에게도 주매 그도 먹은지라 이에 그들의 눈이 밝아져 자기들이 벗은 줄을 알고 무화과 나무 잎을 엮어 치마로 삼았더라
>
> 창세기 3:1-7

▶ 연습(Exercise):

창세기 3장 1-7절의 뱀과 하와 사이의 대화를 읽으시오.

어떻게 뱀이 하와에게 거짓말을 했습니까? _____
_____
_____

어떻게 하와는 이 거짓말에 동의하게 되었습니까? _____
_____
_____

뱀의 거짓말을 믿은 하와의 결말은 무엇입니까? _____
_____
_____

마귀는 하와에게 더 이상 하나님을 의지하거나, 하나님에게 인도되지 않을 것이라고 말했습니다. 하와 자신이 하나님처럼 스스로 결정하게 될 것이며, 무엇이든지 하와가 원하는 것을 하게 될 것이라고 말했습니다. 그래서 하와와 아담은 하나님의 지시에 불순종했고 어떤 금지된 열매를 먹었습니다. 그리고 하와는 뱀에게 동의했습니다. 성경은 먹음직하고(good for food), 보암직하고(pleasing to the eye), 지혜롭게 할 만큼 탐스럽기(desirable to bring wisdom)도 한 나무의 열매를 하와가 보았다고 이야기합니다.

> 욕심이 잉태한즉 죄를 낳고 죄가 장성한즉 사망을 낳느니라
>
> 야고보서 1:15

하와가 뱀의 거짓말을 한 번 믿었습니다. 하와는 하나님께서 신실하시다는, 하나님을 온전히 신뢰할 확신이 더 이상 없었습니다. 하와의 행위는 그녀와 남편이 하나님 안에서 가지고 있던 신뢰와 의존관계를 깨뜨려버렸으며 그들은 더 이상 하나님께 자신을 온전히 순복할 수 없었습니다.

앞에서 말한 것처럼, 우리는 인간이 타락할 때 잃어버린 하나님을 의지하고, 교통하

Week 3 | Lesson 1

는 것을 회복할 필요가 있습니다. 첫 번째 사람 아담은 이 교통을 잃어버렸습니다. 의지함도 깨졌습니다. 신뢰는 시들어져버렸고, 믿음은 약해졌고, 순복은 사라졌습니다. 인간은 타락했고, 하나님의 지혜가 아닌 자신의 지혜를 따라 걸어가게 되었습니다.

> ▶ **깊이 생각해 보는 시간(Time for Reflection):**
>
> 우리는 이 시대로부터 무엇을 배웠습니까?
> 하나님께서 거절하신 것은 무엇입니까?
> 하나님께서 요구하신 것은 무엇입니까?
> _____
> _____
> _____
>
> 하나님께서 이것에 대한 응답으로 당신에게 원하시는 것은 무엇입니까?
> _____
> _____
> _____
>
> 오늘/이 주에 여러분의 기도제목으로 기도드릴 때, 여러분들은 성령님께서 하시는 말씀이나 여러분을 향한 부르심이 무엇이라고 느낍니까? 그리고 여러분이 직면한 영적 전쟁은 무엇입니까?
> _____
> _____
> _____

▶ **기도의 시간(Time for Prayer):**

하나님께서 여러분의 마음을 시험하시고, 여러분 안에서 하나님과 깊은 교통을 방해하는 그 어떤 것이 드러나도록 허용하시기 바랍니다. 여러분의 마음이 변해서 온전한 포기와 신뢰 가운데 여러분 자신을 하나님께 드리도록 간구하시기 바랍니다. 의심이나 두려움 - 하나님과 하나님의 길을 저항하는 그 어떤 형태의 - 같은 것이 길에 서있는 것을 보게 될 때, 하나님 앞에서 여러분을 낮추고, 그리고 여러분 마음에 있는 이러한 것들을 다루시도록 내어드리기 원합니다.

Lesson 2　　　Week 3

LESSON 2:

하나님은 하나님의 목적을 계속해서 성취하신다.
God Continues to Fulfill His Purposes

하나님의 목적은 변하지 않습니다. 하나님은 어제나 오늘이나 그리고 내일이나 동일하십니다. 하나님의 일 가운데 하나님과 함께 하도록 부르심을 받은 자들이 비록 실패하고 그 일로부터 돌아설지라도, 역사의 흐름을 통해서 살펴보면 하나님은 끊임없이 자신의 목표와 계획에 집중하고 계시는 것을 보게 됩니다.

이 성경 본문은 창조 이후의 것들에 대해 보여줍니다. 인간이 타락하여 하나님의 목적으로부터 돌아섰을 때, 두 번째 시대가 시작됩니다. 우리는 이것을 "국가 설립"이라고 부를 것입니다. 이 시대를 공부할 때, 우리는 하나님이 인류를 구속하여 하나님의 목적 가운데로 이끄는 하나님의 일을 끊임없이 하고 계시다는 것을 보게 될 것입니다.

시대 2 (Era 2) – 국가 설립 (Establishing Nations)

이 땅을 채우고, 다스릴 인간 – 성경은 초기에 인간이 하나님께서 주신 위임명령과 지시에 불순종하기 시작했다는 것을 보여주고 있습니다. 인간의 타락 이후 하나님과의 교통이 깨어짐으로 인해, 인간은 하나님의 명령에 저항하고 반역해도 별다른 죄책감을 느끼지 못하게 되었습니다. 그리고 인간은 자신의 소원과 지혜를 기초로 스스로 결정하기 시작했습니다.

창세기에서 하나님은 생육하고 번성하여 땅에 충만하고, 피조물을 다스리라고 아담과 하와에게 말씀하셨고(창 1:28) 그런 다음 노아와 그의 자녀들에게도(창 9:1-2) 말씀하셨습니다. 이것이 하나님께서 인류에게 주신 권한이었습니다.

이것은 여전히 하나님 마음의 소원입니다. 하나님께서는 인간이 온 세계 도처에 흩어져 피조물을 다스리기 원하셨습니다. 우리는 창세기 10장 32절에서 인간이 좋은 의도를 가지고 시작한 것을 볼 수 있습니다. - 인간은 이 지시를 따르며 시작했습니다 - 그러나 불과 몇 구절 뒤에 일들이 변질되기 시작했습니다.

> 이들은 그 백성들의 족보에 따르면 노아 자손의 족속들이요 홍수 후에 이들에게서 그 땅의 백성들이 나뉘었더라
>
> 창세기 10:32

Week 3　　　Lesson 2

▶ 연습(Exercise):

창세기 11장 1-9절을 읽고 다음의 질문에 답하시오.
일하기 위한 인간의 선택은 무엇이었습니까? _____
_____
_____

어떻게 이것이 하나님 마음의 소원과 위배되었습니까? _____
_____
_____

이 행위들에 대한 하나님의 반응은 무엇이었습니까? _____
_____
_____

인간은 한 곳에 정착하기로 결정했습니다. 인간은 하나님의 이름이 아닌 자신의 이름을 드러내는 것을 선택했습니다. 그래서 온 지면에 흩어지지 않았습니다. 인간은 하나님의 소원이 아니라 자신의 마음의 소원을 성취하기 시작했습니다. 인간은 이 땅에 충만하고, 다스리라는 하나님의 지시를 포기했습니다.

하나님께서는 그들의 언어를 혼란케 하셨고 온 지면 위에 그들을 흩어버렸습니다. 하나님은 인간을 강제로 흩으셔서 그들이 거부하려 했던 하나님의 뜻을 이루어 인간으로 하여금 이 땅을 채우게 하셨습니다. 하나님은 하나님의 계획에 신실하시고 하나님의 목적과 마음의 소원을 포기하지 않으셨습니다. 하나님께서는 인간이 이 땅을 채우고, 모든 피조물을 다스리기 원하는 하나님의 소원을 성취하기 위해서 일하셨습니다.

나라들의 창조. "나라"라는 단어가 성경에서 창세기 10장에 처음 나타납니다. 이것은 노아의 세 아들들의 계보에서 나옵니다. 바벨에서 강제적으로 흩어져 나온 후, 처음에는 적은 규모의 무리가 함께 정착할 수 있는 땅을 찾았고, 그 규모가 점점 커져 공동체를, 그런 다음에는 나라를 이루게 되었습니다.

> 인류의 모든 족속을 한 혈통으로 만드사 온 땅에 살게 하시고 그들의 연대를 정하시며 거주의 경계를 한정하셨으니 이는 사람으로 혹 하나님을 더듬어 찾아 발견하게 하려 하심이로되 그는 우리 각 사람에게서 멀리 계시지 아니하도다
> 사도행전 17:26-27

사도행전 17장 26절은 하나님께서 연대 및 인류와 나라들이 살아갈 정확한 장소(경계)를 결정하셨다고 말씀하고 있습니다. 또한 신명기 32장 8절은 "지극히 높으신 자가 민족들에게 기업을 주실 때에, 인종을 나누실 때에 이스라엘 자손의 수효대로 백성들의 경계를 정하셨도다"라고 말씀합니다. 그래서 우리는 바벨의 심판을 통해서 역사의 흐름이 여전히 하나님의 통제 안에 있음을 볼 수 있습니다. 하나님께서는 나라들을 세우시기 위한 하나님의 소망을 성취하시기 위해 계속해서 일하고 계셨습니다.

Lesson 2 | Week 3

인간은 자기들이 원하는 어느 곳으로도 갈 수 없었습니다. 하나님이 그들의 영토를 결정하시는 분이셨습니다. 하나님께서는 각 사람과 각 나라를 위해서 경계를 설정하셨습니다. 그러므로 하나님께서 열방의 주인이십니다. 흥미로운 사실은, 인간의 이성으로 봤을 때 일들이 매우 잘못되어져 가는 것처럼 보였습니다. 인간은 온 세계 위에 흩어졌습니다. 이것은 그들이 원했던 방식이 아니었습니다. 그러나 우리 하나님은 엄청난 하나님이십니다. 흩으시는 행위 가운데서도, 하나님께서는 모든 사람들과 나라들 안에서 구속의 목적을 보증하셨습니다. 사도행전 17장 27절에서 "이는 사람으로 혹 하나님을 더듬어 찾아 발견하게 하려 하심이로되 그는 우리 각 사람에게서 멀리 계시지 아니하도다"라고 말씀합니다. 심지어 심판의 행위 가운데서도, 하나님께서는 하나님의 구원의 계획을 실행하고 계십니다. 주님을 찬양합니다!

> 이 두 번째 시기 가운데 하나님의 목적은 나라들이 하나님을 갈망하기 시작하고, 하나님을 잡으려고 손을 내밀고, 하나님을 찾을 때까지 열방을 다루시는 것이었습니다.

흩어지는 시점으로부터 하나님께서 나라들을 다루시고, 판단하시는 것을 보게 됩니다. - 아모리, 구스, 애굽, 앗수르 등등. 하나님께서는 인간을 더 이상 한 개인으로서 대하지 않으십니다. 하나님께서는 인간들을 공동 사회집단 곧 나라로써 대하십니다.

사회의 구성요소. 나라는 사회들로 구성이 됩니다. 그리고 하나님께서는 사회를 세우는 5가지 기본적인 요소들을 우리에게 주셨습니다. 이것들은 아래와 같습니다.

1. 정부
2. 예배
3. 가정
4. 경제 시스템
5. 신념 체계

정부. 하나님께서는 다스리도록 인간을 창조하셨습니다. 그래서 정부는 하나님의 계획의 일부입니다. 정부는 하나님께서 인간에게 주신 사회의 행정기관이며, 인간이 피조물들을 다스리고, 돌보고 목양하여 그들이 각각의 창조목적을 이룰 수 있도록 하라는 하나님의 위임명령의 성취를 돕도록 의도된 것입니다.

예배. 하나님은 인간이 예배하고 하나님과 교통하도록 창조하셨습니다. 하나님의 소원은 인간이 진정으로 살아계신 하나님을 예배하고 그 무엇보다 하나님을 더욱 사랑하는 것입니다.

가정. 하나님은 남자를 위해 여자를 만드시고 가정의 개념을 확립하셨습니다. "이러므로 남자가 부모를 떠나 그의 아내와 합하여 둘이 한 몸을 이룰지로다"(창 2:24).

Week 3 | **Lesson 2**

그들이 출산하게 되자 하나님의 방식을 자녀들에게 가르쳤습니다. 가정은 나라를 이루는 기본 요소입니다.

경제 시스템. 하나님께서는 모든 피조물들이 무엇이든 번성시키는 잠재능력을 가지도록 그리고 더 많은 가치를 생산하도록 창조하셨습니다. 하나님께서는 정복하고, 통치권을 가지고 번성하라고 인간에게 말씀하셨습니다. 부가 창출되었을 때, 인간은 그것을 사역과 서로를 돌보는데 사용해야 합니다. 신명기 8장 1-18절은 하나님께서 그의 백성에게 주시려고 계획하신 축복과 부에 대해 말씀하고 있습니다. 본문은 또한 우리에게 경고하고 있습니다. "네 하나님 여호와를 기억하라 그가 네게 재물 얻을 능력을 주셨음이라"(신 8:18).

신념 체계. 하나님께서는 지시, 명령 그리고 하나님의 지혜에 기초한 신념 체계의 청사진으로서의 율법을 인간에게 주셨습니다. 이 지시와 율법, 칙령 그리고 명령은 인간의 보호, 안전, 공급, 힘, 권위 그리고 하나님과의 교감을 보장해 주는 것이었습니다.

나라들의 타락. 나라들이 하나님의 지혜와 방식이 아닌 인간적이고 세상적인 지혜로 세워졌기 때문에, 사회의 구성요소들은 계속 부패하게 되었습니다. 창조물들은 하나님의 뜻에 따라서 움직이지 않았습니다. 인간이 살아가는 방식과 그들이 숭배하는 것들은 어둠을 끌어당겨왔으며, 인간을 원수들에게 사로잡히게 했습니다. 인간은 그들이 끌어들인 어둠의 노예가 되었습니다. 나라들은 하나님의 지혜와 방식으로부터 벗어났으며, 하나님께서 의도하셨던 축복과 보호를 베푸는 사회적인 요소가 되는 대신에, 이제 속박과 파괴의 근원이 되고 말았습니다.

> 하나님을 알되 하나님을 영화롭게도 아니하며 감사하지도 아니하고 오히려 그 생각이 허망하여지며 미련한 마음이 어두워졌나니 스스로 지혜 있다 하나 어리석게 되어 썩어지지 아니하는 하나님의 영광을 썩어질 사람과 새와 짐승과 기어다니는 동물 모양의 우상으로 바꾸었느니라
> 로마서 1:21-23

▶ **연습(Exercise):**

사회의 5가지 구성요소 가운데 3개를 선택하십시오. 사회에 축복과 보호가 되는 것 대신에, 어떻게 이것들이 훼손되고 포로로 잡혔는지, 이 구성 요소들이 하나님의 방식과 지혜로부터 타락한 방식의 목록을 작성하십시오.

구성요소 No 1:_____ 목록 _____
_____
_____

구성요소 No 2:_____ 목록 _____
_____
_____

구성요소 No 3:_____ 목록 _____
_____
_____

나라들은 부패하게 되었으며 이 부패는 심지어 오늘날에도 계속되고 있습니다. 예를 들어, 인간은 예배하도록 창조되었습니다. 그래서 우리는 어떤 것이든 예배합니다. 그러나 우리가 하나님의 마음으로부터 멀리 벗어났기 때문에, 우리는 피조물들, 우리 자신들, 스포츠, 취미 등을 예배하기 시작했습니다. 우리는 하나님을 우리의 온 마음을 다해 사랑하고, 예배하도록 창조되었습니다. 하나님은 우리의 삶의 모든 것의 근원이십니다. 그러나 우리는 인간에 의해서 만들어진 것을 예배하는 자리로 가버렸습니다.

우리는 또한 어떻게 가정의 개념이 심히 혼돈되고 방향감각을 상실하게 되었는지 볼 수 있습니다. 사람들은 가정의 목적, 가정의 역할이 무엇인지, 어떻게 서로를 대해야 하는지, 어떻게 부모가 되는지 등을 모릅니다. 또한 많은 사람들은 "가정"이 무엇을 의미하는지, 하나님께서 가정 위에 두신 가치를 어떻게 지속시킬 수 있는지 조차도 모르고 있습니다.

다음 시대로 움직임 (Moving Into the Next Era)

이 땅에 나라들이 생겨났을 때, 하나님께서는 다시 한 번 인간과 피조물들이 부패와 사악한 욕구의 감옥에 갇혀있는 것을 보셨습니다. 사회의 면들이 – 정부, 예배, 가정, 경제 시스템 그리고 신념 체계 – 타락했습니다. 왜냐하면 인간은 타락한 상태에서 살고 있었고 하나님의 지혜보다 인간의 지혜를 신뢰했기 때문입니다. 열방은 그들의 창조주가 누구며, 또한 하나님이 누구신지에 대한 명확한 이해조차 가지고 있지 못했습니다. 인간은 피조물과 인간의 손으로 만들어진 우상에게 절하고 예배했습니다. 인간은 진리의 관점을 잃어버렸습니다. 인간은 더욱 더 부패하게 되었으며, 하나님 마음의 소망으로부터 더욱 멀어져 갔습니다.

하나님께서는 나라들이 부패하여, 하나님을 예배하고 따르게 하려는 하나님의 의도와 소망으로부터 멀어지는 것을 보시고 다음 시대로 움직이셨습니다 : 한 나라를 세우시고 그 나라를 통하여 세상의 모든 다른 열방들에 하나님 자신을 드러내시며 세상이 하나님께로 돌아오게 하는 시대로 이동하셨습니다.

Week 3 | Lesson 3

▶ **깊이 생각해 보는 시간(Time for Reflection):**

우리는 이 시대로부터 무엇을 배웠습니까?
하나님께서 거절하신 것은 무엇입니까?
하나님께서 요구하신 것은 무엇입니까?

_____
_____
_____

하나님께서 이것에 대한 응답으로 당신에게 원하시는 것은 무엇입니까?

_____
_____
_____

오늘/이 주에 여러분의 기도제목으로 기도드릴 때, 여러분들은 성령님께서 하시는 말씀이나 여러분을 향한 부르심이 무엇이라고 느낍니까? 그리고 여러분이 직면한 영적 전쟁은 무엇입니까?

_____
_____
_____

▶ **기도의 시간(Time for Prayer):**

주님께서는 우리의 마음으로부터 하나님과 우리의 관계를 부패시키는 그 어떤 것들, 우상들이 제거되기를 요구하십니다. 오늘 하나님 앞에서 시간을 보내고 여러분의 마음 속에 있는 그 어떤 우상들이 드러나도록 하나님께 간구하시기 바랍니다. 그리고 그것들을 하나님 앞에 내려놓기 바랍니다. 고백과 회개의 시간을 보내고, 우상들이 여러분의 마음에 주었던 영향과 파장으로부터 자유하게 해달라고 간구하시기 바랍니다.

Lesson 3 | Week 3

LESSON 3:

하나님께서 하나님의 목적을 위해서 한 나라를 창조하셨다.
God Creates a Nations for His Purposes

지난 몇 개의 과에서, 우리는 전 세계가 멸망의 책임이 있다는 것과 하나님께서 만약 피조물 모두를 파괴하고 그리고 다시 시작한다면 전적으로 정당화 될 수 있다는 것을 배웠습니다(창 6:5-7). 그러나 그렇게 하는 대신에 하나님께서는 새로운 사명을 가지시고 다른 시대로 움직이셨습니다. 하나님께서는 세계 열방에 하나님 자신을 드러내시고, 하나님 외에는 하나님 같은 분이 없다는 것을 증명하기 위해서 한 나라를 일으킬 예정이셨습니다(출 6:6-8, 34:10-14). 하나님께서는 그의 권능과 권위, 주권을 이 나라를 통해서 나타내시고, 그런 다음 이 세계는 이스라엘의 하나님 같은 신이 다른 어디에도 없다는 것을 보게 될 것입니다(신 4:32-40, 겔 36:22-23, 단 6:25-27).

> 그 때에 온 땅이 하나님 앞에 부패하여 포악함이 땅에 가득한지라 하나님이 보신즉 땅이 부패하였으니 이는 땅에서 모든 혈육 있는 자의 행위가 부패함이었더라
> 창세기 6:11-12

멸망 대신, 우리의 자비로운 하나님은 나라들을 하나님과 그리고 하나님의 목적으로 다시 데려올 때까지 구원의 계획을 가동하실 것을 마음 속으로 결정하셨습니다(창 8:20-21).

시대 3 (Era 3) – 이스라엘을 일으킴 (Raising up Israel)

여러분이 성경을 읽을 때, 나라들이 하나님으로부터 벗어나기 시작한 것을 보았습니다. 열방이 하나님으로부터 돌아섰습니다. 그들의 창조주를 예배하는 대신, 창조된 것들을 예배하기 시작했습니다. 그런 다음 사악함이 모든 모양으로 더 가까이 다가오기 시작했습니다. 우상숭배, 타락한 정신, 부도덕, 이기심 – 이런 모든 것이 나라 안에 만연하게 되었습니다.

▶ **연습(Exercise):**

다음의 본문을 읽고 질문에 답하시오. "어떻게 열방은 하나님으로부터 벗어났습니까?"

신 18:9-12: _____

_____

Week 3　　Lesson 3

신 9:4-5: _____

신 12:29-31: _____

신 4:15-19: _____

민 25:1-3 : _____

성경 본문들은 하나님께서 열방 나라들의 가증스러운 관습들을 발견하신 것에 대해 이야기합니다. 나라들은 거짓된 신들과 하나님께서 창조한 것들을 예배했으며, 그것들을 위해 제단을 쌓았습니다. 나라들은 점술, 마술, 그리고 주술에 빠졌고 죽은 자들과 대화하기도 했습니다. 심지어 거짓된 신들에게 희생재물로 자신의 자녀들을 태워서 번제로 드렸습니다. 주님께서 이것은 그들의 사악함 때문이라고 말씀하셨습니다. 하나님께서는 이스라엘에게 주신 그 땅에서 나라들을 몰아내셨습니다.

하나님께서는 나라들과 그들에 의해 경영되기 시작했던 방식을 거절하시고 새로운 시대를 시작하셨습니다. 하나님이 누구신지를 – 창조주, 다스리시는 왕, 모든 이름 위에 뛰어나신 그리고 훨씬 많은 것들 – 드러내려고 한 나라를 일으키셨습니다. 하나님께서는 그 한 나라를 통하여 다른 열방들이 하나님의 지혜와 권능, 영광을 목도하는 증인이 되고, 그들도 하나님과의 사귐으로 돌이켜 하나님을 의지하게 되기를 원하셨습니다.

이스라엘을 위한 하나님의 목적. 하나님 마음의 소원은 열방을 구원하고, 모든 피조물이 하나님께로 돌이켜 회복되는 것입니다. 그러므로 나라들이 쇠퇴한 이후에, 하나님께선 상황을 보시고 새로운 시대를 시작하셨습니다.

> 하나님 마음의 소망은 지구 위에 모든 다른 나라들에 영향을 끼치기 위한 증거자로 한 나라를 일으키시는 것이었습니다. 한 나라가 다른 모든 나라를 축복할 것입니다.

하나님께서는 이스라엘을 태어나게 하셨고 이 세상의 나라들로부터 구별하기로 작정하셨습니다. 그리고 이스라엘을 하나님께로 이끄셨습니다. 하나님께서 말씀하셨습니다. "이 나라는 나의 유산이 될 것이다. 이 나라는 나의 이름을 가지는 나의 나라가 될 것이다. 나는 이스라엘을 축복하고 부을 것이다. 이 나라를 통하여, 나는 이 지구상의 모든 나라에 내가 진정한 하나님이라는 것을 드러낼 것이다"(창 12:2-3,

출 8:22-23). 하나님께서는 그들의 우상들과, 그들이 탐내고, 갈망했던 것들이 이스라엘의 하나님 앞에서는 아무런 쓸모도 없는 존재라는 것을 열방들이 깨닫기 원하셨습니다. 하나님께서는 이스라엘을 통하여 하나님의 권능과 영광, 방식과 지시를 드러내고, 하나님께서 인간들에게 살아가도록 원하셨던 방식, 그들이 생명을 가질 수 있는 방식 그리고 아주 충만하게 생명을 가질 수 있는 방식을 이 세상 다른 모든 나라들이 볼 수 있도록 이스라엘을 사용하기 원하셨습니다. 이스라엘을 통해, 하나님께서는 나라들을 하나님께로 되돌리려 하셨습니다(레 22:31-33, 신 4:5-8, 사 12:4, 44:6-23, 롬 16:26).

하나님과 이스라엘의 관계. 하나님께서는 이스라엘에 거하시면서 하나님의 권능과 영광을 지구상의 다른 모든 열방들에게 보여주실 것을 계획하셨습니다. 이스라엘은 하나님의 백성이 되고, 하나님은 이스라엘의 하나님이 되셨습니다. 그리고 이것은 하나님께서 하신 것이었습니다. 하나님의 임재는 문자 그대로 하나님께서 이스라엘과 함께 하신 것입니다.

▶ **연습(Exercise):**

다음의 본문을 읽으시오. 이스라엘과 하나님의 상호작용을 적으시오.

창 15:1-5: _____

창 17:1-9: _____

출 13:21-22: _____

출 15:6-16: _____

출 33:7-11: _____

신 5:7-22: _____

Week 3　　　　　Lesson 3

하나님께서는 아브라함을 부르셨고 그리고 "열국의 아버지"가 되도록 아브라함을 임명하셨습니다. 하나님께서는 아브라함의 자손들이 하늘의 별들보다 더 많은 수가 될 것이라고 말씀하셨습니다. 하나님께서는 아브라함과 언약을 맺으셨고 그 언약은 영원할 것이라고 약속하셨습니다. 하나님께서 이스라엘을 애굽으로부터 그리고 이스라엘이 마주쳤던 모든 적들로부터 구원하실 때, 하나님은 이스라엘과 함께 걸으셨고, 그들 가운데 거하셨으며, 하나님의 율법을 이스라엘에게 주셨고, 모세와 얼굴과 얼굴을 대면하셨습니다. 하나님께서는 출애굽 당시 이스라엘을 광야 길에서 인도하실 때 낮에는 구름기둥, 밤에는 불기둥으로 이끄심으로, 큰 이적과 기적을 행하심으로 하나님의 능력의 증거를 보여 모든 나라들을 떨게 만드심으로, 하나님께서는 하나님과의 교감과 하나님에 대한 사람들의 의존관계를 재정립하셨습니다.

하나님께서는 이스라엘의 모든 상황 속에서 역동적으로 관여하셨습니다. 하나님께서는 이스라엘을 인도하셨고 보호하셨습니다. 그들의 신발은 사막에서 40년 동안 방황할 때 결코 닳지 않았습니다(신 29:2-8). 만약 그들이 물이 필요할 때면, 하나님께서는 바위로부터 물을 내셨습니다(출 17:5-6). 심지어 그들이 약속의 땅으로 들어왔을 때, 하나님께선 승리의 승리를 주셨습니다. 이스라엘이 패배시킬 수 없는 적들은 없었습니다. 하나님은 이스라엘과 함께 걸어가셨고 하나님이 이스라엘과 하신 약속을 성취하셨습니다(수 10:40-42, 23:3-5, 9-10, 14). 하나님께서는 심지어 그들에게 말씀하셨습니다, "나는 너희가 밤에 잘 때, 진영 가운데 돌아다닐 것이다"(신 23:14). 하나님께서는 이스라엘을 통하여 하나님의 영광을 보여주셨습니다. 그리고 강력하고, 경이로운 방식으로 이스라엘에게 공급하셨습니다.

▶ 연습(Exercise):

아래의 신명기 2장 24-32절을 읽으시오. 하나님께서 모세와 이스라엘 백성에게 주신 지시사항들에 원을 그리십시오. 약속들과 하나님이 그들에게 부어주신 임재에 네모를 그리시기 바랍니다.

"너희는 일어나 행진하여 아르논 골짜기를 건너라 내가 헤스본 왕 아모리 사람 시혼과 그의 땅을 네 손에 넘겼은즉 이제 더불어 싸워서 그 땅을 차지하라 오늘부터 내가 천하 만민이 너를 무서워하며 너를 두려워하게 하리니 그들이 네 명성을 듣고 떨며 너로 말미암아 근심하리라 하셨느니라 내가 그데못 광야에서 헤스본 왕 시혼에게 사자를 보내어 평화의 말로 이르기를 나를 네 땅으로 통과하게 하라 내가 큰길로만 행하고 좌로나 우로나 치우치지 아니하리라 너는 돈을 받고 양식을 팔아 내가 먹게 하고 돈을 받고 물을 주어 내가 마시게 하라 나는 걸어서 지날 뿐인즉 세일에 거주하는 에서 자손과 아르에 거주하는 모압 사람이 내게 행한 것 같이 하라 그리하면 내가 요단을 건너서 우리 하나님 여호와께서 우리에게 주시는 땅에 이르리라 하였으나 헤스본 왕 시혼이 우리가 통과하기를 허락하지 아니하였으니 이는 네 하나님 여호와께서 그를 네 손에 넘기시려고 그의 성품을 완강하게 하셨고 그의 마음을 완고하게 하셨음이 오늘날과 같으니라 그 때에 여호와께서 내게 이르시되 내가 이제 시혼과 그의 땅을 네게 넘기노니 너는 이제부터 그의 땅을 차지하여 기업으로 삼으라 하시더니 시혼이 그의 모든 백성을 거느리고 나와서 우리를 대적하여 야하스에서 싸울 때에"

출애굽기 15:14-16
- 여러 나라가 듣고 떨며
- 블레셋 주민이 두려움에 잡히며
- 에돔의 두령들이 놀라고
- 모압 영웅이 떨림에 잡히고
- 가나안 주민이 다 낙담하고
- 놀람과 두려움이 그들에게 임하고
- 주의 팔의 권능으로 그들이 돌같이 침묵하였노라

열방들은 그들이 이스라엘과 이스라엘의 하나님의 권능을 보았을 때 떨었습니다. 심지어 그 당시의 초강대국은 이스라엘의 하나님께서 그들과 함께 하신다는 것을 의심할 것 없이 알고 있었습니다. 하나님께서는 모든 것 위에 계신 분으로 하나님 자신을 세우셨습니다. 하나님과 같은 다른 신은 없었습니다.

그들을 통해서 하나님께서 스스로 자신을 드러내시는 나라가 되기 위하여 이스라엘은 다른 모든 나라들과 달라야 되는 것을 요구받았습니다. 하나님께서는 그들에게 말씀하셨습니다. "너희는 너희 주변의 나라들과 같이 될 수 없다. 너희는 그들의 신을 예배할 수 없다. 너희는 그들이 행하는 것을 할 수 없다. 너희는 그들과 통혼할 수 없다. 너희는 저들의 관습을 준수할 수 없다. 너희는 모든 것을 내려놓고 나에게로 구별되어야 한다(레 20:22-26). 만약 너희가 나의 길과 나의 뜻을 거역하면, 너희는 내가 너희를 창조했던 바로 그 목적을 잃어버리기 시작할 것이다(신 28:15-68, 30:11-19, 수 24:19-20). 나는 너를 불러내어 모든 열방들에게 증인이 되도록 했다. 그래서 너를 통해 나 자신을 드러내 보일 수 있었다. 이것이 너를 어둠으로부터, 사악함으로부터, 멸망으로부터 이끌어낼 것이다. 그리고 열방은 이스라엘의 하나님과 같은 분이 없다는 것을 깨닫기 시작할 것이다. 그리고 너희가 이것을 행함으로 - 너희가 나의 명령과 규례를 순종함으로 - 나는 너희의 하나님이 될 것이고, 너희는 나의 백성이 될 것이다. 나는 너희를 방어할 것이고, 너희를 위해 공급할 것이다. 나는 너의 안전과 힘이 될 것이다. 너희가 필요한 것을 공급하지 못할 것이 아무것도 없느니라"(신 28:1-14, 29:9, 출 19:5-6).

> 오늘부터 내가 천하 만민이 너를 무서워하며 너를 두려워하게 하리니 그들이 네 명성을 듣고 떨며 너로 말미암아 근심하리라 하셨느니라
>
> 신명기 2:25

> 이스라엘이 하나님의 길에서 떠나갔을 때,
> 이스라엘은 그들이 창조된 바로 그 목적을 잃어버렸습니다.

이스라엘은 하나님의 목적에서 벗어났다. 이스라엘이 이 명령들과 지시사항들에 대해서 망각할 때마다, 그들은 다른 나라들과 같이 되는 것을 소망하기 시작했습니다. 이스라엘은 하나님이 그들의 왕이 되는 것 대신에, 다른 모든 나라들과 같은 왕을 원했습니다. 그들은 열방의 길로 가는 것과 열방들이 했던 방식으로 일하는 것을 원하기 시작했습니다. 이스라엘이 나라들에 영향을 미치기보다 열방이 이스라엘에 악영향을 미치기 시작했습니다.

> 세계가 다 내게 속하였나니 너희가 내 말을 잘 듣고 내 언약을 지키면 너희는 모든 민족 중에서 내 소유가 되겠고 너희가 내게 대하여 제사장 나라가 되며 거룩한 백성이 되리라 너는 이 말을 이스라엘 자손에게 전할지니라
>
> 출애굽기 19:5-6

> 이스라엘은 그들을 통해 하나님께서 자신을 드러내시는 도구가 되도록 되어 있었습니다. 하지만 이스라엘은 하나님께서 거절하신 바로 그들과 같이 되기 시작했습니다.

사사기는 이스라엘이 열방의 길로 돌이켜 따라가기 원하는 사례들로 가득 차 있습니다(삿 2:10-23, 4:1-4, 6:1-11, 8:33-35, 10:6-15, 13:1-5, 21:25). 이스라엘은 스스로 부패하게 되는 것을 용납했으며 그리고 하나님께서 거부하시는 것처럼 되어버리

Week 3　　Lesson 3

기 시작했고, 그런 다음 하나님께서는 이스라엘에 대한 단호한 조치를 하셨습니다.

▶ 연습(Exercise):

열왕기하 17장 7-23절을 읽으시오.
이스라엘이 주님으로부터 떠나간 방식들에 대해 목록을 적으시오: _____
_____
_____

열방이 하나님으로부터 떠날 때 하나님께서 단호한 조치를 취하신 방식들의 목록을 적으시오:
_____
_____
_____

이스라엘이 열방을 향해 얼굴을 돌렸을 때마다,

- **하나님을 의지하고, 교통하는 것으로부터 이스라엘의 마음은 바뀌었습니다.**

형제들아 너희는 삼가 혹 너희 중에 누가 믿지 아니하는 악한 마음을 품고 살아 계신 하나님에게서 떨어질까 조심할 것이요 오직 오늘이라 일컫는 동안에 매일 피차 권면하여 너희 중에 누구든지 죄의 유혹으로 완고하게 되지 않도록 하라 우리가 시작할 때에 확신한 것을 끝까지 견고히 잡고 있으면 그리스도와 함께 참여한 자가 되리라.

히 3:12-14

- **이스라엘은 불순종하게 되었으며, 하나님의 규범을 타협하기 시작했습니다.**

이스라엘 장로 두어 사람이 나아와 내 앞에 앉으니 여호와의 말씀이 내게 임하여 이르시되 인자야 이 사람들이 자기 우상을 마음에 들이며 죄악의 걸림돌을 자기 앞에 두었으니 그들이 내게 묻기를 내가 조금인들 용납하랴 그런즉 너는 그들에게 말하여 이르라 나 주 여호와가 말하노라 이스라엘 족속 중에 그 우상을 마음에 들이며 죄악의 걸림돌을 자기 앞에 두고 선지자에게로 가는 모든 자에게 나 여호와가 그 우상의 수효대로 보응하리니 이는 이스라엘 족속이 다 그 우상으로 말미암아 나를 배반하였으므로 내가 그들이 마음먹은 대로 그들을 잡으려 함이라 그런즉 너는 이스라엘 족속에게 이르기를 주 여호와의 말씀에 너희는 마음을 돌이켜 우상을 떠나고 얼굴을 돌려 모든 가증한 것을 떠나라.

겔 14:1-6

- **이스라엘은 다른 나라들처럼 살아가기 시작했으며, 마음에 우상을 숭배하게 되었습니다.**

네가 만일 네 하나님 여호와를 잊어버리고 다른 신들을 따라 그들을 섬기며 그들에게 절하면 내가 너희에게 증거하노니 너희가 반드시 멸망할 것이라 여호와께서 너희 앞에서 멸망시키신 민족들 같이 너희도 멸망하리니 이는 너희가 너희의 하나님 여호와의 소리를 청종하지 아니함이니라.

신 8:19-20

Lesson 3 | Week 3

그래서 하나님께서는 이스라엘을 훈육하시기 시작하셨습니다. 하나님께서는 몇 번이고 이스라엘을 전쟁에 넘겨주셨고 나라들이 이스라엘을 다스리고, 괴롭히고, 탄압하도록 허용하셨습니다. 하나님께서는 백성들이 바뀌기를 절규하는 선지자들을 보내셨습니다. 하나님께서는 이스라엘의 주의를 끌려고, 이스라엘이 자신을 더럽혔다는 것을 경고하시려고 훈육하셨고 이스라엘을 하나님께 돌이키게 하려고 전염병과 다른 것들을 보내셨습니다(사 2:1-3, 3:12-15, 암 4:6-11, 5:4-6).

하나님의 목적이 하나님 가슴에서 타오른다. 하나님의 크신 사랑과 이스라엘과 하신 약속 때문에, 하나님께서는 이스라엘의 행위의 결과에 대해서 거듭해서 이스라엘에게 경고하셨고, 그런 다음 하나님께서 그들에게 말씀하셨습니다. "나에게로 돌아와라, 내가 너를 치유할 것이고, 내가 너의 죄를 깨끗케 할 것이다"(사1). 하나님께서는 이스라엘에게 간곡히 부탁하셨습니다. "나의 길과 목적 가운데 걸어가라. 내가 너에게 준 지시사항을 성취하라. 나의 법과 명령과 그리고 법령을 따르고, 나에게 돌아오라." 하나님께서는 이스라엘이 하나님께로 그리고 이스라엘이 만들어진 목적으로 돌이키게 하시려고 이 모든 것을 시도하셨습니다(시 81, 렘 3:12-19, 호 14:1-9).

몇 번이나, 이스라엘은 회개하고 주님과 주님의 길로 돌이켰습니다: 이스라엘은 부흥과 회복의 시간을 가질 수 있었습니다(히스기야, 예를 들어 역대하 29-32장을 보라). 그러나 오래 지나지 않아서 이스라엘은 다시 떠났습니다. 이스라엘의 마음은 돌이켰고, 불순종하기 시작했고, 다른 신을 섬기고, 다른 나라들과 같이 되었습니다(신 30:17-18, 대하 24, 렘 2:1-28).

이스라엘은 열방으로부터 구별되어지는 목적을 계속 거절했습니다. 이스라엘은 하나님의 백성으로 구별되어지는 것을 원하지 않았습니다. 이스라엘은 다른 나라들과 같이 되기 원했습니다. 그래서 하나님께서 이스라엘을 거부하셨습니다.

▶ **연습(Exercise):**

어떻게 이 실제를 오늘의 교회에 적용할 수 있습니까? _____
_____
_____

> 보라 내가 오늘 생명과 복과 사망과 화를 네 앞에 두었나니 곧 내가 오늘 네게 명령하여 네 하나님 여호와를 사랑하고 그 모든 길로 행하며 그의 명령과 규례와 법도를 지키라 하는 것이라 그리하면 네가 생존하며 번성할 것이요 또 네 하나님 여호와께서 네가 가서 차지할 땅에서 네게 복을 주실 것임이니라 그러나 네가 만일 마음을 돌이켜 듣지 아니하고 유혹을 받아 다른 신들에게 절하고 그를 섬기면 내가 오늘 너희에게 선언하노니 너희가 반드시 망할 것이라 너희가 요단을 건너가서 차지할 땅에서 너희의 날이 길지 못할 것이니라
>
> 신명기 30:15-18

> 우리가 우리 자신의 뜻대로, 세상의 방식들로 되돌아갈 때 우리는 하나님을 같은 방법으로 슬프게 하는 것입니다. 몇 번이고 우리는 꼭 이스라엘이 했던 것처럼, 하나님께서 처음 우리를 불러내실 때 거하고 있던 바로 그 장소로 되돌아갔습니다.

이스라엘의 구원. 이스라엘은 다른 모든 나라들과 같았습니다. 이것은 하나님께서 얼마나 많이 이스라엘을 축복하셨는지와는 상관이 없었습니다. 이스라엘은 하나

Week 3 | Lesson 3

님께서 그들에게 요구하신 일을 하려는 의지를 그들 안에 가지고 있지 않았습니다. 이스라엘은 하나님께서 이스라엘을 만드신 목적과 사명을 완수할 수 없었습니다. 그래서 하나님께서는 이스라엘을 향한 사명에 또 다른 관점을 취하셨습니다. 이스라엘을 통해 한 구원자를 보내는 것이었습니다. 하나님께서는 스스로 하나님의 백성에게 오시려 했으며, 구원의 계획을 이루시려 했습니다(사 59). 이스라엘로부터, 세상의 모든 나라들은 축복을 받을 것입니다. 이스라엘을 통해서 하나님께서는 열방에 말씀하실 것입니다. "수고하고 무거운 짐 진 자들아 다 내게로 오라 내가 너희를 쉬게 하리라"(마11:28).

▶ **깊이 생각해 보는 시간(Time for Reflection):**

우리는 이 시대로부터 무엇을 배웠습니까?
하나님께서 거절하신 것은 무엇입니까?
하나님께서 요구하신 것은 무엇입니까?

_____
_____
_____

하나님께서 이것에 대한 응답으로 당신에게 원하시는 것은 무엇입니까?

_____
_____
_____

오늘/이 주에 여러분의 기도제목으로 기도드릴 때, 여러분들은 성령님께서 하시는 말씀이나 여러분을 향한 부르심이 무엇이라고 느낍니까? 그리고 여러분이 직면한 영적 전쟁은 무엇입니까?

_____
_____
_____

▶ **기도의 시간(Time for Prayer):**

여러분이 여러분의 온 마음을 다해 주님을 찾고 있다고 말할 수 있습니까? 주님과 시간을 보내시기 바랍니다. 여러분이 주님께 나아가는 것을 방해하고 있는 것들을 보여 달라고 간구하십시오. 이 일들을 주님 앞에 내려놓고, 하나님께 여러분의 삶을 하나님의 목적을 위해서 구별해 달라고, 여러분을 더 깊은 순종과 신뢰의 차원으로 인도해 달라고 간구하시기 바랍니다. 여러분 자신을 하나님께 포기하시기 바랍니다. 너무 일찍 기도를 멈추도록 유혹되지 마십시오: 여러분이 돌파하고, 하나님의 심장을 만질 때까지 기도를 지속하시기 바랍니다.

Lesson 4　　Week 3

LESSON 4:
하나님의 구원 계획: 한 구원자, 교회 그리고 주님의 날
God's Redemptive Plan: A Savior, the Church, and the Day of the Lord

아담과 열방들처럼 이스라엘도 넘어졌습니다. 이스라엘은 하나님께서 이 나라를 처음 세우실 때 받았던 지시사항을 완수하는 데 실패했습니다. 패배한 이스라엘에 대하여, 하나님께서는 그 백성을 흩으셨고 열국으로부터 핍박받는 것을 허용하셨습니다(왕하17:1-23). 예루살렘은 폐허가 되었고, 오직 적은 수의 남은 자들만 남게 됩니다. 바벨론의 통치자들과 주변 나라들은 성전을 훼손했고, 이스라엘의 모든 보물들과 재물을 운반해 갔으며, 그들의 나라로 사람들을 포로로 잡아 갔습니다(왕하 25:1-21).

하나님께서는 이스라엘을 바라보시며 이 상황을 분석하셨습니다. 하나님께서 이스라엘 백성들에게 말씀하셨습니다. "내가 이런 결과를 보려고 너희를 창조한 것이 아니다. 너희는 열방으로부터 구별되지도 차별되지도 않았다. 너희는 열방과 같이 되었다. 너희는 방향을 이탈했다. 너희는 나의 사명과 너희에게 위임된 권한으로 해야 할 일을 망각했다. 너희는 너희가 받은 명령 안에서 걸어가지 않았다." 그런 다음 하나님께서는 새로운 시대로 움직이셨고, 예수님을 보내셨습니다. 예수님께서는 모든 인류의 구속이라는 명확하고도 거부할 수 없는 사명을 가지고 오셨습니다.

시대 4(Era 4) – 구원자, 예수 그리스도(The Savior, Jesus Christ)

예수님께서는 교회를 불러 일으키기 위해 오셨습니다. 예수님께서 태어나실 때, 천사들은 예수님께서 단지 이스라엘만이 아니라, 모든 백성을 구원할 자라고 선포했습니다. "천사가 이르되 무서워하지 말라 보라 내가 온 백성에게 미칠 큰 기쁨의 좋은 소식을 너희에게 전하노라"(눅2:10). 천사들은 모든 사람(to all men)에게 좋은 소식을 가져왔습니다. 이스라엘과는 다르게, 예수님은 하나님께로부터 온 모든 지시사항에 순복했습니다. 예를 들면, 예수님께서 세례를 받으실 때, 세례 요한은 예수님께 여쭈었습니다. "우리가 왜 이것을 해야 합니까?" 예수님께서 말씀하셨습니다, "그것이 성경에 쓰여져 있기 때문이다." 이것이 바로 하나님 아버지께서 원하신 것이었으며, 예수님은 성경이 성취되도록 하셨던 것입니다.

예수님께서는 하나님의 사역에 온전히 순복하셨습니다. 예수님께서는 온전하게 아

Week 3　　　Lesson 4

버지를 의지하셨습니다. 예수님은 아버지께서 부탁하신 모든 것을 하셨습니다. 예수님은 아버지께서 주신 사명에 온전하게 집중하셨습니다. 예수님은 하나님과 깊은 교감을 가지셨고 전적으로 순복하셨으며, 하나님을 의지하셨습니다. 예수님께서는 사탄의 일을 멸하셨습니다. 예수님은 유혹과 시험을 받는 중에도 계속 하나님의 길을 선택하셨습니다. 여러분은 이 순복과 순종을 예수님의 사역 가운데에서 찾을 수 있습니다.

▶ 연습(Exercise):

예수님이 하나님께서 주신 사명에 전념하셨는지에 대하여 다음의 성경 구절들은 어떻게 보여주고 있습니까?

눅 22:42: _____

요 6:38: _____

요 14:10, 24: _____

눅 4:42-43: _____

예수님은 사명으로부터 전혀 벗어나지 않으셨습니다. 하나님께서 말씀하신 모든 것을 예수님은 행하셨습니다. 예수님은 그것에 순복하셨습니다. 예수님은 자신을 사명에 내놓으셨습니다. 예수님은 사명을 타협의 대상으로 여기지 않으셨습니다. 예수님은 하나님께서 말씀하신 것을 정확하게 행하셨습니다.

예수님의 순복과 온전한 순종 그리고 아버지에 대한 전적인 신뢰 때문에, 주님이 받은 사명은 성공적으로 마무리 되었고 그 결과로 예수님을 통해서 모든 열방이 구원의 기회를 가지게 되었습니다.

열방 가운데 하나님의 구원의 목적. 예수님의 생애의 끝 무렵, 예수님이 사명을 완수하기 위해서 하셨던 마지막 행위 중의 하나는 이스라엘과 이방인이 모두 포함된 교회를 불러일으키는 것이었습니다. 하나님의 영원한 목적은 단지 한 나라만이 아니라, 모든 열방을 구원하고 회복시키는 것이었습니다. 로마서에서 바울은 우리에게 이방인들이 접붙여진 것에 대해 말하고 있습니다. 하나님께서는 우리 이방인들이

Lesson 4 | Week 3

그렇게 세워져서 이스라엘 가운데 질투를 유발시키기 원하셨습니다. 이스라엘은 교회 가운데 하나님께서 하시는 일들을 시기했습니다(롬 11:11).

예수님의 사역의 세월 동안, 예수님은 훈련하고, 보내고, 헌신할 수 있는 소수의 제자들, 한 무리의 사람들을 일으키셨습니다. 예수님께서는 이 적은 그룹에게 하나님의 사명을 취하고, 하나님 마음의 소원을 성취하도록 부탁하셨습니다. 예수님께서는 처음에는 제자들을 이스라엘의 잃어버린 양들에게 보내셨습니다. 그런 다음에 예수님께서 명령하신 모든 것을 열방에 가르치기 위해서 제자들을 전 세계로 보내셨습니다. 예수님께서는 제자들이 행하도록 부름 받은 사역을 할 수 있도록 하늘로부터 권능을 받게 될 것이라고 제자들에게 약속하셨습니다. 그런 다음 예수님은 인간들을 하나님과의 교제 가운데로 이끌어 오도록 제자들을 열방에 보내셨습니다.

예수님은 사명을 띠고 이 땅에 오셨습니다. 예수님은 이 사명으로부터 결코 벗어나지 않으셨습니다. 그리고 이 사명이 마쳐질 때쯤, 예수님은 이스라엘을 향해 우시면서 말씀하셨습니다. "암탉이 그 새끼를 날개 아래에 모음같이 내가 네 자녀를 모으려 한 일이 몇 번이더냐 그러나 너희가 원하지 아니하였도다"(마 23:37, 눅 13:34). 이스라엘은 또 다시 하나님을 외면했습니다. 그래서 예수님이 받은 하나님의 위임명령은 하나님의 목적을 성취할 교회를 일으키는 것이었습니다.

시대 5(Era 5) – 교회(The Church)

하나님은 아직 열방이 하나님께로 돌아오도록 하는 사명이 있으십니다. 메시야의 도래함과 함께 한 새사람(one new man)이 탄생했습니다. 바로 교회입니다. 열방 모든 사회의 기본 요소와 이스라엘은 모두 부패하고 더럽혀졌는데, 그들의 삶의 방식을 배격하신 하나님께서는 이제 그들을 구원하시기 위해 교회로 방향을 선회하셨습니다.

교회는 위대한 과업을 가지고 있습니다. 우리는 "세계로 전진해 나가기 위해서 그리고 열방에 복음을 선포하기 위해서"(마 28:19-20) 보냄을 받았습니다. 하나님께서는 우리에게 방향과 지시사항을 주셨습니다. 예수님께서는 하나님과 의지하면서 교제하는 가운데 어떻게 기도하고 어떻게 동행해야 하는지 우리에게 가르치셨습니다. 하나님께서는 하나님 마음의 소원을 우리에게 나타내셨으며 모든 주님의 사명을 완수할 수 있도록 권능과 권세를 주셨습니다(마 28:17-19).

교회의 사명은 무엇입니까? 아래의 몇 개의 말씀들은 교회를 위한 하나님의 의도, 목표 그리고 사명에 대해서 묘사하고 있습니다.

▶ **연습(Exercise):**

다음에 나오는 전문을 큰 소리로 2번 읽으시기 바랍니다. 성령님께서 여러분의 마음에 이 진리의 말씀을 깊이 각인하시도록 기도하시기 바랍니다.

> 그러므로 너희는 가서 모든 민족을 제자로 삼아 아버지와 아들과 성령의 이름으로 세례를 베풀고 내가 너희에게 분부한 모든 것을 가르쳐 지키게 하라 볼지어다 내가 세상 끝날까지 너희와 항상 함께 있으리라 하시니라
> 마태복음 28:19-20

Week 3　　　Lesson 4

교회는 전 지구적으로 확산되었고, 하나님의 백성을 구원하게 되었다.

우리는 구별되었고, 더 이상 죄와 옛 본성 그리고 사탄의 권세 아래에서 살지 않게 되었습니다.

- 로마서 6:6-7:
  - 나의 옛 자아는 십자가에 못 박혔으며, 그래서 죄의 몸은 죽어 다시는 죄에게 종노릇 하지 않게 되었습니다.
  - 나는 주님과 함께 죽었고 나의 삶을 다스렸던 죄의 권세도 죽었습니다.

- 로마서 6:10-11:
  - 나는 내 자신이 그리스도 안에서 죄에 대하여 죽었고 하나님께 대하여는 살았습니다.

- 로마서 6:22:
  - 나는 죄로부터 해방되었고 하나님의 종이 되었습니다.

- 로마서 8:2-4:
  - 생명의 성령의 법이 예수님을 통해서 죄와 사망의 법에서 나를 해방하였습니다.
  - 나는 죄의 본성을 따라 살지 않고 성령을 따라 삽니다.

- 로마서 8:13:
  - 만약 영으로써 내가 몸의 행실을 죽이면 나는 살 것입니다.

- 고후 5:15, 17:
  - 내가 죽은 이후로, 나는 더 이상 자신을 위해서 살지 않고 예수 그리스도를 위해서 삽니다.
  - 나는 새로운 피조물이며 하나님의 속성을 가지고 있습니다.

- 요1서 5:18:
  - 나는 하나님께로부터 난 자입니다. 그러므로 계속해서 죄를 짓지 않습니다.
  - 예수님은 나를 안전하게 지키십니다. 악한 자가 나를 해롭게 할 수 없습니다.

우리는 하나님의 자녀로 하나님과 언약을 맺었으며, 하나님의 이름을 부르게 되었습니다.

- 요 1:12-13
  - 내가 하나님을 영접했기 때문에, 내가 주님의 이름을 믿었기 때문에, 하나님께서는 하나님의 자녀가 되는 권리를 나에게 주셨습니다. - 자녀는 자연적인 혈통으로 태어난 것이 아니라 하나님에게서 태어난 것입니다.

- 로 8:14-17
  - 나는 하나님의 성령의 인도를 받습니다. 그러므로 나는 하나님의 자녀입니다.
  - 나는 나를 다시 두려움의 종으로 만드는 영을 받지 않았습니다. 나는 양자의 영을

받았습니다.
- 하나님으로 인해 나는 "아바, 아버지"라고 부릅니다.
- 성령께서 친히 내가 하나님의 자녀라고 나의 영과 더불어 증거하십니다.
- 만약 내가 자녀이면, 나는 상속자입니다. - 하나님의 상속자며, 예수님과 함께한 상속자입니다.
- 예수 그리스도께 속한 모든 것이 나에게 속했습니다.
- 나는 주님과 함께 영광을 받기 위하여 주님의 고난도 함께 받아야 할 것입니다.

- 갈 3:29
  - 만약 내가 그리스도께 속했다면, 약속대로 유업을 이을 자입니다.

- 갈 4:5-6
  - 나는 아들의 완전한 권리를 받았습니다.
  - 내가 하나님의 아들이기 때문에, 하나님께서는 하나님의 아들의 영을 나의 마음에 보내셨고, 성령님께서 "아바, 아버지"라 부르게 하셨습니다.

- 요1서 3:1-2
  - 하나님의 사랑이 얼마나 큰지 그 사랑을 나에게 베푸셨습니다. 그래서 나는 하나님의 아들이라 일컬음을 받았습니다! 그것이 바로 나입니다.
  - 나는 하나님의 자녀입니다.
  - 내가 무엇이 될지 아직 알려지지 않았습니다. 그러나 나는 예수님께서 나타나실 때, 예수님처럼 될 것입니다.

하나님은 이 세상의 시스템과 풍조에서 우리를 불러내셨습니다.

- 마 5:14 & 빌 2:20
  - 나는 이 어둠의 세상에서 하나님의 영광을 밖으로 비출 세상의 빛입니다.

- 요 15:19
  - 나는 세상에 속할 수 없습니다. 그리고 하나님께서는 세상에서 나를 택하셨습니다.

- 롬 12:2
  - 나는 더 이상 이 세상의 풍조를 따라가지 않을 것입니다. 그래서 나의 마음을 새롭게 함으로 변화를 받게 될 것입니다.

- 엡 2:2
  - 나는 더 이상 이 세상의 방식을 따라가지 않을 것입니다.

- 요1서 2:15
  - 나는 세상을 사랑하지 않습니다.

우리는 하나님의 영광, 하나님의 사랑, 하나님의 의로우심 그리고 이 땅에 하나님의 왕국의 권세를 나타내도록 부름받았습니다.

- 요 13:35

Week 3 — Lesson 4

- 내가 다른 사람을 사랑하면, 모든 사람이 내가 예수님의 제자인 것을 알 것입니다.

- **요 15:1-8**
  - 나는 주님 안에 머물고 그리스도의 삶의 채널이 될 것이며, 많은 열매를 맺을 것입니다.

- **고후 8:24**
  - 나는 사람을 사랑할 것이고 그러면 다른 사람들이 그것을 볼 것입니다.

- **요1서 3:16**
  - 이것이 제가 알고있는 사랑입니다. 예수님께서 나를 위해서 목숨을 버리셨습니다.
  - 나는 나의 형제들을 위해서 나의 목숨을 버릴 수 있습니다.

- **벧전 4:13**
  - 나는 그리스도의 고난에 동참해서 기쁩니다.
  - 나는 예수님의 영광이 나타날 때 기쁨이 넘칠 것입니다.

우리는 인류 가운데 하나님의 목적을 성취시키도록 부름받았습니다.

- **요 15:8, 16**
  - 나는 예수님을 선택하지 않았습니다. 예수님께서 나를 택하신 것입니다.
  - 예수님께서는 많은 열매를 맺고, 예수님의 제자가 되는 것을 위해서, 나를 지명하셨습니다.

- **행 26:16**
  - 하나님께서는 나를 종으로 지명하셨고 그리고 내가 주님에 대해서 무엇을 보았고, 주님께서 나에게 무엇을 보여 주실 것인지에 대한 증인으로 지명하셨습니다.

- **엡 1:11**
  - 주 안에서 나는 또한 택함을 받았으며, 하나님의 뜻의 결정대로(순응함으로) 모든 것을 일하시는 이의 계획을 따라서 나는 예정을 입었습니다.

- **엡 3:10-11**
  - 하나님의 영원하신 목적을 따라서, 하늘에 있는 통치자들과 권세들에게 하나님의 다양한 지혜를 알게 하려는 것은 하나님의 의도셨습니다.

우리는 그리스도의 대사들이며, 잃어버린 세상을 창조주께로 화해시키기 위해 보냄을 받았습니다.

- **요 15:16**
  - 하나님께서는 가서, 열매를 맺도록 나를 택하시고, 지명하셨습니다.

- **행 1:8**
  - 나는 예루살렘과 온 유대와 그리고 사마리아와 땅 끝까지 하나님의 증인이 될 것입니다.

Lesson 4 — Week 3

- 고후 5:18-20
  - 예수님을 통해 나를 하나님과 화목(화해)하게 하셨고, 하나님께서 화목케 하는 사명을 나에게 주셨습니다. 하나님께서 그리스도 안에서 하나님과 세상을 화목하게 하셨습니다.
  - 마치 하나님께서 나를 통해서 하나님을 드러내시는 것처럼, 그럼으로 나는 그리스도의 대사입니다.

우리는 사탄의 일을 멸하기 위해서 이 땅에 보내어진, 그리고 사람들을 어둠으로부터 이끌고 빛으로 들어가게 하는 하나님의 군대입니다.

- 막 16:17
  - 나는 모든 어둠의 권세를 다스릴 권세를 가지고 있습니다.

- 요 14:12
  - 나는 예수님께서 하신 일을 하도록 부름받았습니다. 그리고 그보다 더 큰 일을 할 수 있습니다.

- 행 26:17-18
  - 하나님께서 나를 보내셔서, 그 눈을 뜨게 하여 사람들을 어둠에서 빛으로, 사탄의 권세에서 하나님께로 돌아오게 하고, 그들이 죄 사함과 그리스도를 믿어 거룩하게 된 무리 가운데서 기업을 얻게 하셨습니다.

- 히 2:14-15
  - 하나님의 자녀들은 혈과 육에 속하였습니다. 예수님께서 그들과 같은 모양으로 혈과 육을 함께 지니심은 죽음을 통하여 죽음의 세력을 잡은 자 곧 마귀를 멸하시며 또 죽기를 무서워하므로 종노릇 하는 우리들을 자유하게 하려 하심입니다.

협력적으로, 우리는 주님의 날이 임하는 것을 위해 피조물들을 준비 시키는 - 순결하도록, 흠 없고, 허물없도록 - 부름받은 그리스도의 신부입니다.

- 고후 11:2
  - 하나님께서는 한 남편을 나에게 약속하였습니다. 하나님께서는 나를 정결한 신부로 예수님께 드리려고 하셨습니다.

- 빌 1:9-11
  - 나는 그리스도의 날까지 순결하고 허물이 없게 되어야 합니다.

- 계 19:7
  - 어린 양의 혼인 잔치가 다가왔으니, 주님의 신부로 자기를 준비해야 합니다.

교회의 언약적인 신분은 무엇입니까? _____
_____
_____

Week 3   Lesson 4

우리에게는 하늘과 땅의 모든 권세가 주어졌으며, 예수 그리스도와 함께 유업을 잇도록 만들어졌습니다. 우리는 온 땅 위에 세워질 하나님의 뜻과 왕국을 보게 될 것입니다. 우리는 죄와 육체와 사탄의 권세 아래 사는 것이 아니라 성령님의 권능 아래 살고 있는 구원받은 하나님의 자녀입니다. 우리는 하나님의 자녀가 되고, 하나님의 권위 가운데 동행하고, 하나님께로 직접적으로 다가갈 수 있는 하나님과 언약으로 맺어진 관계입니다. 우리에게는 하나님의 보좌로 다가가는 것이 허락되었고 하나님께서 맞아주시는 것이 보장되었습니다. 우리에게는 권위의 겉옷이 주어졌으며, 하나님의 영광, 사랑 그리고 성품을 전 세계에 나타내는 방식으로 살아가게 되었습니다.

교회는 무엇을 하도록 위임되어졌습니까? _____
_____
_____

교회는 단지 좋은 행위를 하도록 존재하는 것이 아닙니다. 교회는 하나님으로부터 분명한 사명을 받았습니다. 우리는 하나님의 대사들입니다. 이 세상을 하나님과 화목하게 하도록 보냄을 받았습니다. 우리는 적들의 소행을 멸하고, 백성들을 어둠에서 끌어내어 빛으로 인도할 것입니다. 우리는 주님이 오시는 그 날을 위해서 이 세상을 준비시키도록 부름받았습니다. 우리는 장차 이 세상이 가고 하나님의 나라가 도래하는 것을 아는 순결하고, 흠 없는 신부가 되도록 부름받았습니다. 그러므로 우리는 신속히 다시 오실 주님을 기다리고, 준비해야 합니다. 이것이 우리가 살아가는 목적인 것입니다.

교회에게 어떤 은사와 약속이 주어졌습니까? _____
_____
_____

우리에게 성령의 내주하심이 주어졌고 우리는 예수 그리스도의 유업을 함께 잇게 되었습니다. 하나님께 속한 모든 것이 교회에 속하게 되었습니다. 하나님께서는 우리가 예수 그리스도를 통하여 단순한 정복자를 능가하게 될 것, 하나님께서는 번영을 누리는 우리를 대항할 무기는 없다는 것, 우리 안에 거하시는 이가 세상에 있는 자보다 위대하다는 것, 하나님이 결코 우리를 떠나시거나 저버리지 않으신다는 것, 하나님의 은혜가 우리의 모든 필요를 충족시키기에 충분하다는 것, 우리가 마귀의 일을 멸할 것, 예수님이 하신 일보다 더 큰 일을 우리가 하게 될 것, 하나님께서 교회를 세우실 때 지옥의 문은 교회를 대항하여 더 이상 번성할 수 없을 것 등을 약속하셨습니다. 이것들은 하나님께서 교회에 주신 약속들 중 몇 가지에 불과합니다.

하나님께서 교회에 주신 지시사항들과 명령들은 무엇입니까? _____
_____
_____

우리는 우리의 마음을 다해 하나님을 사랑합니다. 그리고 그리스도께서 우리를 사랑하신 것 같이 다른 사람을 사랑합니다. 우리는 이 세상을 사랑하거나, 이 세상의 일들을 좇지 않습니다. 교회는 다른 사람들을 깊이 사랑하는 공동체로 알려져 있습니다. 이것이 우리를 구별되게 하는 것입니다. 이 구별됨이 우리를 남다르게 만드는 것이며, 어떻게 세상으로 하여금 우리가 예수님의 제자인지 알게 하는 것입니다. 모든 것이 이 두 가지에 달려있습니다. 하나님을 향한 우리의 사랑과 이웃을 향한 우리의 사랑입니다. 사람들은 교회가 사랑하는 방식 – 하나님의 사랑에 사로잡혀, 희생적이고, 관대하고, 어질고, 자비롭고, 헌신적이고, 자신을 내려놓고 전적으로 하나님께 드리는 방식 – 을 볼 것입니다. 그리고 사람들은 교회를 통해서 보는 하나님과 사람을 향한 깊은 사랑으로 인해서 교회에 이끌려질 것입니다.

우리는 무엇을 하는 것일까요? 교회는 열방의 소망이 될 것입니다. 우리는 어둠을 밀쳐 버리고 빛이 비추게 하는, 길을 만드는 사람들이 될 것입니다. 교회가 너무도 깊고 희생적인 사랑을 행함으로 인하여 사람들이 우리가 하나님의 제자들이라는 것을 알게 될 것입니다. 우리는 이 시대와 때에 열방을 묶고 있는 속박과 억압을 깨뜨릴 수 있는 권세, 어둠보다 더 큰 권세를 행사할 것입니다. 우리는 지혜와 권능 그리고 이 땅에 하나님의 뜻과 목적을 약화시키려고 시도하고 있는 어둠의 세력을 물리치시는 예수 그리스도의 권세 가운데 걷게 될 것입니다. 우리는 하나님의 왕국이 세워지는 것과 어둠의 세력이 깨져버리기 시작하는 것을 볼 것입니다. 교회는 어둠을 척결하는 빛이 될 것이며, 문화를 온전케 하는 소금이 될 것이며, 열방으로 빛을 발산하는 소망이 될 것입니다. 이것이 바로 예수님께서 죽으시고 교회에 주신 것들입니다.

▶ **연습(Exercise):**

여러분이 그리스도께서 교회를 피 값을 주고 사신 것과 그로인해 우리로 하여금 어떤 존재가 되게 하셨다는 사실을 읽고, 교회와 열방의 상관관계 및 상황을 살펴 볼 때 여러분의 마음 가운데 어떤 종류의 반응이 일어납니까? _____
_____
_____

여러분이 다른 시대들을 보거나, 사람들이 그들의 사명으로부터 점점 더 멀어져가는 것을 볼 때, 그리고 이스라엘이 그들의 사명을 성취하지 못했기 때문에 하나님께서 교회를 창조하신 것을 깨닫게 될 때, 여러분의 마음 가운데 어떤 종류의 반응이 일어납니까? _____
_____
_____

Week 3　　Lesson 4

상황 분석

만약 오늘날의 교회에 대해 하나님께서 상황을 분석하신다면, 하나님은 무엇을 말씀하실까요? 우리는 10개 국으로부터 200명의 사람을 대상으로 여론조사를 했습니다. 아래의 내용이 바로 이분들의 반응이었습니다.

- 우리는 하나님의 기준을 타협해 버렸습니다.
- 우리는 하나님의 지혜 대신 인간의 지혜를 의지했습니다.
- 우리는 열방을 그리스도께 구원하기 위한 그리스도의 대사로서 실패하고 있습니다.
- 우리는 그리스도께서 죽으시고 우리에게 주신 권능과 권세, 그리고 이해 가운데 걷고 있지 않습니다.
- 우리는 눈먼 자의 눈을 열지 못하고, 갇힌 자를 자유하게 하지 못하고, 깨어진 마음을 치유하지 못하고 있습니다.
- 우리는 - 열방을 제자화시키는 - 왜 그리스도께서 죽으셨는지에 대한 주된 목적과 관점을 잃어버렸습니다.
- 우리는 열방을 가르치고, 제자 만드는 것에 실패했습니다.
- 우리는 하나님 마음의 소원을 성취시키기 위해서 일하는 것에 실패하고, 선한 행위를 하는 것으로 사역을 삼았습니다.
- 우리는 하나님의 말씀 가운데 아주 적은 시간을 머물고 있습니다. 그래서 성경이 무엇을 말하고, 우리에게 주어진 지시사항 등에 대해 매우 적게 이해하고 있습니다.
- 우리는 우리에게 주신 하나님의 지시사항을 따르는 것에 실패했으며, 그래서 하나님과의 언약의 자리에 서있지 않습니다.
- 우리는 사도행전에 나타난 물건을 서로 통용하고, 필요를 따라 나누어 주었던 교회로부터 너무나 멀리 벗어나 있습니다.
- 우리는 하나님의 뜻을 추구하는 것에 실패했습니다. 그래서 열방과 무관하게 되었습니다.
- 우리는 더 이상 피조물에 영향을 줄 수 없습니다. 그러므로 피조물은 고통과 속박 가운데 있습니다.
- 우리는 그리스도의 신부로 우리의 순결을 지키지 않았습니다.
- 우리는 주님의 날이 다가오는 것에 대해 사람들에게 나팔을 불고, 경고하는 것에 실패했습니다.
- 우리는 우리의 첫 사랑을 잃어버렸습니다.

교회는 사명을 수행하고 있습니까? 우리는 예수님께서 교회를 위해 무엇을 마음 속에 그리고 계시고, 공급하셨는지 보았습니다. 그러나 교회는 그것으로부터 더욱 더 세속화 되어가고, 약화되고, 거부당하고 그리고 멀어지게 되었습니다. 그 사실이 우리의 마음을 찢어놓습니다. 많은 나라에서 교회는 최소의 영향력만 지니고 있습니다. 열방은 흔들리고 있고, 어둠은 홍수처럼 다가오고 있고, 죄는 우리의 사회를 전염병처럼 갉아 먹고 있습니다. 잠자게 하는 영이 교회의 눈을 멀게 하고 교회를 무력화시키고 있으며, 어둠과 효과적으로 싸워 이겨내는 것으로부터 교회를 방해하고 있습니다.

교회는 사명을 망각해 버렸습니다. 우리는 프로그램을 실행하고, 섬김을 보여주는 것에 바쁩니다. 거의 대다수가 예수 그리스도의 사명 수행자들과 대사들이 아니라 기독교의 구경꾼들과 소모자들이 되어버렸습니다. 우리는 진정한 승리의 실체가 아닌 승리와 권능의 미사여구에 안주하기 시작했습니다. 때가 차고 있습니다. 어둠은 증가하고 있습니다. 그러나 아직 교회는 무기력의 상태 가운데 있습니다. 이것은 예수님께서 피 값을 주고 사셔서 우리에게 주신 자리가 아닙니다. 우리의 마음에 긴급함이 커지고 있습니다.

때로는, 우리가 받은 부르심과 우리의 현재 모습 사이의 괴리감에 직면했을 때 우리는 무엇부터 다루어야할지 막막해하다가 아무것도 할 수 없는 상태에 이르고, 급기야는 포기의 단계에 이르게 됩니다. 우리는 싸우려고 일어나지도 않습니다. 우리는 아무런 소망이 없는 것처럼 느끼게 되고, 우리가 받은 부르심으로부터 너무도 동떨어져 있기 때문에 어디서부터 무엇부터 해야 하는지 이성적으로 대처하는 것조차 힘이 듭니다. 그것은 내가 해결하기에는 너무도 벅찬 큰 문제라고 느낍니다. 우리는 이런 생각과 반드시 싸워야 합니다.

하나님의 방식과 사람들이 살아가는 방식 사이의 이와 비슷한 괴리감을 경험한 성경의 한 예가 바로 요시야 왕입니다.

▶ 연습(Exercise):

열왕기하 22-23장을 읽으십시오. 하나님께서 이스라엘이 어떻게 되도록 부르셨던 것과 그들은 실제로 어떠했는지를 깨닫게 될 때 요시야 왕의 반응은 어떠했습니까? _____

_____

_____

율법책이 발견되고 왕에게 읽혀졌을 때, 요시야는 자신의 옷을 찢고 하나님께 울부짖었습니다. 요시야가 나라의 영적인 상태와 성전과 백성들의 상태를 보았을 때 - 이스라엘이 하나님께서 그들로부터 되라고 하신 것에서 벗어나 얼마나 멀어졌는지 - 무엇인가가 요시야의 마음을 사로잡기 시작했습니다. 요시야는 더 이상 현재의 상황을 받아들이거나 용인할 수 없었습니다. 요시야는 울부짖기 시작했고 하나님께서 의도하신 것으로 질서가 되돌려지는 것을 보기 위해서 할 수 있는 모든 것을 행했습니다.

▶ **우리 마음의 반응(Our Heart's Response):**

잠시 동안 기도하는 시간을 가지겠습니다. 하나님의 자비를 간청하시기 바랍니다. 우리에게 이 마음을 달라고 하나님께 구하시기 바랍니다. 단지 지금 이 순간, 잠시 동안만의 어떤 움직임으로 끝나는 것이 아니라, 우리가 이전의 냉담함으로 되돌아가지 않도록 그리고 이 시대가 새로운 흐름 가운데로 들어감으로 변화가 시작되어 하나님의 뜻이 성취되는 일에 우리에게 무엇이든지 기꺼이 감당할 수 있는 힘을 주시라고 기도하시기 바랍니다. 성령께서 여러분에게 보여주시는 것을 적으시기 바랍니다. _____

_____

_____

시대 6(Era 6) - 주님의 날(The Day of the Lord)

Week 3 Lesson 4

여러분이 성경 본문을 읽을 때, 시대들의 일련의 연속적인 사건들을 분명하게 볼 수 있습니다. 여러분은 교회의 시대가 끝을 향하여 가고 있을 때, 이제 오직 한 시대만이 남았다는 것을 또한 볼 수 있습니다. 그것은 주님의 날(the Day of the Lord)입니다.

이 공부를 통해서, 비록 2,000년 동안 해왔음에도 불구하고, 교회가 하나님께서 교회를 창조하시면서 맡기신 사명을 성취하지 못했다는 것을 알았습니다. 우리는 또한 하나님께서 각 시대들을 어떻게 다루어오셨는지도 살펴보았습니다. 우리가 앞으로 다가올 다음 시대에 대하여 진정한 이해를 가지게 될 때, 그리고 그 다음 시대가 거의 다가왔다는 것을 확실히 믿을 때, 우리의 마음은 전율하게 될 것입니다.

> 우리가 주님의 날과 그에 수반되는 모든 것에 관해 성경이 무엇을 말하는지 깨닫게 될 때, 우리는 이 기상 전화(wake-up call)를 놓칠 여유가 없다는 것을 알게 됩니다. 교회는 반드시 일어나야 합니다. 이스라엘이 메시아가 방문하셨던 때를 놓쳤던 것을 거울삼아 우리는 우리의 때를 절대로 놓쳐서는 안 됩니다.

하나님께서 아브람을 불러 열방의 아비가 되도록 하신 후 수천 년이 흘렀습니다. 2,000년 전에 예수님께서 오셨고, 성령이 부어졌고, 교회에는 명령이 위임되었습니다. 하나님께서는 우리에게 열방으로 가라고 시간을 주셨습니다. 그러나 지금 그 날은 가까이 왔고, 심판은 이 땅 위에 들이닥치기 시작했습니다. 사악함이 열방을 질식시키고 있습니다. 사람들은 옳고 그름, 거룩과 거룩하지 못함 사이의 차이를 더 이상 알지 못합니다. 왜냐하면 경계선이 불분명해졌기 때문입니다. 속임이 일어나고 있습니다. 때가 차고 있습니다.

구약과 신약 성경 전체를 통해서 최후의 시대는 "마지막 날" "그 날" "주님의 날"로 때로는 "진노의 날" 또는 "주의 분노의 날"로 본문들은 언급하고 있습니다. 이것은 무엇을 의미하는 겁니까? 이것은 3가지 다른 일들과 관련이 있습니다.

1. 어둠의 권능과 빛의 권능 사이에 벌어질 전쟁의 기운이 임박한 때에 관하여 성경에 언급된 시간의 시대(the era of time)
2. 진노와 심판의 날
3. 마지막 날, 주의 날이 등장할 것입니다.

우리는 마지막 날이라 불리는 시간의 시대에 가까이 다가가고 있습니다. 마지막 시대가 가까이 다가올 때, 많은 일들이 발생하기 시작할 것이라고 성경은 말합니다(딤후 3:1-5). 속임과 사악함이 증가될 것이며, 사람들은 더욱 더 쉽게 상처를 받고, 감정이 상하고, 많은 사람들의 사랑이 점차로 식어질 것입니다. 사람들은 더욱 용서하지 않을 것이며, 자기 절제가 부족하게 될 것입니다. 더욱 더 중독되고, 더욱 더 불평

하고, 비관적인 성향이 증가되고, 사람들은 더욱 탐욕스럽고, 이기적이고, 오만하고 자기 잇속만 차리게 될 것입니다. 사람들은 그들을 타협 가운데서 안정감을 느끼게 만드는 신학들을 개발하기 시작하여 종교의 형태를 가지게 만들 것이지만 그것은 어둠의 세력을 깨뜨리거나 사람들을 자유케 하는 능력이 결여된 것입니다.

▶ 연습(Exercise):

이 시대와 때에 이러한 일들이 증가되는 것을 목도하십니까? 만약 그렇다면 설명해 보시기 바랍니다. _____
_____
_____

때가 차면서 사람들은 더욱 그들의 권리를 요구하게 될 것입니다. 우리는 교회 안에서 조차 하나님의 기준을 낮출 것입니다. 사람들은 자랑하고 교만하게 될 것이며 우리는 더 이상 하나님이 필요하지 않다고까지 말할 것입니다. 사람들은 자기 자신에게만 관심이 있고 그들의 마음을 다해 하나님을 진실로 추구하는 시간이 아주 적을 것입니다. 이런 일들이 지금 이 시대에 증가하고 있습니다. 메뚜기의 피해와 같이 이것들이 몰려오고 있고, 우리의 땅들을 삼킬 것입니다.

> 형제들아 나는 너희가 알지 못하기를 원하지 아니하노니 우리 조상들이 다 구름 아래에 있고 바다 가운데로 지나며 모세에게 속하여 다 구름과 바다에서 세례를 받고 다 같은 신령한 음식을 먹으며 다 같은 신령한 음료를 마셨으니 이는 그들을 따르는 신령한 반석으로부터 마셨으매 그 반석은 곧 그리스도시라 그러나 그들의 다수를 하나님이 기뻐하지 아니하셨으므로 그들이 광야에서 멸망을 받았느니라 이러한 일은 우리의 본보기가 되어 우리로 하여금 그들이 악을 즐겨 한 것 같이 즐겨 하는 자가 되지 않게 하려 함이니 그들 가운데 어떤 사람들과 같이 너희는 우상 숭배하는 자가 되지 말라 기록된 바 백성이 앉아서 먹고 마시며 일어나서 뛰논다 함과 같으니라 그들 중의 어떤 사람들이 음행하다가 하루에 이만 삼천 명이 죽었나니 우리는 그들과 같이 음행하지 말자 그들 가운데 어떤 사람들이 주를 시험하다가 뱀에게 멸망하였나니 우리는 그들과 같이 시험하지 말자 그들 가운데 어떤 사람들이 원망하다가 멸망시키는 자에게 멸망하였나니 너희는 그들과 같이 원망하지 말라 그들에게 일어난 이런 일은 본보기가 되고 또한 말세를 만난 우리를 깨우치기 위하여 기록되었느니라
>
> 고전 10:1-11

하나님께서는 이스라엘에 일어난 일들이 우리에게 경고가 된다고 말씀해 주고 있습니다. 그들은 "이러한 일은 우리의 본보기가 되어 우리로 하여금 그들이 악을 즐겨 한 것 같이 즐겨 하는 자가 되지 않게 하려 함이니"(고전 10:1-11). 하나님께서는 우리에게 우상 숭배자가 되지 말 것을 그리고 이방 축제에 탐닉하지 말 것을 그리고 성적으로 순결하게 되고, 원망하지 말 것을 경고하고 있습니다. 성경은 말하고 있습니다. "그들이 광야에서 멸망을 받았느니라(their bodies were scattered over the desert)." "그들에게 일어난 이런 일은 본보기가 되고."라고 경고하고 있습니다. 이스라엘이 했던 것처럼 그것들은 하나님에게서 돌아서는 것으로부터 우리를 보호해 주는 것입니다. 그것들은 어둠 속으로 떨어지는 것으로부터 그리고 하나님의 목적을 성취하게 하는 우리의 능력을 잃어버리는 것으로부터 우리를 보호하는 것입니다.

사랑하는 여러분, 우리는 지금 응답해야 합니다. 우리는 사람들이 각성(awakening) 하도록 돕는 도움의 불길이 시작되는 것을 보기 위하여 다른 사람들과 연합해야 합니다. 왜냐하면 우리가 위에서 설명했듯이 어둠의 세력들이 때가 차면서 점점 증가될 것이기 때문입니다. 주님의 날인 마지막 시대 이후에는 그 어떤 시대로도 되돌아갈 수가 없습니다. 이것이 바로 이 시간의 심각성에 대한 이유입니다.

| 우리의 시대에 하나님 마음의 소원은 무엇인가? |

이것은 핵심적인 질문입니다. 만약 하나님께서 우리에게 요구하신 일을 할 수 있으려면 우리는 반드시 하나님의 마음을 붙잡아야 한다고 지난 2주 동안 배워왔습니다. 여러분들이 이 역사의 시대들을 바라보고, 하나님께서 하시려는 것을 바라볼 때, 여러분들은 주의 임박한 날을 볼 수 있습니다.

하나님의 마음에서 무엇이 불타고 있습니까? _____
_____
_____

교회는 무엇을 행해야 하며, 어떤 상태가 되어야 합니까? _____
_____
_____

하나님께서는 남은 자, 곧 군대를 일으키고 있습니다(욜 2:1-11). 이들은 이전에 결코 존재하지 않았고 다시는 존재하지 않을 새로운 군대입니다. 주님께서 이 군대를 피값을 주고 사셨습니다. 이 군대는 예수님을 위해서 살 뿐만 아니라, 예수님을 위해서 기꺼이 죽으려고 하는 군대입니다. 이 군대의 구성원들은 어떤 일이 일어날 것인지, 진실로 중요한 것이 무엇인지 그리고 하나님의 마음을 이해하고 있습니다. 하나님께서는 그들 한 사람 한 사람을 엄선해서 고르고, 그들의 마음을 하나님께로 이끌 것입니다. 이 군대는 현재의 상황에 만족하지 못하게 될 것이며, 그들의 깊은 곳으로부터 무엇인가 주님께 신음하기 시작할 것입니다. 그들이 어린이든지 어른이든지, 부자든지 가난한 자든지, 교육을 받은 자든지 문맹자든지 간에 하나님께서는 그들의 마음을 하나 되게 하실 것입니다.

하나님께서 이 군대를 부르실 때, 그들 가운데 불을 붙여 열방으로 보낼 것입니다. 교회는 살아나고 변화될 것입니다. 군대는 세상의 것들을 떨쳐버릴 것입니다. 교회는 군대가 권능과 권세로 완전히 충만해진 상태로 권한을 위임받은 가운데 일어서기 시작할 것입니다. 예수님께서 이렇게 되기를 바라시고 죽으셨습니다.

주님의 날이 다가옵니다. 주님은 주님 자신을 준비하기 위해 일하시고 계십니다. 우리는 아버지의 사명을 볼 수 있습니다. 우리는 하나님의 마음의 본심을 볼 수 있습니다. 하나님의 목적과 목표는 명확합니다.

우리는 우연히 여기에 있는 것이 아닙니다. 하나님께서는 우리를 이 군대로 부르십니다. 우리가 주님의 기준을 이해합시다. 하나님께서 거부하시는 삶의 방식을 우리가 봅시다. 세상이 주는 달콤함으로 인해 우리가 미혹을 받지 않도록 합시다. 하나님께서는 우리를 "이와 같은 때"를 위해 부르십니다.

Lesson 4 | Week 3

▶ 연습(Exercise):

우리는 하나님과 함께 갈 것입니까? _____
_____
_____

우리가 그렇게 하지 않으면 어떤 대가를 지불해야 합니까? _____
_____
_____

하나님께서 요구하시는 일을 하기 위해서 우리는 무엇을 해야 합니까?
(What Must We Do to Work the Works That God Requires?)

우리는 우리 자신을 포기하기 시작해야 하며 하나님께서 우리를 하나님의 군대로 일으키시도록 해드려야 합니다. 우리는 하나님께 순복함으로 우리 자신을 드릴 필요가 있습니다. 오직 하나님께서 우리를 준비시키실 수 있다는 것과 우리에게 힘을 주셔서 우리가 적들과 다가올 전쟁을 대항해서 일어설 수 있다는 것 그리고 우리가 앞으로 나아갈 수 있는 지혜를 주신다는 것을 알 필요가 있습니다. 우리는 세상을 등지고 우리 자신을 온 마음으로 주님을 찾는데 드려야 합니다. 타협과 오늘날 배교가 가르쳐지는 것 그리고 성경에 대해서 해묵은 진리라고 시도하는 것을 거절해야 합니다. 우리는 주님과 주님의 방식들에 우리 자신을 온전히 드리는 것을 반드시 선택해야 합니다. 그래야 하나님의 목적이 우리의 삶을 통해서 성취될 수 있습니다.

이것이 시대의 부름입니다. 주님을 위해 우리 자신을 구별합시다. 그리고 다가올 때를 준비하기 위해서 하나님께서 우리의 삶을 통해 깊이 일하시도록 해 드립시다. 하나님께서는 우리 안에서 우리 스스로 할 수 없는 것을 행하실 것이며 이 세상에서 우리의 부르심과 운명이 성취되는 곳으로 우리를 데려오실 것입니다.

▶ 깊이 생각해 보는 시간(Time for Reflection):

우리는 이 시대로부터 무엇을 배웠습니까?
하나님께서 거절하신 것은 무엇입니까?
하나님께서 요구하신 것은 무엇입니까?
_____
_____
_____

하나님께서 이것에 대한 응답으로 당신에게 원하시는 것은 무엇입니까?
_____
_____
_____

Week 3　　　Lesson 4

> 오늘/이 주에 여러분의 기도제목으로 기도드릴 때, 여러분들은 성령님께서 하시는 말씀이나 여러분을 향한 부르심이 무엇이라고 느낍니까? 그리고 여러분이 직면한 영적 전쟁은 무엇입니까?
> _____
> _____
> _____

기도의 목표들(Prayer Targets)

매일 매일 목표를 두고 기도하는 것은 여러분들로 하여금 현재 하고 있는 일들을 "그만두게(walk out)"할 수도 있다는 것을 기억하십시오. 우리는 영적인 위치, 우리가 들어가려고 하는 영적인 실체를 위해서 싸우는 중입니다. 그리고 영적인 영역에서 영토를 얻기 시작할 때 우리가 이 물리적인 영역에 영향력을 주기 시작할 것입니다. 그러므로 기도의 목표들은 여러분이 영적인 영역에서 영토를 얻으려고 할 것이기 때문에 이 공부에 필수적인 부분입니다. 이 영적인 영역에서 획득한 영토는 물리적인 영역에도 충격을 줄 수 있도록 권위와 지혜, 명철을 부여하기 시작할 것입니다.

"기도의 자리로 들어간다" 는 것은 무엇을 의미합니까?
(What Does It Mean to "Pray Into" a Position?)

하나님께서 나타나실 때 거기에는 우리를 이끌어 들어가게 하시려는 더 큰 무엇이 있습니다. 우리는 그 자리에 들어가서 하는 기도(praying into)로 우리 자신을 드려야 합니다. 우리는 하나님께서 우리를 더 깊은 곳 그리고 우리가 아직 가보지 못한 곳으로 부르시는 것을 알고 있습니다. 이러한 새로운 영역을 얻기 위해 우리가 간구할 때, 우리는 하나님께서 하나님이 누구시고, 무슨 일을 하셨는지에 대하여 말씀하시는 것들을 반드시 깨닫게 됩니다. 우리는 하나님께서 하신 모든 것으로 인해 하나님의 신실하심을 선포합니다. 그리고 우리가 아는 바 '하나님이(성경에서) 장차 행하겠노라고 말씀하신 그것을 하나님은 반드시 행하신다는 것을 믿는 믿음의 자리' 안에서 기도합니다.

우리는 다음 몇 주간 "언약 안에 들어가 기도하는 것"에 관해 많은 이야기를 할 것입니다. 우리가 매일의 기도 생활에 이 개념을 적용하는 것이 중요합니다. 반면에 주님께서 우리에게 주신 영토를 얻기 위해 싸우지 않으면, 우리가 필요로 하는 지혜를 가질 수 없으며, 결과적으로 하나님께서 우리를 불러 하라고 하신 일을 위해 준비되지도 못할 것이며, 채비도 제대로 갖출 수 없을 것입니다.

▶ 기도의 시간(Time for Prayer):

Lesson 4 | Week 3

하나님께 이 시대의 긴박성에 대하여 여러분의 마음을 깨우쳐 주시기를 간구하시기 바랍니다. 이 시대를 향한 하나님 마음의 소원을 이해할 수 있는 통찰과 명철을 주실 것을 간구하시기 바랍니다. 여러분을 불러서 하라고 하신 것은 무엇입니까? 하나님과 함께 하기 위해서 여러분을 어떻게 부르셨습니까? 여러분은 하나님께서 일으키시는 군대의 구성원이 될 용의가 있으십니까? 여러분의 삶을 하나님과 하나님의 일에 온전하게 드리는 것을 방해하는 어떤 것이 여러분 안에 있습니까? 오늘 하나님과 일을 하십시오. 오늘날 하나님의 목적을 성취하기 위해서 사용할 수 있는 그릇이 되기 위해 여러분 자신을 순복할 수 있는 자리로 나와서 필요한 많은 시간을 보내시기 바랍니다. 여러분을 포기하고, 하나님 앞에서 신실하며, 하나님 마음의 소원을 성취하기 위해 여러분의 삶을 기꺼이 드리고, 양도해 드리는 "기도의 자리(pray into)"로 들어가 기도를 시작하시기 바랍니다.

Week 4   Lesson 1

Week 4.
The Process by Which God Works
하나님 일의 전개 과정

> **금주의 목표:**
> 이번 주에 우리는
> 1. 하나님께서 하시고자 결정하신 일들이 어떻게 진행되는지 그 프로세스를 이해하게 될 것입니다.
> 2. 우리가 하나님께서 하나님의 일을 위해 사용하시는 그릇이 되기 위해 우리 자신이 하나님께 순복하게 될 것입니다.

우리가 지난 주에 논의했던 시대들을 살펴볼 때, 여러분은 하나님께서 일하고 계시는 것을 분명하게 볼 수 있습니다. 여러분은 하나님께서 전체적인 사명을 가지고 계신 것을 알 수 있으며 이 전체적인 사명은 시대와 시대를 거쳐 변하지 않았습니다. 게다가 여러분들이 더욱 면밀히 이 시대들을 연구할 때, 하나님께서 일하시는 방식에는 일정한 패턴이 있다는 것을 깨닫기 시작할 것입니다. 우리는 하나님과 함께 동역하기 위하여 이 패턴을 이해하기 원합니다. 그러면 우리는 하나님의 목적을 이루는데 사용하시도록 우리 자신을 하나님께 내어드리기 시작할 것입니다.

우리는 매번 여러 질문들을 반복해서 물어보았습니다.

- 하나님의 일 안에서 어떻게 우리가 하나님과 함께 할 수 있습니까?
- 어떻게 하나님 마음의 소원을 깨닫고, 성취하기 시작할 수 있습니까?
- 우리를 통해서 하나님이 일하시도록 어떻게 우리를 내어드릴 수 있습니까?
- 하나님의 일들을 감당할 수 있으려면 우리는 무엇을 해야 합니까?

이 주에 우리는 하나님이 어떻게 하나님의 목적을 이루어 가시는지 이해하기 위하여, 하나님께서 개인과 단체를 통해 일하시는 패턴을 면밀히 살펴보기 시작할 것입니다.

> **네 번째 주간을 위한 기도 제목들**
> 1. 하나님이 일하시는 방식들을 이해하고 우리의 방법들을 포기할 수 있도록 주님께 간구하십시오.
> 2. 하나님이 보여주시는 것을 볼 수 있는 눈을 열어주셔서, 여러분 자신이 하나님의 일을 감당하는데 필요한 그릇으로 준비되도록 간구하십시오.

> **Audio/video link for week 4:**
> http://worldtrumpet.org/awakening-the-church
> (week 4)

Lesson 1 | Week 4

LESSON 1:

하나님 일의 전개 과정
The Process God Follows

성경을 통독할 때, 여러분은 하나님께서 일하시는 방식의 과정 가운데 5가지 핵심 요소들을 찾아내기 시작할 것입니다.

1. **상황분석(Situation analysis)**: 하나님께서는 상황을 살펴보고, 이 상황을 하나님 마음의 소원과 대조시키십니다. 하나님께서는 사람들이 보기에 얼마나 좋은지 또는 그들이 느끼기에 얼마나 좋은지를 판단하지 않으시고, 하나님은 하나님이 의도한 것과 일치하는지 여부를 확인하시기 위해 하나님 마음의 계획과 대조하여 상황을 바라보십니다.

2. **하나님의 사명(God's mission)**: 일단 하나님 마음의 소원과 어떻게 연결되어 있는지 하나님께서 상황을 보신 후, 하나님은 어떻게 개입할지 계획을 세우시고, 그 상황을 하나님 마음의 목적에 맞도록 돌려놓기 위해 사명을 제시하십니다.

3. **하나님의 의도하신 목표와 목적들(God's intended goals and objectives)**: 하나님께서 일단 상황 분석을 하시면 사명을 결정하십니다. 그런 다음 하나님께서 이 사명의 성취로 종결되는 명확한 목표를 설정하십니다.

4. **하나님의 선택된 그릇(God's chosen vessel)**: 일단 주님은 자신을 위해서 목표를 정하시고 그릇을 선택하십니다. 하나님의 사명을 완수하기 위해서 그릇을 통해서 일하실 것입니다. 이 선택은 그 그릇의 운명을 풀어 놓습니다.

5. **하나님의 위임명령(God's mandate)**: 하나님께서는 선택한 그릇이 가서 그 일을 감당할 수 있도록 하나님의 권능과 권위를 부여주십니다. 여기에는 위임명령에 관한 6가지 부분이 있는데 이것은 다음 주에 논의하게 될 것입니다.

6. **하나님의 위임(God's commissioning)**: 하나님께서는 누군가를 보내시고 그들에게 어떤 과업을 행하도록 지시합니다. 간단히 말해서 이 위임은 "가서 행하라(Go and do)"고 말하는 것입니다.

Week 4 | Lesson 1

a. **하나님 마음의 비전 붙잡기(Catching the vision of God's heart)**: 하나님의 마음을 들여다 볼 수 있는 것. 하나님 마음의 소원을 아는 것과 그것들을 어떻게 성취할지 이해하는 것.

b. **언약의 자리(Covenantal position)**: 언약의 자리는 여러분의 마음이 순복되어 완전하게 하나님을 신뢰하게 되는 분명히 실재하는 장소입니다.

c. **하나님의 계명들과 지시사항들(God's commandments and instructions)**: 이것들은 우리가 하나님을 따라가고, 우리를 보호하시고, 우리가 올바른 방향으로 갈 수 있도록 지켜주시고, 우리가 열매를 맺도록 주님께서 주시는 지시사항들입니다.

d. **하나님의 선물들과 약속들(God's gifts and promises)**

e. **과업을 수행하기 위한 하나님의 은혜와 기름부음(God's grace and anointing to do the work)**

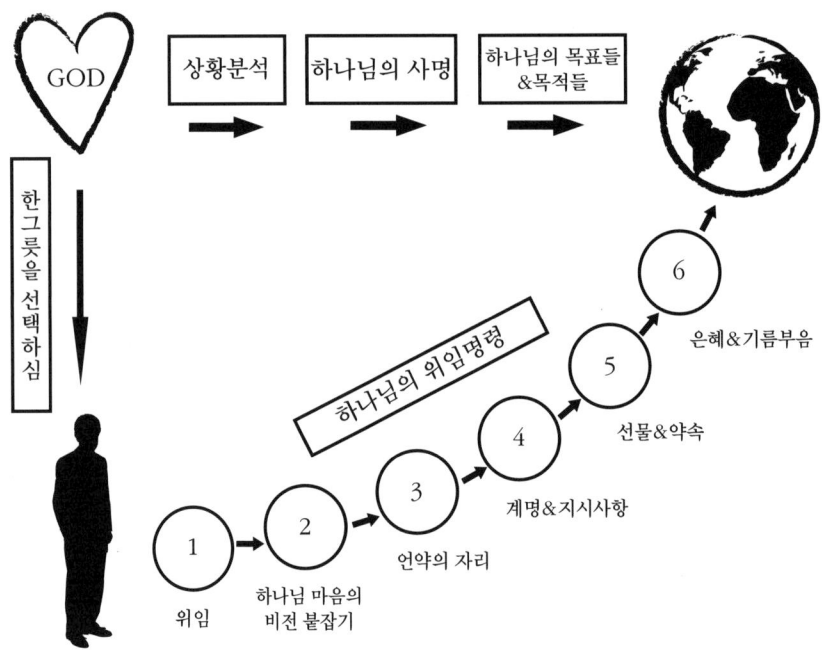

이번 주 각 과의 마지막에 우리는 여러분들이 각 핵심 요소들에 대해 더 잘 이해하도록 돕기 위해 성경에서 몇 장을 읽도록 요구할 것입니다.

▶ **연습(Exercise)**:

Lesson 1   Week 4

출애굽기 3:7-22를 읽으시오.

하나님의 상황분석은 무엇이었습니까? _____
_____
_____

하나님의 사명은 무엇이었습니까? _____
_____
_____

하나님의 의도된 목표와 목적들은 무엇입니까? _____
_____
_____

하나님의 사명이 성취되도록 하기 위해 하나님의 선택된 그릇은 누구입니까? _____
_____
_____

하나님께서 하시는 첫 번째 일은 상황을 분석하고 그것에 판단을 내리십니다. 하나님께서는 사람들의 참담함을 보시고 그들의 고통에 대해 관심을 가지십니다. 하나님께서는 백성들을 구하고 약속의 땅으로 이동시키기 위해 사명을 정하셨습니다. 하나님께서 애굽에서 그 백성들을 끌어내기 위해 목표를 설정하시고, 이 일에 함께 하기 위해 모세를 – 이것이 그가 창조된 운명이었습니다. – 부르셨습니다. 바로가 백성을 가게 할 때까지 강력한 힘으로 애굽인들을 치셨고, 애굽 사람들이 재산을 내어놓게 하셨습니다.

많은 경우 주님께서 한 특정한 문제를 바로잡으시고 또는 하나님의 전체적인 목적들의 일부를 성취하실 때, 하나님께서는 위에서 서술되고 논의 되어진 뚜렷한 과정을 통해 일하십니다. 만약 하나님께서 한 상황을 보신다면 그 상황에 대해 어떤 것을 하려고 조치를 취하십니다. 하나님께서는 하나님 자신을 위해서 사명을 정하십니다. 이것의 의미는 하나님께서는 반드시 그 사명의 완수 시점에서 보려고 하는 분명한 목적을 가지고 계시다는 것입니다. 하나님의 사명과 마음, 그리고 하나님께서 정하신 목표들뿐만 아니라 하나님의 비전을 붙잡는 것은 매우 중요합니다. 왜 그렇습니까? 왜냐하면 우리가 만약 하나님께서 우리를 부르셔서 행하라고 하신 일을 우리의 방법대로 수행한다면, 우리는 일이 시작되기 전에 하나님께서 분석해 놓으신 상황을 바꿀 수 없기 때문입니다. – 그렇게 해서는 하나님의 비전이 실현될 수 없습니다. – 다시 말해서 그런 방법으로는 우리의 사역이 영향력을 끼칠 수 없다는 것을 의미합니다. 이 과정을 이해하는 것은 하나님께서 하나님의 일을 하실 때 우리가 어떻게 함께 할 수 있는지를 이해하는데 도움을 줍니다. 이 과정에 몇 가지 사례가 아래에 논의될 것입니다.

> 우리가 만약 하나님께서 우리를 부르셔서 행하라고 하신 일을 우리의 방법대로 수행한다면, 우리는 일이 시작되기 전에 하나님께서 분석해 놓으신 상황을 바꿀 수 없기 때문입니다. – 그렇게 해서는 하나님의 비전이 실현될 수 없습니다. – 다시 말해서 그런 방법으로는 우리의 사역이 영향력을 끼칠 수 없다는 것을 의미합니다.

Week 4 — Lesson 1

하나님께서 전개하시는 과정의 5가지 요소들
(The Five Elements of the Process That God Follows)

상황분석(Situation Analysis): 하나님께서 상황을 바라보시고 하나님 마음의 소원을 충족시키면 결정하십니다. 만약 상황이 하나님께서 의도하신 것과 일치하지 않는다면, 하나님께서는 먼저 이 상황에 대해 판단하시며, 그런 다음 사명을 계속해서 만들어 내시고, 목표와 목적을 정하시고, 그릇을 택하셔서 이 그릇을 통해 하나님께서 의도하신 방향으로 상황을 되돌리실 수 있습니다.

- **이스라엘을 세우심:** 이것의 한 가지 실례는 이스라엘 국가를 일으키신 하나님의 사명입니다. 홍수 이후에 하나님께서 다시금 인간에게 "생육하고 번성하라"(창 9:7)는 명령을 주십니다. 하나님께서는 인간이 그 수가 번성하고 온 땅에 가득하기를 원하셨습니다. 이것은 창세기 1:28절에서 아담에게 주신 것과 같은 명령이었습니다. 하나님께서는 인간이 널리 퍼지고 지구에 가득하기를 원하셨고 그 결과로 지구의 모든 곳에 사람들의 집단이 퍼져갔습니다. 바벨탑 이야기는 백성들이 이 명령을 거부하는 것을 우리에게 보여줍니다(창11:4). 그들은 지구 전역으로 흩어지지 않기 위해서 탑을 중심으로 한 도시를 건설하기로 결정했습니다. 그러므로 하나님께서는 그들의 언어를 혼동케 하시고 강제로 흩으셨습니다. 그 때 하나님께서는 사람의 마음이 악한 쪽에 기울어졌다는 것을 인지하셨습니다(창 8:21). 사람이 부패했기 때문에 그들이 만든 그 어떤 나라도 부패했습니다.

- **모세가 애굽에서 이스라엘을 끌어냈습니다:** 하나님께서 상황분석을 하시는 또 다른 실례는 하나님께서 400년 넘게 애굽에서 노예로 지내왔던 히브리인들의 울부짖음을 들으셨을 때였습니다. 하나님께서는 그때로부터 400년 이전에 아브라함과 맺으신 언약을 기억하셨습니다. 그리고 이스라엘을 노예로부터 해방시켜 그들을 약속의 땅으로 인도해야 할 때라는 것을 아셨습니다(창15:5-21).

하나님의 사명(God's Mission): 하나님의 사명은 자신이 원래 세웠던 계획으로 일들을 되돌리기 위해서 일을 하시는 것입니다. 하나님께서는 상황 속으로 움직이시기 시작하셔서 그 상황을 그 상태로 지속시키고 있는 무엇인가를 깨뜨려버리시고, 왜곡되고 부패된 것을 변화시키고 바꾸셔서 하나님께서 의도하신 바에 연결되도록 돌려놓으십니다. 이것이 하나님의 사명이고 일입니다. 만약 하나님께서 우리를 하나님의 일에 참여시키려 하신다면, 우리는 이 과정 안에 있어야 할 것입니다.

- **이스라엘을 세우심:** 하나님께서는 인간의 마음의 상태와 이 땅의 나라들을 분석하신 후에, 자신의 소유가 될 백성들의 나라를 세우는 사명을 정하십니다. 이 나라를 통해서 하나님께서는 하나님의 본성과 의로움을 다른 열방에 보여주셨습니다. 이 나라는 하나님께서 이끄시는 나라, 하나님의 명령과 지시사항을 순종하고 따르는 나라로 계획되었으며, 이 땅의 다른 나라들과는 다르게 구별되고 거룩해져야 했습니다. 하나님과 하나님의 길을 따름으로, 이 나라는 다른 나라가 부패했던 것처럼 부패되지 않는 것이었습니다. 하나님께서는 이 나라를 통해서 이

Lesson 1 — Week 4

땅의 열방들에게 구원을 가져오려고 하셨습니다. 그래서 하나님께서는 자신의 소유가 된 백성들의 나라인 이스라엘을 만들기 위해서 하나님 스스로를 위한 사명을 정하셨습니다.

- **모세를 통하여 애굽에서 이스라엘을 끌어냈습니다**: 주님께서 애굽에 노예로 있던 주님의 백성들의 울부짖음을 들으셨을 때, 하나님께서는 상황을 분석하셨습니다. 하나님께서 가나안 땅을 아브라함에게 약속하였던 것을 기억하셨고 그리고 아모리인의 죄악이 가득찬 것을 아셨고(창15:16), 하나님께서는 하나님 자신을 위해서 그 백성을 해방시킬 사명을 정하시고, 이스라엘 백성을 노예로부터 이끌어내어 하나님께서 그들에게 약속하신 땅으로 이끄셨습니다(출3:7-8).

하나님의 의도된 목표들과 목적들(God's intended Goals and Objectives): 하나님께서는 자신의 사명을 성취하시려는 목표들과 목적들을 가지고 계십니다. 이것들은 하나님께서 행하시게 될 획기적인 사건들(landmarks)입니다. 하나님께서는 한 가지 목적으로 시작하시고, 이것은 또 다른 목적으로 이끌며, 끝이 올 때 까지 계속 또 다른 목적으로 이끌어 하나님의 목적은 완수되어집니다. 이 일들을 상고함으로써 하나님의 목표(targets)를 볼 수 있습니다. 우리가 하나님의 일의 한 부분을 감당하도록 부름을 받을 때, 이 과정 중에 어디에 우리가 서있는지를 살펴 볼 필요가 있으며 그 시점에서 하나님의 목표들이 무엇인지 정의를 내리고, 그런 다음 실행해 가면서 우리가 하나님의 목표들에 따라 성취하는 정도를 측정할 수 있습니다. 반면에 우리는 어떤 열매를 맺지도 못하는 상태에서 일만 하는 것으로 바쁠 수 있습니다.

- **이스라엘을 세우심**: 하나님께서 이스라엘이라는 나라를 만들기 위해서 사명을 정하신 후에 명확한 목표와 목적들을 정하셨습니다. 하나님께서는 이스라엘이 하나님과 깊은 교제를 갖기를 그리고 하나님을 의지하기를 원하셨고, 그들의 하나님으로 온전하게 하나님을 알기 원하셨습니다. 하나님께서는 이스라엘이 하나님의 명령에 순종하고 전쟁 중에 하나님을 따르는 강력한 나라가 되기를 원하셨습니다. 하나님께서는 하나님 스스로를 저들에게 나타내시고, 하나님의 방식으로 그들을 가르치셨습니다. 이스라엘이 따르고 순종할 때, 하나님께서는 또한 이스라엘을 통해 이 땅의 모든 나라들에게 하나님 자신을 보여주셨습니다.

- **모세가 애굽에서 이스라엘을 끌어냈습니다**: 주님의 사명은 이스라엘을 속박으로부터 구해내고 그리고 저들을 약속의 땅으로 이끄는 것이었습니다. 이것을 하시는 동안, 하나님께서는 이스라엘과 이 땅의 모든 열방에게 그들이 하나님의 권능과 보호하심 그리고 지키심을 보도록 나타내셨습니다. 이스라엘은 하나님께서 승리를 가져오는 것을 보았습니다. 하나님의 손이 이스라엘 위에 있었습니다. 이스라엘의 하나님은 우습게 보이지 않고 강력하셨습니다. 하나님께서는 이스라엘을 통해 하나님 자신이 영광 받게 하셨고 하나님의 권능을 온 땅에 나타내셨습니다. 하나님께서 백성을 이끄실 때, 그들에게 공급하시고, 하나님의 목적 가운데로 인도하신다는 것을 온 세상이 보고, 이해하게 될 것입니다.

Week 4　　Lesson 1

> 하나님께서 하나님의 사명과 목표를 정하실 때, 하나님께서는 하나님의 일을 할 수 있는 그릇을 선택하십니다.

하나님의 선택된 그릇(God's Chosen Vessel): 하나님께서 하나님의 사명과 목표를 정하실 때, 하나님께서는 하나님의 일을 할 수 있는 그릇을 선택하십니다. 이 그릇은 한 남자 또는 한 여자나, 한 팀 혹은 한 교회, 한 예언자, 한 중보자가 될 수 있습니다. 이것이 저들의 운명이고, 그들의 거룩한 정체성입니다. 이것이 성경에서 이 사람들에 관하여 쓴 것입니다. 운명은 (1) 부르심, 이것은 인간이 창조가 된 목적을 말하고, (2) 하나님께서 이 부르심을 성취하게 하기 위해서 사람들이 실행할 수 있도록 그들 안에 두신 선물들, 능력들, 재능들, 방법들을 포함합니다.

- **이스라엘을 세우심:** 주님은 아브라함을 선택하셨고 아브라함에게 다른 사람들로부터 떠나가라고 명령하셨습니다. 그래서 하나님께서는 아브라함을 하나님 자신을 위한 한 국가로 만들 수 있었습니다. 아브라함은 하나님을 신뢰했고, 그래서 이스라엘의 아버지가 되었고, 하나님께서 하나님 자신을 위해서 정해놓으신 사명을 성취하도록 도왔습니다.

- **모세가 애굽에서 이스라엘을 끌어냈습니다:** 하나님께서는 400년이 넘도록 노예 가운데 있었던 이스라엘의 자녀들을 애굽에서 데리고 나오는 사명을 완수하는 통로로서의 그릇으로 모세를 선택하셨습니다.

하나님의 전개 과정에 양도하기(Yielding to God's Process)

아브라함과 모세가 하나님의 목적에 자신들을 양도해 드렸기 때문에, 그리고 그들이 하나님의 명령에 순종하고 따르기를 소망했기 때문에 하나님께서는 이 두 정황 속에서 하나님께서 의도하신 사명을 완수할 수 있었으며, 정해 놓으신 목표와 목적들을 충족시킬 수 있었습니다. 이 획기적인 사건들로 하나님의 성품을 이스라엘과 이 땅의 열방들에게 나타내셨습니다. 하나님의 권능, 신실하심, 선하심, 진노, 보호하심, 지켜주심 등 그 획기적인 사건들은 또한 우리의 하나님께서는 시간에 제한받지 않는 분이심을 나타냈습니다. 하나님의 사명은 한 순간을 위한 것이 아니라 모든 시대를 위한 것입니다. 예를 들어, 아브라함을 통하여 하나님 자신을 위해 한 국가를 세우시는 것을 통해 그리고 이 나라를 구하시고, 모세를 통해서 이 나라를 그 운명 가운데로 이끌어 들이셔서, 하나님께서는 다음에 언급되는 하나님 마음의 소망들을 성취하셨던 것입니다.

- 하나님께서는 하나님 자신을 위해서 부패한 나라들 가운데서 보배로운 소유로서 한 백성을 선택하셨습니다(신7:6).

- 하나님께서는 자신을 이스라엘과 이 땅의 열방들에게 위대한 하나님으로 그리고 신실하신 하나님으로 보이셨습니다(신7:7-9).

- 하나님께서는 이스라엘을 통해서 이 땅의 모든 열방들을 축복하셨습니다(창

18:18; 갈3:8).

- 하나님께서는 율법을 이스라엘에게 주셨으며 하나님의 의로움을 나타내셨습니다. 그래서 모든 사람들이 하나님의 기준에 다가갈 수 없다는 것과 구원자가 필요하다는 것을 깨닫게 되었습니다(출20; 갈3:21-24).

- 하나님께서는 이스라엘을 통해서 모든 열방들에게 구원자와 구원을 가져오셨습니다(창18:18; 사59:20).

- 하나님께서는 모든 열방으로부터 이 구원자를 통해서 한 백성을 하나님 자신 앞으로 부르셨고 그들과 새로운 언약을 세우셨습니다. 이것이 교회의 탄생이었습니다(사49:6; 딛2:14, 벧전2:9).

- 하나님께서는 열방을 제자화하기 위한 전체적인 사명을 성취하기 위해서 교회를 사용하실 것입니다(마28:19).

> 간증 : 조지 뮐러(George Muller)
>
> 1800년대 초반 유럽 백성들의 믿음은 믿을 수 없을 정도로 낮은 단계로 떨어졌습니다. 그들은 하나님의 어떠한 것도 믿지 않았습니다. 하나님께서는 상황을 살펴보셨고 영국 백성들의 믿음의 수준을 높이기 위해서 그들이 하나님을 알기 원하도록 조지 뮐러의 소원을 휘젓기 시작하셨습니다. 하나님께서 그의 필요를 차고 넘치도록 채우신다는 것을 전적으로 신뢰하기 시작할 때까지 뮐러 안에서 이 갈망과 부담이 계속 깊어지게 하셨고, 하나님은 또한 그에게 하나님이 진정 어떤 분이신지를 사람들이 깨달아 알게 할 수 있는 방법을 주셨습니다.
>
> 하나님께서는 조지 뮐러에게 고아원을 시작하는 것과 영국의 브리스톨에서 아이들을 돌보는 사명을 주셨습니다. 하나님께서는 이 고아들을 돌보는 것과 그가 세운 학교들을 운영할 기부금을 위해서 결코 누구에게도 부탁하지말 것을 지시하셨습니다. 조지 뮐러는 오직 기도할 수 밖에 없었고 필요를 공급하시는 하나님만 의지했습니다.
>
> 조지 뮐러는 그 누구도 하나님의 실재를 부인할 수 없고, 지금도 여전히 일하고 계시다는 것을 아래와 같은 명확한 사실들을 통해 신뢰하기 시작했습니다. 조지 뮐러는 매년 2,000명이 넘는 고아들에게 집과 음식과 의복을 제공하고 그들을 교육했으며, 교사들을 지원했고 건물을 유지하는 일도 맡았습니다. 뮐러는 180명이 넘는 선교사들을 지원했고, 엄청난 양의 성경들과 소책자들을 나누어주었습니다. 다른 사람들의 기부를 통해 이 모든 일들이 이루어졌는데 정작 뮐러는 그 누구에게도 단 한 푼의 지원도 부탁하지 않았습니다.
>
> 하나님께서는 단지 고아들을 돌보는 것을 시도하신 것이 아닙니다. 하나님께서는 그 당시의 유럽의 상황을 분석하셨고, 사람들의 믿음을 살피셨는데 그 당시 교회는 변질되기 시작했습니다. 그때 하나님께서는 하나님을 철저하게 신뢰하고 자신을 하나님께 내어드린 조지 뮐러라는 한 사람에게 부탁하셨습니다. 그리고 하나님께서는 조지 뮐러가, 하나님은 실재하시고, 기도에 응답하는 분이시라는 것을 세상 사람들에게 보여주는 것을 지켜보셨습니다.

Week 4　　　　Lesson 1

> 60년이 넘는 기간 동안 조지 뮐러는 그의 모든 필요를 공급하시는 주님을 신뢰했고, 기도의 응답으로 7백 50만 달러를 기부받았으며, 수천 명의 고아들을 돌보았습니다. 게다가 뮐러의 순종은 다른 수많은 사람들을 위한 - 허드슨 테일러, 찰스 스터드, DL 무디, 그리고 찰스 스펄전과 같은 사람들이 하나님을 위한 사명으로 나아갈 수 있는 - 문(the door)을 열었습니다.

주님께 겸손하게 자신을 양도해드린 그릇을 통해 태어날 수 있는 열매는 우리의 이해를 넘어섭니다. 하지만 먼저 우리 자신이 그러한 그릇으로 준비되어져야 합니다 : 오늘 날 하나님께서 하나님의 목적들을 성취하기 위해 선택하시는 그릇이 되도록 우리가 포기되어지고 준비되어집시다.

▶ 연습(Exercise):

위에 있는 조지 뮐러의 글을 읽으십시오.

하나님께서 조지 뮐러에게 주신 사명은 무엇이었습니까? _____
_____
_____

조지 뮐러를 통해 하나님께서는 어떤 목표와 목적들을 성취하셨습니까? _____
_____
_____

조지 뮐러는 하나님께서 자신 앞에 정해 놓으신 사명을 성취했습니까? _____
조지 뮐러의 사역의 열매를 기술하시기 바랍니다: _____
_____
_____

하나님께서는 조지 뮐러에게 "가라 그리고 네 주위에 있는 사람들로 하여금 내가 진정한 하나님이라는 것을 보게 하고, 나를 신뢰하고, 그리고 내가 기도에 응답하는 하나님이라는 것을 믿게 하라"고 부탁하셨습니다. 조지 뮐러의 운명과 부르심은 - 조지 뮐러가 창조된 목적 - 자신의 개인적인 필요들뿐만 아니라, 하나님께서 조지 뮐러에게 하라고 주신 일들, 고아원과 학교를 세우는 것과 같은 일을 통해서 공급하시는 주님을 철저하게 신뢰하는 것이었습니다. 하나님께서는 기도의 응답을 통해서 조지 뮐러에게 수백만 달러를 공급하셨고, 하나님은 모든 면에서 신뢰할 수 있는 분, 기도에 응답하시는 분이시며, 정말 살아계셔서 역사하는 분이시라는 것을 나타내셨습니다. 이것이 조지 뮐러의 세대와 그리고 미래 세대의 나라들을 통해서 사람들의 믿음을 소생시켰습니다.

> 조지 뮐러는 자신을 하나님께서 원하시는 방식으로 드렸습니다. 그래서 하나님께서는 조지 뮐러를 통해서 인간의 방법들로는 결코 이루어질 수 없는 일들을 하실 수 있었습니다.

하나님께서는 상황을 분석하십니다. 조지 밀러는 자신을 하나님께서 원하시는 방식으로 드렸습니다. 그래서 하나님께서는 조지 밀러를 통해서 인간의 방법들로는 결코 이루어 질 수 없는 일들을 하실 수 있었습니다. 그리고 그것 때문에, 하나님께서 정하신 목적들이 성취되기 시작했습니다.

조지 밀러의 시대 동안에 사람들이 영적으로 자극되기 시작하면서, 하나님께서 허락하신 지역에서 각성과 부흥을 가져온 많은 사람들이 일어나 그 시대에 영향을 주었습니다. 이 시대로부터 모든 선교 운동이 시작되었으며, 믿음은 다시 충만하게 되기 시작했습니다. 허드슨 테일러는 중국 내지 선교회(China Inland Mission)를 설립했으며, 800명의 선교사들이 중국에 파송되었고, 100개 이상의 학교가 시작되었으며, 20,000명 이상의 개종자가 생겼습니다. 조지 밀러와 동시대에 찰스 스펄전과 DL 무디는 중국 내지 선교회를 지원했으며 그들의 성도들에게 해외선교사역에 동역자들이 될 것을 격려했습니다. 윌리엄 부스는 현재 전 세계에 120여개 나라에 주둔하고 있는 구세군(Salvation Army)을 창설했습니다.

우리의 열매 맺음을 측정하기(Measuring Our Fruitfulness)

우리가 하나님을 섬길 때 우리는 우리가 열매 맺고 있는지를 진단할 필요가 있습니다. 바울은 고린도전서에서 이렇게 말하고 있습니다. "우리가 우리를 살폈으면 판단을 받지 아니하려니와"(고전11:31). 우리는 주기적으로 우리가 하는 것들과 이것이 하나님의 사역과 일치하는지 아닌지에 대해서 조사해 보아야 할 필요가 있습니다. 우리는 하나님께서 하나님의 일에 동참하도록 우리를 택하셨을 때, 하나님께서 의도하신 결과들이 성취되고 있는지 아닌지를 주기적으로 살펴보아야 합니다.

만약 여러분들의 사역이 하나님을 위해서 행하고 있는 일들이라면, 하나님께서는 바꾸지 않으실 것입니다. 만약 하나님께서 정하신 목표와 목적들에 충족되지 않는다면 - 이것이 하나님 마음의 소원을 이루어드릴 수 없다면 - 여러분들은 반드시 되돌아가서 여러분이 어디에서 벗어났는지 가르쳐 달라고 그리고 하나님께서 여러분을 통해서 일하실 수 있는 곳으로 여러분을 다시 이끌어 달라고 주님께 울부짖어야 합니다. 우리는 열매 맺고 있는지 그리고 하나님의 목표에 다다르고 있고, 성취하고 있는지를 확인해야 할 필요가 있습니다. 이것이 우리가 진정 하나님의 목적을 위하여 섬기고 있는지를 보장해줄 것이며 그리고 우리의 삶을 낭비하지 않게 할 것입니다.

▶ **연습(Exercise):**

오늘 창세기 1-12장을 읽고, 아래의 내용들을 살펴보시기 바랍니다.

• 하나님의 상황분석

> 만약 여러분들의 사역이 하나님을 위해서 행하고 있는 일들이라면, 하나님께서는 바꾸지 않으실 것입니다. 만약 하나님께서 정하신 목표와 목적들에 충족되지 않는다면 - 이것이 하나님 마음의 소원을 이루어드릴 수 없다면 - 여러분들은 반드시 되돌아가서 여러분이 어디에서 벗어났는지 가르쳐 달라고 그리고 하나님께서 여러분을 통해서 일하실 수 있는 곳으로 여러분을 다시 이끌어 달라고 주님께 울부짖어야 합니다.

Week 4　　　　　Lesson 1

- 하나님의 사명

- 하나님의 목표와 목적들

- 하나님의 선택된 그릇

- 하나님께서 인간에게 하신 위임명령

여러분의 소그룹에서 토론하기 위해서 이것을 준비하시기 바랍니다.

▶ **깊이 생각해 보는 시간(Time for Reflection):**

하나님의 목적들에 대해서 무엇이 여러분에게 깊은 인상을 줍니까?
여러분들이 하나님과 함께하고 하나님과 협력하기 위해서 여러분의 삶에서 어떤 조정이 필요합니까?
_____
_____
_____

하나님께서 이것에 대한 응답으로 당신에게 원하시는 것은 무엇입니까?
_____
_____
_____

오늘/이 주에 여러분의 기도제목으로 기도드릴 때, 여러분들은 성령님께서 하시는 말씀이나 여러분을 향한 부르심이 무엇이라고 느낍니까? 그리고 여러분이 직면한 영적 전쟁은 무엇입니까?
_____
_____
_____

▶ **기도의 시간(Prayer Time):**

여러분 안에 있는 모든 것을 내려놓고, 하나님께서 하나님의 목적을 성취하실 때 하나님이 선택하셔서 일하실 수 있는 그릇이 되게 해달라고 기도하시기 바랍니다. 이전에 여러분이 갔었던 것 보다 더 깊은 단계로 여러분을 이끌어 주실 수 있도록 여러분 자신을 하나님께 맡기시기 바랍니다. 지금이 바로 그 시간입니다. 우리가 하나님의 방식들을 이해하는 단계로 들어가게 해달라고 기도할 때입니다. 하나님께 여러분에게 계시해 주셔서 하나님의 방식을 이해하도록 도와달라고 기도하시기 바랍니다. 하나님 안에서 더 깊은 신뢰의 단계로 나아갑시다.

LESSON 2:

상황분석: 하나님의 사명과 목표들
Situation Analysis: God's Mission and Goals

하나님께서 상황을 바라보실 때, 어떻게 그것을 분석하실까요? 창세기 6:5-8절을 보겠습니다. "여호와께서 사람의 죄악이 세상에 가득함과 그의 마음으로 생각하는 모든 계획이 항상 악할 뿐임을 보시고 땅 위에 사람 지으셨음을 한탄하사 마음에 근심하시고 이르시되 내가 창조한 사람을 내가 지면에서 쓸어버리되 사람으로부터 가축과 기는 것과 공중의 새까지 그리하리니 이는 내가 그것들을 지었음을 한탄함이니라 하시니라 그러나 노아는 여호와께 은혜를 입었더라."

▶ **연습(Exercise):**

위에 있는 창세기 6:5-8을 읽으시오.

상황은 어떠했습니까? _____
_____
_____

하나님의 사명은 무엇이었습니까? _____
_____
_____

하나님의 목표는 무엇이었습니까? _____
_____
_____

하나님께서 상황을 보시고 그것을 분석하시고 결정하십니다. 하나님께서 상황을 분석하실 때 하나님께서는 보신 것에 대해 언급하십니다. 이 본문에서는 하나님께서 한탄하셨다고 말하고 있습니다. 하나님께서 창조하신 사람이 하나님을 통탄하게 만들었습니다. 그런 다음 하나님께서 사명을 말씀하셨습니다. "내가 지면에서 쓸어버리되." 그런 다음 하나님의 목표는 무엇이었습니까? 하나님께서는 완전히 새로운 시작을 원하셨습니다. 하나님의 다음 단계는 이 사명을 완수할 수 있는 그릇을 선택하는 것이었습니다. 그리고 성경은 노아가 하나님께 은혜를 입었다고 말하고 있습니다.

▶ 연습(Exercise):

창세기 6:11-14, 17-21을 읽으시오.

하나님의 상황분석은 무엇이었습니까? _____
_____
_____

하나님의 사명은 무엇이었습니까? _____
_____
_____

하나님의 목표는 무엇이었습니까? _____
_____
_____

하나님의 사명을 성취하도록 돕기 위해서 누구를 선택하셨습니까? _____
하나님께서 그에게 주신 임무는 무엇이었습니까? _____
_____
_____

하나님께서는 땅 위의 모든 사람들이 부패되고 포악함으로 가득 찬 것을 보셨습니다. 하나님께서는 새로운 시작을 하기 위해 이 땅을 쓸어버리는 사명을 정하십니다. 하나님께서는 사람들 중 한 가정과 모든 종류의 동물들 중 암, 수 한 쌍씩을 '남는 자'로서 보존하려는 목표를 세우셨습니다. 그리고 노아와 그의 아들들과 언약을 세우십니다. 하나님께서는 노아에게 방주를 만들라는 임무를 주십니다. 노아의 임무는 또한 홍수가 지구 위의 다른 모든 생명체들을 파멸시키는 동안 방주에 머물며 남은 생명체들이 살아있도록 보호하는 것이었습니다.

홍수가 끝나고 하나님께서는 노아가 방주에서 나올 것을 지시하셨고 노아의 사명과 명령을 확장시키셨습니다. "하나님이 노아와 그 아들들에게 복을 주시며 그들에게 이르시되 생육하고 번성하여 땅에 충만하라 땅의 모든 짐승과 공중의 모든 새와 땅에 기는 모든 것과 바다의 모든 물고기가 너희를 두려워하며 너희를 무서워하리니 이것들은 너희의 손에 붙였음이니라 모든 산 동물은 너희의 먹을 것이 될지라 채소 같이 내가 이것을 다 너희에게 주노라 그러나 고기는 그 생명 되는 피채 먹지 말 것이니라"(창9:1-4). 우리가 작은 것에 충성하면 하나님은 항상 더 큰 것을 맡기십니다 (마25:21).

하나님께서는 아담에게 주셨던 위임을 노아에게도 반복하십니다. 왜냐하면 노아가 하나님께서 맡기신 일에 헌신했기 때문입니다. 하나님께서는 한 번 사명을 정하시

| Lesson 2 | Week 4 |

면, 그것이 성취될 때 까지 끝까지 헌신하시며 절대 그 사명을 바꾸거나 다른 것으로 대체하지 않으십니다.

▶ 연습(Exercise):

다음 페이지의 훌리오 루이발(Julio Ruibal)의 이야기를 읽으시오.

훌리오 루이발의 운명과 부르심은 무엇이었습니까? _____

_____

_____

간증 : 훌리오 루이발(Julio Ruibal)

1990년 초반 콜롬비아 칼리는 부패로 가득했습니다. 마약이 문화를 완전히 지배했습니다. 매일 거리에서 살인이 발생했습니다. 교회는 단지 사회의 아주 작은 부분이었고, 협박을 받고 있었으며, 이 어둠에 대항해 맞설 수 없었습니다. 정부는 마약에 대항할 어떤 시도도 할 수 없었으며, 폭력은 대부분 누군가가 죽어야 끝이 났습니다. 살해당할 수도 있는 상황에서 이 악과 대항해서 싸우기 위하여 일어나려는 어떤 정치인도, 재판관도, 경찰 공무원도 없었습니다. 하나님께서는 상황을 분석하셨고 악과 대항해서 설 수 있도록 그 땅의 교회들을 일으키려는 사명을 정하셨습니다.

칼리의 목사인 훌리오 루이발은 하나님으로부터 받은 감동으로 부담을 느끼기 시작했습니다. 어둠이 그 땅을 덮어버리는 있어서는 안될 일이 벌어진 상황에 대한 부담이었습니다. 하나님께서는 이 전쟁이 한 목사, 한 교회 심지어 한 교단 차원에서만 싸우는 전쟁이 아니라 그리스도의 몸된 교회 전체가 싸워 이겨야 하는 전쟁이라는 것을 그에게 보여주시기 시작하셨습니다. 하나님께서는 훌리오 목사에게 하나님의 사명을 성취하는 것은 교회들과 목회자들 사이의 연합이 이루어져야 가능하다는 것을 알게 해주셨습니다.

훌리오 루이발은 이 목적들을 성취하기 위하여 목회자들이 함께 모이도록 하는 일을 시작했습니다. 그는 얼마나 목회자들이 서로를 사랑하지 않는지를 보기 시작했습니다. 저들 가운데에는 경쟁과 질투심 그리고 연합이 아닌 분열이 있었습니다. 그는 목회자들이 함께 모여 기도하고 어둠과 대항해서 함께 설 필요가 있다는 것을 깨닫기 시작했습니다. 그 당시, 훌리오는 그 자신이 연합 가운데 머무르기 어렵다는 것을 깨닫고 그 그룹으로부터 떨어져 나오고 싶어했습니다. 그러나 훌리오는 하나님의 지시사항들로부터 떠날 수 없었습니다: "너는 네 감정대로 행동해서는 안 된다. 너는 되돌아가서 목회자들 앞에서 너 스스로 겸비하고 잘못을 고백함으로써 저들과 연합하여 함께 해야 한다." 주님께서는 이런 종류의 돌파를 보기 위하여 심지어 훌리오 목사의 생명까지도 대가로 지불해야 한다는 것을 보여주시기 시작했습니다. 훌리오 목사님은 기도하며 이렇게까지 고백했습니다. "하나님, 하나님의 목적이 성취되도록 하기 위해서라면 저의 생명까지도 내려놓겠습니다."

칼리의 교회들은 기도 가운데 연합하기 시작했습니다. 첫 번째 철야기도회가 1995년 3월에 경기장에서 열렸습니다. 20,000명이 넘는 사람들이 참석했습니다. 그 주간은 기적적으로 칼리의 역사상 주말에 살인이 벌어지지 않은 유일한 주간으로 보고되었습니다. 10일 후에

Week 4　　　Lesson 2

> 칼리에 있는 7명의 마약 우두머리 가운데 한 명이 군사 작전으로 사망했습니다. 1995년 8월과 11월에 추가로 철야기도회가 축구경기장에서 열렸습니다. 매번 55,000석의 자리가 가득 찼습니다.
>
> 철야기도가 시작된 후 얼마 안 있어, 마약 우두머리들이 한 명씩 차례로 체포되기 시작했습니다. 교회들은 성장하기 시작했습니다. 모든 것들은 영향을 받기 시작했습니다. 가정의 삶, 지역의 법들, 영적인 대기. 어둠의 구름이 물러나기 시작했으며 하나님의 임재가 칼리에 임하기 시작하고 사람들 가운데 운행하기 시작했습니다.
>
> 이 모든 일들은 1995년 12월 콜롬비아 칼리의 거리에서 훌리오 루이발 목사님이 피습을 당했을 때 정점에 이르렀습니다. 목사님들이 훌리오 목사님의 장례식장에 왔을 때, 깊이 참회하며 이렇게 말했습니다. "우리는 하나가 되어야 합니다." 훌리오 목사님의 장례식에서 성령의 감동 가운데 그들은 서로가 연합하기로 언약을 맺게 되었습니다. "우리는 하나입니다. 이제 그 무엇도 우리를 분열시키지 못할 것입니다." 목사님들이 이전부터 이미 하나가 되어 걸어가기 시작했었지만, 훌리오 목사님의 죽음은 저들의 그런 연합하는 마음을 그 누구도 건드릴 수 없도록 봉인해 버렸습니다. 훌리오 목사님이 가져다 준 영적인 토양이 칼리에 있는 목사님들의 마음에서 풀어지기 시작했습니다. 그리고 도시는 연합의 증가, 영적인 성장, 변화 그리고 구원을 지속적으로 경험하고 있습니다.

훌리오 루이발 목사님을 통해서 하나님께서 성취하신 목표와 목적은 무엇입니까? _____
_____
_____

하나님께서 훌리오 목사님 앞에 두신 사명을 훌리오 목사님은 성취했습니까? 훌리오 루이발 목사님의 사역의 열매를 기술하시기 바랍니다: _____
_____
_____

▶ 연습(Exercise):

오늘, 창세기 13-25장을 읽고, 아래의 내용들을 살펴보시기 바랍니다.

- 하나님의 상황 분석

- 하나님의 사명

- 하나님의 목표와 목적들

- 하나님의 선택된 그릇

- 인간에게 주신 하나님의 위임명령

여러분의 소그룹에서 토론하기 위해서 이것을 준비하시기 바랍니다.

| Lesson 2 | Week 4 |

▶ **깊이 생각해 보는 시간(Time for Reflection):**

하나님의 목적들에 대해서 무엇이 여러분에게 깊은 인상을 줍니까?
여러분들이 하나님과 함께 하고 하나님과 협력하기 위해서 여러분의 삶에서 어떤 조정이 필요합니까?
_____
_____
_____

하나님께서 이것에 대한 응답으로 당신에게 원하시는 것은 무엇입니까?
_____
_____
_____

오늘/이 주에 여러분의 기도제목으로 기도드릴 때, 여러분들은 성령님께서 하시는 말씀이나 여러분을 향한 부르심이 무엇이라고 느낍니까? 그리고 여러분이 직면한 영적 전쟁은 무엇입니까?
_____
_____
_____

▶ **기도의 시간(Prayer Time):**

성령님께서 여러분의 마음 가운데 있는 하나님의 일과 방식들을 방해하려는 것들을 보여주시기를 간구하시기 바랍니다. 훌리오 루이발 목사님의 간증을 기억하시기 바랍니다. 하나님의 목적이 성취되는 일에 여러분의 삶을 기꺼이 내어드릴 수 있는 힘과 용기를 주시도록 주님께 간구하시기 바랍니다. 그 응답을 두려워하지 마시기 바랍니다. 진리가 우리를 자유케 한다는 것을 기억하십시오. 어떤 대가를 치르더라도, 하나님의 일을 감당하고자 하는 소원과 더 깊은 자원함으로 여러분들을 이끄시도록 간구하시기 바랍니다.

Lesson 3:

자격이 박탈되는 것
Being Disqualified

하나님께서는 자신의 사명에 헌신하십니다. 우리가 우리의 진행 방향을 하나님의 사명으로부터 다른 쪽으로 변경할 때, 하나님 마음의 소원을 성취하지 못할 뿐만 아니라, 우리의 운명을 성취하는 자격도 박탈되어 버립니다.

> 자격이 상실되는 것은 하나님을 섬기고 사역하는 우리 자신의 지위가 박탈되는 것을 의미합니다. 하나님께서 하나님의 목적들을 성취하시기 위해 사용하는 도구로써 더 이상 우리를 필요로 하지 않으신다는 것입니다.

우리는 하나님께서 우리를 통해서 일을 성취하실 수 있는 위치에 서있지 않게 됩니다. 대부분의 경우 이런 일들은 우리가 하나님께 전적으로 순복하고 하나님을 신뢰하는 장소를 떠남으로 인해 또는 우리가 하나님의 지시사항이나 약속, 하나님의 사명을 성취하는 길을 지킬 수 있도록 하나님께서 허락하신 것들로부터 떠나기 시작했을 때 발생합니다.

오늘의 공부를 깊이 기도하는 마음으로 통과하시면서 그 어떤 자아나 죄들 그리고 여러분을 그 장소로부터 떠나게 만들어서 여러분의 운명을 충족시키고 하나님 마음의 소원을 성취하는 것으로부터 멀어지게 만드는 세상적인 것들이 다 드러나도록 주님께 간구하시기 바랍니다.

자격 박탈(Disqualification)

사랑하는 여러분, 우리는 하나님에 의해서 부름을 받은 너무나 많은 사람들이 저들의 운명에서 벗어나고 있는 시대에 살고 있습니다. 그들 중 많은 교회들과 사역들이 리더의 역할을 맡고 있지만 그들은 더 이상 그들을 통해서 하나님께서 일하실 수 있는 자리에 있지 않습니다. 우리의 자격이 박탈되더라도, 우리는 여전히 아직 많은 일들을 할 수 있지만 그 때는 더 이상 하나님의 일을 하는 것이 아닙니다. 하나님께서는 노아, 모세, 기드온, 바울 그리고 다른 많은 사람들을 통해 일하셨던 것처럼, 놀라운 방법으로 하나님의 목적을 성취하기 위하여 우리를 통해 더 이상 일하실 수가 없습니다. 우리는 우리의 세대 가운데 하나님 마음의 소원들을 성취하기 위한 자리에 더 이상 있지 않습니다.

고린도후서 13장 5절에서 바울은 고린도인들에게 말하고 있습니다. "너희는 믿음 안에 있는가 너희 자신을 시험하고 너희 자신을 확증하라." 무엇보다 먼저 기억해야 합니다. "그러므로 믿음은 들음에서 나며 들음은 그리스도의 말씀으로 말미암았느니라"(롬10:17). 바울은 말합니다. "너 자신을 시험하라, 여러분은 여전히 듣는 말씀 가운데 서 있습니까? 여러분은 하나님께서 '하라' 하신 일에 여러분을 내어드리고 있습니까? 여러분은 아직 믿음 안에 있습니까?" 바울은 계속해서 말하고 있습니다. "너희 자신을 확증하라. 예수 그리스도께서 너희 안에 계신 줄을 너희가 스스로 알지 못하느냐 그렇지 않으면 너희는 버림 받은 자니라"(고후13:5).

간증: 마크 다니엘

16살 때, 하나님께서는 우리 마을에서 열린 '전도 운동' 가운데 찾아오셔서 운행하셨습니다. 저는 하나님께서 제가 소속된 축구팀 아이들과 학교에 다니는 다른 학생들 가운데서 뭔가 깨우기 시작하시는 것을 보았습니다. 저는 온 동네에서 모인 약 100명의 학생들과 함께 모임을 갖기 시작했고, 그 학생들을 하나님께로 더 가까이 가도록 그리고 그들 자신을 하나님께 순복하도록 도왔습니다.

그 당시 하나님께서 저의 삶에 대한 부르심이 있다는 것을 명확하게 알았습니다. 몇 년 뒤에 대학교에서 제가 진실로 하나님 앞에 철저하게 순복하고 제 자신을 하나님께 내어드리라는 부르심이 제게 있다는 것을 감지하기 시작했습니다. 이것은 바로 기독교가 어떠해야 하는지에 관한 것이었습니다. 저는 사람들을 이것으로 부르고자 하는 부담감을 가지고 있었습니다.

깨어남(각성)을 위한 필요를 보았을 때, 저는 부흥사들에 관한 이야기를 읽고 눈물을 흘리며 교회가 그런 상태가 되기를 사모했고, 이것이 실현되는 것을 보기 위해 저의 삶을 완전히 순복하는 것이 요구되어진다는 것을 알게 되었습니다. 저는 부르심을 느낄 수 있었고, 심지어 저를 둘러싼 일들의 상태들에 관해서 하나님께서 드러내시는 것을 볼 수 있었습니다.

그런 다음 저는 신학교를 갔으며 사역으로 바쁘게 지냈습니다. 저는 하나님의 부르심에서 눈을 떼었으며, 사람들이 기대하는 것들과 목사로서의 저의 직업에 대한 의무들과 요구사항들을 성취하기 시작했습니다. 그리고는 길을 잃어버렸습니다. 저는 더 이상 하나님께서 제게 주신 부르심과 상관이 없었습니다.

1996년 저는 에틀란타에서 열렸던 프로미스 키퍼(Promise Keepers) 모임에 참석했습니다. 많은 성직자들이 그곳에 있었고, 나라를 위해서 울부짖었습니다. 저는 조지아 돔 바닥에 엎드렸고 오랜 시간 울고 또 울었습니다. 왜냐하면 제가 지난 17년 동안 나의 운명과 부르심을 성취하지 못한 채로 시간을 보냈다는 것을 깨달았기 때문이었습니다.

1년 뒤 트렌스포메이션(Transformation) 비디오를 인도에서 보았을 때, 제가 부르심을 받았지만 그 안에 거하지 못했다는 것을 깨닫고 다시 바닥에 엎드려 울기 시작했습니다. 저는 그 후 몇 년 동안 제 안에서 저의 부르심 가운데 걷지 못하게 하는 것들과 맞서게 되었습니다. 그리고 어떻게 그 자리에 갈 수 있는지, 어떻게 나의 운명을 성취할 수 있는지 몰랐기 때문에 하나님께 부르짖기 시작했습니다. 심지어 저는 어디서부터 시작해야 하는지도 몰랐습니다. 그런 다음 하나님께서 저에게 "너는 모든 것을 나에게 순복해야 한다. 이것은 너의 삶을 나에게

Week 4　　Lesson 3

> 포기하는 것까지 요구되어질 것이다. 너의 삶은 더 이상 너의 것이 아닐 것이다. 그것은 나의 것이 될 것이다." 라고 말씀하시기 시작하셨을 때, 하나님은 저를 이전에 받았던 동일한 목적들과 지시사항들로 이끄셨습니다. 하나님께서는 제가 젊은 시절에 보았던 동일한 순복으로 저를 이끄신 것입니다.
>
> 제가 순복하기 위해서 "네"라고 대답하기 시작한 때가 그 당시였고, 하나님께서 사용하실 수 있는 그릇으로 저를 빚으시고 인도하시는 하나님을 경험하기 시작했던 것이 바로 그 때였습니다.
>
> 그 때가 바로 제가 존 물린디 목사님을 만나 함께 동역하기 시작한 시기였고, '구별되고, 순복하라' 는 하나님의 메시지를 전달하게 하기 위해서 하나님께서 저를 열방으로 데려가기 시작하신 시기였습니다.

우리들 중 많은 사람들이 하나님께서 우리에게 명령을 주셨던 때를 기억합니다. 우리는 하나님께서 우리에게 하신 말씀을 분명하게 기억할 수 있습니다. 하나님께서는 상황을 분석하시고 우리나라의 상태와 교회의 상태, 우리나라 전역의 모든 잃어버린 영혼들, 또는 하나님께서 바꾸기 원하시는 어떤 다른 상황들을 우리들에게 보여주시고는 "나는 네가 이 사역에 관련되기 원한다. 나는 이 일들이 일어나기 시작하는 것을 보기 원한다."고 말씀하시기 시작합니다. 그러나 이 길을 따라가는 어느 지점부터, 우리는 사역을 하느라 분주해지고, 하나님의 사명, 하나님의 목적들 그리고 우리를 통해 일하시도록 우리 자신을 하나님께 내어드리는 것들로부터 멀어지기 시작합니다. 그것이 바로 자격 박탈의 위험에 처하게 되는 장소입니다. 우리는 여전히 사역을 하고 있습니다. 그러나 더 이상 하나님께서 부르신 일을 하는 것은 아닙니다. 우리는 더 이상 하나님의 사명을 감당하고 있지 않습니다. 우리는 단지 프로그램들과 조직들을 운영하고 있을 뿐입니다.

다니엘 목사님의 간증은 우리가 우리에게 주어진 일을 성취하지 못한 채로 수년을 보낼 수 있다는 것을 보여주고 있습니다. 그곳에서는 우리가 자격을 갖출 수도 없고, 또는 성취할 수 있는 지위도 아니며, 심지어는 하나님께서 우리에게 하라고 주신 일을 명확하게 볼 수도 없다는 것입니다. 이곳은 여러분들에게 하나님의 지시사항이나 명령들을 다시 볼 수 있는 또 다른 기회가 주어질 때 여러분이 알아챌 수 없기 때문에 계속 머물기에는 위태로운 장소입니다. 또한 적들이 우리를 이 장소로 사로잡아 갈 수 있고 이 곳에서 우리의 운명과 부르심으로부터 떼어놓기 때문에 위험한 곳입니다.

▶ **기도의 시간(Pause for Reflection and Prayer):**

하나님께서 여러분을 부르셨을 때 주님으로부터 여러분이 들었던 것 안에서 여러분들은 걸어가고 있습니까? 만약 예수 그리스도께서 여러분 안에서 일하시는 열매를 보지 못한다면, 여러분들은 여러분의 운명과 부르심으로부터 떨어졌다고 할 수 있습니다. 계시와 인도하심을 위해서 몇 분간 주님을 구하는 시간을 가지겠습니다. 여러분이 보신 것을 기술해 보시기 바랍니다. _____
_____
_____
_____

| Lesson 3 | Week 4 |

_____
_____
_____
_____

성경적인 실례(Biblical Example)

성경은 사람들이 그들의 운명으로부터 헤매는 이야기들로 가득 차 있습니다. 하나의 중요한 실례는 하나님께서 하나님의 목적을 이루기 위해서 권능의 도구로 사용했던 엘리야 이야기입니다. 다음은 열왕기상 17-19장의 이야기입니다.

이스라엘 모든 사람들이 다른 신을 섬기기 시작했습니다. 하나님의 사명은 하나님께서 오직 유일하신 참 신이며, 다른 어떤 신도 주님과 같지 않다는 것을 백성들에게 보여주시는 것이었습니다. 그래서 하나님께서는 엘리야에게 거짓 가르침에 대항해서 맞서라는 임무를 주었고, 백성들의 신념체계(belief system)를 흔들기 위해서 엘리야를 사용하셨습니다.

엘리야가 했던 첫 번째 일은 그 땅에 비가 내리지 않는다는 것을 선포하는 것이었습니다: "내가 섬기는 이스라엘의 하나님 여호와께서 살아계심을 두고 맹세하노니 내 말이 없으면 수 년 동안 비도 이슬도 있지 아니하리라 하니라"(왕상17:1). 다른 말로 하면 "만약 너희가 다른 신을 가지고 있다면, 그들에게 이 예언이 바뀌도록 요청하라."는 것입니다. 모든 사람들에게 다른 어떤 신도 없다는 것이 분명해질 때까지 비는 오지 않을 것입니다. 아무도 엘리야의 말을 바꾸어 비가 오도록 할 힘이 없었습니다.

엘리야의 임무는 하나님을 높이는 것이었습니다. 거기에는 하나님 외에는 다른 어떤 신도 없다는 것을 이스라엘이 볼 수 있도록 돕는 것이었습니다. 하나님께서는 엘리야와 함께 할 것을 약속하셨습니다. 그리고 성경은 하나님께서 그렇게 하셨다는 것을 보여주고 있습니다. 엘리야가 아합과 모든 이스라엘 사람들을 대면하며 말합니다. "너희가 어느 때까지 둘 사이에서 머뭇머뭇 하려느냐 여호와가 만일 하나님이면 그를 따르고 바알이 만일 하나님이면 그를 따를지니라"(왕상18:21). 엘리야가 하나님께서 주신 임무 안에 거하는 한, 하나님께서는 엘리야를 통해서 일하셨고, 엘리야를 보호하시고 능력을 부여해 주셨습니다. 여러분들은 어떻게 엘리야가 바알의 선지자들을 경멸한 것에 대한 이야기를 알고 있고, 어떻게 그들과의 대결에서 승리했는지도 알고 있습니다(왕상18:18-40). 엘리야는 그의 하나님이 참 하나님이라는 것을 보여주었고 그런 다음 거기에 있던 모든 바알의 선지자를 죽였습니다. 주님은 이것을 통해서 하나님이 유일하신 하나님이라는 것을 나타내셨습니다. 그런 후에 엘리야는 가서 기도했고 그 후 비가 내렸습니다.

엘리야는 그가 바알의 선지자를 죽인 것처럼, 이세벨이 엘리야를 죽이려고 협박한다는 것을 듣기 전까지는 하나님께서 엘리야에게 정해주신 기준들을 순종했고 만족시켰습니다. 이세벨은 "내가 내일 이맘때에는 반드시 네 생명을 저 사람들 중 한 사람의 생명과 같게 하리라 그렇게 하지 아니하면 신들이 내게 벌 위에 벌을 내림이 마땅하니라 한지라"(왕상19:2) 하고 위협을 가했습니다. 이세벨은 바알의 선지자들과 엘리야 사이에 어

Week 4　　Lesson 3

떤 차이도 없다는 것을 선언했습니다. 그리고 그녀는 그것을 증명하려고 했습니다.

엘리야는 이세벨의 협박에 어떻게 반응했습니까? 그는 도망가버렸습니다. 엘리야의 바로 그 부르심이 도전을 받게 된 것입니다. 이세벨은 말했습니다. "너는 이것들과 아무런 차이가 없다, 그래서 나는 내일 증명할 것이다." 엘리야는 두려움이 엄습해, 생명을 보전하기 위해 도망갔습니다. 엘리야는 하루길 쯤 광야로 도망갔고, 거기에서 천사가 엘리야를 먹였으며, 그런 다음 엘리야를 40일 걸려 호렙산으로 데려갔습니다(왕상19:3-9).

하나님께서 엘리야가 호렙산 동쪽에 있는 동안 무슨 말씀을 하셨습니까? "엘리야야! 네가 어찌하여 여기 있느냐?"(왕상19:9) 우리가 하는 것처럼 엘리야는 변명하려고 했습니다. "내가 만군의 하나님 여호와께 열심이 유별하오니 이는 이스라엘 자손이 주의 언약을 버리고 주의 제단을 헐며 칼로 주의 선지자들을 죽였음이오며 오직 나만 남았거늘 그들이 내 생명을 찾아 빼앗으려 하나이다"(왕상19:10).

하나님께서는 엘리야에게 나가서 산에 서고 지나가시는 하나님의 임재를 기다리라고 말씀하셨습니다. 강력한 바람이 다가왔고, 지진 후에 불이 있었습니다. 그런 다음 엘리야는 세미한 소리를 듣게 됩니다. 그래서 엘리야는 굴 어귀로 가서 섰습니다. "엘리야야 네가 어찌하여 여기 있느냐 그가 대답하되 내가 만군의 하나님 여호와께 열심이 유별하오니 이는 이스라엘 자손이 주의 언약을 버리고 주의 제단을 헐며 칼로 주의 선지자들을 죽였음이오며 오직 나만 남았거늘 그들이 내 생명을 찾아 빼앗으려 하나이다"(왕상19:11-14). 엘리야는 두려워했고 그의 태도는 이러했습니다. "이게 지금 나의 본모습이에요. 하나님은 상관하지 마세요!"

열왕기상 19장 15-18절은 말하고 있습니다. "여호와께서 그에게 이르시되 너는 네 길을 돌이켜 광야를 통하여 다메섹에 가서 이르거든 하사엘에게 기름을 부어 아람의 왕이 되게 하고 너는 또 님시의 아들 예후에게 기름을 부어 이스라엘의 왕이 되게 하고 또 아벨므홀라 사밧의 아들 엘리사에게 기름을 부어 너를 대신하여 선지자가 되게 하라 하사엘의 칼을 피하는 자를 예후가 죽일 것이요 예후의 칼을 피하는 자를 엘리사가 죽이리라 그러나 내가 이스라엘 가운데에 칠천 명을 남기리니 다 바알에게 무릎을 꿇지 아니하고 다 바알에게 입 맞추지 아니한 자니라."

엘리야에게 하나님께서 무슨 말씀을 하셨습니까? "내가 이스라엘 가운데서 네가 모르는 바알에게 무릎을 꿇지 않은 자를 7,000명을 남겨두었다. 이제 너는 가서 엘리사에게 너를 대신할 선지자가 되도록 기름을 부어라. 그 자신의 자격을 갖춘 선지자로서가 아니라, 너를 대신할 선지자가 되도록 기름을 부어라."하고 말씀하셨습니다. 이것이 바로 자격 박탈입니다.

여러분은 엘리야가 엘리사에게 갈 때 기분이 상했다는 것을 알 수 있습니다. 심지어 엘리야는 하나님께서 말씀하신 것을 엘리사에게 말하지도 않았습니다. 단지 그의 겉옷을 엘리야 위에 던졌고, 떠나갔던 것입니다. 엘리사는 하나님께서 자신을 사역으로 부르셨다는 것을 알아차렸고, 엘리야에게로 달려가서 자신의 가족에게 인사할 시간을 부탁했습니다. 그러나 엘리야는 계속해서 낙심 가운데 말했습니다. "돌아가라 내가 너에게 어떻게 행하였느냐?" 엘리사는 집으로 가서 일을 마친 후에 예언자를 따르며 수종 들었습니다(왕상19:19-21).

마침내 엘리야가 하늘로 올라감을 당할 때, 엘리사에게 3번이나 말했습니다. "여기 머물라. 나는 저기로 갈 것이다", 매번 엘리사는 이렇게 말했습니다. "내가 당신을 떠나지 아니하겠나이다." 여러분은 엘리야가 하나님께서 자신으로부터 무엇인가를 취해 가셨다는 것을 알고는 행복하지 않았다고 말할 수 있습니다. 그러나 엘리사는 엘리야의 곁을 떠나지 않기로 결심했습니다. 두 사람이 요단강을 건넌 후에, 엘리야가 엘리사에게 물었습니다. "나를 네게서 데려감을 당하기 전에 내가 네게 어떻게 할지를 구하라" 엘리사는 갑절의 기름부음을 구했습니다. "당신의 성령이 하시는 역사가 갑절이나 내게 있게 하소서". "네가 어려운 일을 구하는도다" 엘리야는 말했습니다. "나를 네게서 데려가시는 것을 네가 보면 그 일이 네게 이루어지려니와 그렇지 않으면 이루어지지 아니하리라", 그리고 정확하게 이 일이 일어납니다. 엘리사는 엘리야가 회리바람으로 하늘로 올라가는 것을 보았고, 엘리사가 요구했던 기름부음을 받았습니다(왕하2:1-11). 이 이야기는 어떻게 우리가 너무나 쉽게 자격을 박탈당하는지에 대한 하나의 증거입니다. 우리는 엘리야가 실패했다고 말할 수는 없습니다. 그렇지만 우리는 엘리야가 그의 자리를 잃어버렸고, 자격이 박탈되었다고 말할 수는 있습니다.

엘리야는 자신이 하고 있던 사역의 수명을 단축하는 실수를 한 두 인물 중의 한 사람입니다. 또 다른 인물은 모세입니다. 모세는 이스라엘의 자녀들을 약속의 땅으로 데려가기로 되어 있었습니다. 그러나 그의 실패 때문에, 하나님께서 이렇게 말씀하셨습니다. "너희가 나를 믿지 아니하고 이스라엘 자손의 목전에서 내 거룩함을 나타내지 아니한 고로 너희는 이 회중을 내가 그들에게 준 땅으로 인도하여 들이지 못하리라 하시니라"(민20:12). 그래서 모세는 할 수 없었던 것입니다. 모세는 주님이 모세에게 하라고 하신 일을 행하는 것으로부터 자격이 박탈되었던 것입니다.

예수님께서 고난을 통과하려는 순간을 관찰하면 흥미롭습니다. 예수님께서 제자들에게 부탁하셨습니다. "내가 저기 가서 기도할 동안에 너희는 여기 앉아 있으라", "내 마음이 매우 고민하여 죽게 되었으니 너희는 여기 머물러 나와 함께 깨어 있으라"(마26:36, 38). 이것이 처음으로 예수님께서 기도하기 위해 누군가에게 예수님 옆에 머물러 있으라고 하셨던 것입니다. 그 전에 엘리야와 모세가 변화산에서 예수님을 만나러 왔음에도 불구하고 우리는 그들이 예수님께 무슨 말을 했는지 모릅니다. 그러나 이 두 사람은 하나님께서 권능으로 사용한 인물이었습니다. 두 사람 모두 그들의 사역에서 너무 일찍 퇴장했습니다. 아마 그들은 예수님께 힘을 실어주고, 예수님께서 가장 힘든 순간을 지나가실 때 포기하지 말도록 용기를 주시기 위해 왔을 것입니다.

우리는 어떻게 자격이 박탈되는 것을 피할 수 있나?
(How Do We Avoid Being Disqualified?)

히브리서 10장에서 예수님께서 말씀하셨습니다. "하나님이 제사와 예물을 원하지 아니하시고 오직 나를 위하여 한 몸을 예비하셨도다"(히10:5). 다른 말로 하나님께서 죄 짓기 쉬운 한 몸을 예수님께 주셨고, 이것은 인간의 몸이었습니다. 그럼에도

Week 4   Lesson 3

불구하고 하나님께서는 예수님께서 번제와 속죄제를 하나님께 드릴 것을 허락하지 않으셨습니다. 예수님께서는 이것에 어떻게 반응하셨습니까? "하나님이여 보시옵소서 두루마리 책에 나를 가리켜 기록된 것과 같이 하나님의 뜻을 행하러 왔나이다"(히10:7). 예수님께서는 처음에 일들을 바르게 정하셨습니다. 예수님께서는 아무것도 행하지 않으시고, 하나님의 뜻만 행하시기로 선언하셨던 것입니다. 왜냐하면 예수님에 대해서 두루마리에 기록된 것이기 때문입니다.

사랑하는 여러분, 우리 모두는 우리에 대해서 기록된 두루마리를 가지고 있습니다. 이것이 우리의 삶을 위한 하나님의 청사진입니다. 청사진이 존재하기 때문에 "자격박탈"이라는 단어가 의미를 가집니다. 여러분이 하나님의 계획으로부터 빗나간다고 해서 청사진은 수정되지 않습니다. 그렇지 않습니다. 우리가 하나님의 계획을 바꾸고, 떠날 때 우리는 더 이상 하나님의 일을 완수할 수 없게 됩니다. 우리가 태어나기도 전에 기록된 저 두루마리를 우리는 더 이상 따를 수 없게 되는 것입니다.

여러분은 성경에서 반복해서 이 교훈을 볼 수 있습니다. 예레미야, 삼손, 고레스, 예수님 - 하나님께서 그들이 태어나기도 전에 그들 모두에게 말씀하셨습니다. 하나님께서는 그들이 무엇을 할지, 무엇을 성취할 것인지, 그들의 사역이 다른 이들에게 어떤 결과를 가져다줄 것인지 등을 말씀하셨습니다. 하나님께서는 그들의 행위(퍼포먼스)를 보지 않으십니다. 하나님께서는 하나님이 세우신 계획을 바라보십니다. 하나님께서는 두루마리를 응시하십니다.

만약 우리가 이것에 대해 우리 자신을 일깨운다면, 우리는 평온하게 걸어갈 수 있습니다. 우리는 어떤 일이 스쳐갈 때마다 흔들리게 되는 것을 멈출 수 있고, 하나님만이 우리가 살아가는 동안에 어떤 일을 할 때와 그 일을 할 가장 정확한 장소를 결정하시는 유일한 분이라는 것을 기억하게 될 것입니다. 이것은 만약 여러분과 제가 이 세대에 살아있다면 그것은 하나님에 의하여 의도적으로 계획되었다는 것을 의미합니다. 하나님께서 이 세대 가운데 우리를 통하여 무언가를 성취하시기 위하여 우리의 삶이 그런 방식으로 디자인된 것입니다.

> 만약 우리가 하나님께서 우리를 위하여 의도하신 삶대로 따라가지 않는다면, 우리가 무엇을 드린다 해도 하나님께서는 일하시지 않으십니다. 그러므로 우리는 우리 세대에 하나님께서 개입하시는 것을 볼 수 없을 것입니다. 우리는 우리의 운명을 잃어버릴 것입니다.

> 우리가 하나님의 목적에 대한 통찰과 우리의 삶을 향한 하나님의 부르심을 잃어버렸다는 것을 깨닫게 되는 순간마다, 우리는 하나님께 울부짖고 하나님의 일을 행할 수 있는 자리로 되돌아가게 해달라고 간구해야 합니다.

결론(Conclusion)

우리 모두는 임무와 부르심을 받았습니다. 하나님께서는 각 사람을 운명과 목적을 가지도록 창조하셨습니다. 그리고 하나님의 일에 우리를 연관시키셨습니다. 우리는 하나님께 이 세상과 우리를 둘러싼 일들로 인해 우리가 바빠지고 분주해 지는 것

대신 겸손 가운데 머물 수 있도록 그리고 주님께서 우리에게 하라고 요청하신 것들에 집중할 수 있도록 도와달라고 울부짖을 필요가 있습니다. 그리고 우리가 하나님의 목적에 대한 통찰과 우리의 삶을 향한 하나님의 부르심을 잃어버렸다는 것을 깨닫게 되는 순간마다, 우리는 하나님께 울부짖고 하나님의 일을 행할 수 있는 자리로 되돌아가게 해달라고 간구해야합니다.

▶ **기도하는 시간(Pause for Prayer):**

여러분이 받은 부르심과 임무를 상기시켜 달라고 하나님께 간구하십시오. 하나님께서 여러분에게 요구하신 것들 위에 여러분이 타협하여 세상의 방식과 여러분 자신의 생각들을 섞어 버린 것들을 제거해달라고 간구하시기 바랍니다. 또한 하나님께서 요청하신 것 중 여러분이 망각한 것을 모두 보여 달라고 기도하시기 바랍니다. 여러분 자신을 겸손케 하고 울부짖으시기 바랍니다. "하나님, 저는 하나님께서 저에게 주신 자리에 세워지기를 원합니다. 그래서 하나님께서 저에게 요구하신 일을 성취할 수 있게 되기를 원합니다." 성령님께서 여러분에게 보여주신 것을 기록하시기 바랍니다. _____
_____
_____
_____

▶ **연습(Exercise):**

오늘 창세기 26-38장을 읽고, 아래의 내용들을 살펴보시기 바랍니다.

- 하나님의 상황 분석

- 하나님의 사명

- 하나님의 목표와 목적들

- 하나님의 선택된 그릇

- 인간에게 주신 하나님의 명령

여러분의 소그룹에서 토론하기 위해서 이것을 준비하시기 바랍니다.

Week 4 | Lesson 3

▶ **깊이 생각해 보는 시간(Time for Reflection):**

하나님의 목적들에 대해서 무엇이 여러분에게 깊은 인상을 줍니까?
여러분들이 하나님과 함께 하고 하나님과 협력하기 위해서 여러분의 삶에서 어떤 조정이 필요합니까?
_____
_____
_____

하나님께서 이것에 대한 응답으로 당신에게 원하시는 것은 무엇입니까?
_____
_____
_____

오늘/이 주에 여러분의 기도제목으로 기도드릴 때, 여러분들은 성령님께서 하시는 말씀이나 여러분을 향한 부르심이 무엇이라고 느낍니까? 그리고 여러분이 직면한 영적 전쟁은 무엇입니까?
_____
_____
_____

▶ **깊이 생각해 보는 시간(Time for Reflection):**

LESSON 4:

하나님의 그릇
God's Vessel

하나님께서 상황을 분석하시고, 사명을 세우시고, 사명의 성취를 도울 수 있는 목표와 목적을 정하신 다음에는 이러한 목표에 부합되는 일을 할 수 있는 그릇을 선택하셔서 하나님의 사명을 완수하십니다. 이런 방식으로 하나님의 목적(Divine Purpose : 운명, 또는 시간이 시작되기 전에 하나님께서 정하신 인생의 진로)이 이루어져갑니다. 운명은 태어나기도 전에 여러분에게 다가오는 여러분의 거룩한 정체성입니다. 이것이 바로 두루마리에 여러분에 대해 기록된 것이며 여기에는 부르심과 은사, 빚어짐 등이 포함됩니다.

운명에 대한 하나의 실례는 예레미야입니다. 하나님께서 예레미야에게 말씀하셨습니다. "내가 너를 모태에 짓기 전에 너를 알았고 네가 배에서 나오기 전에 너를 성별하였고 너를 여러 나라의 선지자로 세웠노라 하시기로"(렘1:5). 하나님께서는 예레미야의 운명이 무엇이 될지, 예레미야가 그의 세대에 무엇을 해야 할지, 태어나기도 전에 알고 계셨습니다. 하나님께서는 이미 예레미야의 역할을 예정하셨습니다. 하나님께서는 예레미야가 성취해야 할 특별한 목적을 이미 가지고 계셨습니다. 그의 운명은 열방을 향한 선지자가 되는 것이었습니다.

운명(Destiny)

운명은 우리가 태어나기도 전에 정해집니다. 그리고 운명에는 부르심과 은사, 빚어짐 등이 포함됩니다. 다른 말로 하면 우리의 운명은 우리가 창조된 목적을 내포합니다. 이것이 우리의 DNA이자 하나님께서 부여하신 정체성입니다. 운명은 또한 은사들, 능력들, 우리의 부르심을 성취할 수 있도록 우리에게 주신 재능들을 포함합니다. 하나님께서는 또한 우리의 삶에서 우리를 빚으시고, 우리의 성품을 강화시키고, 우리를 성장시키실 상황들을 정하십니다. 이것은 창조되기 전부터 우리가 하기로 정해진 일들을 행할 수 있도록 우리를 준비시켜줍니다.

운명, 부르심 그리고 은사는 모두 모세 안에 있었습니다. 심지어 갈대상자에 담겨 강에 떠내려갔던 어린 아기였을 때에도 말입니다. 하나님께서는 모세가 애굽의 궁

> 운명은 태어나기도 전에 여러분에게 다가오는 여러분의 거룩한 정체성입니다.

> 내가 너를 모태에 짓기 전에 너를 알았고 네가 배에서 나오기 전에 너를 성별하였고 너를 여러 나라의 선지자로 세웠노라 하시기로
> 예레미야 1:5

전에서 자라도록 정하셨습니다. 이것이 그가 빚어지는 과정에서의 한 부분이었습니다. 모세는 다른 히브리 사람들이 당해왔던 것 같이 애굽의 시스템에 의해 위협을 받지 않았습니다. 그 후 광야로 갔고 하나님에 의해서 구별되어졌으며, 불타는 떨기나무에서 하나님을 만나고 나서는 하나님의 권능 가운데 애굽으로 돌아오는 것 등이 모세의 운명에 모든 부분들이 되었습니다.

부르심은 당신이 어머니의 자궁 안에 생기기도 전에 이미 여러분 안에 있었던 것인데, 여러분과 태생적으로 함께 한 것입니다. 하나님께서 개성, 장점, 기술 등을 우리에게 주셨습니다. 하나님께서 우리의 모든 부분들을 만들어 내신 것입니다. 이것이 우리의 부르심입니다. 이 부르심이 우리가 어떤 존재인지를 결정했으며, 우리가 창조된 목적을 성취할 수 있도록 도와줍니다.

세상을 섬기기 위해 우리의 부르심을 사용할 수는 있지만 우리에게 주어진 위임을 성취할 수는 없습니다. 예를 들어 모세는 주님께 순종했던지 안했던지 간에 위대한 리더가 되었을 것입니다. 왜냐하면 하나님께서 모세가 그렇게 되도록 택정하셨고 그것이 그의 부르심의 일부분이었기 때문입니다. 그러나 하나님께서는 모세를 향한 운명을 가지고 계셨고, 그에게 말씀하셨습니다. "이제 내가 너를 바로에게 보내어 너에게 내 백성 이스라엘 자손을 애굽에서 인도하여 내게 하리라"(출3:10).

하나님께서 하나님의 일을 하기 위한 그릇을 선택하실 때, 하나님께서는 흙이 빚어져 그릇으로 완성되어가는 과정을 부여하십니다. 예를 들면 히브리서 5:7-8절에서, 예수님께서는 이 땅에 계시는 동안 예수님을 죽음에서 구원하실 아버지 하나님께 심한 통곡과 눈물로 간구와 소원을 올려 드렸습니다. 비록 예수님께서 하나님의 아들이셨음에도 불구하고 예수님께서는 그가 받으신 고난을 통해서 순종을 배우셨던 것입니다. 그리고 임무를 완수하신 후에 예수님은 주님께 순종하는 모든 이들의 구세주가 되셨습니다. 여기서 우리는 예수님조차도 빚어지는 과정을 통과해 가신 것을 볼 수 있습니다. 여기에는 모든 피조물을 위한 온전한 구세주가 되기 위해서 하나님께서 이 땅에서 예수님에게 고난을 통과하는 과정을 부여하신 것이었습니다.

예수님께서는 이 땅이 창조되기 이전에 이미 하나님의 어린 양이셨습니다. 그것이 예수님의 운명이었습니다. 그러나 아버지께서 예수님을 이 땅에 보내셨을 때 예수님은 하나님의 권한을 위임받았습니다. "하나님이 세상을 사랑하사 독생자를 주셨으니"(요3:16). 히브리서 10:5-9절에, 예수님께서 그의 임무에 대해서 말씀하셨을 때 이렇게 말씀하셨습니다. "주님은 제사와 예물을 원하지 않으셨습니다. 그래서 나에게 입히실 몸을 마련하셨습니다. 주님은 번제와 속죄제를 기뻐하지 않으셨습니다. 그래서 내가 말하였습니다. '보십시오, 하나님! 나를 두고 성경에 기록되어 있는 대로 나는 주님의 뜻을 행하러 왔습니다'"(표준새번역). 예수님이 받은 명령을 통하여 살펴보면, 예수님의 운명은 번제와 희생제사 그리고 구약에 묘사된 속죄제를 드리는 상태로 되돌아가는 게 아니라는 것이 명확합니다. 예수님은 여전히 죄가 없으셨습니다. 그래서 예수님은 결심을 하시고 말씀하셨습니다. "나를 두고 성경에 기록되어 있는 대로 나는 주님의 뜻을 행하러 왔습니다"(표준새번역).

Lesson 4　　　　Week 4

여러분은 아버지께서 이 세상을 구하시기 위해 누군가를 선택하실 때, 하나님께서는 그의 운명을 결정하시는 것을 볼 수 있습니다. 하나님께서는 구약 성경 전체를 통해서 메시야의 운명을 묘사하셨습니다. 하나님께서는 "나의 성령이 그 위에 있을 것이다", "나의 언약이 그와 함께 할 것이다", "그는 보는 것으로 판단하지 않을 것이다", "그는 이것도 저것도 행하지 않을 것이다." 이사야와 다른 모든 선지자들이 메시야를 묘사했습니다. 그러나 선지자들이 진정으로 한 일은 예수님의 운명, 부르심, 은사, 그릇으로 빚어짐 등을 묘사한 것이었습니다.

간증 : 동아프리카 부흥

동아프리카 부흥은 아마 1929년 6, 7월 르완다의 수도 키갈리(Kigali)에서 10마일쯤 떨어진, 은데라(Ndera) 언덕 위 아름다운 아카시아 나무 아래에서 시작되어, 콩고, 르완다, 케냐 그리고 우간다 지역을 널리 관통하며 강력한 영향을 끼쳤습니다. 4명이 나무 아래에 모였습니다. 3명은 아프리카 사람(시므오니 응시밤비, 브라시오 키고지, 그리고 요시야 키누카)이었고, 한 사람은 육체적으로 그리고 영적으로 지쳐있던 영국 선교사 조 처치(Joe Church)였습니다. 강력한 기근이 르완다에 휘몰아치고 수천 명의 사람이 죽었습니다. 기근은 영적인 기근을 나타내는 것처럼 보였습니다. 왜냐하면 명목상의 기독교인들이 교회의 대부분을 차지했기 때문입니다.

처음에는 별다른 특별한 일이 없었습니다. 시므오니(Simeoni)와 조는 3일 동안 함께 앉아서 성경을 읽었고 예수 그리스도의 인격에 대한 새로운 비전을 붙잡았습니다. 그들은 축복 - 해방 - 을 느꼈고, 그들이 배운 것을 나누기 시작했습니다. 그들의 삶에서 바로 잡을 필요가 있었던 것들이 있었습니다. 오래지 않아서 다른 사람들이 시므오니와 조에게 어떤 일이 일어난 것을 깨달았습니다.

요시야 키누카는 비전을 붙잡았고 하루밤 사이에 열정적인 전도자로 변화되었습니다. 브라시오 키고지는 열병으로 요절하기 전까지 믿을 수 없는 열정으로 활활 타올라 불꽃이 되었습니다. 그러나 그는 우간다 교회에 지울 수 없는 흔적을 남겼습니다.

1932년 당시에 윌리엄 나겐다는 회심을 했습니다. 엔테베의 정부 사무실 밖에서 그가 들었던 복음성가로 인해 짜증이 났었습니다. 그는 문을 쾅하고 열었고, 시므오니와 다른 사람들을 발견했습니다. "왜 너희는 이렇게 떠들썩하냐?" 그가 물었습니다. "아! 우리는 단지 당신이 알기를 원합니다!" 라고 수수께끼같은 대답을 했습니다. 나겐다는 화가 나서 가버렸습니다. 그러나 그 말들이 그의 생각을 도전했습니다. 그리고 자정에 그는 그리스도께 기도하고, 믿는 상태로 변했습니다. 한 새로운 전도자가 태어났습니다. 그의 음성은 아프리카 전 지역과 전 세계에 들려지게 되었습니다.

윌리엄 나겐다는 페스토 키벤게레에 연결이 되었습니다. 그들은 확실히 가장 영향력이 있는 전도자들이었습니다. 에리카 사비티를 포함한 다른 사람들이 등장했습니다. 에리카는 우간다의 첫 번째 성스러운 대주교가 되었습니다.

노래와 개인적 간증을 통해서 담대한 설교와 대중 전도를 통해서 - 종종 강한 반대와 더할 수 없는 적개심에 직면해도 - 동아프리카 교회는 변혁이 되었습니다. 거기에는 조직이 없었습니다. 모든 것이 자발적이었고, 성령에 의한 것이었습니다. 산악지대의 불신자들이 한밤중에 그들의 죄들에 대해 인정하게 되고 교회에 달려 나왔습니다. 주술과 우상 숭배에

Week 4   Lesson 4

> 깊이 관여하고 있는 사람들이 하늘의 하나님을 경배하기 위해 돌이켰습니다. 오랫동안의 불화가 해결되고 도난당한 물건들이 반환이 되었습니다. 우간다의 서쪽지역으로부터 온 사람들은 그들의 자녀들에게 하나님과 연관된 이름을 지어주었고, 지금까지도 계속되고 있습니다. 교회는 강력해졌으며 수천 명의 사람들이 그리스도를 따르는 자들이 되었습니다.
>
> 부흥의 뚜렷한 특징들은 세워진 교회들 안에서 유지되고 있었는데 그것은 부흥에 사로잡히면서 증거를 할 때 담대함과 부끄러움이 없었다는 것과 복음의 중심적인 진리들에 뿌리박고 있었다는 것 그리고 민족적인 차원에서 죄가 문제가 되었고, 회개는 필수적이었고, 거룩함은 반드시 해야 하는 것이었으며, 기독교인들은 서로 서로, 정직 가운데 빛 안에서 걸어갔습니다.
>
> 허락을 받고 다시 인쇄했습니다, 리차드 뷰스
> www.richardbewes.com

그런 다음 예수님이 감당하기로 정해진 임무가 성취될 때가 되었을 때, 예수님의 운명은 예수님의 죽음으로 성취되었습니다. 예수님은 말씀하셨습니다. "나의 원대로 마시옵고 아버지의 원대로 하옵소서"(마26:39).

예수님께는 임무가 주어졌습니다. 예수님은 하나님 아버지와 언약의 관계에 있었습니다. 예수님은 사역을 감당할 지시 사항들과 약속들 그리고 기름부음, 은혜를 가지고 있었습니다.

> 하나님께서 이미 여러분을 위해서 준비한 것이 아니라면,
> 하나님은 여러분에게 어떤 일을 하라고 요구하시지 않을 것입니다.

예수님께서는 이미 여러분을 무장시키셨습니다. 이는 내적인 것입니다. 그 안에는 부패하지 않는 씨앗이 있습니다. 씨앗은 작은 것처럼 보이지만 자라서 나무가 되고 열매와 다른 많은 것들을 생산할 수 있는 가능성(potential)을 가지고 있습니다. 그래서 여러분 안에 부르심이 있는 것입니다. 부르심은 가능성을 가지고 있습니다. 우리는 이미 이러한 것들을 우리 안에 심어놓으신 주님만을 믿고 신뢰하면 됩니다.

우리는 하나님께서 우리를 창조하실 때 우리 안에 두신 부르심을 다양하게 사용할 수 있습니다. 그러나 우리가 우리에게 주어진 임무를 성취하기 위해서 그 부르심을 온전히 사용하지 않는다면, 우리의 삶은 성취될 수 없고 자격이 박탈되는 위험을 감수해야 하며 주님을 위해 적은 열매만을 맺게 될 것입니다. 두렵고 떨리는 일이지만 우리는 주님을 섬기지 못하게 되거나 하나님의 목적을 성취할 수 없게 됩니다.

▶ 연습(Exercise):

> 우리가 우리에게 주어진 임무를 성취하기 위해서 그 부르심을 온전히 사용하지 않는다면, 우리의 삶은 성취될 수 없고 자격이 박탈되는 위험을 감수해야 하며 주님을 위해 적은 열매만을 맺게 될 것입니다.

마태복음 25:14-30을 읽으십시오. 하나님께서 하나님의 목적을 성취하기 위해서 그들에게 주신 것들을 사용하지 않은 자들에게 무슨 일이 일어났습니까? _____
_____
_____
_____

하나님의 일들을 하기 위해 사용할 수 있는 그릇들
(Vessels That God Can Use to Do His Work)

동아프리카 부흥에 관한 간증을 읽으십시오. 그런 다음 이번 주에 읽은 조지 밀러, 훌리오 루이발에 관한 간증들을 다시 생각해 보시기 바랍니다. 이 사람들 모두 하나님께 자신들을 순복함을 통해 주어진 사명을 성취했습니다. 조지 밀러의 믿음은 하나님께서 실재하시고 권능의 하나님이심과 하나님께서는 그의 백성들을 잊지 않으시고 기도에 응답하시는 분이라는 것을 보여주었습니다. 영국에 있던 사람들이 다시 믿음을 가지기 시작했습니다. 그리고 이것이 유럽과 이 땅의 다른 대륙으로 퍼져나갔습니다. 훌리오 루이발의 소망은 콜롬비아 칼리에서 하나님의 뜻이 이루어지는 것을 보는 것이었으며, 하나님께서 칼리의 목회자들과 교회들 가운데 연합에 대한 강력한 결속을 위해 문이 열리게 되는 것을 하나님께서 그의 마음에 두셨고, 그는 큰 뜻을 위해 기꺼이 죽기로 작정했던 것입니다. 교회는 작고 무력하고 미미했던 상태로부터 나와 사람들을 흔들고 생명을 채워주는 영향력을 행사하기 시작했습니다. 훌리오의 죽음 이후 몇 년 만에 수천 명의 사람들이 주님께로 나오게 되었습니다. 동아프리카 부흥은 아프리카의 많은 나라에 영향을 끼쳤고, 세계의 다른 대륙들을 통해 퍼져나갔습니다. 서방 세계로부터 선교사들이 와서 복음을 전하자마자 이 나라들의 사역자들은 바로 전 세계로 보내어질 선교사들을 일으키고 훈련하기 시작했습니다. 동아프리카 부흥은 전 세계 국가들에 지속적으로 영향을 끼치는 믿음의 기초를 놓았습니다.

> 이 작은 간증들은 우리가 우리 자신을 하나님께 온전히 내어드릴 때 하나님께서 우리가 창조된 목적들을 성취하기 위해 우리를 통해 일하실 수 있다는 것을 보여줍니다.

이들은 하나님 마음의 소망을 그들 자신의 마음의 소망으로 취했습니다. 이들의 초점은 하나님의 목적이 성취되는 데 있었습니다. 그들은 하나님의 마음의 부담을 자신들의 부담으로 취했습니다. 왜냐하면 그들은 자신들을 통해 하나님께서 일하시도록 내어드렸기 때문입니다. 그들은 그들 스스로의 힘으로는 결코 생산할 수 없었던 열매 - 지속적으로 결실되어지는 열매 - 를 맺었습니다. 그리고 그들이 주님께 순복함으로 인해 많은 나라들이 영향을 받게 되었습니다.

Week 4 | Lesson 4

마찬가지로 우리의 삶을 하나님께 양도하고 우리 안에서 우리를 통하여 하나님이 일하시도록 내어드릴 때, 우리는 우리 스스로 결코 할 수 없었던 것을 우리를 통해서 하나님이 하시게 되는 축복을 누리게 될 것입니다. 우리가 가능하다고 늘 상상했었던 것보다도 훨씬 더 많은 열매를 맺을 것입니다. 그 열매는 우리를 둘러싼 모든 사람들에게 지속적으로 영향을 끼치게 될 것입니다.

▶ 연습(Exercise):

오늘, 창세기 39-50장을 읽고, 아래의 내용들을 살펴보시기 바랍니다.

- 하나님의 상황 분석
- 하나님의 사명
- 하나님의 목표와 목적들
- 하나님의 선택된 그릇
- 인간에게 주신 하나님의 명령

여러분의 소그룹에서 토론하기 위해서 이것을 준비하시기 바랍니다.

▶ 깊이 생각해 보는 시간(Time for Reflection):

하나님의 목적들에 대해서 무엇이 여러분에게 깊은 인상을 줍니까?
여러분들이 하나님과 함께 하고 하나님과 협력하기 위해서 여러분의 삶에서 어떤 조정이 필요합니까?
_____
_____
_____

하나님께서 이것에 대한 응답으로 당신에게 원하시는 것은 무엇입니까?
_____
_____
_____

오늘/이 주에 여러분의 기도제목으로 기도드릴 때, 여러분들은 성령님께서 하시는 말씀이나 여러분을 향한 부르심이 무엇이라고 느낍니까? 그리고 여러분이 직면한 영적 전쟁은 무엇입니까?
_____
_____
_____

Lesson 4 — Week 4

▶ **기도의 시간(Prayer Time):**

오늘은 주님의 사역에 우리를 참여시켜주신 주님을 찬양하고 감사하는 시간을 보내시기 바랍니다. 지난 몇 주간 동안 여러분에게 하나님께서 계시해 주신 모든 일들로 인해 감사드리고, 하나님의 선하심과 신실하심 그리고 인자하심으로 인해 하나님을 찬양하시기 바랍니다. 하나님께서 고쳐주시고 훈련시켜 주심을 감사드립시다. 하나님을 찬미하며 시간을 보내고, 얼마나 여러분이 하나님을 사랑하는지, 여러분이 소중히 여기는 하나님에 관한 모든 것들과 하나님께서 여러분의 하나님이신 것과 여러분이 하나님의 자녀인 것에 얼마나 여러분이 감사하고 있는지 큰 소리로 선포하시기 바랍니다. 주님의 이름을 송축합니다.

Week 5　　　Lesson 1

WEEK 5.
God's Mandate
하나님의 위임명령

금주의 목표 :

금주의 레슨은 우리의 모든 공부에 있어 가장 중심적인 내용입니다. 우리가 완전히 이해할 수 있기를 원합니다 :

1. 하나님께서 우리에게 주신 명령은 무엇입니까?

2. 어떻게 그 명령을 우리의 마음에 새겨 넣기 위하여 이 명령 안으로 들어가는 기도를 시작할 수 있으며, 그 명령을 따라 갈 수 있습니까?

지난 주에 우리는 하나님께서 일하시는 패턴을 공부했습니다. 하나님께서는 상황을 분석하시고, 사명을 정하시고, 목표들과 목적들을 결정하시며, 하나님의 일을 성취할 그릇을 선택하시며, 그런 다음 이 그릇에게 명령을 부여하십니다. 이 명령은 여섯 개의 구성요소로 되어있습니다.

1. 위임(Commissioning)

2. 하나님의 마음의 비전을 붙잡는 것(Catching the vision of God's heart)

3. 언약의 자리(Covenantal position)

4. 계명들과 지시사항들(Commandments and instructions)

5. 선물들과 약속들(Gifts and promises)

6. 과업을 수행할 수 있는 은혜와 기름부음(Grace and anointing to do the work)

다섯 번째 주간을 위한 기도 제목들

여섯 가지 명령의 요소 안에서 기도하시고, 각 구성요소들을 더욱 더 명확하게 알아가며, 여러분의 삶을 통해 하나님의 명령의 성취를 위한 복종과 믿음 안으로 더 깊이 들어가시기 바랍니다.

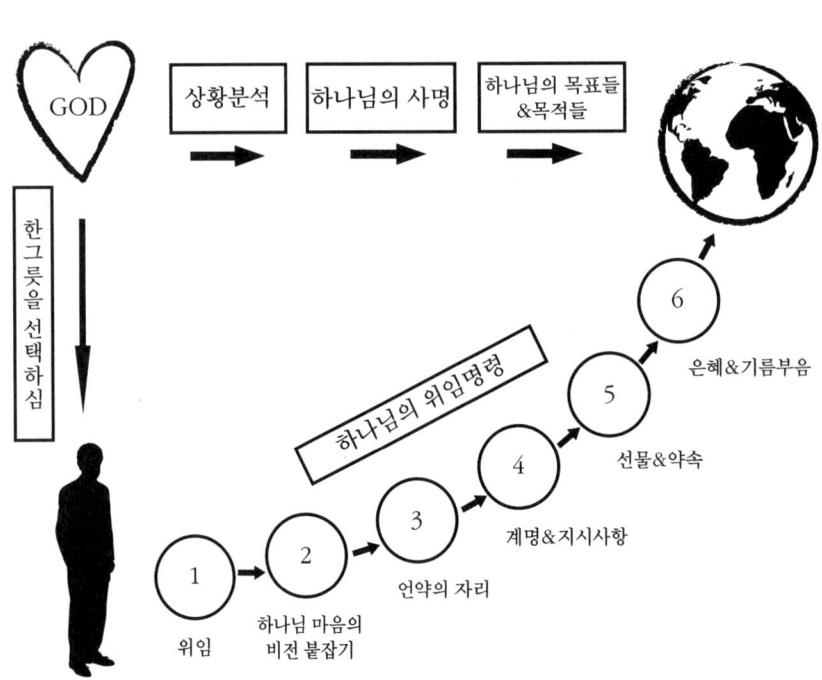

Lesson 1 | Week 5

우리는 이 워크북을 통해서 "자리로 들어가는 것(coming in to position)"에 대해 말하게 될 것입니다. "자리로 들어가는 것(coming into position)"의 의미는 이 여섯 개의 구성요소가 우리에게 주어질 때, 믿음으로 더욱 깊이 그 구성요소들을 붙들고, 그 요소들이 우리 안에서 풀어지도록 우리 자신을 주님께 순복하면 그 구성요소들이 우리의 삶 속에 더 깊고 견고하게 자리 잡게 되는 것입니다.

이 위임명령은 하나님께서 우리에게 위임하신 것이기 때문에 우리가 주님의 사명을 완수할 수 있는 것입니다. 하나님께서 이 여섯 가지 구성요소를 우리의 삶에 세우신 것처럼 우리가 우리의 믿음 안에 지속적으로 더 깊이 들어가고 그것들에 순복할 때, 하나님께서 우리를 통해서 하나님의 일을 성취하기 시작하실 수 있습니다. 하나님께서는 그 일을 완수하는데 필요한 통찰력과 명철 그리고 힘을 우리에게 주시기 시작하실 것입니다. 우리가 더 이상 그 자리에 서있지 못하거나 그것들이 우리 안에 깊이 풀어져 있지 못하면 하나님의 목적들을 실행할 우리의 능력들은 감소되기 시작하여 우리의 사역은 움츠러들어 프로그램들을 실행하거나 선한 행위들을 하는 위치로 돌아가 있는 우리 자신을 발견하게 될 것입니다. 그리고 하나님의 목적들을 성취하기에 필요한 권능과 지혜 그리고 통찰 등을 더 이상 경험할 수 없게 되는 것입니다. 그러므로 이 여섯 가지 구성요소 전부를 하나하나 우리 마음 안에 깊이 간직하는 것이 절대적으로 필요한 것입니다.

> 이 위임명령은 하나님께서 우리에게 위임하신 것이기 때문에 우리가 주님의 사명을 완수할 수 있는 것입니다.
> "자리로 들어가는 것(coming in to position)" 에 대해 말하게 될 것입니다. "자리로 들어가는 것(coming into position)" 의 의미는 이 여섯 개의 구성요소가 우리에게 주어질 때, 믿음으로 더욱 깊이 그 구성요소들을 붙들고, 그 요소들이 우리 안에서 풀어지도록 우리 자신을 주님께 순복하면 그 구성요소들이 우리의 삶 속에 더 깊고 견고하게 자리 잡게 되는 것입니다.

Audio/video link for week 5:

http://worldtrumpet.org/awakening-the-church
(week 5)

Lesson 1:
인류를 향한 하나님의 위임 명령: 위임
God's Mandate to Man: Commissioning

하나님께서 한 남자 혹은 여자를 하나님의 사역에 함께 하기 위해서 부르셨을 때, 그들 위에 하나의 권한을 풀어놓으십니다. 그 권한은 하나님께서 그들에게 주신 사역의 범위와 권위의 정도를 포함합니다.

하나님께서는 다른 사람들에게 다른 권한을 주십니다. 어떤 사람의 권한은 다른 사람들보다 큽니다. 권한이 더 클수록 더 많은 사람이 관련이 될 것입니다. 더 큰 권한은 많은 사역자들과 은사들뿐만 아니라 리더십의 더 큰 책임을 포함합니다.

어떤 사람의 권한은 지정학적이며 때로는 지정학적인 영역을 넘어서기도 합니다. 그것이 여러분의 권위가 풀어지는 영역인 것입니다. 만약 여러분이 다른 영역으로 간다면 주님으로부터 받은 여러분의 권한이 그 영역으로 뻗어있지 않기 때문에 아무런 영향력도 없다는 것을 발견하게 될 것입니다.

어떤 사람들의 권한은 사회적입니다. 특정한 사회 그룹 혹은 특정한 인구 통계학적인 그룹에 걸쳐있습니다. 그리고 어떤 사람들의 권한은 세대적입니다. 그것은 여러 세대들을 걸쳐 펼쳐져 있습니다. 그들이 죽어 이 세상을 떠난 후에도 그들의 권한은 계속됩니다. 이것은 하나님의 마음에는 하나님께서 이 권한이 주어진 사람을 계승할 자가 누구인지를 아시고자 하는 관심이 있다는 것을 의미합니다.

우리는 개인으로서뿐만 아니라 하나님께서 우리 세대에 집단적으로 부여하고 계시는 권한에 대한 개념 안에서 우리에게 위임된 권한을 이해할 필요가 있습니다. 하나님은 하나님께서 정하신 사역의 큰 그림과 하나님께서 세우신 목표들과 목적들의 큰 흐름 안에서 일들을 행하십니다. 예를 들어, 모세의 시대에 하나님께서는 상황을 분석하시고 그 백성들에게 무슨 일이 일어나고 있는지를 보셨습니다. 하나님께서는 애굽으로부터 백성들을 구하시고, 그들을 일으켜 그들로 하여금 하나님의 나라를 이루도록 하는 사명을 정하셨습니다. 그런 다음 하나님께서는 모세에게 위임을 주셨습니다. 그리고 모세에게 "나의 백성을 산으로 데려와라, 그들이 나를 경배할 것이다"(출3:7-12).라고 말씀하셨습니다. 위임된 권한의 추가적인 부분은 모세가 히브리인들을 약속의 땅으로 이끌어 오는 것이었습니다.

Lesson 1　　Week 5

간증 : 존 물린디(Testimony: John Mulinde)

제가 구원을 받은 순간부터 하나님께서 저에게 복음을 전하라고 부르신 것을 제 마음 깊이 알았습니다. 저는 어떻게 해야 할지 몰랐습니다. 그러나 주님의 이름을 위해 전 열방을 다니게 될 것을 알았습니다.

저는 하나님께서 저에게 하라고 부르신 것을 약 6개월 동안 찾느라 어려움을 겪었습니다. 목사님께 저의 방향을 위해 기도해 주시기를 부탁드렸습니다. 제가 목사님과 함께 더 많이 기도할 때 사역 가운데 더 많이 관여하게 되었습니다. 또한 저는 한 달에 한 주 금식하는 것을 시작했습니다. 우리는 금식의 주간 동안 교회에 머물렀으며, 하나님의 말씀 안에 있었습니다. 이것이 저에게 삶이 되었습니다 - 저는 이것을 사랑했습니다.

그런 다음 하나님께서 저에게 요구사항들과 지시사항들을 주시기 시작하셨습니다. "나는 네가 믿음으로 살기 원한다. 나는 네가 전심으로 나를 믿기를 원한다." 저는 온전히 하나님을 이해할 수는 없었습니다. 하나님께서 저에게 직업을 그만두라고 요구하셨는지 저는 몰랐습니다. 그러나 저는 하나님을 제외하고 그 어떤 것도 신뢰하지 않았다는 것을 진실로 알고 있습니다.

이 시기 동안에 저는 말라리아에 걸렸습니다. 제가 "믿음으로" 살아 온 이후에, 저는 의사를 보지 않고, 어떤 약도 복용하지 않기로 결정했습니다. 제가 걸을 수 없는 시점이 다가왔습니다. 저는 먹지 않았고, 어떤 것도 마시기를 원하지 않았습니다. 저는 쇠약해졌고, 그리고 의학적 치료를 거부해서 죽기 직전의 상태였습니다.

그러나 우리가 미성숙할 때조차도 하나님은 선하십니다. 가장 상태가 좋지 않은 그 밤에 주님께서 저를 만지셨고, 완전히 저를 치유하셨습니다. 이것은 꿈에서 일어났습니다. 저는 세 번에 걸쳐 한 꿈을 꾸었습니다. 그 꿈에서 저는 그 날이 다가오는 것을 보았습니다. 주님이 다시 오시는 것이었습니다. 하늘이 열리고 저는 주님의 오심을 보았습니다. 사람들이 모든 곳에서 달아났습니다. 많은 기독교인들과 심지어 어떤 목사님들도 달아났습니다. 모든 세상이 비명을 지르고 많은 소리들로 가득 찼습니다. 저는 떨었지만 무엇을 해야 할지 몰랐습니다.

그런 다음 저는 주님의 노래를 들었습니다. 이 노래는 너무 슬펐습니다. 저는 지금까지 나의 영 안에서 들을 수 있습니다. 저는 노래를 오늘까지도 부를 수 있습니다. 그 꿈 안에서 주님은 노래를 부르셨습니다. "나의 백성이 어디에 있느냐? 나의 이름으로 부름받은 자들은 어디에 있느냐? 나를 안다고 고백한 자들은 어디에 있느냐? 그들이 나의 말을 가볍게 여겼기 때문에 도망갔다." 그리고 주님은 우셨습니다.

저는 그 꿈을 세 번 꾸었습니다. 세 번째 꿈꾸는 동안 저는 완전히 치유되었습니다. 그 꿈은 전혀 나의 아픔과는 관련이 없었습니다. 그러나 그 당시에는 제가 몰랐지만 이 꿈이 나의 운명과 나의 삶을 위한 하나님의 명령과 나의 사역, 하나님께서 나를 가라고 보내시고 후에 하라고 하신 것들과 관련이 있었습니다.

저의 믿음은 대단히 강화되었습니다. 심지어 저는 주님이 나의 치료자시고, 저에게 믿음으로 살라고 하셨기 때문에 다시는 약을 복용하지 않겠다고 결심을 했습니다. 몇 달이 지난 후에 하나님께서는 꿈에서 저에게 말씀하셨습니다. "너를 위해, 내가 가지고 있는 과업을 위해 네가 준비되기 원한다. 당분간 나는 네가 아무것도 하지 않고, 세 가지 일에만 집중하기 원한다. 나의 말씀을 읽고, 너 자신을 기도와 예배에 사로잡히게 해라. 이것이 너의 시간을 어떻게 사용하는지 내가 원하는 것이다. 내가 너에게 팀을 붙여줄 것이다. 내가 너에게 주는 모든 것을 저들에게 주어라. 나는 네가 나의 말씀 안에서 함께 교제하기를 원한다. 왜냐하면 내가 큰일을 위해 너를 준비시킬 것이기 때문이다."

8개월 후에 저는 하나님께서 나의 삶을 내려놓게 하시는 동안에 하나님의 초자연적인 방문을 받았습니다. 제가 구원을 받았을 때 - 제가 원했던 모든 것은 주님이었습니다 - 잘 시작했다는 것을 보여주셨습니다. 그러나 제가 사역을 하면서 저는 다른 일들을 우상화하기 시작했으며, 주님을 가볍게 여겼습니다. 그리고 저는 두 가지 삶을 살았습니다. 외형적인 삶은 모든 사람에게 완전하게 보였습니다. 그리고 내면적인 삶은 나의 하나님 아버지를 받아들일 수 없었습니다. 하나님께서 저에게

Week 5　　　Lesson 1

말씀하셨습니다. "내가 처음부터 끝까지 너의 무게를 달아보았다. 너의 삶은 나를 받아들일 수 없구나."

하나님께서는 새롭게 되고 주님을 완전하게 순복하는 과정을 통해서 저를 이끄셨습니다. 그리고 저에게 위임을 주셨습니다. 주님은 말씀하셨습니다. "내가 너를 열방의 나의 교회로 보내려고 너에게 나타났다. 가서 나팔을 불고, 나의 오는 것을 위해 그들을 준비시켜라. 나는 조만간 올 것이다(이 때는 주님의 날이라 불립니다). 그러나 교회는 준비되지 않았구나. 만약 그들이 준비되지 않는다면, 그들은 마지막 때의 폭풍들과 덫들로 인해 휩쓸려지게 될 것이다." 주님께서는 믿음을 가지라고 저에게 말씀하셨고, 제가 가는 어느 곳이든지 함께 할 것을 약속하셨습니다.

이것이 주님께서 저에게 말씀하신 그 때였습니다. "나는 네가 항상 믿음으로 살기를 말해왔다. 그러나 지금까지 너는 그것을 결코 받아들이지 않았다." 그리고 저는 생각했습니다. "그것이 무슨 의미입니까? 저는 믿음으로 살아왔습니다. 저는 제 직업을 떠났고, 월급도 없고, 의사에게도 가지 않습니다. 저는 아무것도 의지하지 않습니다." 믿음에 대한 저의 이해는 너무나 제한적이었습니다. 하나님께서는 저를 말씀으로 데려가셨습니다. 그리고 말씀하셨습니다. "믿음은 들음으로부터 온다. 그리고 들음은 하나님의 말씀으로부터 온다. 나는 너를 나의 말씀으로 그런 말씀으로, 데려가기 원한다. 선생들과 설교자들 뒤에서 따라가지 마라. 나의 말씀으로 돌아가라. 내가 나의 길들을 너에게 가르칠 것이다."

주님께서 저에게 말씀하셨습니다. "만약 네가 나를 믿으면, 너는 너의 생명을 나에게 줄 것이며, 나는 나의 생명을 너에게 줄 것이다. 너의 생명은 더 이상 너의 것이 아니다. 그것은 나의 것이다." 이것은 역시 말씀이 말하고 있는 것이었습니다. 여러분이 그리스도 예수께로 나아 올 때, 여러분은 새로운 피조물이 됩니다. 옛 것은 지나가고, 보라 모든 것이 새 것이 되는 것입니다. 여러분은 그리스도의 생명인, 새로운 성품을 지니게 됩니다. 그래서 여러분은 생명에 대해 공부할 필요가 있습니다. 생명을 위한 삶. 생명이 하라고 하신 것을 행하십시오. 생명이 추구하도록 하는 사명을 추구하십시오.

"너의 생명을 나에게 주어라"는 하나님께서 저에게 부탁하신 첫 번째 요구 사항이었습니다. 후에 주님이 말씀하셨습니다. "너는 나를 위해 일을 할 수 없다. 너를 통해 일하도록 오직 나를 위해서 너 스스로 자리를 잡을 수 있다." 그리고 우리 팀은 우리 자신이 자리를 어떻게 잡아야 할지 찾기 위해서 하나님을 구하기 시작했습니다. "너의 삶을 나에게 주어라. 너의 삶은 더 이상 너의 것이 아니다. 이것은 나의 것이다. 이 세상에서 그 어떤 이유를 위해서 너는 살 수 없다. 그러나 너는 내 생명이 성취되도록 하기 위해 온 목적으로 살 수 있다. 그리고 더 이상 너는 너의 것이 아니기 때문에, 나의 기준으로 살아가야 할 삶을 가지고 있다. 그것은 사랑이다. 너는 사람을 사랑해야 한다. 왜냐하면 내가 그들을 사랑하기 때문이다. 그들이 선하기 때문이 아니다. 그러나 내가 그들을 사랑하고, 그들을 위해 죽었기 때문이다."

> "너는 나를 위해 일을 할 수 없다. 너를 통해 일하도록 오직 나를 위해서 너 스스로 자리를 잡을 수 있다."

이것이 하나님께서 모세에게 주신 명령이었습니다. 그러나 이 큰 명령 밑에 그들 각 개인들이 위임받은 명령들이 있었습니다. 여호수아는 모세의 시종(armor bearer)이 되는 것으로 부름을 받았고, 아론은 공동체의 제사장으로 부름을 받았고, 미리암은 선지자로 부름을 받았으며, 다른 사람들은 예배자로, 재판관으로, 군사로, 장인들로, 노동자들로, 다른 많은 일들을 위해 부름을 받았습니다. 하나님께서 행하시고 그리고 하나님께서 모세에게 주신 더 큰 명령 아래에 모인 이 사람들 모두가 하나님의 일의 각 부분들을 감당했습니다.

우리는 개인적인 관계 안에서뿐만 아니라, 우리 모두가 어떤 더 큰 일의 일부분이라는 것을 깨달으며 우리에게 주신 명령을 바라볼 필요가 있습니다.

지난 주에 공부한 세 번째 레슨의 마크 다니엘 목사님의 간증을 다시 언급해봅시다. 존 물린디 목사님과 마크 다니엘 목사님이 만났을 때, 그분들은 서로 너무나 멀리 떨어져 사역을 했습니다. 그러나 하나님께서는 자신을 온전하게 주님께 포기하고 내어드리려는, 그리고 자신을 구별하고 교회가 깨어나는 것을 보기 원하는 소망과 부르심을 마크 목사님의 삶 속에 넣어 두셨습니다. 하나님께서 저들의 길을 건너가게 하실 때, 하나님께서 마크 목사님을 존 목사님의 영향력 아래에서 키우시기 시작하셨고, 하나님께서 이 시대와 때에 행하시는 일을 수행하기 위한 더 큰 명령을 하셨습니다. 마크 목사님께 주어진 명령은 비록 이것이 마크 목사님 개인을 위한 것일지라도 주님께서 존 목사님에게 주신 협력적인 명령 아래로 들어오게 하신 것이었습니다.

이는 하나님께서 우리의 때에 행하고 계시는 일을 완수하기 위해서 사용하시는 마음과 목적을 결속시키는 것입니다. 이것이 바로 WTM 팀 멤버들이 열방을 관통해서 여행을 할 때, 다른 사람들이 벌써 이 부르심에 관한 소식을 듣고 그들이 주님께서 위임하신 큰 틀의 권위 아래로 모이기 시작한 이유입니다. 하나님이 하나님께서 수행하시는 큰 일을 성취하기 위하여 명령의 장소로 사람들을 부르시고 있습니다.

하나님께서 주신 위임명령의 구성요소(The Components of the Mandate God Gives)

우리가 명령에 대해서 이야기 할 때, 우리는 몇 가지 것들을 포함해야 할 것이 있습니다.

1. **위임(commissioning)**: 위임은 주님의 보내심(the sending out)입니다. "나는 네가 가서 이것을 수행하기 원한다."라고 말씀하시는 분이 주님이십니다.

2. **하나님 마음의 비전을 붙잡는 것(Catching the vision of God's heart)**: 하나님의 마음속으로 들어가, 오늘날의 실재 상황을 볼 수 있는 능력, 하나님이 소원하시는 이상적인 상태를 보고 하나님께서 오늘날의 실재 상황으로부터 하나님의 마음이 소원하는 이상적인 상태로 움직이시기로 계획하신 과정들에 대해 살필 수 있는 능력을 이룹니다.

3. **언약의 자리(Covenantal position)**: 언약의 자리란 영적인 자리이며, 하나님께서 하나님의 일을 할 수 있는 그리고 여러분을 통해서 하나님 마음의 소원을 성취하기 위한 자리로 여러분이 들어가게 하는 자리입니다. 단순히 말해서, 언약의 자리는 주님께 순복하고, 주님을 신뢰하는 그 장소에 서있는 것입니다. 우리는 주님을 신뢰하고 우리의 뜻을 주님께 양도해드리며 하나님께서 우리에게 주신 지시사항들에 순종하는 것입니다. 우리 각 사람의 삶에 있어 함축하고 있는 의미는 서로 다르지만 그 자리는 우리가 주님과 함께 견고하게 서있기를 추구할 때 매우 명확해지기 시작할 것입니다.

4. **계명들과 지시사항들(Commandments and instructions)**: 하나님께서는 언약의 자리 안에 있는 우리를 지켜주기 위해 계명들과 지시사항들 그리고 요구사항들을 주

셨습니다. 이것들은 수행하기 어렵고 힘든 것처럼 보이지만 우리를 안전하게 보호하기 위한 것들입니다.

5. **선물들과 약속들(Gifts and promises)**: 하나님께서는 하나님의 일을 성취하기 위해 우리에게 선물들과 약속들을 주십니다. 우리가 하나님의 일에 참여하여 언약의 자리로 들어올 때, 하나님께선 하나님이 성취하실 일들에 대한 약속들을 우리에게 주시기 시작하실 것입니다. 이것들은 전쟁의 때에 여러분들을 지탱해줄 것들입니다. 여러분들은 하나님께서 여러분에게 주신 명령을 굳게 붙잡은 것처럼 이것들을 꼭 붙잡아야 합니다.

6. **일을 할 수 있는 은혜와 기름부음(Grace and anointing to do the work)**: 하나님의 일을 성취해 나갈 때 우리 자신의 힘으로 완수할 수 없는 것들이 있습니다. 모세의 홍해 사건의 경우처럼 우리는 불가능한 상황에 직면하는 우리 자신을 발견하게 될 것입니다. 겉보기에 소망이 없는 상황 속에서, 상황을 통해서 우리를 지키시기 위하여 넉넉하게 부어주시는 하나님의 은혜와 우리 인간의 노력으로는 성취할 수 없는 것을 성취하게 하시는 하나님의 기름부음에 의지하고 기댈 것입니다.

하나님의 위임명령 – 구성요소 1: 위임(God's Mandate – Component 1: Commissioning)

하나님께서 여러분을 보내실 때 사용하시는 말씀들은 여러분에게 주신 하나님의 위임들을 포함하고 있습니다. 하나님께서 여러분에게 이야기하실 때, "나는 너희가 가서 행하기를 원한다"라고 말씀하십니다. 그것이 위임인 것입니다. 하나님은 "가라 그리고 행하라"고 말씀하십니다. 위임은 여러분이 서있어야 할 방향을 규정하기 때문에 그 명령에 있어서 필수적인 것입니다. "가라 그리고 행하라"는 지시사항은 주님께서 여러분을 초청해서 참여시키신 일의 로드맵과 상세한 것들을 제공해 줍니다.

▶ **연습(Exercise)**:

다음의 말씀들을 읽으십시오. 하나님께서 이 사람들에게 주신 위임은 무엇이었습니까?

삿 6:11-16: _____
_____
_____

겔 2:1-10: _____
_____
_____

욘 1:1-3, 3:1-5: _____
_____

Lesson 1　　Week 5

마 4:19: _____

행 26:12-18: _____

하나님께서 기드온에게 "가라...그리고 미디안의 손으로부터 이스라엘을 구하라"고 말씀하셨습니다. 하나님께서는 이스라엘 백성들에게 하나님의 말씀을 전하라고 에스겔을 보내셨습니다. 하나님께서는 요나에게 "큰 성읍 니느웨로 가서 그것을 향하여 외치라"고 말씀하셨습니다. 예수님께서는 베드로에게 "나를 따라오라 내가 너희를 사람을 낚는 어부가 되게 하리라"고 하셨습니다. 그리고 바울은 "내가 너를 이방인들에게 보내어 그들의 눈을 뜨게 하여 어둠에서 빛으로, 사탄의 권세에서 하나님께로 돌아오게 할 것이다"라는 말씀을 들었습니다.

하나님께서 어떤 사람에게 위임을 하신다는 말은, 그것들을 실행에 옮기도록 보내신다는 의미입니다. 하나님께서는 상황을 분석하시고 사명을 결정하십니다. 하나님께서는 행하실 일이 있으시고, 그 일의 한 부분을 감당할 그릇을 초청하십니다. 그런 다음 하나님께서는 그들에게 말씀하십니다, "가라 이것을 행하기 시작해라."

▶ **연습(Exercise):**

여러분 자신을 개인적으로 바라보시기 바랍니다. 하나님께서 여러분에게 위임하셨을 때를 기억해 내실 수 있으십니까? 아직 이것이 뚜렷합니까? 아니면 희미해졌습니까? 그리고 시간이 지나면서 가물가물해졌습니까?

_____
_____
_____

하나님께서 처음 여러분을 부르셨을 때 혹은 여러분이 하나님과 맺은 언약을 갱신했을 때, 하나님께서는 또한 여러분을 하나님의 목적으로 부르시기 시작하십니다.

여러분이 받은 위임은 무엇입니까? _____
_____

여러분은 여러분이 받은 위임을 성취하셨습니까?(해당 사항에 원을 그리시오)

　　1 = 전혀
　　2 = 나는 위임을 망각했다.

Week 5　　Lesson 1

3 = 나는 위임을 기억하고 그리고 조금 행하고 있다. 그러나 산만해져 있다.
4 = 나는 언약의 자리로 돌아가려고 시도하고 있다.
5 = 나는 하나님의 사명을 완수하고 있는 중이다.

위에서 여러분에게 주어진 답들에 대해 하나님께서는 여러분이 어떻게 반응하기를 원하고 계십니까?
_____
_____
_____

주님의 사역에 참여하도록 주님으로부터 부르심을 받는 것은 영예로운 일입니다. 그러나 우리는 때때로 우리가 코스에서 길을 잃고 있는 것을 발견합니다. 우리가 우리 자신을 테스트 하여 그리고 우리가 그 자리에 서서 하나님께서 우리에게 수행하라고 주신 일들을 성취했음을 발견할 때,- 우리가 정해진 코스 위에 있을 때에 - 우리는 하나님 마음의 소원을 성취해드릴 수 있도록 하나님께서 우리에게 주신 은혜로 인하여 하나님을 찬양하고 감사할 수 있게 됩니다. 비록 그 시기에 우리가 우리의 위임을 성취하지 못하는 것을 깨닫게 되는 때에라도, - 우리가 정해진 코스에서 이탈했음으로 - 우리 자신을 겸손하게 하고, 회개하는 과정을 반드시 시작해야 하며, 우리를 통해서 하나님의 목적들을 다시 한번 성취하시는 자리로 회복해 달라고 간구해야 합니다.

우리가 직면한 선택들(The Choices We Face)

삶을 그저 분주함과 흐름에 맡기는 것과 하나님의 부르심이 희미해지도록 허락해버리는 것은 너무나 쉽습니다. 우리는 사역을 수행하면서 하나님을 섬기는 것에 잠시 관여해볼 수 있습니다. 그러나 우리는 하나님께서 수행하라고 부르신 것을 성취하기 위해 우리의 모든 삶과 마음을 결코 진정으로 내어드릴 수 없습니다. 우리의 삶이 하나님의 목적을 위해서 살게 될지 아니면 이 세상을 위해서 살지를 결정해야 할 장소로 우리가 실제로 와야 할 필요가 있습니다. 그런 명확한 결정이 없이는 우리의 영이 스스로 잠자기 시작하여 하나님께서 주신 위임에 결코 머물게 될 수가 없다는 것을 발견할 것입니다.

그러므로 우리가 우리의 명령을 받아들이고 우리의 위임을 수행하면서, 하나님의 방식들을 진정으로 따라갈 것인가? 또는 우리가 우리의 운명을 위태롭게 하거나 하나님 마음의 소원을 우리 세대 가운데서 성취할 수 없게 만드는 세상의 방식 가운데 걸어갈 것인가? 라는 두 가지 중에서 우리는 선택해야만 합니다..

주님의 방식은 하나님께서 직접 우리를 빚으시고 만드시는 여러분을 위해 미리 예정하신 코스대로 가는 것입니다. 이 방식은 하나님께서 일하실수 있는 그릇으로 우리를 일으키시기 시작합니다. 인간의 방식은 세상의 시스템에 묶인 인간의 원초적인 성향에 의해 움직입니다. 만약 우리가 주님의 방식으로 하지 않는다면, 우리 자신을 쇠약하게 되는 위치에 우리 자신을 두게 되며, 우리는 이 세상의 교묘한 책략들과 함정들의 먹이가 될 수 있습니다. 또한 우리는 주님의 부르심을 성취하기 위해서 결코 일어설 수 없게 되어 결과적으로 우리의 삶에서 하나님의 목적들을 제한하거나 심지어는 무효로 만들 수도 있습니다.

> 많은 시간 우리는 우리의 삶에 대한 하나님의 부르심과 위임을 인정합니다. 그러나 우리는 결코 그것에 우리의 삶을 모두 드리는 선택을 하지 않습니다.

▶ 연습(Exercise):

다음의 말씀들을 읽으십시오. 그 다음에 각 사람이 행한 선택들과 그 선택의 결과들을 묘사해 보시기 바랍니다.

삼상 15:1-29(사울 왕): _____
_____
_____

대상 17:4-14, 행 13:22(다윗): _____
_____
_____
_____

왕상 9:3-9, 11:6-11(솔로몬): _____
_____
_____
_____

행 9:1-22(바울): _____
_____
_____
_____

성경에는 이 선택들에 대한 많은 사례들이 있습니다. 아브라함, 다윗, 다니엘, 에스겔, 베드로, 바울 그리고 수많은 사람들은 하나님이 그들을 통해서 일하시도록 허락하는 삶의 코스를 선택했으며 따라서 그들이 창조된 운명을 성취했습니다. 하지만 아담, 삼손, 사울 왕, 솔로몬, 여로보암 그리고 다른 사람들은 다른 코스를 선택했고 따라서 그들의 삶 가운데 하나님 마음의 소원을 성취하는 것에 실패했습니다. 이 사람들은 단지 하나의 실수를 행했던 것이 아니라 그들이 하나님께서 그들에게 주신 사명으로부터 벗어나는 것을 선택함으로 인해 그들이 창조된 목적들을 성취할 수 없었습니다.

주님께서는 다윗과 솔로몬에게 특별한 지시사항들과 요구사항들을 주셨습니다. 주님은 말씀하셨습니다. "너희들이 이 길로 걷게 될 때 나는 너희를 통하여 그 명령을 성취할 것이다." 비록 다윗의 삶이 완전하지 않았지만, 다윗은 주님께서 다윗에게 지시하신 방식 안에서 걸어갔고 하나님께서 그를 통해 하나님의 목적을 성취하셨습니다. 솔로몬에게도 같은 지시사항들과 요구사항들이 주어졌으나 그는 그것들을 따르지 않았습니다. 그러므로 운명이 솔로몬으로부터 떠나갔고 솔로몬은 자신에게 주어진 명령을 성취할 수 없었습니다.

삼손도 또한 하나님의 명령에 그의 온 마음을 드리는 견고한 선택을 하지 않은 사람에 대한 좋은 사례입니다. 삼손은 블레셋으로부터 이스라엘을 구하기 위해서 위임을 받았으며, 삼손의 시대에 하나님의 특별한 목적을 성취하도록 구별된 사람인 나실인으로 부름을 받았습니다(삿 13:1-7). 삼손은 하나의 선택을 가지고 있었습니다. 나실인의 길을 걷는 것과 아니면 인간의 길을 걷는 것 삼손이 어떤 선택을 했는지는 우리 모두 확실히 알고 있습니다. 하나님께서는 훨씬 더 많은 강력한 방식들로 삼손을 통해서 일하실 수 있었습니다. 그러나 삼손의 선택들은 삼손이 받은 명령으로부터 삼손을 떼어 놓았으며 하나님께서 삼손을 통해서 행해야 했던 일들을 제한시켜 버렸습니다.

주님께서는 우리 모두에게 지시사항들과 요구사항들을 주십니다. 하나님은 "너는 반드시 이 방식으로 걸어라"라고 말씀하십니다. 우리의 선택이 하나님께서 우리를 창조하신 목적을 성취할지 못할지를 결정하게 됩니다. 우리는 하나님께서 우리에게 주신 약속들을 꼭 붙잡아야 하고, 하나님께서 우리를 부르신 일들에 대해서 믿어야 하며, 신뢰의 자리에 서야 하고 하나님께 우리 자신을 내려놓아야 합니다. 이것이 하나님께서 우리를 부르신 명령을 성취하는 코스로 우리를 계속 가게 할 것입니다.

결론(Conclusion)

우리는 오늘 이후 기도를 통하여 위임명령 안으로 들어가기 위해서(pray into the mandate) 이 공부를 하는 모든 사람을 격려합니다. (격려하는) 첫 번째 이유는 우리의 육체가 우리를 명령으로부터 떼어놓기 시작할 것이며, 그래서 우리는 우리의 삶에 목적과 운명을 가진 가장 높으신 하나님의 종으로서라기 보다는 보통 사람들처럼 살아가기 시작할 것입니다. 둘째로, 우리에게는 우리의 믿음을 지속적으로 공격하려고 하며 우리를 혼미하게 하고, 코스에서 중단하게 하려는 적이 있기 때문입니다. 우리가 명령들로부터 떨어지는 선택을 하기 시작할 때, 그것들은 우리를 한 걸음 한 걸음씩 그리고 점점 더, 하나님께서 하나님 자신을 위해서 우리를 부르신 바로 그 목적들로부터 멀어지게 합니다. 때문에 우리는 하나님께서 우리에게 주신 명령을 성취할 수 없는 것입니다.

우리가 우리의 삶을 하나님께 드릴 때, 바울의 경우처럼 하나님께서는 우리의 삶에서 하나님의 명령을 성취할 것입니다. 그리고 우리는 말할 수 있게 됩니다. "나는 선한 싸움을 싸우고 나의 달려갈 길을 마치고 믿음을 지켰으니 이제 후로는 나를 위하여 의의 면류관이 예비되었으므로 주 곧 의로우신 재판장이 그 날에 내게 주실 것이며 내게만 아니라 주의 나타나심을 사모하는 모든 자에게도니라"(딤후 4:7-8).

▶ **깊이 생각해 보는 시간(Time for Reflection):**

여러분이 오늘 읽은 말씀이나 표현 가운데 가장 의미 있는 것은 무엇입니까?
_____
_____
_____

하나님께서 이것에 대한 응답으로 당신에게 원하시는 것은 무엇입니까?
_____
_____
_____

오늘/이 주에 여러분의 기도제목으로 기도드릴 때, 여러분들은 성령님께서 하시는 말씀이나 여러분을 향한 부르심이 무엇이라고 느낍니까? 그리고 여러분이 직면한 영적 전쟁은 무엇입니까?
_____
_____
_____

▶ **기도의 시간(prayer time)**

여러분에게 주어진 위임 안에서 기도합시다. 성령님께 여러분이 과거에 주님이 여러분에게 보여주셨던 것들이 생각나도록 간구합시다. 그곳으로 여러분을 회복해달라고 간청하시기 바랍니다. 여러분에게 주어진 위임을 성취하기 위해서 하나님께서 소망하시는 방향을 하나님께 구하시기 바랍니다. 그리고 어떻게 그 위임을 사로잡고, 그리고 걸어 나아갈지 여러분에게 보여 달라고 하나님께 간구하십시오.

Week 5　｜　Lesson 2

LESSON 2:

인류를 향한 하나님의 위임명령:
하나님 마음의 비전을 붙잡는 것
God's Mandate to Man: Catching the vision of God's heart

하나님께서 상황을 분석하신 후에, 하나님 자신을 위해서 사명을 정하시고, 목표들과 목적들을 세우시며, 그런 다음 일을 하기 위해서 그릇을 선택하시고 위임명령을 그 그릇에게 주십니다. 그 위임명령의 요소들은 무엇입니까?(아래의 빈 칸을 채우십시오.)

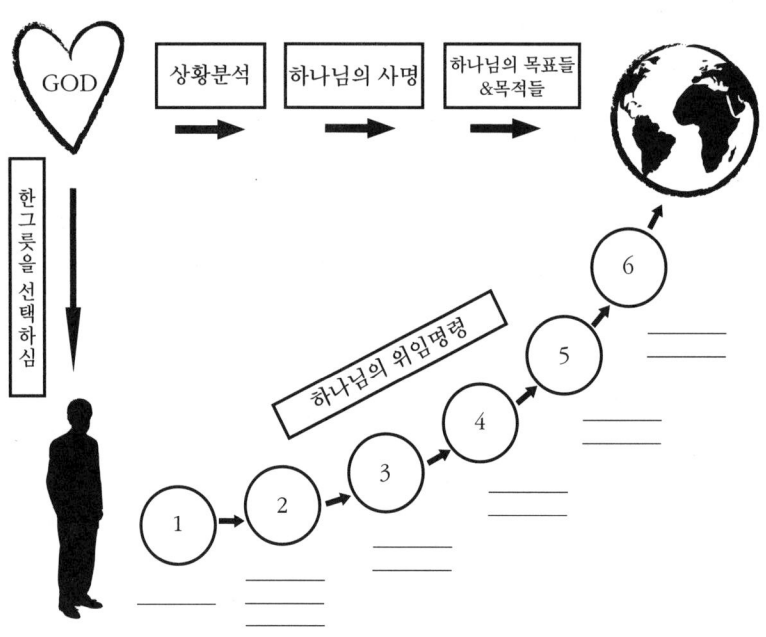

하나님의 위임명령 – 구성요소 2: 하나님 마음의 비전을 붙잡는 것
(God's Mandate – Component 1 : Catching the Vision of God's Heart)

위임명령의 두 번째 구성요소는 하나님 마음의 비전을 붙잡는 것입니다. 우리는 이것을 하나님의 은혜로 인해 하나님의 마음을 볼 수 있는 능력이라고 정의를 내립니다. 그것은 하나님께서 오늘 날의 현실 가운데서 하나님의 이상과 완벽한 그림 가운데서 무엇을 소원하시는지 그리고 이 이상을 현실화시키기 위하여 필요한 과정으로서 무엇을 보시는지를 이해하는 것입니다.

하나님의 관점으로 일들을 살피는 것은 우리에게 하나님께서 정하신 비전과 하나님께서 세우신 목표들과 목적들을 명확하게 볼 수 있도록 해줍니다. 이 명확성은 우리가 하나님께서 수행하라고 부르신 일들 위에 머물며 집중하도록 도와줍니다. 그러나 더욱 중요한 것은 우리가 하나님 마음의 소원들을 성취하는 것을 책임지도록 돕습니다. 하나님의 비전을 붙잡는 것은 우리에게 하나님의 일들을 향한 더 깊은 열망과 소망, 그리고 하나님의 일 가운데 하나님과 함께 하기 원하는 것, 그리고 온 땅에 하나님의 목적들이 성취되는 것을 보고 싶은 우리의 삶을 살아가는 단지 한 가지 이유 때문에 우리에게 깊은 감동을 줍니다. 우리는 우리 자신의 사역이나 우리 자신만을 위한 것보다는 하나님과 하나님의 더 큰 목적을 위해서 살기 시작할 것입니다. 우리는 하나님의 목적들을 볼 것이며, 그것들은 우리가 이전에 경험한 그 어떤 것보다도 훨씬 더 큰 일이 될 것입니다.

하나님께서 우리에게 요구하신 일을 수행하기 위해서는, 하나님의 마음의 의도들을 붙들고, 하나님께서 우리에게 주신 명령을 성취하려는 마음에 붙들려 있는 것이 절대로 필요한 것입니다. 우리가 하나님 마음의 소원을 성취하기 위해 더 온전하게 우리 자신을 드리면서 하나님의 명령의 자리 안에서 더 기도할수록 우리의 이해력은 더욱 확장되기 시작할 것입니다. 그래서 우리는 하나님께서 우리를 부르시는 사역에 대한 더 큰 그림과 하나님께서 개입하고 계신 사명의 비전을 가지기 시작할 것입니다.

많은 경우에 우리는 우리가 보는 것을 성급하게 행동으로 옮기기 원합니다. 우리는 하나님의 마음에 깊이 연결되기 위한 시간을 가지지 않습니다. 그래서 우리는 일들에 대하여 아주 피상적인 관점 밖에는 얻지 못합니다. 전심으로 기도하여 하나님의 마음과 연결되는 것이 중요합니다. 그렇지 않으면 여러분들은 단지 선한 행위들을 수행하는 것으로 빠져들 수 있습니다. 사실상 우리는 우리 자신의 힘으로 일하는 것을 중단하도록 여러 번 다짐했으며, 하나님의 새로운 비전에 우리가 연결되도록 도와달라고 주님께 구했습니다. 우리가 이렇게 하지 않으면 주님께서 우리에게 주신 코스에서 바로 벗어나기 시작할 것이기 때문에 우리는 이런 방식으로 일했습니다.

사도 바울(The Apostle Paul)

사도 바울은 하나님의 비전을 붙잡았던 사람이었습니다. 사도 바울의 가장 큰 갈망 가운데 하나는 하나님 마음의 소원과 바울이 창조된 목적을 성취하기 위해 하나님 아버지를 기쁘게 하는 것이었습니다. 바울의 위임은 분명했습니다.

Week 5   Lesson 2

▶ 연습(Exercise):

사도행전 26:15-18을 읽으십시오.
바울의 위임은 무엇이었습니까? _____
_____
_____

주님께서 바울에게 주신 목표들과 약속들은 무엇이었습니까? _____
_____
_____

바울은 주님으로부터 매우 분명한 위임을 받았습니다. "내가 네게 나타난 것은 곧 네가 나를 본 일과 장차 내가 네게 나타날 일에 너로 종과 증인을 삼으려 함이니." 위임은 목표들과 목적들(그 눈을 뜨게 하여 어둠에서 빛으로, 사탄의 권세에서 하나님께로 돌아오게 하고 죄 사함과 나를 믿어 거룩하게 된 무리 가운데서 기업 - 하늘의 장소 - 을 얻게 하리라) 그리고 약속들(하나님께서는 유대인들과 이방인들로부터 바울을 보호하심)과 함께 다가왔습니다. 그러나 빌립보 교인들에게 보내는 바울의 서신은 우리에게 바울의 삶을 움직인 가장 강력한 동력은 바울이 받았던 위임이 아니었다는 것을 우리에게 보여주고 있습니다.

빌립보서 3:7-14를 읽으십시오. 바울이 단순하게 받은 위임보다 바울에게 더 강력하게 영향을 끼친 무엇인가가 있었다는 것을 암시한 바울의 말은 무엇입니까? _____
_____
_____

빌립보서 3장에서 바울은 모든 것에 대해서 자랑할 수 있었다고 말합니다. 바울은 히브리인 중에 히브리인이요, 팔일 만에 할례를 받았고, 율법에 흠이 없는 자였습니다. 바울은 그리스도를 얻기 위해서 모든 것을 포기했습니다. "그 안에서 발견되려 함이니 내가 가진 의는 율법에서 난 것이 아니요 오직 그리스도를 믿음으로 말미암은 것이니 곧 믿음으로 하나님께로부터 난 의라." 바울은 그리스도를 가장 깊은 단계에서 알고자 했습니다. "내가 그리스도와 그 부활의 권능과 그 고난에 참여함을 알고자 하여 그의 죽으심을 본받아 어떻게 해서든지 죽은 자 가운데서 부활에 이르려 하노니." 마침내 바울은 말했습니다, "내가 이미 얻었다 함도 아니요 온전히 이루었다 함도 아니라 오직 내가 그리스도 예수께 잡힌바 된 그것을 잡으려고 달려가노라 형제들아 나는 아직 내가 잡은 줄로 여기지 아니하고 오직 한 일 즉 뒤에 있는 것은 잊어버리고 앞에 있는 것을 잡으려고 푯대를 향하여 그리스도 예수 안에서 하나님이 위에서 부르신 부름의 상을 위하여 달려가노라."

바울은 하나님께서 주신 사명을 매우 손쉽게 붙잡을 수 있었고 많은 일을 하기 위해 달려 나갔습니다. 그러나 빌립보서에서는 우리에게 바울이 단지 복음을 설교하기 위하여 간 것, 백성이 구원을 받고 하나님의 왕국으로 들어가는 것보다도 더 심오한 무엇인가를 구했다는 것을 보여줍니다. 바울은 단지 그리스도께로 나아오는 것보다 더 귀한 것이 있다는 것을 깨달았습니다. 우리가 그리스도께로 나아올 때 거기에는 삶의 질이 있고 우리 자신의 것이 아니라 하나님으로 말미암은 의로움이 있는 것입니다.

어떻게 우리는 그리스도 안에서 이 깊은 삶을 얻을 수 있습니까? 바울은 우리가 다른 모든 것을 버리고 하나님의 권능의 충만함으로 나아올 때 그리고 주님의 고난에 동참할 때 얻을 수 있다고 말했습니다. 이것은 진정으로 구별된 삶입니다. 그리스도를 위해 살려면 자아가 죽어야 합니다. 바울은 하나님 마음의 비전을 붙잡았습니다.

바울이 주님을 위해서 맺은 열매, 그가 세운 교회들, 바울이 구원한 생명들 또는 주님께서 열방에 진리를 퍼트리기 위해서 바울을 사용하신 것 등을 자랑할 수도 있었지만, 바울은 그의 초점을 지속적으로 훨씬 더 큰 무엇인가에 맞추었습니다.

▶ 연습(Exercise):

바울의 마음속에서 더욱 불타고 있는 무엇인가가 있었습니다. 그것은 무엇이었습니까?
(빌립보서 3:12을 보시오):_____
_____
_____

바울은 하나님의 마음에 바울을 잡게 만든 무엇인가가 있다는 것을 알았습니다. 거기에는 하나님께서 바울을 동참하도록 허락하신 더 큰 목적과 비전이 있었습니다. "네가 그것을 잡기 원한다."

만약 우리가 바울이 말한 것에 연결되도록 우리의 마음을 허락한다면, 하나님께서 우리에게 주신 명령을 성취하는 것이 선한 일들을 추구하는 것만은 아니라는 것을 깨달을 것입니다. 그것은 하나님 마음의 비전을 붙잡는 것입니다. 그것은 하나님께서 우리에게 주신 사명 안에서 단지 작은 역할만을 성취하는 것으로 충분하지 않습니다. 우리는 반드시 하나님의 관점으로부터 일들을 보아야 하며 이 큰 비전의 성취를 보기 위해서는 하나님의 소원 안에서 하나님과 함께 해야 합니다.

사역(Ministry)은 _____
(교재 2주차 4과를 참조하시오)

사역은 하나님 마음의 소원을 성취하는 것입니다. 우리도 하나님께 붙잡힌바 되는 그것을 붙잡기 위해 주님의 관점을 가질 수 있도록 간구합시다.

> 하나님 마음의 비전을 붙잡는 열쇠는
> 시대를 지나오면서 하나님께서 행하신 것을 보는 것입니다.

Week 5　　Lesson 2

여러분이 하나님께서 여러분에게 주신 위임과 부르심을 바라볼 때 - 단지 하나님께서 수행하라고 여러분에게 주신 일들이 아닌 - 그리고 여러분들이 하나님의 비전과 이 시대들을 통하여 어떤 하나님의 사명이 이어져 왔는지에 대한 큰 그림을 움켜잡을 때, 여러분들은 하나님 마음의 소원이 어느 지점에서 성취되는지를 보기 시작할 것입니다. 여러분은 하나님께서 그들을 위해서 무엇을 창조하였는지, 하나님께서 그들에게 어떤 목적들을 성취하라고 의도하셨는지를 볼 수 있으며 그런 다음 여러분은 무엇이 다음에 오게 될지 명확하게 볼 수 있습니다. 이것은 하나님께서 여러분을 불러 행하게 하신 일과 여러분들을 하나님의 마음과 연결해주는 배경지식을 주기 시작합니다.

하나님의 관점으로 우리가 살고 있는 시대를 바라보는 것. 이전 레슨들에서 우리는 지금까지 흘러온 시간 속의 여러 시대들의 각 시대를 향한 하나님의 의도가 무엇이었는지 공부했습니다. 시간 속의 시대들은 만약 우리가 하나님의 마음의 소원의 빛 안에서 그것들을 간직한다면 모두 의미가 있는 것이 됩니다. 그리고 그 시대들을 이해하는 것은 하나님의 마음을 붙잡기 위해서 그리고 하나님께서 우리의 시대에 무엇을 하시는지 알기 위해서 매우 중요합니다(하나님께서는 모든 피조물이 하나님의 영광을 드러내고, 하나님이 누구신지에 대한 충만함을 나타내기 원하십니다).

(하나님께서는 모든 피조물이 하나님의 영광을 드러내는 것과 하나님이 누구신지에 대한 충만함을 드러내기 원하신다는 것)과 하나님께서는 모든 피조물이 각각의 운명대로 쓰이도록 주재하고 돕기를 원하십니다. 창세부터 성취되도록 제시하신 사명을 하나님께서는 절대로 바꾸지 않으십니다.

아담의 시대부터 바벨탑까지 인간의 실패는 하나님께서 하나님 자신을 위한 한 나라를 세우시려는 결정을 내리는 원인이 됩니다. 하나님께서는 한 사람을 다른 열방들로부터 구별시키기 원하셨습니다. 그 사람은 하나님의 것이었으며 하나님의 영광을 나타냈으며 그래서 하나님께서는 이 나라를 태어나게 할 아브라함을 일으키셨습니다.

이스라엘이 그들 자신을 주님께 드리고 하나님께 순복했을 때, 이 세상의 모든 열방에 강력한 충격을 주었습니다. 그러나 그들은 자주 하나님으로부터 떠나갔으며 다른 열방들처럼 되기 시작했습니다. 그러므로 하나님께서 그들에게 주신 명령을 성취할 수 없었습니다. 하나님께서는 하나님의 원래의 계획을 다시 회복시키고 구원할 한 사람을 원하셨습니다. 그러나 하나님께서는 그것을 하기 위해서 그 일이 일어날 수 있는 기반을 준비해야 하셨습니다. 그래서 하나님께서는 우리를 새롭게 하여 새로운 삶으로, 새로운 기름부음, 성령의 권능 그리고 하나님의 본질로 우리를 소생시키기 위해서 그의 아들 예수님을 보내셨습니다.

그래서 예수님께서는 교회를 세우시고 우리를 대위임령과 함께 파송하셨습니다. 이것을 붙잡는 것은 우리에게 매우 중요한 것입니다. 이것은 하나님의 비전의 한 부분이며, 하나님 마음의 계획이십니다. 교회는 하나님께서 아브라함의 시대로부터 하기 시작한 모든 것들을 수행하고 있습니다. 이 모든 것이 대위임령 안에 들어있습니다. 우리는 특별히 사람들로써 세상에 삼켜버린바 되지 않도록 하나님께 구별되도록 해야 할 필요가 있습니다. 우리는 이 땅에 살고 있지만 이 땅의 것이 아닙니다. 우리는 아담과 하와가 찾았던 지혜가 아니라 위로부터 오는 지혜 곧 하나님의 지혜를 가지고 있습니다. 우리는 하나님의 마음과 함께 성령으로 권능을 입었습니다. 우리는 하나님의 마음에 다가갈 수 있습니다. 하나님께서는 이 땅에서 시행하고 이행할 수 있는 하나님의 모든 것을 우리에게 말씀하실 것입니다. 하나님께서는 가서 열방들을 하나님께로 되돌아오게 하기 위해서 우리를 모든 열방에 파송하셨습니다. 하나님께서는 가서 열방을 제자 삼고 주님의 다시 오심을 위해 그들을 준비시키라고 우리에게 명령하셨습니다. 그런 다음 심판의 날이 올 것입니다.

만약 우리가 하나님께서 교회를 지으신 목적을 이해한다면, 우리는 오늘날의 상황을 분석할 수 있으며 "오늘날 열방 가운데 하나님께서 교회를 바라보실 때, 하나님께서는 무엇을 보실 것인가? 하나님의 마음에는 무엇이 있는가?"라고 말할 것입니다.

만약 여러분이 교회가 그 받은 사명을 수행하는 가운데 어디쯤 와 있는지, 마지막 때 일어나기로 예정되어 있는 일들이 진행되는 가운데 그날(The Day)이 얼마나 빠르게 다가오고 있는지를 안다면, 그런 다음 여러분의 사역을 배경과 같은 그림으로 붙잡고 있다면, 이것은 하나님께서 여러분에게 주신 사역과 명령에 또 다른 그림을 여러분에게 제공할 것입니다.

▶ **연습(Exercise):**

여러분이 받은 명령을 배경으로써 바라보십시오. 일반적인 느낌 안에서 단지 바라보는 것과는 달리 사명에 대한 여러분의 관점에 어떻게 영향을 줍니까? _____
_____
_____

여러분의 이전의 관점으로부터 이 새로운 관점이 얼마나 다릅니까? _____
_____
_____

우리가 하나님의 비전의 배경을 반영해서 우리의 사명을 바라볼 때, 우리가 시대들을 공부한 것처럼 완전히 이해하기 시작할 수 있습니다. 그런 다음 우리는 성경에서 바울이 말한 것과 같이 하나님의 종으로써의 정체성을 찾기 시작할 수 있습니다. "내가 달려갈 길과 주 예수께 받은 사명 곧 하나님의 은혜의 복음을 증언하는 일을 마치려 함에는 나의 생명조차 조금도 귀한 것으로 여기지 아니하노라"(행20:24).

이것은 우리 안에 긴박함과 주님의 마음과 깊은 연결을 만들 것입니다. 주님은 마지막 날이 급속도로 빠르게 다가오고 있다고 말씀하셨습니다. 교회라는 그릇은 하나

Week 5　　Lesson 2

님께서 원하셨던 모습이 아니며, 열방들은 주님을 얻지 못했으며, 어둠은 증가하고 있습니다. 교회는 이 모든 것에서 방향을 상실했습니다. 우리는 세상처럼 되기 원하는 교회에 속해 있습니다. 교회는 하나님께 구별된 한 사람이라는 아브라함부터 세우기 시작했었던 하나님 마음의 소원을 붙잡을 수 없습니다. 이것이 우리가 살고 있는 시대에 대한 상황분석입니다.

그러면 하나님의 마음 안에는 무엇이 있습니까? "내가 일어날 것이다. 내가 나의 백성을 구원할 것이다"라고 다급하게 말씀하고 계십니다. 하나님께서는 이것을 어떻게 하실까요? 하나님께서는 전쟁의 용사로, 전능하신 하나님으로 오실 것입니다. 하나님께서는 "내가 나의 오른팔을 드러내어 열방에 흔들고 싸울 것이다." 하나님께서는 그곳에 흔들림이 있을 것과 거기에는 시련이 있고, 많은 두려운 일들이 있을 것이라고 말씀하셨습니다. 그러나 하나님께서는 한 군대를 일으키시고, 싸우게 하실 것입니다.

이것은 단지 선한 행위들을 행하는 문제가 아닙니다. 이것은 어둠과의 싸움에 관한 것이며 사로잡힌 자들을 자유하게 하고, 때가 찼기 때문에 급박하게 이루어지는 일입니다. 우리는 2,000년 전에 사도들이 수행했던 것을 하기 위해 부름받게 된 것이 아닙니다. 우리는 완전히 다른 한 가지 명령으로 부름을 받게 된 것입니다. 이것은 "해내느냐 아니면 죽느냐(do or die)"의 명령입니다. 이것은 긴박한 것입니다. 이 명령은 하나님을 위해서 기꺼이 살아가는 것뿐만 아니라 하나님을 위해서 죽는 것까지도 백성들에게 촉구하는 것입니다.

이것이 하나님의 비전입니다. 그러므로 우리는 매일 명령하신 자리에서 기도할 필요가 있으며 이 비전이 우리의 가슴속에 심어지게 되고, 우리가 이 명령을 어떻게 짊어져야하는지 알고 있습니다. 하나님 마음의 관점으로 우리가 살고 있는 시대를 바라볼 때 우리는 매일 기도의 자리에 들어가, 우리가 이에 대한 배경이나 이해가 없을 때보다도 훨씬 더 강도 높은 강렬함과 긴박함을 가지고 심도 있게 사명을 짊어지기 시작할 것입니다.

신약성경에 사도들은 아주 여러 번 사역을 그만두려고 했던 많은 이유들을 가지고 있었습니다. 바울은 "만일 복음을 전하지 아니하면 내게 화가 있을 것이로다."라고 말하는 지경에 이르렀습니다. 이것은 "만약 내가 나의 길을 벗어난다면, 나는 그만둘 것인데 그렇게 되면 나의 삶의 목적은 무엇이겠는가?"와 같은 것입니다. "만일 복음을 전하지 아니하면 내게 화가 있을 것이로다." 그러면서 바울은 "이는 내게 사는 것이 그리스도니 죽는 것도 유익함이라."고 말하는 데까지 나아갔습니다. 여러분이 바울의 말들을 들을 때, 이 말들은 그의 삶 가운데 하나님의 마음을 지속적으로 구했던 한 사람으로부터 나온 것입니다.

- "나의 생명조차 조금도 귀한 것으로 여기지 아니하노라"(행20:24)

- "나는 선한 싸움을 싸우고 나의 달려갈 길을 마치고 믿음을 지켰으니"(딤후4:7)

- "그러나 무엇이든지 내게 유익하던 것을 내가 그리스도를 위하여 다 해로 여길 뿐더러"(빌3:7)
- "내가 이미 얻었다 함도 아니요 온전히 이루었다 함도 아니라 오직 내가 그리스도 예수께 잡힌바 된 그것을 잡으려고 달려가노라"(빌3:12)

하나님의 비전 안에서 기도하는 것. 하나님의 비전은 많은 요소들로 구성되어 있습니다. 비전에 대한 이해를 가지는 것은 중요하고 필수적인 것입니다. 하나님의 비전을 붙잡는 것은 다음의 것들을 포함합니다.

- 시대를 관통해서 하나님의 사명에 대한 범위를 보는 것.
- 비전이 성취되는 것에 대한 중요성을 보는 것.
- 사람들이 비전을 성취하는 때와 그렇게 하지 못할 때를 보는 것.
- 우리의 시대에 하나님께서 교회에 주신 명령의 성취를 보는 것.
- 하나님의 비전을 준비하기 위해서 하나님께서 지불하신 대가를 보는 것.
- 어떻게 하나님께서 우리를 만나러 오셨고, 그 명령으로 우리를 부르시기 시작했는지를 보는 것.
- 그 명령을 성취하는 것에 교회가 어디에 있는지를 보는 것.
- 만약 우리가 명령을 성취하지 못한다면 무엇이 다가오고 가장 중요한 점이 무엇인지 보는 것.
- 비전이 성취되는 것을 보기 위해서 우리는 무엇과 싸울 필요가 있는지 보는 것.
- 하나님께서 희생을 치르신 관점, 하나님께서 지니신 사랑, 하나님께서 허락하신 긴급함으로부터 이 모든 것을 보는 것.
- 하나님께서 '마지막 때 이런 일들이 일어나리라'고 말씀하셨던 일들(어둠, 미혹, 사랑이 식어짐 등)이 일어남과 함께 주님의 날이 다가오고 있는 것을 보는 것.

만약 우리가 이 모든 것을 보고, 비전 안에서 기도하기 시작한다면 우리는 우리의 가슴속에서 더욱 깊이 있게 비전을 짊어지기 시작할 것입니다.

우리가 더욱 하나님의 비전 안에서 기도하면, 우리는 더욱 명확하게 비전을 보기 시작할 것입니다. 우리가 비전을 보기 시작하면 할수록, 비전이 우리의 마음에 더욱 깊게 새겨질 것입니다. 우리는 반드시 주님을 매일 구해야 하며, 명령(선언함, 선포함, 각 요소를 신뢰함)의 모든 요소 안에서 기도해야 합니다. 우리가 명령의 모든 요소 안에서 기도를 할 때, 우리의 믿음은 자라고, 우리의 비전은 확장될 것이고, 우리가 더 견고하게 그 위치에 서기 시작할 것이며, 우리는 하나님의 비전, 하나님의 사명의 더 큰 그림으로부터 오는 통찰력을 가지기 시작할 것입니다. 그리고 비전은 우

Week 5　Lesson 2

리의 가슴속에서 불타오르게 될 것입니다.

만약 우리가 이 일들을 기도하기 위해 우리 자신을 온전하게 드리면, 우리는 하나님의 마음과 하나님께서 우리에게 수행하라고 부르신 것에 대한 참 뜻을 붙잡기 시작할 것입니다. 그런 다음 우리는 바울이 그러했던 것처럼, 우리 가슴 속 가장 깊은 곳으로부터 우러나는 기도를 드릴 수 있게 될 것입니다. "오직 내가 그리스도 예수께 잡힌바 된 그것을 잡으려고 달려가노라"(빌3:12).

▶ **깊이 생각해 보는 시간(Time for Reflection):**

여러분이 오늘 읽은 말씀이나 표현 가운데 가장 의미 있는 것은 무엇입니까?
_____
_____
_____

하나님께서 이것에 대한 응답으로 당신에게 원하시는 것은 무엇입니까?
_____
_____
_____

오늘/이 주에 여러분의 기도제목으로 기도드릴 때, 여러분들은 성령님께서 하시는 말씀이나 여러분을 향한 부르심이 무엇이라고 느낍니까? 그리고 여러분이 직면한 영적 전쟁은 무엇입니까?
_____
_____
_____
_____

▶ **기도의 시간(prayer time)**

하나님 마음의 비전을 붙잡기 위해서 하나님의 은혜를 간구합시다. 더 깊이 하나님의 성령의 임재 안에 들어가서 하나님께서 오늘 우리에게 하나님의 이상적인 소원과 어떻게 그 소원들을 성취할 것인지를 위한 사명과 그리고 그 일에 우리의 역할을 드러내시도록 부르짖기 바랍니다.

Lesson 3　　　　Week 5

LESSON 3:
인류를 향한 하나님의 명령: 언약의 자리
God's Mandate to Man: Covenantal Position

언약의 자리는 영적인 장소 또는 나의 뜻과 나의 마음 그리고 나의 삶을 하나님께 양도해 드린 자리입니다: 저는 하나님을 신뢰하고 그리고 하나님께서 말씀하시기를 스스로 계신 분이라는 것을 믿습니다. 이곳은 나의 삶이 하나님께 드러나는 실제적인 자리입니다. 그리고 저는 말씀의 모든 면에서 하나님을 신뢰하고 믿습니다. 그러므로 저는 따라가고, 듣고, 순종하고, 받고 인도되는데 자유합니다. 저는 하나님의 일을 수행하기 위해서 저를 통해 하나님의 생명을 흘려보낼 수 있다고 믿습니다.

여러분은 많은 일들에 실패할 수 있습니다. 그러나 만약 여러분이 언약의 자리에서 나온다면 하나님께서 여러분에게 주신 명령을 성취하기 위해 점점 더 어려워지는 것을 발견할 것입니다. 하나님께서 여러분이 수행하라고 위임하신 일들을 행하는 것이 불가능할 수 있다는 것을 알게 될 것입니다. 그리고 여러분 자신이 하나님을 망각하는 것과 어떻게 앞으로 가야할지 확실하지 않으며, 하나님의 권능을 의지할 수도 하나님의 마음을 알 수도 없다는 것을 보게 될 것입니다.

> 간증 : 조이스 난통고
> (WTM 열방을 위한 기도와 선교사 국제 코디네이터)
>
> 언약의 자리에 머무는 것은 전적인 신뢰와 순복의 자리에 남아있는 것이며, 하나님의 임재에 머물고 있는 것이며, 하나님의 지시사항들을 순종하는 것입니다.
>
> 나의 자리를 유지하기 위해서, 나는 매일 하나님과 교통하며, 교제를 매일 유지해야 합니다. 성령님께서 나를 인도하시도록 해드리고, 하나님의 말씀이 내가 따라야 할 척도가 되어져야 합니다; 이것이 나를 주님께 집중하며 머물도록 해줍니다.

> 언약의 자리는 우리가 명령 안에서 걷기 위한 열쇠입니다.

하나님의 위임명령 - 구성요소 3:언약의 자리
(God's Mandate - Component 3: Covenantal Position)

언약의 자리는 하나님 앞에서 전적으로 순복하고 믿는 장소며, 우리가 하나님께 양도해드리고 우리의 삶에서 분명히 하나님이 되시도록 하나님을 신뢰하는 장소입니다. 언약의 자리는 우리의 모든 마음과 생명으로 하나님을 신뢰하는 곳에서 교감하고, 변치 않고, 의존하는 장소 안에 머무르는 것입니다. 이곳은 하나님께서 하나님

Week 5　　　Lesson 3

의 계획을 우리에게 펼치시기 시작하시는 곳이며, 우리를 부르신 일들을 수행하라고 하나님께서 우리에게 드러내시기 시작할 수 있는 곳이고, 하나님의 권능을 신뢰하기 시작할 수 있는 곳입니다.

그것은 우리가 신뢰할 수 있는 언약인 것입니다.

- 하나님은 우리의 하나님입니다. 우리는 하나님의 백성입니다.
- 우리는 값을 지불하고 구입되었습니다. 우리의 삶은 더 이상 우리의 것이 아닙니다.

거기에는 다른 사람들에게 어울리는 다른 결과들이 있게 되며, 그리고 하나님께서는 또한 우리가 성숙하고, 하나님을 따르고 더욱 더 하나님의 명령 아래에 온전하게 되는 만큼 언약의 자리를 계속 깊게 하실 것입니다.

바울은 언약의 자리에 굳게 서있는 것에 대한 하나의 좋은 실례입니다. 주님은 다메섹 도상에서 바울에게 나타나셨고 바울이 증인이 되고 하나님의 백성들에게 사역할 것을 말씀하셨습니다(행 9:15, 26:16). 하나님께서는 바울을 보호하시고, 백성들의 눈을 열기 위해 그리고 그들을 어둠으로부터 빛으로 나오게 하기 위해서 바울을 사람들에게 파송하셨습니다(행26:17-18). 모든 상황 속에서 바울이 간구했던 모든 것은 "내가 여기서 어떻게 증인이 될 것인가"였습니다. 만약 이것이 죽음을 의미한다면, 그러면서 바울은 말했습니다. "그 자리가 제가 증인되는 길이 되게 해 주세요" (빌1:20-21). 바울은 만약 그가 어떠한 경우에도 그리스도께 순종하는 것으로부터 떠났다면, 언약은 파기되고 바울은 더 이상 하나님께서 바울에게 되라고 하신 증인이 될 수 없다는 것을 알았습니다. 바울의 삶은 주님께 온전하게 양도되었습니다.

여러분이 언약과 언약의 자리를 이해하게 될 때, 여러분이 두려울 때조차도 일들을 수행하지 않을 수 없게 될 것입니다. 사람들은 계속해서 무엇이 다가오고 있는지 바울에게 경고했습니다. 심지어 그들은 바울에게 예루살렘에 가지 말라고 경고했으나, 바울은 그들에게 대답했습니다. "여러분이 어찌하여 울어 내 마음을 상하게 하느냐 나는 주 예수의 이름을 위하여 결박당할 뿐 아니라 예루살렘에서 죽을 것도 각오하였노라 하니"(행21:13). 바울은 자신을 부르신 하나님께서 자신을 보호하실 것을 확신했습니다. 바울이 그의 생명을 드린 그 분은 바울의 행복에 책임이 있으셨습니다. 왜냐하면 바울은, "내게 사는 것이 그리스도니 죽는 것도 유익함이라"(빌1:21). 바울은 그가 그리스도

간증 : 마크 다니엘 목사

제가 하나님께서 행하라고 부르신 과업을 수행하러 나갔을 때, 저는 언약의 자리에 머무는 것이 절대적으로 필수라는 것을 발견했습니다. 주님의 명령을 성취하는 것은 너무나 인간의 능력 밖이었으며, 하나님 안에서 신뢰와 포기의 장소에 머물지 않음으로 전쟁을 끌어옵니다. 적들은 나의 확신, 믿음, 영적인 힘을 공격할 수 있는 여러 방식으로 나를 칠 수 있습니다.

언약의 자리에 서 있을 때, 저는 전쟁에 대항해서 설 수 있고, 하나님의 일을 할 수 있는 앞에 놓인 길들을 볼 수 있으며, 하나님께서 나에게 주신 목적들을 짊어지고 갈 수 있습니다. 그러나 제가 이 자리를 벗어난다면, 전쟁은 불안과 두려움을 가져오기 시작하고, 저는 제 자신이 어떻게 하나님의 일을 성취할지 볼 수 없고, 눈이 가리워지는 것을 발견하기 시작합니다. 그리고 내 앞의 도전들로부터 나의 마음이 뒷걸음치는 것을 알게 됩니다.

하나님의 뜻과 방식에 나의 삶을 완전히 신뢰하고 양도해 드리는 장소에 서지 않고서는 오래가는 것이 위험하다는 것을 알게 되었습니다. 그래서 힘을 얻고, 집중하고 하나님께로 나의 포기와 신뢰 안에서 더 깊이 들어가기 위해서 매일 주님을 구하는 것을 제 삶의 최우선으로 삼았습니다. 이것이 바로 제가 매일 기도로 들어가는 무엇인 것입니다.

Lesson 3   Week 5

예수께 잡힌바 된 것을 잡기 원했습니다(빌3:12). 모든 것들이 바울의 관심이 아니었고 바울을 부르시고 생명을 그의 손에 취하신 하나님의 관심이었습니다.

하나님께서는 바울을 한 증인 그리고 복음을 위한 사역자가 되라고 부르셨으며, 비록 그것이 버림받고, 감옥에 갇히고, 매 맞고 또한 혼란에 빠졌어도 바울이 되기로 결심한 전부였습니다. 바울은 그리스도 안에서 그가 누구인지를 알았습니다(고후 4). 바울이 죽음에 처해지려는 때에 바울은 경주를 마치고 선한 싸움을 싸우고 믿음을 지켰다고 말했습니다(딤후 4:7). 이것의 의미는 매일 적들이 바울에게 말했던 즉 바울이 생각하기에 그가 생각하는 사람이 아니며, 바울이 하기로 되어있었던 그 일을 할 수 없을 거라는 거짓말들을 극복했습니다. 바울은 옛 사람이 아닌 새로운 피조물답게 생각했으며, 극복했습니다. 바울은 옛 사고방식 안에서 싸우지 않았고, 진리와 순종 그리고 믿음의 장소로부터 싸웠습니다.

여러분은 바울의 순종과 신뢰를 볼 수 있습니까? 여러분은 바울이 하나님을 의지하는 것을 볼 수 있습니까? 바울은 자신이 말한 "내가 달려갈 길과 주 예수께 받은 사명 곧 하나님의 은혜의 복음을 증거하는 일을 마치려 함에는 나의 생명조차 조금도 귀한 것으로 여기지 아니하노라"(행20:24). 하나님의 목적을 성취하기 위한 포기의 바로 그 장소로 나아왔습니다.

▶ **연습(Exercise):**

바울이 직면했던 모든 도전들과 그것들을 바울이 어떻게 다루려고 했는지에 관한 바울이 행했던 선택들을 묵상해보십시오. 어떻게 바울이 어떤 상황이 바울에게 다가온다 할지라도 그렇게 자주 자신을 내어드린 자리에 머물기 위해 싸웠는지 생각해 보십시오.

여러분 자신의 말로, 바울이 감옥에 있든 아니면 매를 맞는지 간에 주님과 함께 그의 언약의 자리에 견고하게 서도록 그를 도와주었던 바울의 선택은 무엇이었는지 서술해보십시오.

간증 : 켈리 소렌슨

저에게 언약의 자리는 사랑에 빠진 누군가와 같습니다. 저의 마음은 주님께 속했고, 주님의 소망은 나의 소망이 되었습니다. 저는 주님이 누구신지 그리고 주님이 무엇을 하실지 알기 때문에 나의 영혼은 깊은 보호와 안식에 있습니다. 저는 안달하거나, 두려워할 수 없습니다. 그리고 저는 일들이 일어나게 할 필요가 없습니다. 모든 권능과 권세, 은혜, 온화함, 통찰, 지혜가 이 장소에서 나옵니다. 제가 언약의 자리에 있을 때 제가 "잃어버리고" 또는 "그르치게" 될 것을 걱정할 필요는 없습니다.

저는 매일 더 깊이 나가기를 구합니다. 만약 제가 주님과 더 깊이 나아가지 않는다면 실제로 뒤로 미끄러지게 될 것입니다. 저는 반드시 찬양과 경배의 생활양식으로 살아가고 매일 주님의 말씀 안에 있어야 합니다. 제가 반드시 하나님께서 말씀하신 것을 순종해야 한다는 것을 알게 되었습니다. 하나님은 타협을 받아주시지 않으십니다. 제가 이것들을 행할 때, 하나님께서 더 깊은 기도로 저를 이끄시고, 만약 제가 그 시간에 그것을 볼 수 없다 하더라도, 저를 하나님과 더 깊은 사랑 가운데, 하나님의 목적으로 저를 더 깊이 이끌어 주십니다.

여러분이 하나님에 대한 신뢰와 순종의 장소 안에 더욱 견고하게 설 수 있게 하기 위해서 여러분의 인생에서 무슨 선택을 해야 할 필요가 있으십니까? _____

Week 5　　Lesson 3

하나님에 대한 바울의 의존과 신뢰는 그가 주님과 함께 언약의 자리에 머물게 도왔습니다. 그곳이 바로 바울이 그의 인생에서 많은 열매를 맺게하는 자리였습니다.

> 언약의 자리는 행위의 장소가 아니라 존재의 장소입니다:
> 하나님께 철저하게 양도해 드리고 믿고, 신뢰하는 자리입니다.

간증 : 클레어 헤밀턴

언약의 자리에 머무는 것은 저를 하나님의 임재 안에 있게 하고, 하나님이 일하시도록 환경을 열게 합니다. 이곳은 역동적인 장소이며, 끊임없는 순복의 장소이며, 그리스도의 본성과 뜻이 나의 본성과 뜻 위에 있도록 양도해 드리는 장소입니다; 신뢰와 포기를 위해서 계속해서 싸움이 요구되는 장소이며, 그럼에도 불구하고 안식과 신뢰, 평안의 장소이며, 친밀함에 머물고, 달콤한 교제의 자리입니다.

언약의 자리에 머물기 위해서는, 나 자신에 관해서는 아무것도 아니라고 여기며, 오직 주님의 목적만 있어야 합니다. 나의 눈을 주님께 고정하고, 겸손 가운데 지속해서 주님을 향하고, 의지하고, 주님이 모든 것이 되도록 아무것도 허용해서는 안 됩니다.

이것은 매일의 전쟁이며 언약의 자리에 머물러 걷는 것입니다. 왜냐하면 너무나 많은 것이 우리를 언약의 자리에서 떨어져 나가게 하려고 다가옵니다. 말씀 안에 매일 흠뻑 젖고, 말씀에 모여앉아 다른 사람들과 함께 교제를 하는 것은 저에게 언약의 자리에 머물기 위한 기초의 일부분입니다. 언약의 자리는 매일 하나님의 임재를 끌어오기 위해 오랜 시간을 보내는 것이며, 주님의 마음을 기도하고 찾는 것이며 주님께 순복하고 만나는 것입니다. 매일 주님을 깊이 찾고 주님께 밀착되지 않으면 저의 삶이 코스에서 벗어나기 시작할 것을 저는 압니다.

언약의 자리를 위한 싸움(Fighting for Covenantal Position)

하나님을 향한 우리의 순종과 믿음 그리고 신뢰에 대적하기 위해 다가오려고 적들이 모색하고 있습니다. 적은 우리의 마음이 뒤로 물러나고, 신뢰와 믿음의 어떤 수준에서 끌어내릴 수 있는 것을 찾으려하고 있습니다. 이것은 적들이 모든 믿는 자를 대항해서 사용하는 매일의 전략들입니다. 적은 우리의 상처들, 과장된 생각들 그리고 우리의 언약의 자리를 버리도록 시도하는 환경들을 사용할 것입니다.

언약의 자리는 우리가 반드시 싸워야 할 특별한 자리입니다. 우리는 반드시 우리 자신을 강화시키고 유지하도록 지속해서 만들어야 합니다. 이것이 우리와 하나님 사이에 직접적인 연합이며, 우리는 반드시 계속해서 이 교제를 깊게 해야 합니다.

▶ **연습(Exercise):**

이번 과의 간증들과 바울의 삶의 실례들을 다시 보시기 바랍니다. 여러분이 보기에 하나님께 여러분을 내어드리는 것에 반대해서 다가올 그 공격들에 대항해서 싸우기 위한 비결은 무엇입니까? _____
_____
_____
_____
_____

Lesson 3 | Week 5

> ▶ **깊이 생각해 보는 시간(Time for Reflection):**
>
> 여러분이 오늘 읽은 말씀이나 표현 가운데 가장 의미 있는 것은 무엇입니까?
> _____
> _____
> _____
>
> 하나님께서 이것에 대한 응답으로 당신에게 원하시는 것은 무엇입니까?
> _____
> _____
> _____
>
> 오늘/이 주에 여러분의 기도제목으로 기도드릴 때, 여러분들은 성령님께서 하시는 말씀이나 여러분을 향한 부르심이 무엇이라고 느낍니까? 그리고 여러분이 직면한 영적 전쟁은 무엇입니까?
> _____
> _____
> _____

▶ **기도의 시간(Prayer Time):**

언약의 자리 가운데서 기도하시기 바랍니다. 주님께 언약의 자리에 대한 모든 관점들을 보여 달라고 구하시기 바랍니다. 하나님의 일을 수행하는 그릇으로 여러분을 선택하시는 것에 대해 주님을 찬양하는 시간을 보내십시오. 그런 다음 어떻게 여러분이 이 자리에서 충만함 가운데 걸어갈 수 있는지 계시해 달라고 간구하시기 바랍니다.

Week 5　　　Lesson 4

LESSON 4:
계속되는 인류를 향한 하나님의 위임명령
God's Mandate to Man Continued

우리가 우리의 위임명령에 대한 자리에 서는 것은 어떻게 하나님께서 우리를 통해 과업(the work)을 성취하는가 입니다. 우리는 위임을 붙잡는 것, 하나님 마음의 비전을 잡는 것, 그리고 우리의 언약의 자리를 위해서 싸우는 것에 대한 중요성을 보기 시작했습니다. 우리는 어떻게 하나님의 계명들과 지시사항들이 우리를 보호하고 안전하게 지키는 지를 이제 바라 볼 것입니다.

하나님의 위임명령 – 구성 요소4: 계명들과 지시사항들
(God's Mandate – Component4: Commandments & Instructions)

하나님께서 인간에게 하나의 위임명령을 주실 때 그것은 계명들과 지시사항들을 포함합니다. 여러분은 모든 성경의 등장인물을 공부할 수 있으며, 하나님께서 사람들 각자에게 행하거나 또는 하지 말도록 특별한 일들을 부여하신 것을 볼 수 있습니다. 하나님께서는 그들에게 말씀하십니다. "이것이 내가 완수하라고 너를 보낸 너희의 사명이다. 그리고 여기에는 방법들이 있고, 나는 너희들이 사명을 수행하기를 원한다. 위임을 성취하기 위해서는 너희가 해야만 하는 일들이 이곳에 있다." 다른 말로는 하나님께서 지시사항을 주신 것입니다. 비록 그들이 때로는 제약을 받는 것으로 보일지 모르지만, 이것은 그들이 어떻게 과업을 수행할지에 대한 올바른 자리 안에 있도록 해줍니다.

▶ **연습(Exercise):**

여호수아 1:1-9절을 읽으십시오. 여호수아에게 말씀하신 것을 적으시기 바랍니다.

1. 하나님의 마음의 비전(Vision of God's heart): _____
_____
_____

2. 위임(Commissioning): _____

Lesson 4   Week 5

_____
_____

3. 언약의 자리(Covenantal position): _____
_____
_____

4. 계명들과 지시사항들(Commandments and instructions): _____
_____
_____

5. 선물들과 약속들(Gifts and promises): _____
_____
_____

6. 과업을 수행하기 위한 은혜와 기름부음(Grace and anointing to do the work): _____
_____
_____

이 말씀은 하나님께서 여호수아에게 주신 명령과 여호수아의 위임뿐만 아니라, 하나님의 마음의 비전을 나타내는 것, 여호수아가 경영하기로 한 영토, 그리고 약속의 땅에서 세워져야 할 것들을 분명하게 묘사하고 있습니다.

간증 : 월드 트럼펫 미션

몇 년 전에, 주님께서 월드 트럼펫 미션을 우리에게 위임으로 주셨습니다. 주님은 말씀하셨습니다. "나는 네가 열방으로 가기를 원한다. 나는 네가 나팔을 불기 원한다. 나의 백성들에게 경고하기를 원하고 있다. 나는 네가 주의 날(the Day of the Lord)이라 불리는 때의 계절이 조만간 다가올 것을 그들에게 말해주기를 원한다. 그 날은 대비하지 않고, 준비되지 않은 그들을 사로잡을 것이고 그들은 살아남지 못할 것이다."

우리는 하나님께서 우리를 부르신 것을 마음 속으로 기뻐했습니다. 그러나 며칠이 지난 후에, 우리는 생각했습니다. "우리가 세상을 취할 것이라는 것이 무엇이 새롭단 말인가? 사람들은 이런 종류의 일들을 오랜 시간 동안 말해왔잖아. 우리는 이 과업을 어떻게 수행할지 모른단 말이야. 나가서 '여러분, 예수님이 곧 오십니다. 회개하십시오!'라고 말하는 것이 무슨 새로운 것이란 말인가?" 그런 다음 우리는 이 과업을 어떻게 행해야 하는지 알지 못했다는 것을 깨달았습니다. 그래서 우리 자신을 겸손히 하고 금식하며 주님께 우리에게 이 과업을 어떻게 수행하는지 보여 달라고 요청하기로 결단했습니다.

개인적으로 제 생각은 주님께서 우리를 보내신 것을 확실하게 알게 하도록 기적과 표적을 우리에게 부어주셔서 사람들을 압도하시도록 간구하는 것이었습니다. 그러나 우리가 주님 앞에 나아갔을 때 주님은 우리에게 말씀하셨습니다, "너희 스스로는 나의 일을 할 수 없다. 너를 통해서 일할 수 있는 자는 오직 나다. 너에게 가장 중요한 일은 내가 너를 통해서 일할 수 있는 그런 방식으로 너 자신을 그런 위치(position)로 들어가게 하는 것이다. 이것이 네가 그것을 어떻게 행하는 것이다; 먼저 나에게 너의 삶을 온전히 바쳐라. 그것이 너의 마음에 스며들게 해라. 의심을 넘어 너의 삶은 더 이상 너의 것이 아니다. 그것은 나의 것이다. 너는 너의 삶에 권리를 가지고 있지 않다.

Week 5　　Lesson 4

너는 네가 원하는 방식으로 너의 삶을 허락 없이 사용할 수 없다. 너의 생명에 대해 말할 수 없다. 그것은 나의 것이다. 내가 너에게 무엇을 해야 할 지 알려주겠다. 내가 원하는 방식으로 생명을 사용할 것이다. 내가 원하는 환경 안으로 생명을 취할 것이다. 그리고 내가 너의 삶을 내가 원하는 것으로 요구할 것이다. 만약 너 자신을 겸손히 하며 이 태도를 받아들이면 내가 너를 통해 일 할 것이다.

네가 알아야 할 두 번째 일은 지금부터 내가 너에게 행하라고 부른 것을 하는 것을 제외하고 네가 살아 있을 이유가 없다. 이것이 너의 삶의 유일한 목표다. 다른 말로하면 만약 네가 너의 목적을 성취할 수 없다면 차라리 죽는 것이 더 낫다는 것이다. 이것이 네가 이 땅에 있는 유일한 이유다. 그래서 네가 무엇을 하든지, 무슨 계획을 세우든지, 무슨 생각을 하든지, 너 자신이 무엇에 관여하든지, 이것은 오직 한 가지 목적을 가지고 있다. 내가 너에게 행하라고 그리고 선한 과업을 수행하라고 부르는 것을 성취하는 것이다.

세 번째 일은 무조건적인 사랑을 취해야 한다는 것이다. 사람들이 쉽게 지내는 것 때문에 사람과 관계를 하지 마라. 내가 그들을 사랑하고, 그들을 위해서 죽었기 때문에 사람들과 관계해라. 그들을 판단하지 말고, 누구도 넘어뜨리지 말아라. 악한 것으로 악한 것을 갚지 말아라. 너 자신을 사랑에 굴복시켜라.

만약 네가 이 세 가지 기초석들을 취하고 너의 삶에 기둥들로 그것을 세우면, 내가 너를 통해 일 할 것이다. 너의 삶은 나를 위해서 열려진 채널과 같이 될 것이다.

형제 자매 여러분, 이것들이 우리가 언약의 자리에 관해 말할 때 우리가 의미하는 것입니다. 하나님께서는 우리에게 말씀하셨습니다, "만약 네가 이것을 행할 수 있다면, 내가 너에게 약속한 것을 성취할 것이다." 그것이 우리가 서서 싸우는 것입니다. 그 안에 머물기 위해서는 많은 순복과 신뢰를 필요로 합니다.

주님께서 주신 지시사항들은 매우 명확했습니다. 많은 시간, 언제든지 우리의 팀에 누군가가 화를 내고 상처를 가지고 있고 또는 그들 자신에 관한 상황이 만들어지기 시작하면 그들은 회개했습니다. 왜냐하면 하나님께서 우리에게 말씀한 그와 같은 행동을 해서는 안 된다고 하신 것을 기억했기 때문입니다. 우리는 하나님께서 우리에게 주신 지시사항을 따랐습니다. 그리고 그것이 우리를 순복하는 곳에 있게 했고 주님 앞에 있게 했습니다.

하나님께서는 이 세 가지 기본적인 일들을 우리에게 주셨습니다. 그것이 우리의 순복과 신뢰, 우리의 언약의 자리, 그리고 우리가 그 장소에서 서서 싸워야 하는 지점이었습니다. 하나님께서는 이와 같이 양도해 드리는 장소에 머물도록 우리를 가능하게 해주는 지시사항들과 요구사항들을 우리에게 주셨습니다. 하나님께서 우리를 향하게 하셨을 때, 우리는 하나님의 말씀에 흠뻑 젖으며 경배와 찬양의 생활양식을 살아내기 시작했습니다. 하나님께서는 우리가 우리의 마음 속에 부정적인 것을 허락할 수 없다는 것을 보여 주셨습니다. 우리는 기도 안에서 인내하고, 승리하고, 어둠을 헤쳐 나가고 뚫고 나아가지 못하게 하는 것을 받아들이지 않아야 했습니다. 주님은 우리에게 다른 많은 것들과 같이 육체를 다스리도록 요구하셨습니다. 만약 우리가 이 지시사항을 따르지 않는다면, 우리의 순복은 약해질 것이고 우리의 믿음은 비난을 받게 될 것이며 그렇게 됨으로 불신, 부정적 관점, 의심, 두려움 그리고 모든 종류의 일들이 우리의 삶으로 들어오게 하고, 우리가 주님을 신뢰하고 의지하는 장소를 빼앗기 시작할 것입니다.

때로는 우리가 지시사항들이 너무 어렵거나 또는 너무 제약을 주는 것 같다고 느꼈습니다. "이거 너무 많은데, 나는 하나님의 말씀을 많이 읽고, 말씀 안에 있는 힘을 느낄 수 없습니다. 나는 주님을, 찬양의 영을, 하나님을 높이는 것, 기도하고, 전쟁을 벌이는 것을 느낄 수 없습니다. 나는 하나님이 찾아와 주시는 힘을 느낄 수 없습니다." 그러나 형제 자매 여러분, 이 지시사항들은 우리 자신을 위한 것입니다. 이것이 우리를 통해서 일하시기 위해서 하나님께서 요구하신 자리에 우리가 있게 하신 - 지금까지 유지하는 - 것입니다.

하나님께서는 또한 여호수아에게 약속들과 지시사항들 그리고 과업을 수행할 은혜와 기름부음을 주셨습니다. 하나님께서는 여호수아가 발바닥으로 밟는 모든 곳을 주시겠다고 약속하셨으며, 하나님께서는 모세와 함께 하셨던 것처럼 여호수아와 함께 하시겠다고 약속하셨습니다. 그리고 하나님께서는 여호수아를 떠나거나 버리지 않겠다고 하셨고 여호수아가 가는 곳 어디든지 함께 하시겠다고 하셨습니다. 하나님께서는 모든 상황 속에서 여호수아를 보호하시겠다고 약속하셨습니다. 그리고 더 중요한 것은 하나님께서는 아브라함과 세우신 약속을 성취하시겠다고 하셨습니다. "강하고 담대하라 너는 내가 그들의 조상에게 맹세하여 그들에게 주리라 한 땅을 이 백성에게 차지하게 하리라"(수1:6). 하나님께서는 여호수아를 통해서 하나님 마음의 소망들과 비전을 성취하시기 원하셨습니다.

하나님께서는 여호수아에게 또한 계명들과 지시사항들을 주셨습니다.

- 강하고 담대하라

- 나의 율법을 순종하기 위해서 주의해라

- 나의 말을 주야로 묵상해라

- 두려워하지 마라

- 낙담하지 마라

여호수아는 하나님께서 그에게 주신 과업을 수행할 수 있는 자리로 나아왔습니다. 그리고 이 지시사항들은 하나님의 목적들로부터 떠나는 것에서 여호수아를 보호했습니다. 하나님께서는 말씀하셨습니다. "너는 철저히 나를 신뢰하고, 순종하는 자리에 반드시 있어야 한다. 너는 한시라도 의심해서는 안 된다." 만약 여호수아가 주님의 지시사항들과 계명들을 따르지 않았다면, 여호수아는 하나님께서 약속의 땅으로 이스라엘의 자녀들을 인도하도록 자신에게 주어진 하나님의 위임을 성취하는데 실패했을 것입니다.

하나님께서 우리에게 주신 계명들과 지시사항을 따르는 것
(Following the Commandments and Instructions God Gives Us)

삼손은 그의 지시사항을 진지하게 취하지 않았습니다(삿13-16). 삼손은 지시사항들을 거룩하고 가치 있게 대하기보다는 아무 생각 없이 취급했습니다. 삼손은 하나님으로부터 온 지시사항들과 명령들을 무시하는 것의 영향이 그가 상상했던 것보다 얼마나 크고 치명적인지 깨닫지 못했습니다. 삼손은 이스라엘 백성들이 포로의 상태에 머무는 것 대신에 블레셋으로부터 구원하기 위해 부름을 받았습니다(삿13:5). 삼손은 하나님께서 그에게 주신 지시사항을 파괴하는 결과로 그의 힘과 능력을 상실했습니다(삿16:18-20). 블레셋은 그의 두 눈을 도려냈습니다. 삼손은 노예 그리고 웃음거리, 블레셋이 데리고 나와 놀림감으로 삼는 장난감이 되었습니다(삿16:21, 25). 삼손은 주님께서 주신 지시사항들을 따르는 것에 실패했기 때문에 그의 운명

Week 5 Lesson 4

에서 제외되어 버렸습니다.

우리는 오늘날에도 비슷한 이야기들을 볼 수 있습니다. 슬프게도, 부도덕성과 탐욕 등으로 인한 목회자들의 몰락을 보아왔습니다. 그들은 그들의 운명을 성취할 수 없었습니다. 왜냐하면 그들이 주님이 주신 계명들과 지시사항들을 간직하고 따르는 것에 실패했기 때문입니다.

우리는 모두 연약합니다. 우리는 모두 실패합니다. 여러분의 영혼에 이야기하십시오. "주님을 순종하라. 내 영혼아." 왜냐하면 여러분의 영혼이 주님께서 여러분에게 주신 지시사항들의 의미와 중요성을 알지 못할 수도 있습니다.

▶ **연습(Exercise):**

시편 119:33-72절을 읽으시오. 이 구절들에서 다윗이 주님에게 부탁했던 5가지 일들을 적어보시기 바랍니다.

1. _____
2. _____
3. _____
4. _____
5. _____

다윗이 주님의 지시사항들을 묘사하기 위해서 사용한 몇 개의 핵심적인 단어들을 적으시기 바랍니다. _____
_____
_____

하나님의 지시사항들을 향한 다윗의 태도에 대해서 어떤 것이 여러분에게 깊은 인상을 줍니까? _____
_____
_____
_____

시편 119편 전체를 통해서, 다윗은 계속해서 부르짖고 있습니다. "주님, 나에게 당신의 지시사항을 가르치소서, 나에게 당신의 법도를 가르치소서. 당신의 말씀을 내 마음에 감추도록 나를 도우소서, 나의 발이 당신의 방식들을 따르도록 지키소서." 다윗은 주님의 지시사항들이 귀중하다는 것을 배웠습니다. 그것들은 삶 그 자체였습니다. 그리고 다윗은 스스로 이 지시사항들에 순복하고 포기하는 기도를 계속했습니다. 이것은 우리 자신들이 스스로 요구하는 것을 찾아내는 하나의 훈련인 것입니다. 우리는 매일 우리 자신들이 이 명령 안에서 반드시 기도해야 하는 것입니다.

Lesson 4 | Week 5

> 사역의 힘은 위임을 수반하는 지시사항들에 있습니다

무엇이 우리를 언약의 자리에 있게 합니까? 하나님께서는 어디에서 우리를 통해서 강력하게 일하실 수 있으시며, 하나님의 위임을 성취할 수 있습니까? 그것은 하나님께서 우리에게 주신 지시사항 안에서 입니다. 여러분은 성경을 관통해서 볼 수 있으며, 하나님께서 부르신 모든 사람은 지시사항이 주어진 것을 찾을 수 있습니다. 솔로몬 왕은 하나의 좋은 실례입니다. 그의 아버지 다윗은 그에게 말했습니다. "만약 네가 하나님께서 주신 지시사항을 따른다면, 하나님께서는 너를 통해 운명을 성취하실 것이다. 하나님께서는 너를 통해 이 땅을 다스릴 것이다. 그러나 만약 네가 이 계명들을 따르지 않으면, 너는 하나님께서 너에게 주신 그 자리를 상실할 것이다." 솔로몬은 하나님의 지시사항들로부터 점차 떠나기 시작했습니다. 그는 이방 여인들과 결혼을 했으며, 이 땅에 우상을 용인해 버렸습니다. 그리고 주님의 길에서 떠나버리고 말았습니다. 하나님의 지시사항들을 따르는 것 대신에, 솔로몬은 그에게 옳다고 생각되는 것을 행하기 시작했습니다. 그리고 그는 모든 것을 상실했습니다.

지시사항들은 우리를 온전한 자리에 있게 합니다. 그 자리에서 우리를 통해서 하나님의 위임을 성취하도록 할 수 있습니다.

▶ 연습(Exercise):

하나님께서 여러분에게 주신 지시사항들과 계명들은 무엇이 있습니까? _____
_____
_____
_____

하나님의 위임명령 – 구성 요소5: 선물들과 약속들(God's Mandate – Component5: Gifts and Promises)

하나님께서 인간에게 주신 명령은 또한 선물들과 약속들을 포함하고 있습니다. 하나님께서는 사역으로 부른 모든 사람에게 선물들과 약속들을 주십니다. 하나님께서 말씀하십니다. "내가 너와 함께 이것을 행하겠노라." 하나님께서는 여호수아에게 모세와 함께 계셨던 것처럼 여호수아와 함께 하시겠다고 약속을 하셨습니다.

▶ 연습(Exercise):

다음의 말씀들을 읽으십시오. 이 사람들 각자에게 하나님께서 무슨 약속을 주셨습니까?

여호수아 1:3-5: _____
_____

Week 5   Lesson 4

예레미야 1:18: _____

열왕기상 2:4: _____

누가복음 4:18: _____

여호수아에게 주신 하나님의 약속들

- 너희 발바닥으로 밟는 곳은 모두 내가 너희에게 줄 것이다.
- 너의 영토가 레바논 광야에서부터, 유브라데 큰 강까지 확장될 것이다.
- 너의 평생에 너를 능히 대적할 자가 없을 것이다.
- 내가 모세와 함께 했던 것같이 너와 함께 있을 것임이니라.
- 내가 너를 떠나지 아니하며 버리지 아니할 것이다.
- 내가 그들의 조상에게 맹세하여 그들에게 주리라 한 땅을 이 백성에게 차지하게 하리라.
- 어디로 가든지 형통하리라.
- 너는 길이 평탄하게 되고 형통할 것이다.
- 네가 어디로 가든지 네 하나님 여호와가 너와 함께 하느니라.

하나님께서 여호수아의 평생에 여호수아를 대적할 자가 아무도 없을 것이며, 하나님께서 모세와 함께 있었던 것같이 여호수아와 함께 있을 것이라고 여호수아에게 약속하셨습니다. 하나님께서는 예레미야를 쇠기둥과 놋 성벽처럼 강하게 만드는 것을 도우시겠다고 약속하셨습니다. 하나님께서는 아무도 예레미야를 이기지 못할 것이라고 말씀하셨고, 하나님께서 함께 하여 예레미야를 구원할 것이라고 약속하셨습니다. 하나님께서는 다윗과 언약을 맺으셨고, 다윗의 집이 이스라엘의 보좌 위에 항상 있을 것이라고 약속하셨습니다. 다윗은 약속이 그의 아들 솔로몬 위에 있다는 것을 선포했습니다. 예수님께서는 하나님께서 눈먼 자를 눈 뜨게 하고, 포로 된 자를 자유롭게 하기 위해서 하나님으로부터 기름부음을 받았다고 말씀하셨습니다.

하나님께서는 우리에게도 약속들을 주셨습니다. 하나님의 내주하시는 임재, 하나

Lesson 4 | Week 5

님께서 항상 우리와 함께 하시고, 하나님께서 우리를 결코 떠나지 않으시고, 우리를 버리지 않으시고, 모든 권세를 우리에게 주시고, 더욱 더 많은 것을 주셨습니다. 하나님께서는 우리에게 지혜를 주시고, 그 길을 보여주시기 위해 가르치시고, 이끌어 주시고, 인도해 주실 것을 약속하셨습니다. 하나님께서는 우리 앞에서 가시고, 우리가 어디를 가든지 우리와 함께 있겠다고 약속하셨습니다. 우리가 하나님께 포기되어진 삶을 살아갈 때, 하나님께서는 우리에게 개인적인 약속들을 말씀하시기 시작하실 것이며, 또한 성경의 사람들과 함께하셨던 것과 같이 하나님께서 우리를 통해서 행하시는 일들을 우리에게 나타내실 것입니다. 우리는 이 모든 약속들을 믿게 될 것이며, 전쟁의 한 가운데에서도 그것들을 붙잡게 될 것입니다.

하나님께서 여호수아에게 주신 약속들을 생각해 보시기 바랍니다: "내가 모세와 함께 했던 것처럼 너와 함께 있을 것이다." 여호수아는 모세에게 다가와서 좌정하신 하나님의 임재를 보았습니다. 여호수아는 하나님께서 열방들을 흔드시는 것을 보았고, 고라와 그의 대적자들이 삼켜지고, 바위에서 물이 공급되고, 이스라엘의 적들이 패배하고 광야에서 음식과 물을 공급하신 것을 보았습니다.

하나님께서 모세와 함께 하셨던 것처럼 여호수아와 함께하리라 하신 약속을 여호수아는 얼마나 많이 붙잡았습니까? 이스라엘 백성들이 거듭된 전쟁에 참여할 때, 여호수아는 그 약속을 얼마나 많이 붙잡았습니까? 적들이 이스라엘을 대적해서 전진해오는 것을 들었을 때, 두려움들이 그를 둘러 쇄도하려고 했을 때, 얼마나 많이 여호수아는 이 약속 "하나님께서 모세와 함께하셨던 것과 같이 우리와 함께 하십니다." 안에서 기도를 했겠습니까? 이것이 여호수아에게 힘을 주고, 설 수 있도록 용기를 주고, 하나님께서 그에게 주신 명령을 일으키고, 성취하게 했던 것입니다.

간증 : 허드슨 테일러

"하나님을 통해 '기도로' 사람들을 움직여야 한다." 이것은 중국 내지로 들어간 첫 번째 선교사이자 CIM(China Inland Mission)의 설립자인 허드슨 테일러의 철학이었습니다. 십 대 청년 시절, 12월 어느 날 그는 "나를 위해 중국으로 가라." 는 하늘의 음성을 들었습니다. 그 때로부터 이 젊은 영국인은 그의 삶의 철학을 증명하는 삶을 살기 시작했습니다. 허드슨 테일러가 매우 성공적이고 기적적으로 사역했다는 내용은 복음 전도의 기록들 중 가장 감동적인 글로 만들어집니다.

테일러의 집은 아름다운 요크셔 반슬리 지역에 위치한 곳이었고 그는 부모님, 두 여동생과 함께 살고 있었는데, 소명을 받고 나서 그는 가장 먼저 가정의 안락한 환경으로부터 떠나서 홀의 드레인사이드 지역으로 이주했습니다. 그 곳은 가난에 찌들고 우울한 동네이며 오염된 하천으로 악명 높은 곳이었습니다. 테일러가 그 곳으로 간 목적은 한 의사 밑에서 일하면서 약간의 의학적 지식을 쌓기 위한 것도 있었고, 또한 낯선 땅이라는 외롭고도 위험한 삶의 환경에서 자신을 적응시키기 위함이었습니다. 그 곳에서 유일한 친구는 하나님뿐이었습니다.

테일러가 마지막 동전 하나 남은 상황에서 하나님을 신뢰하는 법을 배운 장소가 바로 드레인사이드였습니다. 어느 늦은 밤 그는 굶주린 아이와 병든 여인에게 가서 기도해주라는 연락을 받았습니다. 그가 기도하려고 했을 때, 기도하려는 단어가 목에 걸려 입 밖으로 나오지 않았습니다. 그것은 그가 자신의 소유로 갖고 있던 은 동전 하나 때문이었는데, 그것은 테일러의 기도에 대한 응답이요, 그 사람들의 고통을 어느 정도 경감시켜주는 것이 되었습니다. "위선자!" 테일러는 마음 속에서 자신을 비난하는 소리를 들었습니다.

Week 5 — Lesson 4

"하늘에 계신 인자하고 사랑이 많으신 아버지에 대해 사람들에게 말하는 것 - 이것에 대해 너의 돈이 아닌, 하나님께서 너 자신을 신뢰하실 수 있도록 하는 데 준비되어 있지 않구나." 그는 그의 마지막 동전을 그들에게 주었습니다. 그와 빈곤함 사이에는 단지 한 사발의 스프가 놓여있을 뿐이었습니다. 그가 그 마지막 식사를 하면서 이 성경 말씀을 기억했습니다. "가난한 자들에게 주는 것은 곧 하나님께 빌려드리는 것이다."

바로 그 다음날 그는 소포 한 상자를 받았습니다. 그 안에는 금 동전이 하나 들어 있었습니다. 은전의 열배 가치에 해당하는 것이었습니다. 테일러는 승리를 얻은 것처럼 이렇게 외쳤습니다. "이거 좋은 이자율인걸! 하하! 하나님의 은행에 투자한지 12시간 만에 거기서 내게 이것을 가져다 주었네! 저건 바로 나를 위한 은행이야!" 이렇게 19살의 나이에 테일러는 그의 삶의 모든 영역에서 하나님을 신뢰하고 그 분께 순종하는 것을 배웠습니다.

'기도하기!' 와 '기도응답!' 이것은 그의 삶의 열정이 되었습니다. 그는 기도로서 하나님을 통해 사람들을 움직이는 법을 배웠습니다. 그는 사람에게 어떤 물질적인 것도 구하지 않았습니다. 하나님 앞에 그의 모든 필요들을 내려놓았습니다. 드레인사이드에서 그가 섬기던 의사가 자신의 젊은 조수에게 이렇게 제안했습니다. "테일러, 이제 당신의 봉급을 줄 때가 되었다는 것을 내게 상기시켜 주시오. 내가 너무 바빠서 잊어버릴지도 모르니까." 그리고 그 의사는 말한 것을 잊어버렸습니다. 그러나 테일러는 중국에 가면 어떤 것을 요청할 사람이 아무도 없다는 것을 기억했습니다. 오직 하나님뿐이었습니다. 그래서 그는 단순히 하나님께 그 의사가 기억하게 해달라고 기도했습니다.

3주 후에 그 의사가 기억해냈습니다. 그러나 그의 돈을 은행에 예금해 둔 상황이었습니다. 테일러는 무일푼이었습니다. 토요일이었고, 그에게는 집세를 낼 돈도 음식을 살 돈도 없었습니다. 그는 10시까지 일하면서 기도했고 여자 집주인을 마주치지 않아도 되는 것이 기뻤습니다. 그가 귀가 준비를 하고 있을 때 의사가 와서 그를 놀라게 했습니다. "어떻게 생각합니까? 내 환자 중에 한 명이 치료비를 내려고 막 왔습니다. 그는 부유한 환자니까 언제든지 내게 수표로 치료비를 지불할 수도 있었습니다. 그런데 여기 그 사람이 토요일 밤 10시에 돈을 가지고 오네요." 그리고 그 의사가 덧붙이길, "그런데 테일러씨, 이건 하나 알아두시는 게 좋을 거요. 지금 내게 잔돈이 없으나, 다음 주엔 주급의 나머지 부분을 줄 수 있을 것 같네요. 잘 가요!"

테일러의 기도들이 응답되었습니다. 그는 집세를 지불하고 앞으로 몇 주 동안 살 수 있는 돈을 얻게 되었을 뿐 아니라, 그 이상의 것을 다시 증명해낼 수 있었습니다: 하나님은 기도에 응답하시고 사람들을 움직이십니다. 그는 중국을 향해 계속해서 걸음을 내딛을 수 있었습니다.

(Profiles in Evangelism의 내용을 Fred Barlow의 허락 하에 재인쇄. Sword of the Lord Publishers, 1976)

▶ **연습(Exercise):**

하나님께서 우리에게 사명을 주시고 이것을 성취하기 위해서 주신 유일한 방법은 명령에 대한 영적인 자리(spiritual position)를 붙잡는 것입니다. 명령에 대한 6가지 구성 요소들을 적으시기 바랍니다.

1. _____
2. _____
3. _____
4. _____
5. _____

6. _____

약속들은 귀한 것입니다. 하나님께서는 우리에게 사명을 주셨습니다. 우리가 성취하기 위해서 가능한 유일한 방법은 우리의 모든 명령 안에 서는 것입니다. 우리가 하나님의 비전을 성취하는 것에, 우리의 위임의 코스 위에 머무는 것을 선택하고 받아들이는 것에 우리의 마음을 드릴 때, 우리가 순복과 신뢰의 장소 안에 머물기 위해 싸울 때, 우리가 우리의 삶을 하나님의 지시사항들과 명령들에 복종하기 시작할 때, 그리고 하나님께서 우리에게 주신 선물들과 약속들을 또한 믿고 붙잡을 때, 이것들이 전쟁 속에서도 그리고 걸어가는 여정 속에서 우리를 격려하고, 희망을 주고, 힘을 줍니다. 그리고 하나님 마음의 소원이 성취되는 것을 보기 위해서 버티게 하는 결심을 일으킵니다.

우리는 명령에 대해서 단지 한, 두 가지 구성요소들만 간직할 수 없습니다. 그 모든 것 안에서 기도할 필요가 있습니다. 거기에는 우리 마음을 상실하도록 하려는 것이 대항해서 다가오고, 하나님의 사명을 축소키시고, 하나님께서 말씀하신 것에 대한 성취를 보지 못하도록 하는 수많은 일들이 있습니다. 여호수아는 하나님께서 자신에게 주신 약속들을 계속해서 붙잡아야 했습니다. 여호수아의 삶의 끝자락에서, 그는 이스라엘 백성들에게 말할 수 있었습니다. "너희의 하나님 여호와께서 너희에게 대하여 말씀하신 모든 선한 말씀이 하나도 틀리지 아니하고 다 너희에게 응하여 그 중에 하나도 어김이 없음을 너희 모든 사람은 마음과 뜻으로 아는 바라"(수23:14).

우리는 순복과 신뢰 가운데 머물기 위해서 기도하고, 하나님께서 우리에게 주신 지시사항을 따르는 삶의 모습으로 살아갈 뿐만 아니라, 우리는 하나님의 약속들과 그들에게 선포하고 선언하는 것을 붙잡아야 할 것입니다.

▶ 연습(Exercise):

여러분의 삶에서 하나님께서 말씀하신 약속들은 무엇입니까? _____
_____
_____

하나님의 위임명령 – 구성 요소6: 일을 수행하기 위한 은혜와 기름부음
(God's Mandate – Component 6: Grace & Anointing to Do the Work)

하나님께서 인간에게 주신 명령은 일을 수행하기 위해서 은혜와 기름부음을 포함하고 있습니다. 하나님께서는 부르신 모든 사람에게 일을 수행하기 위한 은혜를 주십니다. 이 은혜와 기름부음이 없으면 우리는 아무 것도 할 수 없습니다.

바울은 말했습니다. "하나님이 능히 모든 은혜를 너희에게 넘치게 하시나니 이는 너희로 모든 일에 항상 모든 것이 넉넉하여 모든 착한 일을 넘치게 하게 하려 하심이라"(고후 9:8). 하나님께서는 모든 문을 여시는 유일하신 분이십니다. 하나님께서

Week 5   Lesson 4

는 조각들을 전부 가져오실 수 있는 유일하신 분이시고, 하나님께서 우리에게 행하라고 부르신 일을 수행하기 위해 힘을 주실 수 있는 분이십니다. 하나님의 은혜가 없이는 우리는 결코 하나님의 일이 성취되는 것을 볼 수 없습니다. 우리는 불가능하거나 극복할 수 없는 것, 어떻게 통과를 해야 할지 모르는 장소에 직면했을 때, 우리는 하나님의 은혜가 우리 자신이 할 수 없는 일을 하기에 충분하다는 것을 믿어야 합니다. 우리는 하나님의 은혜와 우리가 할 수 없는 것을 행하시고, 우리가 함께 가져갈 수 없는 것을 함께 가져오시며, 그곳에 길이 없어 보일 때 그 길을 보여주시는 값없이 주시는 은총을 지속적으로 의지해야 합니다. 하나님의 은혜는 끝까지 이 과업을 감당하기에 충분합니다.

모두 함께 가져오기 – 위임명령 안에서 기도하는 것
(Bringing It All Together – Praying Into the Mandate)

우리는 우리의 명령을 하늘에 선포해야 합니다. 이것을 우리 자신의 영혼에 선포해야 합니다. 하나님께서 우리를 부르신 목적들을 성취하는 데 반대해서 함정에 빠뜨리는 모든 것에 선포해야 합니다. 우리는 진척된 하나님의 목적들을 보기 시작한 하나님의 군대의 한 구성원으로써 더 앞으로 나아가며 자리로 올라가기 시작할 것입니다.

위임명령 안에서 기도하기(Praying into the Mandate)

- 가장 먼저 우리는 하나님의 위임으로 들어가는 기도를 시작하고 나서 하나님께서 우리의 삶 위에 올려놓으신 그 부르심을 거룩하게 다루게 됩니다. 우리는 하나님의 목적을 위해 구별되었고 우리는 하나님께 속하였고, 하나님께서 우리를 이 시간과 이 날에 부르셨다는 것을 붙잡고 선포하기 시작합니다. 우리는 우리가 신뢰하던 자리를 내려놓고, 하나님을 신뢰하는 그 자리로 들어가도록 우리 자신을 버리기 시작하며 이렇게 선포합니다. "내 삶은 내 것이 아니다. 그것은 하나님께 속해 있다." 그 다음에 우리의 마음을 뒤로 물러나거나 뒤덮기 원하는 모든 것에도 불구하고 우리 자신을 버리고, 하나님을 온전히 신뢰하는 것을 선택합니다.

- 우리가 하나님의 마음의 부담과 하나님께서 수세기에 걸쳐 하고 계신 일의 심각성과 깊이를 알게 해달라는 기도를 드릴 때, 그리고 지금 이 시간 곧 열방과 교회가 들어가고 있는 이 계절에 하나님께서 우리에게 당면케 하신 것에 대해 이해할 수 있도록 구하는 기도 속으로 들어갈 때에, 우리는 하나님이 가지고 계신 그 부담을 짊어지기 시작합니다.

- 하나님께서 사용하실 수 있는 그릇으로 우리를 빚으시고 만들어 가실 때, 우리는 하나님께서 우리에게 주신 지시사항과 명령 앞에 우리 자신을 내려놓고 복종하기 시작합니다. 우리는 그 지시사항과 명령을 붙잡기 시작하고 순종함으로 우리의 무릎을 꿇습니다.

- 대적이 우리를 향해 다가와서 우리에게 겁주려고 하고 우리로 하여금 뒤로 물러나게 할 때, 우리는 하나님의 약속을 의지합니다. 우리는 깃발처럼 약속을 부여잡고 우리가 수행하라고 부름받은 것을 선포합니다.

- 우리가 매우 큰 산들 앞에 직면할 때와 우리를 넘어서는 도전들 앞에 직면할 때, 우리는 소심해지거나 위축되지 않고 오히려 우리는 하나님께서 우리에게 주신 그 은혜를 제시합니다. "나의 하나님의 은혜는 모든 일을 끝마칠 수 있기에 충분하다. 하나님은 실패하지 않으신다. 그 분은 이 일을 완성하기까지 신실하시다."

Lesson 4　　　　Week 5

우리는 매일 매일 우리의 명령 안에서 기도해야 합니다. 우리는 하나님의 명령의 각 부분이 필수적이라는 것을 신뢰해야 하며, 우리는 하나하나의 진리를 꽉 붙잡기 위해서 싸워야 합니다. 우리는 하나님께서 신실하시고, 우리에게 요구하신 일들을 수행하는 가운데 서있을 필요가 있는 지리로 우리를 이끄시는 것을 믿어야 합니다.

하나님의 명령 안에서 기도하는 것은 우리의 삶에서 본질적인 것입니다. 이것은 매일의 훈련으로 하나님의 군대의 역동적이고 열매 있는 하나의 구성원이 되기에 필수적인 것입니다.

> 우리는 모두 다르게 기도하고, 매일 조금 다르게 바라볼 수 있습니다. 그러나 이로 인해 조금씩 깊이 있고, 성장하는 그리스도의 한 지체가 되어 갑니다.

▶ **깊이 생각해 보는 시간(Time for Reflection):**

여러분이 오늘 읽은 말씀이나 표현 가운데 가장 의미 있는 것은 무엇입니까?
_____
_____
_____

하나님께서 이것에 대한 응답으로 당신에게 원하시는 것은 무엇입니까?
_____
_____
_____

오늘/이 주에 여러분의 기도제목으로 기도드릴 때, 여러분들은 성령님께서 하시는 말씀이나 여러분을 향한 부르심이 무엇이라고 느낍니까? 그리고 여러분이 직면한 영적 전쟁은 무엇입니까?
_____
_____
_____

▶ **기도의 시간(Prayer Time):**

이전 페이지의 그림을 사용하십시오("명령안에서 기도하는 것"). 여러분의 명령을 성취하기 위한 기도의 시간을 보내시기 바랍니다.

Week 6　　Lesson 1

WEEK 6.
Creating the Atmosphere That God Requires
하나님께서 요구하시는 영적 분위기

금주의 목표 :

다음 과들에서는 하나님께서 일하실 수 있는 분위기를 창조하는 것에 대한 중요성을 토론하게 될 것입니다. 하나님의 목적을 성취하기 위해서, 심지어 우리가 하나님의 사명, 목표들 그리고 목적들을 이해하고 깨닫기 위해서라도 하나님의 임재를 끌어오는 분위기를 만들 필요가 있습니다.

우리가 다루는 문제들은 중대합니다. 우리는 열방들의 상태와 교회의 상태를 보아왔습니다. 그리고 우리의 마음이 감동되었습니다. 우리는 교회가 깨어나는 것과 우리의 가정들과 교회들, 도시들 그리고 나라들이 변화되는 것을 보기 원합니다. 우리는 교회가 권능 가운데 일어나는 것과 이 마지막 날에 관련되고, 우리 도시 위에 영적 분위기가 열리고, 열방에 소망을 주고, 하나님의 나라가 세워지게 되는 것을 꿈꾸어 봅니다. 이것은 하나님께서 우리 마음에 주신 작은 일이 아닙니다.

만약 우리 자신을 바라본다면 우리는 믿음을 상실할 것입니다. 우리가 이렇게 큰 비전을 성취할 수 있을까요? 우리는 너무나 크고 어렵게 보이는 일들로부터 물러서는 경향이 있습니다. 그러나 예수님의 사도들을 기억하시기 바랍니다. 그 사람들 모두 예수님께서 체포되시는 동안 도망갔습니다. 그들 중 한 명을 제외하고는 모두 십자가에서 주님을 버렸습니다. 그리고 그들이 빈 무덤을 발견한 후에도 어느 누구도 예수님께서 부활하신 것을 믿지 않았습니다. 그럼에도 예수님께서 그들에게 "가라 그리고 열방으로 제자를 삼아라"(마28:19)라고 말씀하셨던 것입니다. 그들은 이렇게 위대한 일을 성취할 수 있는 군대 같아 보이지는 않았습니다. 그러나 우리는 역사를 통해 그들이 수행한 것을 알고 있습니다.

여섯 번째 주간을 위한 기도 제목들

1. 하나님의 성령안으로 더 깊이 들어가십시오. 하나님께 가까이 나아가는 것을 방해하는 것들이 하나님께서 드러내도록 하십시오. 그리고 하나님께 더 가까이 가도록 여러분에 능력을 강화시킬 것입니다. 하나님께서는 우리가 하나님께 나아갈 때 우리를 가까이 하시겠다고 약속하셨습니다.

2. 더 많은 시간 기도로 보내도록 하십시오. 주님을 더 깊이 맞이하십시오. 주님의 임재로 더 깊이 들어가도록 간구하십시오. 이것이 하나님의 임재를 끌어오는 분위기를 창조하는 우리의 이해의 핵심인 것입니다.

예수님께서는 실패하고, 자포자기하고, 예수님을 부인했던 이 사람들에게 다가오셨습니다. 그리고 약속하셨습니다. "예루살렘과 온 유대와 사마리아와 땅 끝까지 이르러 내 증인이 되리라 하시니라"(행1:8). 그러나 또한 주님께서 그들에게 말씀하셨습니다. "너희는 위로부터 능력으로 입혀질 때까지 이 성에 머물라"(눅24:49). 예수님께서는 그들에게 성령의 권능을 받을 때까지 기다리라는 지시사항 뿐만 아니라 "가서 행하라 (Go and do)"는 위임을 주셨습니다. 예수님께서는 성령님께서 오실 때 그들이 권능으로 옷 입고, 온 땅에서 주님의 증인들이 될 것을 그들에게 약속하셨습니다. 그리고 주님은 이 약속들을 성취하실 것입니다.

지난 몇 주 동안의 공부를 통해서, 하나님께서 요구하신 일을 수행하기 위해 우리가 이해해야 할 필요가 있는 핵심적인 원리들을 인지했습니다.

Lesson 1 | Week 6

1. 사역은 선한 행위를 하는 것이 아닙니다. 이것은 성취되기 위한 하나님 마음의 소원을 완수하는 것입니다.

2. 우리가 시대들을 분석했을 때, 우리는 하나님 마음과 사명을 보기 시작했습니다.

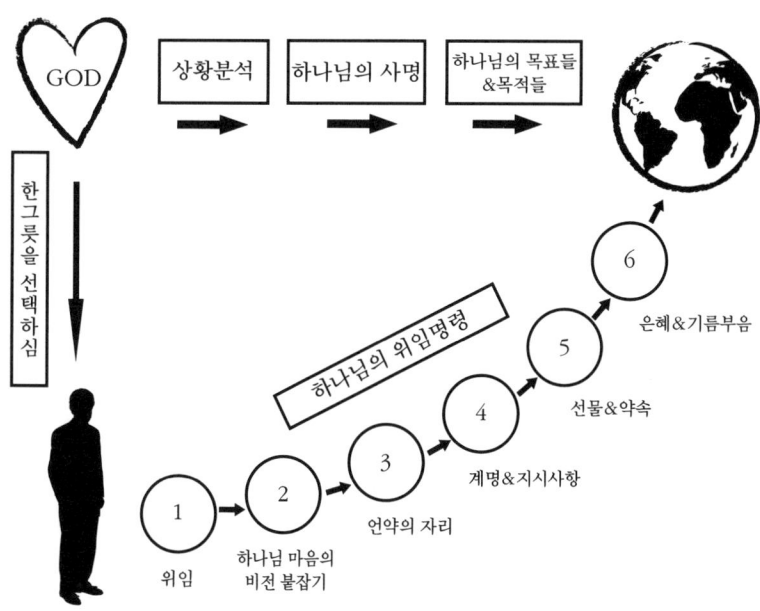

하나님은 항상 일하고 계십니다. 하나님께서는 상황을 분석하시고, 그런 다음 하나님 자신을 위해서 사명을 정하십니다. 사명은 하나님께서 일어날 일을 보기 원하시는 것에 대한 목표들과 목적들을 포함합니다. 그런 다음 하나님께서 그 일의 일부분이 될 한 남자 혹은 여자를 부르십니다. 그리고 그들에게 한 명령을 주십니다. 위임명령은 위임, 하나님 마음의 비전을 붙잡는 것, 언약의 자리, 지시사항들과 요구사항들, 선물들과 약속들 그리고 일을 수행하기 위한 은혜와 기름부음을 포함합니다.

이것이 하나님의 일에 우리가 집중하며 남아있도록 돕는 우리의 위임명령인 것입니다. 위임명령은 보호하심과 방향, 능력과 권위를 공급해줍니다. 이것은 또한 전쟁의 시기에 힘의 원천이며, 우리 하나님께서 우리 스스로 할 수 없는 일을, 우리를 통해서 일하실 수 있고 행하실 것에 대한 믿음의 원천이 됩니다. 이것이 제자들처럼 우리가 우리의 명령에 온전하게 서있는 것입니다. 이것은 우리에게 세상을 뒤집어엎을 수 있는 힘을 부여하고, 가능하게 할 것입니다.

우리가 직면한 이슈들은
• "어떻게 우리가 하나님의 사명이 무엇인지 알 수 있습니까?"

Week 6　　Lesson 1

- "어떻게 우리가 하나님께서 우리에게 행하라고 부르신 것을 명확하게 이해할 수 있습니까?"
- "어떻게 하나님께서 우리에게 요구하신 일들을 성공적으로 일할 수 있습니까?"
- "어떻게 우리가 성령의 권능으로 들어갈 수 있습니까?

다음의 과에서 하나님께서 일하실 수 있는 분위기를 만드는 것에 대한 중요성을 논의할 것입니다. 우리는 하나님의 목적을 성취하는 것에 대해, 하나님의 사명과 목표 그리고 목적들이 무엇인지 이해하고, 깨닫는 것에 대해 발견하게 될 것입니다. 우리는 하나님의 임재를 끌어올 분위기를 만드는 것이 필요합니다. 마치 하나님이 없다면 우리가 하나님의 음성을 명확하게 들을 수 없고, 우리를 사역으로 부르신 것과 우리에게 주어진 명령을 이해할 수 없게 되는 것처럼, 성령의 임재가 없는 것은 매우 중대한 사안입니다. 우리는 하나님께서 행하도록 우리를 부르신 일들을 수행할 수 있는 권능을 가질 수 없게 되며, 하나님 마음의 소원을 성취할 수 없게 될 것입니다.

슬프게도, 이것은 또한 우리가 어둠을 밀어낼 수 없다는 것과 교회가 깨어나는 것, 잃어버린 자가 구원받는 것 그리고 열방이 제자가 되는 주님께서 소망하시는 이 모든 일들은 그리고 지금 우리의 가슴속에서 타고 있는 것을 볼 수 없다는 것을 의미합니다.

핵심적인 질문은 이제, "하나님의 임재를 끌어오는 환경을 어떻게 우리가 만들 수 있을까?"입니다.

Audio/video link for week 6:

http://worldtrumpet.org/awakening-the-church
(week 6)

LESSON 1:

성령의 임재
The Presence of the Holy Spirit

하나님께서는 사명을 가지고 계시고, 하나님의 일을 이루는 이 사명을 계속해 나가십니다. 하나님께서 자신을 위해 정하신 첫 번째 사명은 하나님이 누구신지에 대한 비밀과 하나님의 영광을 나타내는 것이었습니다. 하나님의 소원은 피조물을 통해서 이것을 행하는 것이었습니다(롬 1:29, 시 19:1-4). 이것이 하나님의 사명이었으며, 하나님께서는 이것을 행하시기 시작하셨습니다. 하나님께서 창조의 일을 하실 때, 주기적으로 상황을 분석하시고, "보시기에 좋았더라"(창 1:4,10,12,18,21,25,31)라고 하셨습니다. 모든 것이 계획에 따라서 진행되었습니다. 창조의 일은 하나님의 사명에 따라 진행이 되었고, 하나님께서 기뻐하셨습니다.

창조의 가장 처음 부분으로 되돌아가보면, 창세기 1:1-2절에서 "태초에 하나님이 천지를 창조하시니라 땅이 혼돈하고 공허하며 흑암이 깊음 위에 있고 하나님의 영은 수면 위에 운행하시니라." 2절에서 묘사되고 있는 상태는 창세기 1장 끝 무렵에 하나를 제외하고는 모두 바뀌었습니다. 땅은 더 이상 혼돈하지 않았습니다. 땅은 더 이상 공허하지 않았고, 땅은 더 이상 흑암이 아니었습니다. 하지만 한 상태가 남아 있었습니다. 하나님의 영이 아직 수면 위에 운행하고 계셨습니다.

이것은 우리에게 무엇을 나타내고 있는 것입니까? 하나님께서 피조물들을 장소 안에 두시기 시작하기 전에, 하나님께서는 성령으로 충만한 분위기를 원하셨습니다. 하나님께서는 단지 어떤 정황 속에서 일하시지 않으십니다(출 33:14-16, 수 7:10-12, 사 59:1-2). 만약 하나님께서 일하기로 하셨다면, 하나님께서는 그의 목적을 드러낼 수 있는 확실한 분위기를 요구하십니다. 하나님께서 일을 시작하시기 전에 또는 하나님의 일을 드러내고 선보이기 전에, 하나님께서는 성령의 임재로 채워진 환경 – 만들어진 분위기 – 을 원하십니다(마 3:16, 눅 1:35, 행 1:4-5).

그러면 우리가 물어보겠습니다. "어떤 종류의 영적 분위기에서 하나님께서 일하십니까?"

Week 6 | Lesson 1

성령의 권능(The Power of the Holy Spirit)

성경의 처음부터 끝까지, 여러분은 하나님께서 그의 백성 가운데 어떤 일을 행하시기 원하는 그 어떤 시기에도 하나님의 영이 임재하셨다는 것을 볼 수 있습니다. 성경은 "주님의 임재"가 내려왔다고 이야기 합니다. "주님의 영" 또는 "주님의 손길"이 그들 위에 내려왔으며, 그들이 주님께서 행하라고 그들에게 주신 일을 수행하도록 힘을 부여하셨습니다(삿 3:9-11, 삿 6:34, 삼상 16:13, 대하 20:14, 행 6:8, 행 13:1-4).

▶ 연습(Exercise):

다음의 구절들을 읽으십시오. 그런 다음 각 질문들에 답하시기 바랍니다: 성경에서는 누가 언급되고 있습니까? 이 사람에게 무슨 일이 일어났습니까? 결과는 무엇이었습니까?

삿 3:10-11. 누가? _____
　무슨 일, 결과? _____

삿 6:34-35. 누가? _____
　무슨 일, 결과? _____

삿 11:29,32-33. 누가? _____
　무슨 일, 결과? _____

왕상 18:46. 누가? _____
　무슨 일, 결과? _____

대하 20:13-19. 누가? _____
　무슨 일, 결과? _____

겔 11:4-6. 누가? _____
　무슨 일, 결과? _____

겔 33:21-33. 누가? _____
　무슨 일, 결과? _____

하나님의 영이 옷니엘과 입다에게 임했으며 그들을 위대한 승리로 이끌었습니다. 기드온이 나팔을 불 때, 주님의 영이 너무나 강력하게 기드온에게 임하셨습니다. 나팔을 들었던 모든 사람들이 기드온이 군대로 부르는 것에 응답했습니다. 예언자들은 주님께서 그들에게 주셨던 말씀을 담대하게 거리낌 없이 말할 수 있었습니다. 왜냐하면 주님의 영이 그들 위에 임했기 때문입니다. 이 모든 사례들 가운데에서, 주님의 권능이 드러났습니다. 주님은 승리와 힘을 가져오셨고, 지혜를 주셨으며, 고치셨고, 지시하셨습니다. 하나님께서는 이스라엘과 열방에 하나님이 누구신지 그리고 하나님께서 무엇을 원하시는지 보여주셨습니다.

Lesson 1 — Week 6

> 성령의 임재는 인간에게서 하나님의 일들을 행하시고
> 움직이기 위한 전제 조건입니다.

신약성경에서도 실례들이 있습니다. 예수님께서 세례를 받으실 때, 성경은 "예수께서 세례를 받으시고 곧 물에서 올라오실 새 하늘이 열리고 하나님의 성령이 비둘기 같이 내려 자기 위에 임하심을 보시더니 하늘로부터 소리가 있어 말씀하시되 이는 내 사랑하는 아들이요 내 기뻐하는 자라 하시니라"(마 3:16-17)라고 말하고 있습니다. 제자들 가운데 또 다른 실례는: 예수님께서 그들에게 성령을 기다리라고 말씀하셨으며(눅 24:49); 성령께서 제자들 위에 임하는 순간에 제자들은 과업을 시작할 준비가 되었습니다(행 2).

성령의 내주하심(The Indwelling Presence of the Holy Spirit)

창세기 2:7에서 말하기를, "여호와 하나님이 땅의 흙으로 사람을 지으시고 생기를 그 코에 불어넣으시니 사람이 생령이 되니라." 이 말씀은 하나님께서 요구하시는 분위기의 또 다른 요소를 분명히 보여주고 있습니다. 우리를 둘러싸거나 아니면 우리 위의 성령의 임재로는 충분하지 않습니다. 성령께서 우리 안에 거하시는 것이 마찬가지로 중요한 것입니다. 이것은 하나님께서 의도하셨던 원래의 디자인이었습니다: 하나님의 성령이 대기를 채우고 있으며, 하나님의 영이 우리 안에 계십니다.

요한복음 14:15-17절을 보시기 바랍니다: 예수님께서 제자들에게 말씀하셨습니다. "너희가 나를 사랑하면 나의 계명을 지키리라 내가 아버지께 구하겠으니 그가 또 다른 보혜사를 너희에게 주사 영원토록 너희와 함께 있게 하리니 그는 진리의 영이라 세상은 능히 그를 받지 못하나니 이는 그를 보지도 못하고 알지도 못함이라 그러나 너희는 그를 아나니 그는 너희와 함께 거하심이요 또 너희 속에 계시겠음이라." 여러분 이것이 들리십니까? 성령께서 여러분 안에 계십니다. 그리고 성령께서 또한 여러분 위에 거하십니다. 이것은 두 가지 다른 일입니다.

▶ 연습(Exercise):

성령께서 여러분 안에 계신 것과 그리고 성령께서 여러분 주위에 계신 것의 차이를 적으시기 바랍니다: _____
_____
_____
_____

> 성령과 하나님의 나라의 관계는 물과 물고기의 관계와 같습니다.

성령으로 가득 찬 분위기(An Atmosphere Full of the Holy Spirit)

Week 6　　　Lesson 1

만약 하나님께서 일하시고 하나님의 목적들을 나타내실 때, 하나님께서는 성령으로 충만한 분위기를 원하십니다. 성령과 하나님의 나라의 관계는 물과 물고기의 관계와 같습니다. 만약 물고기를 물에서 꺼내면, 물고기는 질식하거나 죽기 시작할 것입니다. 만약 성령님을 공기 가운데서 빼내면, 사람들은 영적으로 질식하고, 그들의 영적인 삶은 바로 죽기 시작할 것입니다.

성령의 충만한 임재의 분위기는 단지 각 개인 위에 임하시는 성령의 임재를 의미하는 것이 아닙니다. 이것은 성령의 임재가 특별한 장소나 영토 위에 있는 것을 가리키는 것입니다.

하나님께서는 사명을 가지고 계시다는 것을 명심하시기 바랍니다. 하나님은 일하고 계십니다. 하나님은 성취하시고자 하시는 목표들과 목적들을 가지고 계십니다. 그러나 하나님께서는 환경적인 요구사항들을 정해놓으셨습니다. 그것이 바로 하나님께서 원하시는 것입니다. 창세기의 시작부터, 어떻게 하나님께서 일들이 되는 것을 원하시는지, 그리고 오늘날까지 하나님께서는 변하지 않으셨습니다. 우리는 하나님께서 그러한 목적들이 성취되도록 하기 위해 요구하신 바른 분위기를 조성할 필요가 있습니다.

간증 (Testimony)

2006년에 우리 교회는 어떤 부담을 갖게 되었는데, 그것은 우리나라(미국)에 하나님의 강력한 역사가 일어나는 것을 보는 것이었습니다. 우린 존 물린디 목사님의 나눔을 들었고, 존 물린디 목사님께 올란도에 오셔서 집회를 인도해 주시라고 초청했습니다. 우리가 600명 정도 들어갈 집회 장소를 마련해놓고 정말로 힘이 되었던 일은 조지 오티스가 메일 주소 목록을 줘서 미국 전역에 그 모임을 알릴 수 있도록 도와준 것이었습니다.

집회 몇 주 전인데, 등록한 사람은 18명뿐이었습니다! 우린 이 집회를 통해 우리나라에 막대한 영향력을 일으킬 수 있을 거라 여겼으나 그렇게 진행되지 않았고, 만약에 그 집회가 취소된다면 우린 심각한 빚을 떠맡게 될 지경이었습니다. 우리는 계속 기도해오긴 했으나, 더 깊이 기도할 필요를 느끼고 하나님의 마음을 보여 주시라고 부르짖기 시작했습니다.

어느 날 밤 기도모임 때, 우리 중 14명이 주님께서 말씀하실 때까지 잠잠히 있기로 마음을 정했습니다. 약 45분 후 한 여성이 호세아 14장 말씀을 읽기 시작했습니다. 하나님이 우리에게 말씀하셨습니다. "나는 질투하는 하나님이다." 하나님은 하나님의 은혜를 통하여 우리에게 우리 마음에 있는 우상들에 대해 말씀하시면서, 땅의 우상들을 우리 마음 속에서 몰아낼 때까지 나라를 열지 않을 거라고 하셨습니다.

하나님께서 우리에게 우리 마음의 우상들을 보여주셨을 때, 우리는 회개하기 시작했으며 그 때 비로소 하나님은 사람들을 이 집회로 데리고 오셨습니다. 이 집회는 WTM이 지금까지도 사역하고 있는 미국의 다른 많은 도시들에 문들을 여는 집회였습니다. 그 때로부터 우리는 미국 땅에서 점점 그 사역이 퍼져나가는 것을 보기 시작했습니다.

우리가 깨닫게 된 핵심적인 교훈은 성령님이 오실 수 있는 영적 분위기를 만드는 것이 매우 중요하다는 것과 그저 우리가 기도하고 있기 때문에 그런 영적 분위기를 만들고 있다고 말할 수 없다는 것입니다. 우리는 하나님께 간구하며 하나님의 임재를 이끌어 내는 방법을 우리에게 보여주시든지 아니면 성령님의 임재를 방해하는 것이 무엇인지 알게 해달라고 기도해야 합니다.

Hunter's Creek Community Church
Orlando, FL

Lesson 1 | Week 6

영적인 분위기를 조성해야 할 3곳의 무대들
(Three Arenas in Which to Create the Spiritual Atmosphere)

질문은 이제, "어떻게 하나님을 위해서 올바른 분위기를 조성할 수 있을까?"입니다. 우리가 해야 할 3군데의 장소가 있습니다.

1. 우리의 마음

2. 우리를 둘러싼 분위기

3. 우리를 둘러싼 삶의 시스템

다음 과에서 우리는 이 세 가지 무대에 대해서 다루게 될 것입니다.

▶ **깊이 생각해 보는 시간(Time for Reflection):**

여러분이 오늘 읽은 말씀이나 표현 가운데 가장 의미 있는 것은 무엇입니까?
___
___
___

하나님께서 이것에 대한 응답으로 당신에게 원하시는 것은 무엇입니까?
___
___
___

오늘/이 주에 여러분의 기도제목으로 기도드릴 때, 여러분들은 성령님께서 하시는 말씀이나 여러분을 향한 부르심이 무엇이라고 느낍니까? 그리고 여러분이 직면한 영적 전쟁은 무엇입니까?
___
___
___
___

▶ **기도의 시간(Prayer Time):**

더 깊이 하나님의 임재로 들어가시기 바랍니다. 더 멀리 - 더 오랜 시간 - 하나님 앞에 있기 바랍니다. "벽들"과 부딪히는 것을 두려워하지 마시기 바랍니다. 주님께 벽들을 뚫고 나가는 것을 간구하시기 바랍니다. 우리는 깊은 주님의 임재를 느끼는 것을 조성하도록 간구합시다.

Lesson 2:

우리의 마음: 우리 안에 성령의 임재
Our Hearts: The Holy Spirit's Presence Within Us

"여호와 하나님이 땅의 흙으로 사람을 지으시고 생기를 그 코에 불어넣으시니 사람이 생령이 되니라"(창 2:7). 우리가 지난 과를 보았을 때, 이것은 하나님께서 요구하신 분위기의 한 요소였습니다. 하나님의 임재가 우리 안에 있습니다. 성령의 임재가 우리 주위에 둘러싸는 것으로는 충분하지 않습니다. 성령님께서 우리 안에 계신 것이 또한 중요한 것입니다.

하나님께서는 인간을 창조하셔서 수행하도록 하신 것을 성취하도록 하기 위해 하나님께서는 그에게 생기를 불어넣으셨습니다. 그것이 하나님의 마음이 그의 성령과 관계가 있는 것입니다. 그 결과 교감이 되는 것입니다. 이 교감은 하나님의 마음과 하나님의 뜻, 하나님의 지혜, 지식 그리고 이해에 다가가도록 분별할 수 있게 해줍니다. 사람들이 성령으로 충만히 채워질 때, 하나님의 영이 그들의 삶에서 움직이실 때, 그들은 인간의 능력을 넘어선 이해를 하게 됩니다. 인간이 상황들을 살필 수 있고, 그들이 하나님의 이해에 다가가기 때문에, 성령께서 지혜, 지식, 계시, 분별의 은사들을 주시는 분이시기 때문에, 무엇이 진행되고 있는지 알 수 있게 됩니다. 우리가 자신을 의지하는 것으로부터 떠나서 걷게 될 때 더 깊은 성령님과의 교통 안으로 들어가게 되고, 우리는 하나님께서 일하기 시작하시는 분위기를 볼 수 있습니다.

이것이 왜 중요합니까? 왜냐하면 많은 도시들에서 사람들이 변화를 위해 기도로 동참하러 모입니다. 그러나 그들은 그들 자신 안에서 행해져야 할 필요가 있는 일들이 또한 있다는 것을 깨닫지 못하기 때문입니다. 그들은 함께 와서 기도를 합니다. "오! 하나님, 마약, 매춘, 폭력으로 중독된 이웃들을 정결하게 하소서." 그러나 외부의 분위기 그리고 내면의 실제, 둘 다 성령의 임재와 영향에 있어야 할 필요가 있는 것입니다.

우리는 주님을 구해야 할 필요가 있습니다. "나는 어떻게 나에게 더 많이 영향력을 행사하실 수 있도록 성령님께 나를 내어드릴 수 있을까? 나의 생각들, 나의 감정들, 나의 소망들, 나의 계획들 위에?" 우리 모두는 두려움, 낙심, 잘못된 소원들, 자기연민, 모든 종류의 일들에 압도당하는 때가 있습니다. 때로는 우리는 그것들을 받아

Lesson 2 | Week 6

들입니다. 그리고 그것들은 쉬지 않고 계속됩니다. 우리는 말합니다. "나는 그냥 이것을 지나서 가고 있는 중이다." 그러나 만약 우리가 '다스리라' 하신 인간을 위한 하나님의 계획을 기억했다면, 우리는 권위를 이어받는 것을 명확하게 볼 수 없다는 것과, 만약 우리가 우리의 마음과 삶 가운데서 승리를 얻도록 주님께 내어드리지 않으면, 효과적으로 기도할 수 없다는 것을 깨닫기 시작할 것입니다.

많은 경우에 우리는 판단하고 원망하는 사람들을 위해서 기도하고 있습니다. 우리는 믿음 안에서 회복되려는 사람들을 위해 기도하고 있으나 아직까지 우리 자신을 의심하는 곳에 서 있습니다. 우리는 결혼을 위해서 기도하고 있습니다. 그러나 아직까지 우리의 마음 안에 욕정과 순결하지 않은 것을 남아있도록 허락하고 있습니다. 우리는 마약이나 도박에 중독된 사람들을 위해 기도하고 있습니다. 그러나 쇼핑과 음식에 중독되어 있습니다. 우리는 하나님께로 돌아오기 원하는 사람들을 위해 기도합니다. 그러나 아직 하나님은 우리의 첫 번째 사랑도, 깊은 애정도 아닙니다. 우리는 무엇인가를 하나님 위에 둡니다. 만약 우리가 정말 성령님의 임재를 끌어오는 것을 원한다면, 우리는 반드시 우리 자신의 마음을 다루기 시작해야 하며, 우리의 삶에 이 일들을 돌파하기 위해 하나님을 간구하며, 성령의 임재를 끌어올 환경을 준비하기 시작해야 합니다.

▶ 연습(Exercise):

우리를 방해할 수 있는 이 일들은 우리가 겉으로 보는 것보다 항상 더 심각합니다. 그러나 거기에는 우리가 발견할 수 있는 어떤 것들이 있습니다. 하나님께서 제거해 버릴 필요가 있는 것을 여러분이 깨달아 표면적으로 발견할 수 있는 것은 무엇입니까? _____
_____
_____
_____
_____

우리는 여기에서 반드시 겸손해져야 합니다. 그리고 우리가 단지 기도만 하기 원하지 않는다는 것을 반드시 인정해야 합니다. 우리는 진정으로 성령의 임재를 끌어오기 원합니다. 만약 우리가 댓가를 지불한다면, 성령의 권능을 이끌어 오기 위해서 우리의 삶을 내려놓는다면, 우리는 반드시 진지하고 정직하며 그리고 솔직해지기 시작해야 됩니다. 그리고 하나님께서 빛을 우리 자신의 마음속에 깊게 비추시기 시작하시도록 허락해 드려야 합니다.

조지 오티스는 전 세계를 조사했습니다. 그가 연출했던 영상들에서(The Sentinel Group; www.glowthorch.org), 하나님의 임재가 임한 장소들과 부흥의 변혁을 경험하기 시작한 지역을 기록해 왔습니다. 그리고 조지는 이것이 문화와 상관이 없다는 것을 발견했습니다. 인도네시아인이든지 아니면 사하라 사막 이남의 아프리카든지, 북미 인디안의 한 부족이든지 남미의 한 도시든지 간에, 모든 장소마다 거기에는 한 가지 공통분모가 있었습니다. 그것은 그 어떤 것에 대해 갈망하는 것보다 더

> 우리는 여기에서 반드시 겸손해져야 합니다. 그리고 우리가 단지 기도만 하기 원하지 않는다는 것을 반드시 인정해야 합니다. 우리는 진정으로 성령의 임재를 끌어오기 원합니다.

욱 하나님을 갈망하기 시작한 사람들의 모임이 있었습니다. 이 사람들이 함께 모이기 시작하고, 하나님께 울부짖기 시작할 때, 하나님의 임재가 다가오고 하나님께서 거하실 수 있는 통로로 자신을 내어드릴 때, 성령님께서 권능 가운데 찾아오시고 움직이기 시작하셨습니다. 이것이 바로 하나님께서 강력한 방식으로 움직이기 시작하시는 때입니다: 경기장은 기도를 하기 위해서 온 사람들로 가득차고, 하나님께서는 인간이 만들어 낼 수 없는 연합을 가져오시고, 기도가 일어나기 시작하고, 하나님께서는 땅을 치유하기 시작하시며, 사회의 각 분야들이 개방되기 시작하며 성령님께서 통치하시고 움직이시기 시작하십니다. 그러나 열쇠는 항상 하나님과 하나님의 임재를, 그들이 그 어떤 것을 갈망하는 것보다 더 갈망하기 시작한 사람들의 모임이었습니다.

> 열쇠는 항상 하나님과 하나님의 임재를, 그들이 그 어떤 것을 갈망하는 것보다 더 갈망하기 시작한 사람들의 모임이었습니다.

▶ 연습(Exercise):

여러분은 하나님께서 여러분들을 그 어떤 것보다 더 하나님을 갈망하는 곳으로 데려가시기를 원하십니까? 여러분의 대답을 설명해 보시기 바랍니다. _____
_____
_____

우리는 하나님께서 일하실 수 있는 그릇을 준비하기 위해 하나님께 부르짖기 시작할 필요가 있습니다. 그릇은 기도할 수 있으며, 하나님의 임재를 끌어올 수 있습니다. 우리는 그 어떤 타협도 원하지 않습니다. 우리는 어떤 합리화나, 해명을 원하지 않습니다. 우리는 죄를 씻어내시고 무엇이든지 행하셔야 할 필요가 있는 것을 행하시는 하나님을 원합니다. 그래서 하나님의 임재가 권능과 능력 가운데 임하실 수 있습니다. 이것은 우리가 아직 온전케 되었다는 것이 아닙니다. 그러나 우리의 삶이 하나님께 포기한 곳에 이르렀다는 것이며, 그 어떤 것보다 하나님을 찾고 있으며, 그리고 우리가 원하는 어떤 것보다 더 하나님께서 움직이시게 하기 원합니다. 절박함과 순복의 장소로부터, 우리는 성령님께서 끌어당겨지시는 것을 보기 시작할 것입니다.

우리의 마음 안에서 성령의 일하심(The Work of the Holy Spirit in Our Hearts)

우리가 우리 마음의 준비에 대해 생각할 때 가장 보편적인 방식이 있습니다. 회개와 죄를 씻음 그리고 우리 자신을 순결하게 하는 것을 통해서입니다. 이것은 매우 중대한 것입니다. 그러나 만약 이것이 하나님께서 우리 마음에 다가오시고, 거주하시기 전에 하나님께서 기다리시는 것이라면, 이것은 결코 일어나지 않을 것입니다. 우리는 언제나 온전하게 되는 과정에 있기 때문에 우리는 결코 완벽해지지 않을 것입니다. 온전함은 우리가 다음 세상에 갈 때나 다가오는 것입니다.

우리가 회개를 무시할 수 있습니까, 그럴 수 없습니다! 이것은 과정의 일부입니다. 우리의 마음을 준비하도록 하는 부분입니다. 그렇지만, 하나님께서 우리 가운데 거하시기 전에 회개의 행위나 죄를 씻는 행위를 반드시 끝마칠 수 있다는 생각의 올가미에 우리가 잡히도록 허락해서는 안 됩니다. 아무것도 남지 않을 때까지 우리 자신을 순결하게 해야 합니다. 그런 다음 하나님께서 우리 마음속에 거하시도록 해야 합니다. 온전함은 위에서 말씀드렸듯이 결코 일어나지 않을 것입니다. 우리는 항상 깨끗하게 되고, 순결하게 되는 과정 중에 있는 것입니다.

그러면 하나님께서 요구하시는 것은 무엇입니까? 우리가 우리의 언약의 자리에 서기 위해서 단지 하나님을 신뢰하고 순복하는 것입니다. 하나의 간단한 사례가 복음입니다. 우리가 복음을 설교할 때, 우리는 사람들에게 그리스도가 그들의 심령에 들어가시도록 모든 것에 순결하라고 요구하지 않습니다. 우리는 하나님께서 그들의 심령이 완전히 순결하게 될 때까지 들어가실 수 없다고 말하지 않습니다. 우리는 저들에게 무엇을 하라고 말합니까? 예수 그리스도를 믿으라고, 저들의 믿음을 하나님께 쏟으라고, 저들의 삶을 하나님께 드리고 하나님께서 주님이 되시도록 하라고 말합니다. 이것이 일어날 때 하나님께서는 저들의 심령에 거하십니다.

그들은 완전하지 않습니다. 그러나 그들이 그 자리에 들어올 때, 이것은 언약적인 것이 되어버립니다. 이것이 우리를 하나님의 자녀로 만드는 새로운 언약입니다. 그리스도를 믿는 것은 우리가 주님께 받아들여지는 것이며, 그리고 우리가 그 자리에 머무는 동안, 하나님께서 우리 안에서 하나님의 일을 계속해서 하실 것입니다. 하나님께서는 계속해서 우리를 순결하게 하시고, 우리를 성장하게 하시고, 가르치시고, 하나님의 목적을 성취하실 수 있도록 만드십니다.

우리는 어떻게 우리의 마음에 올바른 영적 분위기를 만들 수 있습니까? 우리가 하나님과 맺은 언약의 자리를 통해서입니다. 그렇습니다. 우리 자신을 순결하게 할 필요가 있습니다. 그러나 온전함이 우리의 길에 다가오기 전에, 하나님께서 우리에게 수행하라 하신 언약의 관계를 알 필요가 있는 것입니다. 하나님과의 관계 안에 서는 것은 우리 마음속에 하나님을 위해서 거주하실 곳을 만드는 것입니다. 여러분이 주님께서 여러분에게 주신 지시사항들과 요구사항들을 분별할 때, 여러분은 순종하고, 견고히 서있어야 합니다. - 심지어는 여러분 안에 있는 모든 것들이 반대하려는 느낌을 가질 때에라도 - 여러분 안에서 하나님께서 거주하시고 다가오시는 것을 가능하게 하는 자리가 있게 될 것입니다.

아마 여러분은 이렇게 생각할 것입니다. "나는 나의 언약의 자리를 모르겠다. 그것이 뭐지?" 이것을 알기 위한 가장 단순한 방법은 여러분이 구원을 받은 날로 돌아가는 것이며, 주님의 생명 대신에 여러분의 생명을 주님께 드리기 위해, 그리고 영원히 여러분을 돌보시도록 하나님을 신뢰하기 위해서 예수님과 맺은 언약을 기억하는 것입니다. 새로운 회심이 자리를 취하게 될 때, "저의 믿음을 주님께 내려놓습니다. 저의 심령에 주님을 받아들입니다." 이것이 그리스도를 심령에 모시는 자리매김입니다. 우리 모두가 시작했던 자리인 것입니다.

Week 6 — Lesson 2

▶ **언약의 자리에 들어가 기도하기(Pause to Pray Into Position)**

성경은 성령님이 오실 때를 말하고 있습니다. 성령님께서는 당신이 모든 것을 생각나게 하실 것입니다. 성령님께, 주님께서 여러분에게 말씀하신 모든 것들이 생각나게 해달라고 간구하십시오. 하나님께서는 다른 것들을 여러 사람에게 말씀하십니다. 그리고 하나님께서 여러분에게 말씀하신 것을 여러분이 기억하는 것이 중요합니다. 어떤 일들은 하나님 마음의 소원을 여러분에게 나타내시는 하나님과 관련이 있을 것입니다. 다른 것들은 하나님께서 여러분들에게 따르라고 요청하신 여러분의 위임, 언약의 자리, 지시사항들 또는 요구사항들이 될 것이며, 또는 하나님께서 여러분에게 주신 선물들과 약속들일 것입니다. 주님께서 여러분에게 말씀해 달라고 부르짖기 바랍니다. 하나님께서 여러분에게 말씀하신 어떤 것이라도 적으시기 바랍니다. 그런 다음 성령님께 이것들이 여러분의 삶에서 실제가 되는지, 어떻게 기도해야 할지 가르쳐 달라고 간구하시기 바랍니다. _____

_____

_____

주님과 더 깊이 동행하는 것(Going Deeper With the Lord)

주님을 신뢰하고, 더 깊은 동행을 지속하기 위해서는, 우리가 어떻게 하나님께서 일하시는지를 깨달을 필요가 있습니다. 이것에 대한 우리의 이해가 주님께 계속 집중하도록 해줄 것입니다. 그리고 우리가 가는 길에서 성장하도록 도울 것이며, 우리를 대항해서 다가오는 전쟁으로부터 보호하고, 성령님께서 일하시는 것에 우리의 마음이 열려있도록 해주실 것입니다.

하나님께서 누군가를 처음 부르실 때, 하나님께서는 약속들과 지시사항들을 주십니다. 하나님께서는 여러분을 통해서 그리고 여러분 안에서 행하실 것에 대한 약속뿐만 아니라 여러분의 위임에 관한 구체적인 것들을 주실 것입니다. 하나님께서 이러한 일들을 여러분에게 주실 때, 하나님의 과업을 성취하기 위해 여러분을 통해 일을 시작하실 것입니다. 여러분은 너무 행복하고 충만함을 느낄 것입니다. 그리고 어느 한 날 하나님께서 말씀하실 것입니다, "나는 너를 새로운 단계로 움직이기 원한다." 하나님께서 그렇게 말씀하실 때, 제발 계절의 변화가 곧 다가온다는 것을 명심하셔야 합니다. 여러분이 머물고 있는 자리가 효력이 없게 될 때 하나의 시기가 다가올 것입니다.

만약 여러분이 이전의 단계에 머물기를 선택한다면, 여러분이 더 이상 앞으로 갈 수 없다는 것을 깨닫게 될 것입니다. 여러분은 하나님께서 축복해주시고, 성령님께서 움직이시도록 부어주시는 것을 깨달을 것입니다. 그러나 그런 다음 하나님께서는

Lesson 2 | Week 6

말씀하십니다, "이 다음 스텝으로 가거라." 그렇지만 여러분은 가지 않습니다. 이제 여러분은 성령님의 움직임이 멈추어 버렸다는 것을 깨닫게 될 것입니다. 여러분의 기도가 어렵게 될 것입니다. 믿음은 약화될 것입니다. 모든 것들이 어렵게 될 것입니다. 이것이 바로 하나님께서 다음 단계로 가라는 이유이기 때문입니다. 그리고 여러분은 반드시 이것에 응답하셔야 합니다.

여러분이 머물고 있었던 자리가 충분히 좋았다 하더라도, 하나님께서는 지금 말씀하십니다, "나와 함께 가자." 만약 여러분이 거기에 머문다면, 여러분은 왜 일들이 예전에 일어났던 것처럼 더 이상 일어나지 않는지 의아해 하기 시작할 것입니다. 그 자리가 자격박탈 되었기 때문입니다. 하나님께서는 앞으로 움직이시고 여러분을 다른 장소로 움직이게 하십니다. 이 장소는 하나님과 더 깊은 관계의 장소이며, 여러분의 명령을 증가시키시는 곳입니다. 하나님께서는 여러분의 삶에서 하나님의 목적을 성취시키기 위한 능력과 역량을 증대시키십니다.

> 여러분은 창조된 목적을 성취할 수 없고 자격이 박탈될 수 있습니다.

앞으로 가지 않기로 선택한 결과는 파괴적입니다: 이전 단계에 가지고 있던 여러분의 역량은 하나님께서 여러분을 통해 행하시기 원하시는 일들을 수행하기에 충분하지 않습니다. 여러분은 외로운 영혼이 될 것이며, 여러분은 만족하지 못할 것이며, 슬프고, 비참하게 될 것입니다. 여러분은 자격이 박탈되는 것을 각오해야 하고 여러분이 창조된 목적을 성취하지 못하게 될 것입니다.

모든 이해를 뛰어넘는 평안의 장소로 돌아가는 유일한 길은 주님께서 여러분에게 들어가라고 하시는 자리를 되찾는 것을 간구하는 것입니다. 그리고 하나님은 신실하신 분이십니다. 우리가 도움을 위해 하나님께 간구할 때, 하나님께서는 우리 스스로 수행할 수 없는 것을 우리를 통해서 신실하게 행하실 것입니다. 그리고 하나님께서 우리를 더 깊은 신뢰와 믿음의 단계 그리고 하나님께서 우리가 들어가야 할 더 깊은 자리로 이끌어 가실 것입니다.

▶ **연습(Exercise):**

요한복음 15:1-8을 읽으십시오. 우리가 반드시 주님과 함께 자리에 머물러야 한다고 예수님이 말씀하신 것은 무엇입니까? _____
_____
_____

만약 우리가 주님과 함께 이 자리에 머문다면, 결과는 무엇입니까?
_____
_____

만약 우리가 주님과 함께 이 자리에 머물지 않는다면, 결말은 무엇입니까? _____

> 나는 참포도나무요 내 아버지는 농부라 무릇 내게 붙어 있어 열매를 맺지 아니하는 가지는 아버지께서 그것을 제거해 버리시고 무릇 열매를 맺는 가지는 더 열매를 맺게 하려 하여 그것을 깨끗하게 하시느니라 너희는 내가 일러준 말로 이미 깨끗하여졌으니 내 안에 거하라 나도 너희 안에 거하리라 가지가 포도나무에 붙어 있지 아니하면 스스로 열매를 맺을 수 없음 같이 너희도 내 안에 있지 아니하면 그러하리라 나는 포도나무요 너희는 가지라 그가 내 안에, 내가 그 안에 거하면 사람이 열매를 많이 맺나니 나를 떠나서는 너희가 아무 것도 할 수 없음이라 사람이 내 안에 거하지 아니하면 가지처럼 밖에 버려져 마르나니 사람들이 그것을 모아다가 불에 던져 사르느니라 너희가 내 안에 거하고 내 말이 너희 안에 거하면 무엇이든지 원하는 대로 구하라 그리하면 이루리라 너희가 열매를 많이 맺으면 내 아버지께서 영광을 받으실 것이요 너희는 내 제자가 되리라
>
> 요한복음 15:1-8

예수님께서는 우리가 주님 안에 머물 것이라 말씀하셨습니다. 만약 우리가 그렇게 한다면, 하나님께서 우리 안에 머물 것입니다. 우리가 원하는 무엇이든지 간구할 수 있게 되고 그것은 우리에게 주어질 것입니다. 우리는 또한 주님을 위한 많은 열매를 맺을 것입니다. 이 열매로 주님을 영화롭게 하고 이 세상에 우리가 주님의 제자인 것을 보여줄 것입니다. 만약 우리가 주님과 함께 언약의 자리에 남아있지 않으면, 우리는 주님으로부터 잘려나갈 것입니다. 그리고 주님이 없이는 우리가 아무것도 할 수 없다는 것을 경고하셨습니다. 주님 안에 머무는 것이 하나님께서 우리에게 요구하신 과업을 수행할 수 있게 합니다. 자리에서 이탈하는 것은 우리를 자격 박탈시키고 우리는 우리가 창조된 목적을 성취할 수 없게 됩니다.

한 경고(A Warning)

명령 안에서 기도하는 것은 권능의 자리입니다. 여러분이 그 자리에 있을 때, 하나님 안에서 안식하며, 모든 두려움과 걱정들을 쫓아낼 수 있습니다. 이 자리에서 모든 것이 가능하다는 것을 알게 될 것입니다. 여러분은 하나님의 지시사항들과 명령들을 순종하면서 걷게 될 것입니다. 이곳이 바로 하나님께서 권능의 방식으로 하나님의 목적을 성취하기 위해 여러분을 사용하시기 시작하는 장소입니다. 그리고 여러분이 이 자리에 머물고 있는 한, 가장 적절한 대기의 환경(the right atmospheric environment)이 주님의 임재를 끌어오기 시작할 것입니다.

▶ 연습(Exercise):

아래의 그림에 명령의 구성요소들을 채우시기 바랍니다:

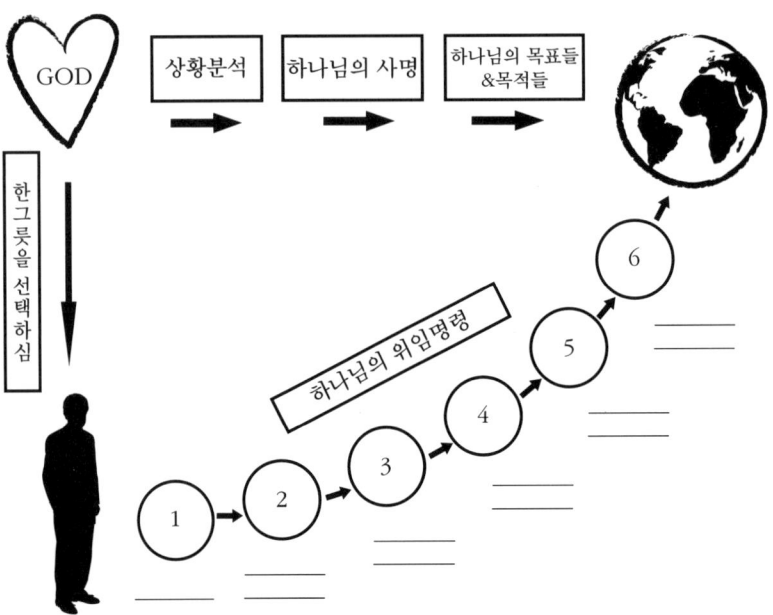

여러분 자신의 말로, 위임명령의 자리는 무엇입니까? _____
_____
_____
_____

적들은 여러분이 온전한 자리에 머무는 것이 무슨 의미인지 알고 있다는 것을 인식하시기 바랍니다. 그리고 적들은 여러분이 자리에서 나가 떨어지도록 하기 위해 가능한 한 가장 강력하게 여러분과 싸울 것입니다. 적은 여러분의 주의를 돌리기 위해서, 겁주기 위해, 불쾌하게 하기 위해, 그 자리로부터 여러분의 집중을 제거하는 상황을 만들기 위해 혼란스럽게 할 것입니다. 적은 그가 할 수 있는 한 우리의 지위와 온전하게 주님을 믿고, 내어드리는 것을 훔치고, 죽이고, 파괴하려 할 것입니다.

이것이 우리가 반드시 싸워야 할 자리인 것입니다. 우리는 이 전쟁을 반드시 직면할 것이고, 적들을 정복할 것입니다. 이 자리에 있는 것이 우리를 대항해서 다가오는 전쟁을 이기기 위해, 하나님께서 우리에게 주신 명령을 성취하기 위해, 그리고 성령의 임재를 끌어들이기 위해서 가장 중요한 것입니다.

요약(Summary)

성령님을 위해서 마음이 준비되어지는 비밀은 무엇입니까? 이것은 자리를 잡는 것입니다. "내 안에 거하라, 그리고 내가 네 안에 거할 것이다." 여러분의 온전한 자리에 남아있는 것은 주님이 내 안에 머무는 것처럼 그리스도 안에 머무는 것입니다. 주님께서 일하실 수 있고, 일하시고 하나님의 성령을 끌어들일 수 있는 분위기를 여러분의 마음에 창조하시도록 내어드리기 바랍니다.

Week 6 | Lesson 2

▶ **깊이 생각해 보는 시간(Time for Reflection):**

여러분이 오늘 읽은 말씀이나 표현 가운데 가장 의미 있는 것은 무엇입니까?
_____
_____
_____

하나님께서 이것에 대한 응답으로 당신에게 원하시는 것은 무엇입니까?
_____
_____
_____

오늘/이 주에 여러분의 기도제목으로 기도드릴 때, 여러분들은 성령님께서 하시는 말씀이나 여러분을 향한 부르심이 무엇이라고 느낍니까? 그리고 여러분이 직면한 영적 전쟁은 무엇입니까?
_____
_____
_____

▶ **기도의 시간(Prayer Time):**

주님의 더 깊은 임재 안에서 기도합시다. 그 어떤 것, 그 누구보다 하나님과 하나님의 목적을 원하는 마음을 달라고 하나님께 간구합시다.

LESSON 3:

우리를 둘러싼 분위기
The Atmosphere Around us

한 번은 우간다에서 주님께서 교회에게 말씀하시기 시작하셨습니다. "나는 이 나라에서 변화를 시작하기 원한다. 그러나 나는 너의 집에서 시작하기를 원한다. 사람들이 임재 가운데 걸어가고, 나의 임재와 평안을 느끼는 그와 같은 강력한 방식 안에서 나의 임재를 너의 집으로 이끌어 들여라. 너의 집에서 숙박했던 손님들이 아침에 일어나게 될 것이며 그들의 죄를 고백하기 시작할 것이다." 그러면서 하나님께서 약속하셨습니다. "네가 너의 집에서 나를 경배할 때, 내가 임재할 것이며, 나를 너에게 드러낼 것이다."

기도의 제단들에 대한 모든 개념들은 집에서 시작했습니다. 왜 그렇습니까? 왜냐하면 하나님께서는 우간다에서 일하시기를 원하셨습니다. 하나님께서는 이 나라를 하나님의 뜻 안으로 이끌기 원하셨고, 우간다를 변화시키고 개혁시키기 원했습니다. 그러나 하나님께서는 이 말씀으로 시작하셨습니다. "너는 내가 사용할 그 한 사람이다. 나의 임재를 위한 분위기를 만들어라."

하나님께서는 하나님의 임재를 끌어들이는 분위기를 만들기 위한 방법을 그들에게 보여주셨습니다. 이 환경 안에서 하나님께서는 자신을 나타내시기 시작하셨습니다. 하나님의 사명을 드러내시고, 방향과 지시사항, 요구사항, 선물들과 약속들 등을 주셨습니다. 그리고 하나님의 과업을 수행하기 위해 그들이 되어 지기를 원하시는 방식 안에서 사람들을 빚어 가시기 시작하셨습니다.

우리를 둘러싼 환경 안에서 성령님을 모셔들이는 이 분위기를 만드는 것을 우리가 원했음을 깨닫기 시작했습니다. 그리고 시작하기 위해서 필요로 했던 우리가 알고 있는 첫 번째 장소 중의 하나가 우리의 가정이었습니다. 이 세상의 많은 장소에서 이것을 실행했습니다. 그리고 우리는 이 책을 채울 정도로 너무나 많은 간증들을 듣게 되었습니다. 우리는 그 중에 하나를 나누고 싶습니다.

Week 6 Lesson 3

간증 (Testimony)

미국에 사는 한 여성이 홀로 세 명의 자녀를 키우고 있었는데, 두 명은 십 대이고 한 명은 초등학생이었습니다. 십 대인 두 자녀 중 한명은 성적인 죄에 이끌렸고, 나머지 한명은 세상 속에 깊이 빠져있었습니다. 막내 아이는 분노를 품고 있으면서 학교에서 많은 문제를 일으켜서 정학 처분을 받곤 했습니다. 이 아이들의 어머니는 기도인도자였습니다. 그녀가 World Trumpet Mission의 가르침을 들었을 때 이렇게 말했습니다. "저도 하나님의 임재를 우리 가정에 이끌어 들이고 싶어요. 제가 할 수 있는 건 다 해봤어요. 그런데 내 아이들을 어떻게 바로 잡아야 할지 모르겠어요. 합당한 일도 해보고, 말씀도 나눠보고, 모든 것을 다 해봤답니다." 그래서 그녀는 날마다 기도하기 시작했는데, 하나님의 임재를 이끌어오는(우리가 다음 장에서 다룰 내용입니다.) 제단을 쌓는 일을 구하는 것이었습니다.

그녀가 기도하기 시작했을 때, 그녀의 허망함, 그녀의 두려움, 그녀의 정죄감, 그녀의 절망감을 뚫고 지나가기 시작했을 때, 그녀가 그리스도에 정말로 집중하기 시작했을 때, 성령님의 임재가 오기 시작했고, 그녀의 믿음이 성장하게 되었습니다. 그러는 와중에, 하나님이 이렇게 말씀하셨습니다. "두 명의 다른 사람들을 불러서 너와 함께 기도하도록 하여라." 그들이 그녀와 함께 기도하기 시작했고, 한 달 안에 하나님의 임재가 그녀의 아이들을 이끌어오기 시작했습니다. 첫째 아이가 와서 그들과 함께 기도하기 시작했고, 그 다음엔 둘째가, 다음엔 셋째가 와서 함께 기도하기 시작했습니다. 그러자 하나님의 임재가 그들에게 영향을 주기 시작했습니다. 그것은 마치 그 아이들의 눈에서 비늘이 떨어져 나가고 그들의 마음에서 딱딱함이 떨어져 나가는 것과 같았습니다.

하나님께서 그 때 돌파하기 시작하시고 진행되던 어떤 일들을 드러내시자, 지은 죄들을 자백하고 회개하기 시작했습니다. 그들이 소망하던 일들이 바뀌기 시작했습니다. 그 아이들은 그들이 이전에 경험하지 못했던 하나님을 향한 갈망이 더 커졌다고 나누기 시작했습니다. 그들이 성경을 읽고, 교회에 가고, 하나님을 구하고 따르기 시작했습니다. 두 달여의 기간 안에 그 가정의 전체적 대기가 바뀌었고, 그 아이들의 마음이 하나님께로 돌아왔습니다. 그들은 심지어 어떤 선택과 결정을 내리기 시작했는데, 그것은 하나님을 떠나 달아나는 것이 아닌 하나님을 구하는 일들이었습니다.

이것이 지속되어 많이 세워지고 세 달 안에, 다른 사람들이 와서 그들도 그 기도에 동참할 수 있는지 물어보기 시작했습니다. 약 스무 명의 사람들이 마침내 이 기도의 시간에 왔습니다. 이것은 그 가정에 하나님의 임재를 끌어 들인 일의 모든 결과였습니다.

성령의 임재의 중요성(The Importance of the Presence of the Holy Spirit)

태초에 하나님께서 요구하셨던 첫 번째 일은 성령의 임재가 온 땅 위에 덮이는 것이었습니다. 그런 다음 하나님께서는 말씀을 하셨고, 이 말씀이 창조를 가져왔습니다 (창1:1-4).

성령님께서 계실 때, 하나님의 말씀은 이전에 행해진 적이 없는 방식 안에서 일들을 일으키는 능력을 지닙니다. 예를 들어서 가브리엘 천사가 마리아에게 그녀가 임신하게 될 것을 말했을 때 마리아는 물어보았습니다. "나는 남자를 알지 못하니 어찌 이 일이 있으리이까?" 천사의 대답이 무엇이었습니까? "성령이 네게 임하시고"(눅 1:34-35).

여러분은 원칙이 들리십니까? "하나님의 성령이 네 위에 임하시고, 네가 임신할 것이다." 왜 그렇습니까? 왜냐하면 주님의 입에서 나온 말씀이 아니면 힘이 없기 때문입니다.

▶ **연습(Exercise):**

어쨌든 우리는 성령의 임재의 분위기 밖에서는 일들이 무력화될 수 있다는 것을 깨달을 필요가 있습니다. 다음의 말씀들을 읽으십시오. 하나님의 말씀에 대해서 그들이 무엇이라고 말하고 있습니까?

막 7:9-13: _____
_____
_____

히 4:12: _____
_____
_____

히 1:3: _____
_____
_____

마가복음 7:9-13에서 예수님께서는 유대인들에게 말씀하셨습니다. "너희가 전한 전통으로 하나님의 말씀을 폐하여" 그들이 받아들인 전통 때문에, 심지어 유대인들은 하나님의 말씀이 행해지기로 되어있는 것을 행할 수 없는 환경으로 만들어 버렸습니다. 그러나 히브리서 4:12절에서 "하나님의 말씀은 살아있고 활력이 있어"라고 말합니다. 그리고 히브리서 1:3에서 하나님의 말씀은 너무나 능력이 있어 모든 것을 떠받치고 있다고 말씀하시고 있습니다. 우리는 하나님의 말씀을 무력하게 만들 수 있는 일들이 있다는 것을 깨달을 필요가 있습니다.

어떻게 우리의 때와 시기에 이것을 볼 수 있습니까? _____
_____
_____

여러분이 이것을 깊게 생각해 볼 때, 오늘날 일들의 상태에 관해 생각해 보십시오. 왜 하나님의 말씀이 거의 효과가 없는 것처럼 보입니까? 우리의 도시, 국가, 이웃 그리고 심지어 많은 경우 우리의 교회에서조차 효력을 가지고 있지 않습니다. 말씀이 행해져야 함에도 행할 능력을 가지고 있는 것처럼 보이지 않습니다. 이제 이사야 55:10-11절에서 하나님께서 말씀하십니다. "이는 비와 눈이 하늘로부터 내려서 그리고 되돌아가지 아니하고 땅을 적셔서 소출이 나게 하며 싹이 나게 하여 파종하는 자에게는 종자를 주며 먹는 자에게는 양식을 줌과 같이 내 입에서 나가는 말도 이와 같이 헛되이 내게로 되돌아오지 아니하고 나의 기뻐하는 뜻을 이루며 내가 보낸 일에 형통함이니라."

Week 6　　Lesson 3

▶ 연습(Exercise):

여러분 자신의 말로, 성령의 임재를 끌어오는 분위기를 우리가 만드는 것이 왜 절대적으로 필요한 것입니까? _____
_____
_____

능력이 없이 하나님의 입으로부터 나오는 말씀은 없습니다. 그러나 이것이 능력으로 역사하려면 분위기가 필요합니다. 마리아의 경우에도, 하나님 아버지의 모든 소망을 가지고 하나님의 말씀이 실현되게 하기 위해서 성령님께서 먼저 계셔야만 합니다.

하나님께서 일하시는 환경을 만든 결과들
(The Results of Creating an Environment in Which God Will Work)

다른 사람들을 변화시키는 일의 요소는 단지 여러분이 말할 때 말씀이 권능을 가지는 기름부음이 임하는 것을 구하는 것뿐만 아니라, 이것은 또한 하나님의 임재를 채우는 환경을 만들기 위해 어둠을 뒤로 물러가게 하는 능력을 위해 주님을 구하는 것입니다. 그와 같은 환경이 만들어질 때 말씀은 일하기 시작하게 될 것입니다.

예를 들어 설교의 사역으로 부름을 받은 사람들은 그들의 삶을 준비하는 것뿐만 아니라, 영적인 환경도 준비해야 합니다. 그러면 사람들이 말씀을 듣기 위해 모여들 때, 그들의 삶에 영향을 가질 뿐만 아니라, 성령으로 채워진 환경 또한 그들을 도전하고 선포된 말씀에 능력을 부여할 것입니다.

만약 우리가 우리의 집들과 교회들 그리고 공동체들 안에서 변화를 위한 대리자들로써 성공하게 된다면, 이 원리를 이해하는 것이 매우 중요합니다. 전통적으로 이것은 또한 복음전도자들이 사람들을 도시로 보내거나 기도를 요청할 때 중요한 것입니다. 그들은 다가오는 부흥집회(crusade)를 위해 중보가 일어나도록 교회들에게 부탁할 것입니다. 그리고 개최지가 확인이 될 때, 그들은 중보자들에게 현장에 가도록 요구할 것이며, 땅을 준비하고 하나님의 임재를 끌어들이기 위해서 기도할 것입니다.

지난 수 십년간 아르헨티나에서 부흥이 일어나는 중에, 수천의 중보자들이 부흥집회가 시작하기 전에 여러 날 동안 개최지의 경기장 위에서 기도를 했습니다. 카를로스 아나콘디아 같은 복음 전도자들은 심지어 매우 높게 지어진 강대상을 가지고 있습니다. 그래서 중보자들은 이 운동의 기간 동안 밑에서 기도를 할 수 있었습니다. 운동의 전과, 그 기간 동안, 그리고 후에 하나님의 임재를 내려달라는 기도가 있었습니다.

심지어 이것은 우리가 주일 예배를 준비할 때조차도 우리가 기억할 필요가 있는 하나의 원리인 것입니다. 단지 사람들이 우리의 예배 안으로 나아오는 것과 좋은 메시지를 받는 것으로는 충분하지 않습니다. 우리의 말에는 힘이 없습니다. 우리는 일찍 와서 사람들이 올 때까지 어둠의 영향력을 깨뜨려버리고, 성령의 임재를 끌어드리는 기도를 해야 할 필요가 있습니다. 그들은 하나님의 임재 안으로 걸어오게 될 것입니다. 심지어 하나님의 말씀이 오기 전에, 성령님께서 일하실 것입니다.

예수님께서는 성령님이 오시는 때를 말씀하셨습니다. 성령님께서는 죄와, 의와, 심판에 대해서 이 세상을 심판하실 것입니다(요 16:5-11). 그래서 설교자들이 말씀을 시작하기 전에도, 우리는 하나님의 임재를 반드시 끌어와야 됩니다. 슬프게도, 이것은 오늘날 우리가 자주 무시하는 것입니다.

부흥 집회들을 위한 준비의 다른 실례는 케더린 쿨만입니다. 중보자들이 부흥 집회가 시작하기 전에 며칠간 개최지에서 기도했을 뿐만 아니라 또한, 다른 도시들에서 집회로 사람들을 데려왔던 버스들을 통해서 기도를 했습니다. 거기에는 버스들을 타고 왔던 사람들의 간증들이 있었고 울부짖고 회개하기 시작했습니다. 때로는 그들이 치유가 되기도 했습니다. 거기에는 예배도 설교자도 없었습니다.

경기장을 준비하는 것(Preparing the Ground)

성령님의 임재의 중요성에 대해 명확하게 이해하는 것은 정말로 중요한 것입니다. 이 이해가 없는 중보자들은 모든 다른 구체적인 것을 위해서 기도할 것이며, 이 모임 전에 그들이 기도했던 것으로 만족하게 될 것입니다.

> 주님의 임재에 대한 중요성을 고마워하는 사람들은 울부짖을 것이며, 그들의 마음을 살피고, 성령님을 몰아냈던 것들을 회개하고, 임재가 오기까지 끝내야하는 그 무엇이든지 행할 것입니다.

예수님으로부터 떨어지는 것에 대해 예수님은 말씀하셨습니다. 우리는 아무것도 할 수 없습니다. 단지 우리가 필요로 하는 인간의 설교나, 조직 또는 방법들과 전략이 아닌 것을 깨닫는 곳으로 우리가 되돌아올 필요가 있습니다. 우리는 주님의 임재가 절실하게 필요합니다. 우리 중심에 오셔서 운행하시도록 하나님을 간절히 원하는 것이 우리 안에 일어나도록 하기 위한 절박함이 필요합니다. 절박함이 시작될 때, 우리는 하나님께서 우리에게 부탁하신 행해져야 할 필요가 있는 그 어떤 것들이라도 기꺼이 수행하게 될 필요가 있습니다. 왜냐하면 우리는 주님의 임재가 없이는 그 어떤 전개 과정도 결코 만들어 낼 수 없을 것이기 때문입니다.

우리 안에 다시 울려 퍼지기 시작할 절규가 필요합니다. 이 절규가 우리 교회와, 기

Week 6 Lesson 3

도의 모임들, 우리 자신의 가슴속에서 더욱 커지고, 커지고, 커져야 할 것입니다. 이것은 긴박한 울부짖음이며, 우리가 반드시 듣게 될 깨달음입니다. 어떤 희생이 있더라도, 우리는 반드시 주님의 임재를 끌어와야 합니다.

임재가 다가올 때, 우리는 그것을 알게 될 것입니다. 우리는 과업을 시작할 수 있도록 하나님을 위해 준비될 것입니다. 그 지점에서 하나님의 일은 더 앞으로 나아가기 시작할 것입니다. 불가능한 것은 없을 것이며, 오직 하나님께서만 하실 수 있는 일을 행하시는 하나님을 보기 시작할 것입니다.

▶ 연습(Exercise):

우리가 인간의 능력을 의지할 때 우리가 보게 되는 결과는 무엇입니까? _____
_____
_____

만약 우리가 하나님의 임재를 끌어온다면 약속된 결과들은 무엇입니까? _____
_____
_____

사랑하는 여러분, 우리는 주님의 임재를 갈망해야 하며, 주님의 임재를 끌어오기 위해 무슨 일이 있어도 시작해야 합니다. 우리는 행함이 부족한 것이 아닙니다. 우리는 주님의 임재가 부족한 것입니다.

▶ 깊이 생각해 보는 시간(Time for Reflection):

여러분이 오늘 읽은 말씀이나 표현 가운데 가장 의미 있는 것은 무엇입니까?
_____
_____
_____

하나님께서 이것에 대한 응답으로 당신에게 원하시는 것은 무엇입니까?
_____
_____
_____

오늘/이 주에 여러분의 기도제목으로 기도드릴 때, 여러분들은 성령님께서 하시는 말씀이나 여러분을 향한 부르심이 무엇이라고 느낍니까? 그리고 여러분이 직면한 영적 전쟁은 무엇입니까?
_____
_____
_____

Lesson 3 | Week 6

▶ 기도의 시간(Prayer Time):

주님께로 지속적으로 나아가십시오. 하나님의 임재를 여러분 주위의 환경에 끌어오는 것을 구하십시오.

Week 6　　Lesson 4

Lesson 4:
우리를 둘러싼 삶의 시스템
The System of Life Around us

우리가 부흥을 운반하는 자들, 그릇이 되었을 때, 하나님께서 그분의 사명을 성취하시도록 사용하실 것입니다. 우리는 성령님께서 우리 안에서(우리의 삶에서) 뿐만 아니라, 우리의 주위 환경(가정들, 이웃들, 회중들, 그리고 도시들)에서도 영향력을 가지시도록 어떻게 허락해 드리는 것인지에 대해 깨달을 필요가 있습니다. 우리는 어떻게 하면 어둠과 싸우고, 어둠을 밀어내는지, 우리의 삶에서뿐만 아니라, 우리 환경에서도 알아야 할 필요가 있습니다. 우리가 이미 토론했었던 우리 주위의 환경은 사회의 5가지 기본 요소들을 포함하고 있습니다.

▶ 연습(Exercise):

사회의 5가지 요소에 대해 적으십시오(3주차, 2과).

1. _____
2. _____
3. _____
4. _____
5. _____

이 모든 사회의 5가지 요소들(정부, 예배, 가정, 경제 시스템 그리고 신념 체계)은 인간을 위해서 의도된 것입니다. 예를 들어 인간을 다스리도록 만드신 분이 하나님이십니다. 이 의미는 하나님께서는 왕국을 기초로 한 정부와 리더십의 개념을 가지고 계시다는 것입니다. 하나님께서 한 남자가 그의 아버지와 어머니를 떠나서 그의 아내와 연합되라고 말씀하셨습니다(창2:24). 이 의미는 하나님께서 결혼제도를 위한 개념을 가지고 계시다는 것입니다. 하나님께서는 단지 정부, 가정만 제정하신 것이 아닙니다. 성경은 우리가 어떻게 예배하고, 우리가 무엇을 믿으며, 그리고 우리가 직무를 행할 뿐만 아니라, 어떻게 일하는지에 대한 하나님의 지시로 가득 차 있습니다. 그러므로 이 모든 5가지 영역에서 성령님께서 인도하시도록 허락해 드린다면, 하나님께서 하나님의 방식으로 그것들을 인도하실 것을 신뢰할 수 있습니다.

Lesson 4   Week 6

우리 지역에 임재를 끌어오는 것(Drawing the Presence to Our Land)

때로는 우리 중 누군가가 우리의 삶과 가정, 심지어 교회들을 위해 기도하는 것에 더 많이 신앙심을 느낍니다. 그러나 우리에게 비추어진 더 큰일을 위해서 기도하기 시작할 때는 뒤로 물러서기 시작합니다. 우리는 그와 같은 큰일에 변화를 일으킬 수 없는 것처럼 느낄 수 있습니다. 이것은 인간의 능력과 재능 안에서는 사실입니다. 우리는 그 시대의 대부분 큰 변화를 만들 수 없습니다. 그러나 우리는 인간의 능력에 대해서 말하고 있는 것이 아닙니다. 우리는 하나님의 권능에 대해서 말하고 있습니다. 우리는 교회의 깨어남, 일어나는 것, 그리고 우리의 지역에서 어둠이 물러나게 하기 위해 반드시 책임을 지기 시작하는 것을 보는 것에 대해 말하고 있는 것입니다. 다른 사람이 이것을 행하는 것이 필요하다는 것을 우리는 또한 볼 것입니다. 그리고 우리는 우리나라와 도시들의 주위 환경에 하나님의 성령이 움직이시기 위해 기도로 다른 사람과 함께 할 것입니다.

> **간증: 마크 다니엘**
>
> 저는 하나님께서 광범위한 지역들에서 일하신다는 믿음이 없었습니다. 저는 이전에 이렇게 큰 일들이 일어나는 경험을 해 본적도 없었습니다. 그러나 저희 교회는 우리 도시에 하나님께서 운행하시도록 울부짖기 시작했습니다. 우리는 하나님께서 이 공동체에 강력한 충격을 주셔서 하나님의 방식들이 이루어지기 원했습니다. 우리를 둘러싼 것들에 영향을 미치기 시작하도록 하나님이 역사하시기를 보기 원했습니다. 우리는 하나님을 기다리는 것을 배웠고, 단지 우리의 노력으로 일들을 하지 않았습니다. 그래서 우리는 앞으로 나아갈 길을 보여 달라고 하나님께 부르짖기 시작한 것입니다.
>
> 수개월이 지난 후, 올란도 경찰청이 지역에서 가장 범죄율이 높은 곳 패라모어를 위해서 40일간 교회들이 연합해서 기도하고, 금식하기 위한 초청장을 보내왔습니다. 우리는 이것이 하나님께서 일하시는 것으로 깨달았고, 70개가 넘는 지역 교회들이 모여 이곳을 위해 매일 기도에 동참했습니다.
>
> 40일 동안의 기도회에서 좋은 소식들이 들려오기 시작했습니다. 가장 악질적인 범죄자들이 체포되기 시작했습니다(한 사람은 자수했습니다). 범죄율이 급격하게 감소하기 시작했습니다. 경찰들은 갑작스러운 범죄의 감소로 당황했습니다. 시장은 기도가 강력한 힘을 가지고 있다는 것을 깨달았습니다. 폭스 뉴스에서 도착해, 전국적인 중계를 하기도 했습니다. 다른 도시들의 경찰서들로부터 우리에게 연락이 오기 시작했습니다. 올란도 경찰청은 다른 도시에서도 같은 결과가 어떻게 발생하는지 주목했습니다. 경찰청은 우리 교회가 이 도시를 바꾸게 만들었다고 말했습니다. 신문의 헤드라인은 "기도가 올란도를 바꿨다"고 장식했습니다.
>
> 하나님께서 다른 교회와 연합해서, 하나님께서 움직이시도록 울부짖었을 때 우리의 기도를 응답하셨습니다. 그리고 다른 도시의 경찰청들과 함께 이 일에 관여하기 시작했습니다. 더 말할 나위 없이 지금은 우리가 하나님께서 사회의 영역들에서 움직이신다는 것을 의심하지 않고 있다는 것입니다.

특별히 우리가 성령의 충만한 분위기를 만들고, 어둠을 물러가게 하기 위해 그리스도의 몸 된 다른 지체들과 함께 했을 때, 우리는 우리 주위에 영향을 미칠 수 있습니다. 이 영역들에 영향을 주기 시작할 수 있는 방식들을 살펴보십시오. 우리는 그 중에 두 가지를 언급할 것입니다.

정부(Government). 하나님의 정부에 관한 개념을 살펴봅시다. 하나님께서는 그의 백성의 목자 다윗을 부르셨습니다(시78:70-72). 그래서 하나님께는 정부나 리더십이 목양과 유사합니다. 목자는 양을 사랑하고, 양을 돌보고, 양들 모두에게 공평하며, 양들을 위해 그의 생명의 위험을 무릅쓰고, 양들을 보호하기 위해 싸울 것입니다. 만약 하나를 잃어버린다면, 그 양을 찾으러 밖으로 나갈 것이며, 다른 양들과 함께 하도록 데리고 돌아올 것입니다. 이것은 하나님 왕국에 기초한(kingdom-based) 정부입니다. 이것이 하나님의 방식의 리더십입니다.

▶ 연습(Exercise):

사무엘상 8:4-18절을 읽으십시오.
하나님께서는 만약 이스라엘 백성들이 그들을 다스릴 왕을 가진다면 무슨 일이 발생할 것이라고 경고하셨습니까? _____
_____
_____

왕이 그들에게 세금을 걷게 되고, 백성들의 아들들이 왕의 군대를 섬기며 딸들이 왕의 부엌에서 섬기게 될 것을 사람들에게 경고하셨습니다. 왕이 백성들의 땅과 생산물을 위하고, 수확의 십일조와 그들의 가축들, 종들과 그리고 백성들이 쓰려고 하는 동물들을 취할 것입니다. 심지어 왕이 백성들을 종으로 데려갈 것입니다. 하나님께서 다스리는 방식으로 백성들을 돌보지 않는 이 세상의 정부와 리더십의 개념을 따라가는 왕에 대해 하나님께서 백성들에게 경고하시려 했습니다.

하나님께서는 우리가 조성한 분위기 안에서 번성하게 할 리더들을 우리에게 주셨습니다. 이 의미는 우리가 미래에 가지게 될 여러 정치 지도자들에게 영향을 주기 시작할 수 있다는 것입니다. 그러므로 하나님의 개념들을 따라 다스리고, 통치할 우리의 도시들과 나라들의 리더들을 위해서 기도합시다. 이 사람들은 목자의 심령과 백성들을 돌아보려는 소망이 있는 사람들입니다. 국회에서 우리를 대표하고, 시청에서 우리를 대표하며, 우리의 대통령이 될 목자의 마음을 지닌 남성들과 여성들을 우리에게 달라고 하나님께 간구합시다. 리더들은 그들이 이끌 백성들을 사랑하고 목양할 것입니다. 그리고 리더들은 백성들을 보호하고, 섬기고, 힘을 줄 시스템을 창조할 것입니다.

만약 우리가 도시들과 국가들의 변혁을 위해서 울부짖는다면, 정부는 우리가 반드시 기도해야 할 한 영역으로 삼아야 합니다. 우리는 반드시 하나님께서 사회의 각 요소들을 만져달라고 기도하고, 하나님의 통치 아래로 그들을 데려와야 합니다. 만약 리더십들의 분위기가 성령님의 통제 아래에 있게 된다면, 하나님께서 적절한 리더들로 여기시는 남자들과 여인들을 우리에게 주실 것입니다. 이와 마찬가지로, 만

Lesson 4 | Week 6

약 하나님께서 가정, 예배, 경제, 사람들의 신념 체계를 다스리신다면, 성령님께서 일하실 수 있는 환경이 조성되는 것입니다.

예배(Worship). 예배는 신(god)에게 연결할 수 있는 인간의 능력입니다. 인간은 예배를 드리도록 창조되었으며, 그리고 이것은 우리 안에 타고난 그것이 나쁜 신이든, 인간의 것들(돈, 스포츠, 취미, 등) 또는 진정 살아계신 하나님이든지 간에, 우리는 무엇인가를 예배하려 합니다. 예배의 모든 행위는 물리적인 세계가 영적인 세계로 연결되는 것입니다.

형제 자매 여러분, 우리는 모두 제사장들입니다. 우리가 예배를 드리거나, 종교적인 활동을 수행할 때, 우리는 우리의 물리적인 세계와 영적인 세계 사이에서 하나의 교량을 세우는 것입니다. 우리는 영적인 것으로부터 물리적인 것으로 이끌어들이는 느낌을 가지고 이 두 영역들을 연결하는 것입니다. 우리는 예배의 모든 행위 또는 우리가 행하는 종교적 활동, 그것이 기도이든지 아니면 예배이든지, 안에서 하나님을 볼 수는 없습니다. 그러나 우리는 하나님의 임재를 만지고 있으며, 영적인 영역에 연결되어 있다는 믿음을 가지고 있습니다.

예를 들어 여러분이 십일조를 할 때 물리적인 세계 안에서 우리의 헌금을 가져옵니다. 그것을 물리적인 헌금함에 넣습니다, 그리고 어떻게든 하나님을 믿고, 여러분에게 축복을 주실 하나님과 연결되는 어딘가에서 물리적인 사역자에게 헌금을 줍니다. 여러분에게 몇 배로 되돌려 줄 분은 사역자가 아니며, 여러분을 축복해 줄 분도 사역자가 아닙니다. 그렇습니다. 여러분들은 드리는 행위 안에서 영적인 세계와 연결되는 것이며, 그리고 여러분은 무엇인가가 여러분에게 되돌아 올 것을 기대하고 있는 것입니다. 왜 그렇습니까? 왜냐하면 여러분은 여러분이 행하는 무엇인가가 단지 이 물리적 세계가 아니라는 것을 믿고 있기 때문입니다. 여러분은 영적인 세계와 연결이 되어 있는 것입니다.

솔로몬이 성전에서 희생물을 드렸을 때를 기억하십니까? 그가 기도하는 것을 마쳤을 때, 제사장들이 사역을 할 수 없을 정도로 영적인 세계가 정말로 강력하게 임재했습니다(대하 7:1-2). 우리는 예배와 기도 그리고 종교적인 행위가 물리적인 세계를 영적인 세계로 연결하는 것을 볼 수 있습니다.

> 모든 예배의 행위는 물리적 세계를 영적 세계와 연결시킵니다.

▶ **연습(Exercise):**

우리 사회의 사람들은 무엇을 예배합니까? _____
_____
_____

무슨 충격이 물리적 세계에 미치고 있습니까? _____
_____
_____

Week 6   Lesson 4

영적 세계를 통제하고 있는 곳에 변화를 달라고 어떻게 기도할 수 있습니까? _____
_____
_____

어둠의 분위기(An Atmosphere of Darkness)

마치 우리가 주님의 이름으로 하나님과 연결될 수 있는 부름을 받은 것처럼, 같은 방식으로, 이 세상의 영과 연결되고 어둠의 임재를 끌어들이는 사람들이 있습니다. 그리고 꼭 하나님께서 사람들을 압도하실 수 있는 것처럼, 이 어둠의 힘도 또한 사람들을 압도할 수 있습니다. 어둠의 임재가 한 지역을 뒤덮을 때, 나쁜 일을 하는 것을 도모하지 않던 사람들 조차도 불시에 압도되어 버립니다. 그들은 잘못된 길로 가고 말며, 그들이 결코 행하려고 생각을 해본 적이 없는 일들을 하게 됩니다. 때로는 사람들이 물을 것입니다. "왜 당신은 그것을 했습니까?" 그리고 그들은 대답을 하지 못할 것입니다. 이것은 어둠의 영적 분위기이기 때문입니다.

하나님께서 일하기 위한 영적인 분위기를 요구하시는 것처럼, 마귀도 그렇게 합니다. 마치 하나님 아버지께서 항상 일하시는 것처럼, 마귀도 그렇게 합니다. 마귀는 훔치고, 죽이고, 파괴시키기 위한 일을 하고 있습니다.

이것은 도시의 종교적인 분위기를 누가 다스리느냐를 이해하기 위해 매우 중요한 것입니다. 한 지역에 교회들이 있을 수 있습니다. 그러나 교회들이 그 지역의 영적 분위기에 영향을 주고 있습니까? 거룩한 제사장들이 하나님의 임재를 끌어들이는 것보다 사악한 제사장들이 이 지역에 더 어둠을 끌어들이고 있지 않습니까?

▶ **연습(Exercise):**

여러분의 도시에서 위의 질문들에 대한 대답은 무엇입니까? _____
_____
_____

세계 도처에 사악한 제사장들과 제단들이 있습니다. 그리고 그들은 어둠의 임재를 끌어들입니다. 예를 들어 낙태 시술 병원들은 의심할 필요도 없이 어둠을 끌어들이는 곳입니다. 왜냐하면 매 순간 부당하게 피를 뿌리기 때문에 어둠의 임재를 끌어들이고 있습니다. 다른 예는 여러분이 공기에서 너무나 짙은 어둠을 느낄 수 있는 뉴올리언즈(New Orleans)같은 곳입니다. 여러분은 절제할 수 없게 만드는 "미쳐 날뛰는" 영을 느낄 수 있습니다. 이것은 여러분이 정상적으로 결코 할 수 없는 일들을 향한 정욕, 욕망의 영과 같습니다. 만약 여러분이 영적으로 민감하다면, 여러분은 즉각적으로 이것이 세계의 다른 지역들에서부터 그리고 미국의 다른 지역으로부터 오도록 사람들을 끌어들이는 영적인 분위기라고 말할 수 있으며, 그러면서 "그들의 경계를 풀어버리자."라고 합니다. 그들이 원하는 것을 하게 하기 위해, 미쳐 날뛰고 그리고 "먹고 마시게" 합니다.

이것은 하나님께서 일하실 수 있는 분위기가 아닙니다. 하나님께서는 성경을 통해서 지시하셨습니다, "백성들이 예배하는 우상들을 찾을 때 그것들을 파괴해라. 그 우상들을 너의 집에 들이지 말라. 우상 위에 입힌 금이나 은을 탐하지 말라. 그것들이 너의 집의 가증한 것이 되거나, 너에게 저주를 가져올 것이다." 하나님은 하나의 우상을 집으로 가져오는 것조차도 어둠의 문을 열어주고, 어둠의 홍수를 불러들이는 것과 같다고 말씀하셨습니다. 우리가 이러한 것들을 이해하기 시작할 때, 우리의 집을 더욱 수호할 책임이 있다는 것을 우리는 깨닫기 시작할 것입니다.

▶ 연습(Exercise):

여호수아 7장을 읽으십시오.
이 장에서 이스라엘 백성들에게 무슨 일이 일어났습니까? _____
_____
_____

왜 하나님께서는 이것이 발생할 것을 말씀하셨습니까?_____
_____
_____

아간은 가져오지 말아야 할 어떤 것을 자신의 집으로 가져왔습니다. 다음 날 이스라엘은 전쟁에 나갔고 패배했습니다. 여호수아가 하나님께 울부짖을 때 주님께서는 설명하셨습니다. "이스라엘은 죄를 지었다. 내가 너희에게 지키라고 명령한 언약을 어겼다. 그들이 온전히 바친 물건을 취했다. 그들이 훔친 것이다. 그들은 거짓말을 했다. 그들이 그것들을 자기들의 소유물 가운데 두었다. 그런 이유로, 이스라엘 백성은 적들을 대항해서 맞서지 못할 것이다. 왜냐하면 그들이 패배할 것 같았기 때문에 그들에게서 돌아서서 도망갔다. 만약 네가 온전히 멸하기로 한 것들을 너희 가운데서 파괴하지 않으면 나는 더 이상 너와 함께 하지 않을 것이다." 여러분들은 하나님께서 무슨 말씀을 하셨는지 들리십니까? "내가 너와 함께 가지 않겠다." 이것은 적절한 분위기가 아니었습니다. 이 말씀에서 보여지는 것처럼 하나님께서 말씀하실 때가 있습니다. "내가 미안하구나. 나는 너와 동행할 수 없다. 너와 가까이 할 수 없는 분위기를 네가 조성했구나."

Week 6　　Lesson 4

우간다로부터 온 간증: A Testimony From Uganda

근간에 우간다의 교회는 약 20년 동안 우간다 북쪽 지역의 반군과 싸워온 정부로 인해 야기된 도전에 직면해 왔습니다. 반란군은 살인을 일삼고, 어린 자녀들을 유괴해서, 그들을 수단으로 데려가고, 여자아이들은 성 노예로, 남자아이들은 살인 기계로 만들었으며, 그리고 여자들은 반란군들의 식량 재배를 위한 일꾼으로 취했습니다. 이것은 매우, 매우 잔인한 것이었습니다. 영국과 독일 정부가 그랬던 것처럼 미국 정부가 공개적으로 무기를 주고, 훈련과 다른 것들에도 도움을 주었습니다. 그러나 전쟁은 사라지지 않았습니다.

한번은 우리가 주님을 구하기 위해서 모였습니다, 우간다 전역에서 많은 변혁에 대한 간증들이 나누어지게 되었습니다. 북쪽에서 온 한 사람이 서서 요청했습니다. "만약 여러분이 하나님을 구하면서 몇 개월 이내에 공동체의 변화를 보기 원하신다면, 왜 우리가 17년 동안 기도했는데 하나님께서 우리에게 응답하시는 것처럼 보이지 않습니까? 누군가 설명해 주실 수 있습니까? 하나님께서는 사람들을 차별하십니까?" 이것이 인간의 해결책들을 가지고 처음으로 답하려고 했던 도전이었습니다. 그때 하나님께서 거짓말쟁이가 아니라는 것을 깨닫고, 우리는 겸손하게, 주님 앞에 나아와 말씀을 드렸습니다. "만약 우리가 이렇게 오랫동안 기도해 왔다면, 그리고 당신이 응답하시지 않는다면, 무엇인가 반드시 놓친 것이 있습니다."

우리 자신을 겸손히 할 때, 국가적인 금식으로 부르시는 것을 느꼈습니다. 그래서 우리는 여러 기도 운동들과 교회 신앙 동지들과 협의를 했습니다. 한 가지 일이 다른 것으로 이어지고 하나님께서는 우리에게 말씀하셨습니다. "마술과 우상숭배의 영들에게 전쟁을 선포해라." 우리는 이해하지 못한 채 그것을 행했습니다. 그러나 같은 시기에, 하나님께서 반란군을 대항해서 싸우는 군대의 사령관들 가운데 한 사람에게 말씀하셨습니다. 그는 회심한 사람이었습니다. 주님은 그에게 말씀하셨습니다. "총으로는 이 전쟁에서 절대 승리할 수 없다는 것을 너의 장교들에게 이야기해라. 만약 너희가 스스로 겸손하게 기도하지 않는다면, 이 전쟁은 결코 끝나지 않을 것이다." 이 사령관은 이 말씀이 대통령에게 다다를 때까지 전달했습니다. 대통령은 대규모 기도 집회가 가장 피해가 심한 북쪽의 도시인 구루(Gulu)에서 열리도록 허락해 주었습니다.

이 집회를 조직한 몇 몇의 회심한 사령관들이 교회들과 접촉했고 도움을 요청했습니다. 기도 모임은 한 달간의 국가 금식기간 중간에 정확하게 끝이 났습니다. 우리는 주말 내내 목사님들과 중보자들의 다른 팀들을 보냈습니다. 엄청나게 많은 사람들이 왔습니다. 이것은 흔치 않은 일이었습니다. 그러나 처음 이틀 동안은 열매가 없었습니다. 두 번째 날, 주님께서 예언적인 말씀을 주셨고, 전쟁이 끝나게 될 것을 말씀하셨습니다. 그들은 반란군에 의해서 사용되어졌던 땅들의 사악한 제단들을 대항해서 나와야 했습니다. 북쪽에서 오신 목사님들 중에 한 분이, 적들의 제단들에 대해서 상세하게 보고를 시작하셨습니다. 인간과 동물의 희생 제사를 포함해서, 그리고 예식을 수행하고 영적인 능력을 끌어들이도록 희생 제사를 위해서 사용이 된 반란군의 제단이 약 17개였습니다.

지역교회 목사님께서 무슨 일이 일어났는지를 잘 정리해서 그 지역 사람들에게 말씀하기를 시작하셨습니다. 거기에서는 몇 몇 반란군을 포함해서, 수천의 사람들이 주 예수님께 그들의 삶을 드린 확신의 마음이 있었습니다. 그들은 신접한 자들을 넘겨주었고 어디에 제단이 있는지를 확인해 주었습니다. 그것들은 사악한 제단들이었습니다. 우리는 하나님께서 우리가 제단에 들어가 파괴하기 원하신다는 것을 이것을 통해 알게 되었습니다. 그러나 이 모든 제단들은 군사들과 반란군이 들어갈 수 있는 전쟁 지역에 있었습니다.

어쨌든 하나님께서 방향을 제시하셨을 때, "너희는 순종으로 이것을 행하라"고 말씀하셨습니다. 하나님께서는 어떻게 길을 여시는지 알고 계십니다. 다음날 아침은 월요일이었고, 목사님들은 대통령께서 마을에 계셨고 매우 감사해하고 계신다는 것을 목사님들이 알기를 원하셨다는 메시지를 받았습니다. 대통령은 만약 목사님들 중에 한 분과 만날지 말아야 할지를 요청하셨습니다. 대통령께서는 그의 감사를 표현하셨고 목사님들이 계속하실 것을 부탁하셨습니다. 그러나 그 목사님께서 말씀하셨습니다, "각하! 이해를 못하고 계십니다. 각하께서 싸우는 것과 나란히 다른 전쟁이 벌어지고 있습니다. 각하께서는 그것과 싸울 무기를 가지고 계시지 않습니다. 이것은 영적인 전쟁입니다."

그 목사님께서는 영적 전쟁과 제단들의 힘과, 반란의 배후에는 비술과 신접한 자들이 있다는 것에 관해 대통령께 말하기 시작하셨습니다. 어느 지점에서 대통령께서는 모든 사령관들에게 들어와서 경청하라고 명령하셨습니다. 토론이 끝날 즈음, 대통령께서 말씀하셨습니다. "만약 당신이 교회가 이것을 깨뜨릴 권세를 가지고 있다는 것을 우리에게 장담한다면, 당신이 우리에게 행하라고 말한 어떤 것도 행하겠습니다." 목사님께서는 중보자들이 전쟁 지역의 각 제단으로 들어가, 거기서 기도하고, 권세를 깨뜨리고, 땅을 정결하게 할 필요가 있다는 것을 대통령께 말씀드렸습니다. 대통령께서는 동의하셨고 지원군과 공군을 제공해 주셨습니다. 대통령께서는 그들이 그 일을 하도록 들여보내기 위해 헬기와 장갑 수송차량을 가게 하셨습니다.

목사님께서 회의에 관해서 다른 분들과 말씀하시는 동안, 정부로부터 전화를 받았습니다; 대통령은 목사님들의 전략을 물어오셨습니다. 대통령께서는 우리가 시작하고, 하나님을 구하고, 그들이 실행해야 할 전략을 가져오도록 원하셨습니다. 우리는 일주일을 청했고, 기도와 금식, 주님을 기다리기 시작했습니다. 주님께서는 행해져야 할 필요가 있는 특별한 것들을 부어주셨습니다. 몇 주 후에 팀들이 나갔습니다. 군대는 신실했습니다. 그들은 모든 것을 주었습니다. 이것은 전쟁 같았습니다. 그러나 병사들은 중보자들이었습니다. 그들 모두는 전쟁에 들어갔습니다. 그들은 제단으로부터 제단까지 나아갔습니다. 모든 지역에서 기도를 했습니다.

반란군의 최고 지도자 중에 한 사람이 후에 항복했고 그 때에 대해서 증언을 했습니다. 반란군 사령관이 말했습니다. "무슨 일이 일어났습니다. 우리의 힘이 약화되기 시작했습니다." 그는 영들이 떠났고, 돌아올 수 없었다고 말했습니다. 그들은 어떻게 그것이 가능하냐고 그에게 물었습니다. 그가 대답했습니다, "저도 모릅니다, 이해할 수 없습니다. 그러나 몇 몇의 기독교인 무리들이 이것에 책임이 있습니다."

그 때부터 숨어 있던 모든 반란군들이 패배를 당했습니다. 17년 동안 계속되었던 전쟁이 3년 안에 끝난 것입니다. 반란군을 도와주던 수단 정부는 갑자기 마음의 변화를 일으켜 도움을 주는 것을 중단하기로 결정했습니다. 그들이 반란군의 추적을 위해 그 지역으로 군사들을 보내도록 정부 관료를 초청했고, 유괴된 수천의 여성들과 아이들이 우간다로 돌려보내지는 것이 가능해졌습니다. 수단 군대는 남 수단 지역에서 반란군이 떠나도록 경고했습니다. 몇 번의 공격으로 반란군은 수단을 떠나 콩고로 몇 개월 동안 들어갔습니다. 그들은 평화 회담을 요구했습니다. 평화 회담에 관련이 된 세 나라의 정부가 - 콩고, 우간다 그리고 수단 - 연합되었고, 군사를 합쳐서 반란군을 죽였습니다.

여기에 제가 표현하려는 것은 하나님께서는 우리가 요구하는 것보다 풍성하게, 엄청나게 행하실 수 있다는 것입니다(엡 3:20). 17년 동안 우리가 어떻게 기도하는지 알았다고 생각했습니다. 그 목사님께서 우리에게 도전을 하기 전까지 17년 동안 우리가 옳게 행하고 있다고 생각했습니다. "하나님께서는 사람을 차별하십니까?" 여러분이 나눈 모든 변화의 이야기들을 들으십시오. 아무도 1,2년 이상 걸리지 않았습니다. 여러분은 특별한 도시들과 그리고 하나님의 움직이심을 위해 기도하십시오. 특별한 지역들과 하나님의 움직임을 위해 기도하십시오. 왜 하나님께서는 우리 지역에 움직이지 않으십니까? 왜 누군가는 이해하도록 나를 돕지 못합니까? 우리들 중 아무도 해답을 가지고 있지 않습니다.

그러나 하나님 앞에서 우리 자신을 겸손하게 하고 우리가 놓쳐버린 것이 무엇이었고, 우리가 바르게 행할 수 없었던 것이 무엇이었는지 간구를 시작할 수 있는 은혜를 받았습니다. 매우 분명한 전략이 우리 앞에 놓여질 때까지 하나가 다른 하나를 이어지게 합니다. 그리고 짧은 시간 안에 3년 동안 반란은 종결되었습니다. 오늘날 국내에서 추방된 사람들의 캠프에 있었던 북부지역의 사람들이 그들의 땅으로 돌아갔고, 집과 병원, 학교 그리고 다른 사회 공공시설을 건설하고 있습니다. 20년 만에 처음으로 지역의 사람들은 평화를 알게 되었습니다.

Week 6   Lesson 4

성령의 임재를 이끌어오기 위한 대기의 변화는 지역을 변혁시키는 전개과정의 중요한 영역입니다. 우리는 사회의 어떤 요소들 안에서 우리 사회의 방식들, 우리들의 방식들을 따르기로 선택할 수 있습니다. 또는 하나님의 방식들을 우리에게 알려주시고, 가르쳐 주시도록 성령님을 허락해 드리기 시작할 수 있습니다. 몇 가지 실례들은 우리의 연애, 결혼, 육아 그리고 가정들이 하나님의 방식이 아닌, 우리가 행동하는 방식들입니다. 이것들은 우리 사회의 방식들입니다. 우리에게 익숙해진 타협들은 분위기에 영향을 미칩니다. 그리고 우리가 우리 자신을 겸손하게 하고 하나님을 찾기 시작할 때, 하나님께서 우리들에게 이 타협들을 보여주기 시작하실 것입니다. 만약 우리가 하나님께 이 타협으로부터 우리를 깨끗하게 해주시기를 허락해 드린다면, 우리는 하나님의 임재가 더욱 강하고, 위대하게 증가되는 것을 보기 시작할 것입니다.

하나님께서 창세기 18:19에서 말씀하셨습니다, "내가 그로 그 자식과 권속(가정)에게 명하여 여호와의 도를 지켜 의와 공도를 행하게 하려고 그를 택하였나니 이는 나 여호와가 아브라함에게 대하여 말한 일을 이루려 함이니라." 하나님께서 말씀하신 것은 무엇입니까? "단지 약속을 했기 때문에 내가 성취할 수는 없다. 나에게 적절한 분위기를 제공해 주어야 한다. 너의 자녀들과 가정은 나의 방식들 안에서 길러져야 한다. 그들은 옳고, 공의로운 것을 행하게 해야 한다, 그런 다음 내가 올 것이며, 내가 약속한 것을 성취할 것이다."

오늘날 교회에서는 사회의 5가지 영역들에 대해 포기해 왔습니다. 왜냐하면 우리가 무엇을 해야 할지 알지 못했기 때문입니다. 많은 방식들 안에서 우리는 인간의 노력으로 그것들을 변화시키려고 했습니다. 그러나 교회가 깨어나면서 사회의 5가지 영역들을 변화시키고, 문을 열고, 움직이게 하기 위해, 우리는 하나님을 구하고 신뢰하기 시작했습니다. 뒤로 물러나 앉아 있거나 패배에 굴복하기 보다는 우리의 하나님께서 한 번에 한 걸음씩 변화시키는 것을 알고 일어나기 시작했습니다.

많은 경우에 우리가 분위기에 영향을 주기 시작할 때, 하나님께서 이 영역들 안에서 변화가 다가오는 것을 보기 위한 한 명의 선두주자가 될 수 있는 한 사람을 다른 영역들 안에서 일으키실 것입니다. 우리는 온 세계의 많은 나라에서 이것을 보아왔습니다.

결론(Conclusion)

우리가 위임명령 안에서 기도하고, 하나님 마음의 소원을 붙잡고, 그리고 시대의 긴박성을 볼 때 하나님께서 우리에게 주신 위임을 이해하고, 꼭 잡기 시작할 때, 그리고 우리의 삶을 하나님께 포기해드리고 양도해 드리면서 우리의 언약의 자리에서 일어서기 시작할 때 하나님께서 우리에게 지시사항들을 주시기 시작하고, 주님의 약속들과 선물들 위에 우리가 서있고, 하나님의 은혜를 꼭 붙잡을 때, 우리를 둘러싼 분위기를 변화시킬 수 있게 될 것입니다. 우리가 다른 사람들과 사회의 이 영역들을 위한 기도를 하기 위해 함께 모이기 시작할 때, 우리는 권능 가운데 일어서는 교회를 볼 것입니다. 이것은 인간의 노력에 의한 능력을 통해서 될 수 있는 것이 아니라 성령의 힘으로 되는 것입니다. 이것은 단지 거리의 미사여구가 되지 않을 것입니다. 이것은 깨어나기 시작하고, 사람들의 마음을 휘저으며, 그리고 사람들이 하나님께 나오기를 원하는 이유가 되는 하나님의 말씀이 될 것입니다.

우리는 시 공무원들, 사회 명사들과 사회의 다른 영역의 여러 사람들이 밤에 꿈을 꾸기 시작하고, 왜 하나님께서 그들을 사회의 특별한 영역에 두셨는지에 대해 이해하는 것을 보기 시작할 것입니다. 우리는 하나님께서 교회들이 하나로 기능하고, 이 일들에 영향을 주는 것을 위해 연합시키고, 모이게 하는 것을 보기 시작할 것입니다.

우리는 처음에는 변화가 미미하다는 것을 느낄 것입니다. 그러나 우리가 이 명령 안에서 그리고 우리의 마음의 분위기가 변화하는 것, 우리의 주변 상황들 그리고 사회의 영역들을 위해 계속 기도할 때, 하나님께는 불가능이 없다는 것과, 어제나 오늘이나 그리고 내일이나 동일하신 분이라는 것을 발견할 것입니다. 그리고 성경시대에 하나님께서 도시들을 뒤집어 엎으신 것과 마찬가지로 하나님께서는 계속해서 도시들과 나라들을 우리 시대에 뒤집어 엎으실 것입니다.

> ▶ **깊이 생각해 보는 시간(Time for Reflection):**
>
> 여러분이 오늘 읽은 말씀이나 표현 가운데 가장 의미 있는 것은 무엇입니까?
> _____
> _____
> _____
>
> 하나님께서 이것에 대한 응답으로 당신에게 원하시는 것은 무엇입니까?
> _____
> _____
> _____
>
> 오늘/이 주에 여러분의 기도제목으로 기도드릴 때, 여러분들은 성령님께서 하시는 말씀이나 여러분을 향한 부르심이 무엇이라고 느낍니까? 그리고 여러분이 직면한 영적 전쟁은 무엇입니까?
> _____
> _____
> _____

▶ **기도의 시간(Prayer Time):**

Week 6   Lesson 4

주님께 더 깊이 나아가는 시간을 보내십시오. 여러분이 하나님께 더 가까이 나아갈 때, 하나님께서 여러분에게 더 가까이 오십니다. 성령님께 어떻게 어둠을 밀어낼지 가르쳐 달라고 간구하시고, 성령님께 우리를 뒤로 물러나게 하고, 우리를 좌절시키기 원하는 어둠의 권세와 대항해서 맞설 힘을 달라고 간구하시기 바랍니다. 하나님께서 일으키시는 군대의 일부분이 되도록 우리를 준비시키시는 하나님을 찬양합시다.

Lesson 1 | Week 7

WEEK 7.
The Way Forward
성공으로 가는 길

이 마지막 주간의 공부에서 우리는 하나님께서 지난 6주 동안 우리에게 보여주신 일들을 걸어가기 시작할 수 있는 실제적인 방식들을 보여주기 원합니다. 우리는 하나님께서 생각하시는 전개과정(process), 하나님께서 역사를 관통해서 일해오신 사명(mission), 하나님께서 사명의 성취를 가능하게 하는 그의 선택된 그릇에게 주신 위임명령(mandate)을 파악했습니다. 그리고 우리는 몇 가지 가장 중요한 질문들을 물어보고, 답했습니다.

> **금주의 목표:**
> 이번 주에 우리는
> 1. 이 공부가 끝날 때라도, 여러분을 창조하신 운명을 성취하도록 여러분을 지속적으로 가까이 데려가실 하나님과 매일 지속적으로 걸어가기를 헌신하는 것입니다.
> 2. 여러분을 세워나가고, 강화시키고, 하나님의 군대의 역동적이며, 효과적인 구성원이 되도록 여러분을 준비하는 삶의 양식의 변화에 헌신하는 것입니다.

- 사역은 무엇입니까? 우리의 방식으로 사역을 행하십니까 아니면 하나님의 방식으로 행하십니까?

- 하나님 마음의 소원은 무엇입니까? 하나님 마음의 비전은 무엇입니까?

- 하나님 마음의 소원들이 성취되는 것을 보기 위하여 나에게 수행하라고 하신 위임은 무엇입니까? 나는 그 사명을 성취하고 있습니까?

- 하나님께서 우리에게 요구하신 과업들을 우리가 어떻게 행할 수 있습니까?

다음 과에서, 우리의 생활양식을 바꿀 수 있는 세 가지 특별한 행동 단계들을 살펴볼 것입니다. 그래서 우리는 하나님의 일을 이제 시작할 수 있습니다. 우리가 개인적인 수준에서 취할 수 있는 행동들, 지역적인 수준에서 취할 수 있는 행동들, 하나님께서 일들을 여시기 시작하실 때를 위해 우리 자신을 준비시킬 수 있는 행동들 그리고 우리가 하나님의 과업을 성취하기 위해 하나님께서 기꺼이 사용하시고자 하는 그릇으로써 우리를 지속적으로 발전시키고 성장시킬 수 있는 행동들을 살펴보게 될 것입니다.

이 주간의 과정을 위해서 여러분의 마음을 기도로 충만하게 준비하시기 바랍니다. 우리가 이 과의 첫 부분에서 언급하는 것은, 우리는 이 공부가 영향을 줄 수 없는 단지 또 하나의 좋은 공부가 되는 것을 원하지 않습니다. 이 공부는 유발시키고, 동요시키고, 깨우고 하나님의 군대를 일으키고, 열방을 제자화하기 위해 보내도록 부

Week 7   Lesson 1

르기 위해서 의도된 것입니다. 그러면서 우리가 여기까지 잘해낸 것처럼, 여러분의 마음 속에 이 일들이 이미 동요되고 있다는 것을 믿고 있습니다.

매일의 과정의 끝에서, 우리는 여러분이 배운 것들을 붙잡는 것을 도울 수 있는 몇 가지 행동 포인트들을 제공해 드릴 것입니다. 우리는 이것이 여러분이 부여받은 위임을 성취함으로써 여러분을 세우고, 견고하게 할 생활양식이 되기를 기도합니다.

이 주간 마지막 과에서, 우리는 지난 주간, 하나님께서 여러분에게 드러내시는 것들에 반응하는 방식을 제공했습니다. 우리는 여러분을 위해서 일어나서 "그리스도께서 여러분을 붙드셨던 것을 붙잡으십시오"라고 헌신할 것을 간청할 것이며, 그리고 만약 여러분이 원한다면 일종의 "지원과정(enlistment process)"을 요구할 것입니다.

하나님께서는 그의 군대가 일어나고, 그것을 차지하도록 부르시고 계십니다. 여러분은 이 마지막 때의 하나님의 목적들이 앞당겨지게 할 남성들과 여성들의 고귀한 군대로 쓰임 받기를 원하십니까?

일곱 번째 주간을 위한 기도 제목들

1. 하나님께서 이 과들을 통해서 여러분을 드러내시는 것에 반응하도록

2. 여러분이 지구적인 군대의 비전을 붙잡고, 그 일부가 되는 것을 소망하도록

Audio/video link for week 7:

http://worldtrumpet.org/awakening-the-church
(week 7)

LESSON 1:

개인적 생활양식 변화 – 절박함을 유지하는 것
A Personal Lifestyle Change – Maintaining a Sense of Urgency

시간이 얼마 남지 않았다(The Time is Short)

우리는 지난 몇 주 동안 다가오는 주님의 날(Day of the Lord)에 대해서 여러 차례 말씀드렸습니다. 우리는 시간이 얼마 남지 않았다는 것과 우리가 마지막 때에 살고 있다는 것을 확실히 알고 있습니다. 이것이 우리에게 긴박감을 줄 것입니다.

> 주님의 날은 성경에 3가지 다른 방식으로 언급되어 있습니다. 여기에서 우리가 이야기하는 것은 주님의 날은 성경에 묘사된 대로 어둠의 파도가 일어나고, 증가되는 때를 말합니다. 교회는 어둠에 맞서 일어나도록 부름 받았습니다. 우리는 이 공부가 시간이 얼마 남지 않았다는 것을 보여줄 것으로 기대합니다.

우리가 반드시 인정하고, 하나님께서 우리에게 주신 하나님의 사명과 명령을 우리가 성취할 수 있도록 주님께 부르짖게 하는 두 가지가 있습니다. 두 가지 중에 첫 번째는 주님의 날(the Day of the Lord)은 정해진 날짜라는 것입니다. 이것은 우리 자신이 결정할 날짜가 아닙니다. 하나님께서는 이미 그것을 정하셨습니다. 예수님께서 제자들에게 말씀하셨습니다. "그러나 그 날과 그 때는 아무도 모르나니 하늘의 천사들도, 아들도 모르고 오직 아버지만 아시느니라"(마24:36). 이미 정해진 날짜가 있습니다. 그리고 이 날이 다가오고 있습니다.

두 번째는 어둠이 점점 커지고 있고, 꽉 채워지고 있습니다. 하나님께서는 어둠이 영원히 지속해서 자라도록 허락하지 않으실 것입니다. 야고보서 1:15에서 "욕심이 잉태한즉 죄를 낳고 죄가 장성한즉 사망을 낳느니라." 하나님께서는 그 시기를 더욱 더 연장하실 수 없으십니다. 만약 하나님께서 그렇게 하신다면, 어둠이 택한 자들을 삼켜버릴 것입니다(막13:20).

우리는 하나님께서 우리에게 말씀하신 시기에 있습니다. "여러분들은 징조를 읽으실 수 없으십니까? 여러분은 영원히 미룰 수 없습니다. 여러분들을 저지하는 모든 것을 없애버릴 필요가 있으며, 시간이 얼마 남지 않았기 때문에 과업을 위해서 여러분 자신을 헌신할 필요가 있습니다." 시간이 얼마 남지 않았다는 절박함은 하나님께서 그것을 짧게 만들었기 때문이 아니라; 그것의 절정으로, 정해진 날짜로 다가가기 때문입니다. 그러나 오늘날 그 시간의 절박함을 인식하고 있는 사람들이 많지 않아 보입니다.

> 주님의 날(the Day of the Lord)은 정해진 날짜라는 것입니다.

Week 7　　　Lesson 1

잠자는 사람(Slumber)

졸음의 영은 많은 파괴적인 결과들을 포함하고 있습니다. 한 가지는 우리가 알고 있는 옳지 않은 일들, 우리를 약화시키고 부패시키는 일들에 대해서 우리를 묵인하게 만듭니다. 그래서 우리는 타협하게 되고 심지어는 눈감아 주게 됩니다. 우리는 졸게 되고 묵인하기 시작하며 하나님께서 용납하시지 않는 것들을 받아들입니다.

다른 결과들은 하나님 마음의 소원을 성취하는 것에 대한 흥미를 잃어버리게 된다는 것입니다. 우리의 인생은 하나님께서 초점을 맞추신 것보다는 스스로 초점을 맞추게 됩니다. 우리는 또한 다른 사람들을 향한 사랑을 잃게 됩니다. 우리의 마음은 차가와지고 영혼들이 구원받은 것을 보고자 하는 소망을 잃어버립니다. 우리는 희생적이지도 또한 사랑으로 관대하지도 않습니다.

경고의 뉴스 보고나 생각, 그리고 "이런, 터무니없는"이라고 말하는 것을 보는 것은 우리들 가운데 많은 이들에게는 생소한 것은 아닙니다. 그런 다음 한 시간 뒤 그것에 대한 기억이 사라집니다. 처음 그 순간에는 우리가 돌파구를 찾게 될 것이라고 생각합니다. 그러나 우리는 하나님의 마음을 빠르게 잃어버립니다. 이것이 잠자는 것입니다.

이것이 오늘날 이 땅을 대항하여 다가오는 영적인 힘인 것입니다. 그리고 교회는 점점 더 그것에 사로잡히고 있습니다. 이것은 우리를 무력하고, 움직이지 못하게 하고, 약하게 하며, 힘이 없게 만들고 있습니다. 이것이 바로 어둠이 우리가 이렇게 되도록 원하는 상태인 것입니다.

잠자는 것은 우리가 살고 있는 이 시대에 강력한 것입니다. 잠자는 것이 우리를 계속해서 밀어내고, 우리의 소망과 비전 그리고 명확함을 훔치려고 합니다. 잠자는 것이 우리의 믿음, 신뢰, 용기 그리고 인내를 훔치려고 합니다. 잠자는 것이 우리를 뒤로 밀어내어 우리가 주님과 우리의 운명을 추구하지 못하도록 합니다. 잠자는 것은 우리의 헌신을 타협하게 만드는 원인이 되고, 그리고 우리 자신들에 관한 일들로 만들어 버립니다.

이 공부는 더 큰 긴박성으로, 우리의 명령에 대한 자각 그리고 하나의 군대로서 함께 연합하도록 우리를 위한 필요에 대한 감각, 하나님의 사명을 일으킬 수 있습니다. 그러나 우리를 대항해서 다가오는 하나의 힘이 있습니다. 이것은 우리가 일어나는 것으로부터 지연시키려고 합니다. 우리를 자리에 앉히고, 초점을 잃어버리게 하며, 그리고 자족하게 되기를 원하는 이 영적인 힘을 대항해서 나아가도록 반드시 우리의 마음을 정해야 합니다. 우리는 이 졸음의 영이 놓여있는 곳으로부터 반드시 밖으로 나가야 합니다. 그러나 우리가 이것을 어떻게 할 수 있습니까?

사이드 노트 1:
잠자는 사람들은 옳지 않은 일들, 우리를 약화시키고 부패시키는 일에 대해서 묵인되게 만듭니다.

사이드 노트 2:
우리가 졸음의 영적 힘들과 반드시 싸워야 하는 두 가지 이유

1. 예수님께서 우리가 이것을 대항하라고 하셨고, 그렇지 않으면 우리가 사로잡힐 것이라 하셨습니다.
2. 시간이 얼마 남지 않을 때에 우리가 반드시 과업을 완수해야 하기 때문입니다.

Lesson 1　　Week 7

왜 우리는 잠자고 있는 자들과 반드시 싸워야 합니까(Why We Must Fight Slumber). 왜 우리가 잠자는 자들의 영의 세력과 반드시 싸워야 하는지, 거기에는 두 가지 이유가 있습니다. 이 두 가지 모두 말씀에서 찾아 낼 수 있습니다. 첫 번째는 예수님께서 우리들에게 잠자는 것에 대해 반드시 맞서야 하고 그렇지 않으면 그것이 우리를 사로잡게 될 것이라고 하셨습니다. 두 번째는 우리가 반드시 과업을 완수해야 하는 것입니다. 때는 차고 있습니다. 그리고 과업을 성취할 시간은 짧아지고 있습니다.

▶ 연습(Exercise):

누가복음 21:34-36절을 읽으시오: "너희는 스스로 조심하라 그렇지 않으면 방탕함과 술취함과 생활의 염려로 마음이 둔하여지고 뜻밖에 그날이 덫과 같이 너희에게 임하리라 이날은 온 지구상에 거하는 모든 사람에게 임하리라 이러므로 너희는 장차 올 이 모든 일을 능히 피하고 인자 앞에서 서도록 항상 기도하며 깨어 있으라 하시니라"

> 우리는 눌러 앉게 하고, 초점을 흐리게 하고, 그리고 우리를 자만하게 만드는 졸음의 영적 힘과 맞서 서는데 우리의 마음을 두어야 합니다.

만약 여러분이 조심하거나 경계하지 않는다면 여러분의 마음에 무슨 일이 일어날까요? ___
_____
_____

누가 이 파도에 직면할까요? _____
_____
_____

예수님께서 무엇을 하라고 지시하셨습니까? _____
_____
_____

예수님께서 "항상"이라는 단어를 사용하신 것을 주목하셔야 합니다. **항상** 깨어있어야 합니다.

누가복음 21:34-36절을 다시 읽으시기 바랍니다. 그리고 여러분의 답들을 다시 살펴보십시오. 교회가 주님의 날(the Day of the Lord)에 대해서 가르치고 있지 않다고 상상해 보시기 바랍니다. 사람들은 예수님께서 주신 경고를 느낄 수 없고 그들은 부주의에 사로잡히고 말 것입니다. 그들은 우리가 살고 있는 시간의 위기를 이해하지 못할 것입니다.

예수님께서는 아버지 하나님께서 예수님께 주신 말씀만 말씀하셨다는 것을 이해할 필요가 있습니다. 예수님은 말씀을 낭비하지 않으셨습니다. 주님은 과장해서 말씀하지 않으셨습니다. 그래서 우리는 예수님께서 우리에게 말씀하실 때 마음으로(close to heart) 반드시 그것을 진지하게 취해야 합니다. "조심해라. 유념해라. 그리고 정신을 차리고 있어라. 너희의 마음을 보호하고 준비해라. 너희가 피할 수 있도록 기도해라. 왜냐하면 그 날이 덫과 같이 기대하지 않을 때 다가올 것이다." 예수님께서 우리를 포함한, 이 지구상에 거하는 모든 사람이 직면할 것이라고 말씀하셨습

> 주님은 과장해서 말씀하지 않으셨습니다. 그래서 우리는 예수님께서 우리에게 말씀하실 때 마음으로(close to heart) 반드시 그것을 진지하게 취해야 합니다. "조심해라. 유념해라. 그리고 정신을 차리고 있어라. 너희의 마음을 보호하고 준비해라. 너희가 피할 수 있도록 기도해라. 왜냐하면 그 날이 덫과 같이 기대하지 않을 때 다가올 것이다."

Week 7　　　　Lesson 1

니다. 예수님께서는 우리가 반드시 기도해야 한다고 말씀하셨고, 만약 분명하게 이 것에 대항해서 나아가지 않으면 이것이 우리를 사로잡을 것입니다.

어떤 것에 대해서 우리가 반드시 기도해야 한다고 주님께서 우리에게 말씀하실 때, 이것이 큰 세력이 될 것이라는 것을 이해할 필요가 있으며 우리가 반드시 전략적으로 그리고 명확하게 기도를 시작해야 합니다. 그래서 우리가 이것이 다가올 때 설 수 있을 뿐만 아니라 피할 수 있게 될 것입니다. 이것이 바로 많은 기독교계에서 논의되어지고 있지 않은 것입니다. 그러나 이 마지막 때에 우리가 수행해야 할 것이라고 주님께서 말씀하신 것입니다.

우리가 잠자고 있는 자들과 싸워야 하는 두 번째 이유(The Second Reason Why We Must Fight Slumber). 우리는 교회가 사명을 망각했다는 것을 공부를 통해 보아 왔습니다. 그것으로 인해서 놓쳐버린 많은 이해의 단계들이 있습니다. 그 중에 하나는 하나님께서 우리에게 주신 과업을 우리가 끝내도록 의도하셨다는 것입니다. 우리가 분주한 상태가 되거나 또는 단지 하나님의 일에 관련하도록 된 것이 아닙니다. 우리는 과업이 성취되는 것을 보도록 되어있습니다.

> 우리가 2,000년이 지난 것을 깨닫게 될 때, 교회는 하나님의 사명을 성취하지 못했으며, 그리고 정해진 시간이 우리에게 다가오고 있고 우리는 긴박함을 지니기 시작했다.

때가 차고 있습니다. 우리의 과업을 완수할 시간은 더욱 짧아지고 있습니다. 성경에서, 여러분은 예수님께서 단지 보여주시고, 선한 행위를 하도록 결정하셨다는 것을 찾을 수 없을 것입니다. 예수님께서는 말씀하셨습니다. "나의 양식은 나를 보내신 이의 뜻을 행하며 그의 일을 온전히 이루는 이것이니라"(요4:34). 예수님께서는 그의 사명에 초점을 맞추셨고, 주어진 사명을 성취하는 것에 관한 것이었습니다.

하나님께서는 하나님의 목적들에 관계된 책임을 우리에게 주셨으며 구별되도록 우리에게 지시하셨습니다. 우리는 잠자는 자들의 미혹에 사로잡히지 않으며, 우리의 시간을 낭비하지 않을 것입니다. 우리는 주님 앞에서 준비된 상태로 머물 것입니다.

> 준비된 상태로 머물기 위해 싸우는 것은 잠자는 자들을 밀어내 버리는 것이다.

졸음의 영은 전 지구를 덮을 것입니다. 이것이 바로 주님께서 반드시 우리가 대항해서 싸워야 할 것이라고 말씀하신 것이며, 졸음의 영이 우리를 깨어있지 못하게 사로잡을 것이라고 말씀하셨습니다. 이것은 우리가 아무것도 알아채지 못하도록 우리를 끌어가기 시작할 것입니다, 그리고 이것이 타협하는 마음의 태도를 가져올 것이며,

> 때가 차고 있습니다. 우리의 과업을 완수할 시간은 더욱 짧아지고 있습니다.

우리에게 주어진 사명을 성취하는 것을 갈망하지 않게 하며, 힘이 없어 보이게 할 것입니다. 이 타협과 불순종과 우리의 영의 무기력으로부터 나와서 그리스도께 우리 자신을 온전하게 드릴 진정한 필요가 있습니다.

▶ 연습문제(Exercise):

우리가 잠자는 자들과 싸워야 할 두 가지 이유는 무엇입니까? _____
_____
_____

예수님께서는 우리가 반드시 잠자는 자들에게 저항하고 그렇지 않으면 이것이 우리를 사로잡을 것이라고 말씀하셨습니다. 또한, 우리는 우리에게 주어진 과업을 반드시 성취해야만 합니다. 시간이 차고 있습니다.

어떻게 우리가 잠자는 자들과 싸울 수 있습니까? 하나님의 말씀에 흠뻑 젖는 삶의 스타일을 발전시키고 주님의 이름을 존귀하게 함으로 가능합니다.

행동 포인트(Action Points)

우리는 하나님의 말씀에 흠뻑 젖는 것과 하나님 앞에서 집중하는 시간을 보내는 것을 찾아냈습니다. 이것은 매일 우리가 살아가는 시간들이 아니라 성경과 같은 태도를 취하게 되도록 합니다. 우리는 성경을 읽는 것을 통해 하나님이 누구신지를 배우고 그런 다음 하나님을 찬양하며, 주님을 경배하고, 하나님의 마음 안으로 더 깊이 들어가는 시간을 보냅니다. 이 훈련이 우리가 긴박성을 유지하도록 도우며, 그리고 졸음의 영을 깨뜨려 자유하게 합니다.

말씀에 흠뻑 젖는 것(Saturating in the Word). 우리는 한꺼번에 너무나 많은 것이 우리에게 다가오는 날들과 시간 속에 살고 있습니다. 이것이 우리의 생각을 점령하고, 우리의 마음을 사로잡고, 우리의 관점과 견해들에 영향을 줍니다. 우리는 하나님의 목적 안으로 일으켜지기를 원합니다. 그러나 만약 우리가 이 시대와 시간 속에서 열방을 다스리는 구름과 혼돈 아래에 머문다면 사실상 행할 방도가 없습니다. 우리의 혼은 영적으로 잠자는 자들뿐만 아니라, 그것에 대해 커져버린 소란과 세속적인 시대에 몰두되어 버렸습니다. 그것들 밖으로 일어나기 시작할 우리를 위한 오직 한 가지 소망은 우리의 혼이 머무는 곳의 환경을 우리를 위해서 변화시키는 것입니다.

우리의 혼은 하나님의 목적을 반대하는 우리가 묘사한 이러한 환경이거나, 하나님의 말씀과 임재이거나, 무엇인가에 몰두되어 버립니다. 이것은 적어도 하루에 한 시간 하나님의 말씀이 우리의 생각과 마음 그리고 우리를 새롭게 하거나, 방향을 고치도록 따로 떼어놓지 않고서는 잠자는 자를 대항해 서 있기란 불가능한 것입니다.

> 제가 매일 성경을 많이 읽으면서 처음으로 통독을 마쳤을 때, 제가 읽고 있는 그 하나님을 알지 못했다는 것을 깨닫고 무릎을 꿇었습니다. 하나님의 맹렬한 분노와 사랑을 함께 바라본 적이 한번도 없었던 저는 예전에는 성경을 매우 조금씩 천천히 읽었었습니다. 추측하건대 제가 따르는 분이 바로 이 하나님이시라는 것을 이해할 수도 없었습니다.
>
> 클레어 32세

Week 7   Lesson 1

간증: 마크 다니엘

수년 동안, 우간다 사람들과 함께 기도했을 때, 저들의 기도의 대부분이 주님의 이름을 높이는 것과 더 깊은 임재로 깊이 들어가는 것을 보기 시작했습니다. 저는 이 분들이 자신들의 문제들을 하나님께서 돌아보시도록 신뢰하기 보다는 하나님의 뜻에 초점을 맞추는데 시간을 더 많이 보낸다는 것을 깨달았습니다.

어느 때는 하나님의 말씀에 흠뻑 젖는 것을 우간다 사람들로 인해 도전을 받았습니다. 저들은 우리가 매일 10-15장의 성경을 읽어야만 한다고 말했습니다. 이것은 한 주 동안 날짜를 정해서 행해지는 성경 공부를 위해서가 아닌, 단지 말씀을 읽는 것을 의미했습니다. 이 말씀들을 통해 하나님을 알아가는 것을 얻기 위한 한 가지 목적으로 성경을 읽는 것입니다.

제가 성경 말씀에 흠뻑 젖기 시작할 때, 저는 더 많이 성경을 읽을 수 있다는 것과, 저에게 의로움이 증가되는 것과, 믿음의 더 깊고 깊은 단계들로 걸어갈 수 있다는 것을 믿기 시작했습니다.

점점 더 인간 세상의 관점이 아닌 하나님의 관점을 통해서 여러 가지 사건들을 생각하고 보기 시작했습니다. 제가 하나님과 연관되어 있고 점점 더 하나님의 마음을 지니기 시작하는 하나님의 목적들과 방식들을 알기 시작했습니다.

그러면서 제가 기도하는 바로 그 방식들에 영향을 끼칠 수 있었습니다. 그런 다음, 매일 매일 10-15장씩 성경을 읽도록 사람들에게 격려할 때마다 이 훈련에 동참한 사람들로부터 많은 간증을 듣게 되었습니다.

"하나님의 말씀에 젖는 것이 나의 삶을 변화시켰습니다. 이것이 모든 것을 바꾸어 버렸습니다."

저는 하나님께서 사람들을 가르치시고, 제자화 하실 때, 제가 이전에 27년간 사역해 오면서, 해보지 못한 말씀에 흠뻑 젖는 삶을 수년 동안 해 오셨다는 것을 볼 수 있었습니다. 저들은 하나님의 말씀을 읽었고, 양육하고, 어떻게 결혼 생활을 하며, 어떻게 기도하고, 싸워 나가는지, 역경을 어떻게 다룰지 가르치는 말씀을 읽은 것입니다.

우리가 하나님의 말씀에 더욱 흠뻑 젖으면, 이것이 우리를 세상의 생각, 기준 그리고 시스템으로부터 우리를 더욱 분리시키기 시작합니다. 예를 들어, 우리의 세상 시스템은 모든 것이 빠르고, 쉽게 하기 원한다는 것을 여러분이 실감하기 시작합니다. 우리는 그 모든 일들이 빠르게 되기 원하는데 우리가 그 방식으로 얻지 못하면 낙담하게 됩니다. 우리는 하나님으로부터 떠나가고 하나님께서 신속한 해결책으로 우리에게 대답해 주시지 않을 때 당연하게 생각합니다. 단순히 부분이 아니라, 성경 전체를 읽을 때, 하나님께서 누구신지 여러분은 깊이 하나님을 보기 시작할 것입니다.

말씀 안에 잠기는 것에 대한 효과는 어둠의 꺼풀들, 타락의 꺼풀들, 인간 사고의 꺼풀들, 인간 방식의 꺼풀들을 걷어내는 것과 같습니다. 매일 같이, 달마다 그것들을 뽑아냅니다. 몇 년 뒤에 여러분이 뒤돌아 볼 때, 여러분이 심지어 이전에 생각했던 방식과 같은 생각을 하지 않는다는 것을 깨달을 것이며 여러분은 같은 방식으로 일하지도, 바라볼 수도 없습니다. 그리고 하나님의 말씀 안에 잠기지 않는 것을 상상할 수도 없게 됩니다. 이것은 여러분을 겸손하게 할 것이며, 여러분을 질책할 것이며, 여러분에게 힘을 줄 것이고, 여러분의 믿음을 세우고, 여러분의 욕구들을 변화시킬 것입니다 - 이것이 여러분의 영혼을 먹일 것입니다. 하나님의 말씀이 여러분의 인생에 보호의 벽이 될 것입니다.

만약 여러분이 변화의 주체와 변혁을 가져올 것이라면, 여러분은 말씀으로 돌아가야 할 필요가 있습니다. 우리는 그것이 생명인 것처럼, 그것이 양식인 것처럼 성경을 읽는 것으로 돌아가야 할 필요가 있습니다. 그리고 그것이 우리의 사고방식을 변화시키도록 해야 합니다. 예수님께서 하신 말씀을 기억하십니까? "그러므로 예수께서 자기를 믿은 유대인들에게 이르시되 너희가 내 말에 거하면 참으로 내 제자가 되고 진리를 알지니 진리가 너희를 자유롭게 하리라"(요8:31-32).

하늘에 계신 우리 아버지여 이름이 거룩히 여김을 받으시오며(Hallowing the Name of the Lord). 예수님께서 주기도문에서 말씀하셨습니다. "하나님의 이름이

…거룩히 여김을 받으시오며"(마6:9, 눅11:2). "거룩히 여김을 받으시오며(hallow)"의 의미는 어떤 것을 거룩하게 만들고, 누군가에게 또는 어떤 것을 위해서 대단히 큰 존경과 경외를 가지는 것입니다. 하나님의 이름을 거룩하게 여기는 것은 하나님을 존중하기 시작하는 것이며, 하나님의 말씀 안에서 우리가 읽은 것들을 취하기 시작하는 것이며, 존귀, 영광, 송축, 인정, 애정, 신뢰 그리고 하나님이 받으실 경외를 하나님께 돌리는 것입니다. 주님의 이름을 거룩히 여기는 것은 영적인 훈련입니다. 특히 종종 서양에서는 잘하지 못하는 부분입니다. 말씀을 읽는 것은 또한 영적인 연습입니다. 우리의 지력을 사용하는 시도를 멈출 필요가 있으며, 그리고 하나님의 말씀이 우리 안에 들어오고 우리를 먹이도록 하기 위해서 하나님의 성령을 의지하기 시작합니다.

우리는 지난 여러 주에 걸쳐서 인본주의(humanism)가 이 마지막 시대에 지구의 많은 열방들에 영향을 미친 재앙 중에 하나라는 것을 보아왔습니다. 인본주의는 인간을 높이고 하나님을 평가 절하하는 것입니다. 그러나 우리가 하나님의 말씀을 읽기 시작할 때, 하나님이 누구신지 보기 시작할 때, 의도적으로, 끊임없이 그리고 계속적으로 하나님을 높이고 우리 자신을 겸손하게 하기 시작할 때, 질서 가운데로 돌아오기 시작합니다.

우리는 사람들에게 성경을 읽으라고 격려합니다. 그런 다음 말씀 안에서 그들이 읽은 것으로부터 하나님을 거룩하게 여기기 시작합니다. 하나님이 누구신지 인정하기 시작하고, 하나님께 영광을 돌리기 시작합니다. 하나님의 이름과 신실하심을 송축하기 시작합니다. 많은 경우에, 우리가 하나님의 이름을 더욱 거룩히 여기면, 하나님의 임재를 끌어내리는 곳으로 더 가깝게 다가갑니다.

사람들이 주님의 이름을 거룩히 여기기 시작할 때, 처음에는 어려움과 어색함 그리고 부자연스러움을 느낄 것입니다. 그들이 계속 나아갈 때 그들의 삶과 가정 위에 덮개를 대항해서 밀어버리는 것을 정말로 느낄 것이며, 그들이 밀어낼 때 어떤 것과 맞닥뜨리는 것을 경험하게 됩니다. 돌파가 될 때까지 지속적으로 하나님의 이름을 거룩히 여길 수 있으며, 열리는 것이 찾아오게 됩니다. 돌파의 장소 밖에서, 그들의 기도들이 자신들로부터가 아닌 주님과 연결된 장소로부터 나오기 때문에 중보, 영적 전쟁, 그리고 선포로 들어가게 됩니다.

우리는 많은 곳에서 이것이 일어나는 것을 보아왔습니다. 처음으로 열리는 것이 다 가올때, 작아 보이고, 너무 적게 열린 것 같으나 사람들이 더 많이 주님의 이름을 매일 매일 거룩히 여길 때 열려지는 것이 더욱 커지고, 하나님의 임재를 끌어오는 그들의 수용력이 더욱 확장이 되고, 그들의 믿음은 커지고, 더욱 큰 통찰력과 계시들을 가지기 시작하며, 주 예수 안에서 더욱 강한 자리들 안으로 일으켜지기 시작할 것입니다.

하나님의 이름을 거룩히 여기는 것은 우리 시대와 때의 영적인 힘들의 접근을 막을 수 있는 방법들 중의 하나입니다. 심지어 우리의 시대와 때의 일들로 인해서 사로잡

> 저의 욕구들은 하나님의 말씀에 흠뻑젖는 것으로 인해 완전히 변화했습니다. 저는 왜 모든것이 변했는지 모릅니다. 제가 여러분께 말씀드릴 수 있는 것은 하나님의 말씀을 읽는 것이 변화를 가져왔다는 것입니다.
>
> 조쉬 20세

히지 않도록 우리 위에 열려진, 열린 하늘들의 장소를 세우기 시작할 수 있는 방법들 중에 하나입니다.

명령 안으로 들어가 기도하기(Praying Into the Mandate). 명령의 자리 안으로 들어가 매일 기도하는 것은 우리가 잠자는 것과 싸울 필요가 있는 긴박감을 붙잡도록 도와주는 데 필수적입니다. 아래의 차트는 어떻게 이것을 수행할 수 있는지 도움을 주는 것입니다.

명령 안으로 들어가서 기도하기(Praying Into the Mandate)

- 먼저, 하나님의 위임 안에 들어가 기도하고, 하나님께서 여러분의 삶에 부어주신 부르심을 성스럽게 다루시기 바랍니다.

- 하나님 마음의 비전을 붙잡도록 여러분을 도와달라고 하나님께 간구하십시오. 하나님 마음의 부담과 여러 세기를 지나서 하나님께서 행해오신 일들의 중대성과 깊음, 그리고 우리가 열방들과 교회로 들어가는 이번 시즌을 이해하기 위해서 기도로 구하시기 바랍니다. 하나님께서 가지신 부담을 짊어지기 시작하십시오.

- 여러분은 하나님의 목적을 위해서 구별되고, 하나님께 속하고, 이 시대와 때에 여러분을 부르신 언약의 자리를 선포하고, 붙잡기 시작하십시오. 여러분 자신을 하나님께 포기하고, 하나님을 신뢰하며, 여러분의 삶을 하나님께 양도해 드리고 선포하십시오. "나의 삶은 나의 것이 아니다. 이것은 하나님께 속했다." 완전히 하나님을 신뢰하고 순복하는 곳으로 나오십시오.

- 원수가 여러분을 대항해서 다가오고 여러분을 겁먹게 하기 위해 위협하려고 할 때 하나님의 선물들과 약속들을 붙잡으시기 바랍니다. 깃발처럼 선물들과 약속들을 붙잡고, 하나님께서 여러분에게 행하라고 부르신 것을 선포하시기 바랍니다.

- 마지막으로, 하나님께서 과업을 수행하도록 여러분에게 주신 은혜와 기름부음을 신뢰하십시오. "나의 하나님의 은혜는 모든 일을 볼 때 만족스럽습니다. 하나님께서는 실패하지 않으십니다. 하나님께서는 이 일을 완수하시기 위해 신실하실 것입니다."

요약(Summary)

하나님의 말씀에 흠뻑 젖는 것(하루 10-15장)과 주님의 이름을 거룩히 여기는 것은 우리의 하나님이 누구신지에 대한 친밀한 지식을 가져옵니다. 이것들은 잠자는 것으로부터 우리를 벗어나게 하고, 하나님 마음의 소원들에 대한 통찰력을 주고, 하나님의 목적들에 우리의 마음을 정하게 하며, 우리가 경계 태세를 유지하게 하고, 주님의 날을 위해 준비하게 하고, 더욱 많은 것들을 하게 합니다. 이것들은 생명을 가져오고 우리의 존재를 의미있게 합니다. 우리는 말씀을 읽고 주님의 이름을 거룩히 여기는 생활 방식을 시작하도록 오늘 여러분을 격려합니다.

Lesson 1 | Week 7

> ▶ 깊이 생각해 보는 시간(Time for Reflection):
>
> 여러분이 오늘 읽은 말씀이나 표현 가운데 가장 의미 있는 것은 무엇입니까?
>
> ___
> ___
> ___
>
> 하나님께서 이것에 대한 응답으로 당신에게 원하시는 것은 무엇입니까?
>
> ___
> ___
> ___
>
> 오늘/이 주에 여러분의 기도제목으로 기도드릴 때, 여러분들은 성령님께서 하시는 말씀이나 여러분을 향한 부르심이 무엇이라고 느낍니까? 그리고 여러분이 직면한 영적 전쟁은 무엇입니까?
>
> ___
> ___
> ___
> ___

▶ 기도의 시간(Prayer Time):

주님께서는 우리가 이 시대의 세력들과 맞서도록 지시하셨습니다. 우리는 우리의 시대에 잠자는 자들이 하나의 세력이라는 것을 인정하기 시작했으며, 그리고 우리가 하나님을 따라서 살아가는 곳으로 나아가야 할 필요가 있습니다. 하나님께 여러분이 어떻게 이 영적인 세력들을 대항해서 일어나 싸워야 할지를 가르쳐 달라고 간구하시기 바랍니다.

여러분이 하나님의 말씀 안에서 하루의 삶의 생활 방식에 순복하고, 하나님의 이름을 거룩히 여기기 시작하는 기도 가운데 하나님과 함께 하는 시간을 늘릴 뿐만 아니라, 여러분을 적시도록 내어드리는 것을 시작하시기 바랍니다.

Week 7　　Lesson 2

Lesson 2:

개인적 생활양식 변화 – 하나님께 구별되어지는 것
A Personal Lifestyle Change – Being Set Apart Unto God

이 모든 공부를 통해서 우리는 질문을 해오고 있습니다, "하나님께서 요구하신 과업을 우리가 수행하기 위해 우리는 무엇을 반드시 행해야 합니까?" 이 질문에 대한 대답을 찾기 시작할 때, 오셔서 우리의 계획들을 축복하도록 하나님께 간구하지 말아야 합니다. 그러나 이렇게 하나님께 구하십시오, "주님, 당신의 길들을 드러내소서, 당신의 뜻을 나타내소서, 당신의 왕국을 드러내소서, 우리가 당신을 따라가겠습니다." 우리는 공동체들과, 도시, 가족들, 그리고 사명 안에서 즉각적인 결과들을 보기 시작할 것입니다. 주님께 순복하는 것은 간단한 어떤 일이 아니고, 우리가 행하고, 마치려하는 어떤 일도 아닙니다. 이것은 우리가 지속해서 더욱 깊이 나아가고 더욱 깊이 들어가는 어떤 것입니다. 그리고 우리가 더욱 순복하면 - 우리가 주님을 신뢰하고, 포기하는 언약의 자리로 들어가서 더욱 기도하면 - 우리는 권세와 문제들을 변화시키는 믿음을 보기 시작할 것입니다. 이것은 단지 우리의 가족의 단계만이 아니라, 또한 모든 도시들, 문화들 심지어 나라들까지 영향을 줄 수 있습니다.

몇 주 전까지, 우리는 어떻게 하나님께서 상황을 분석하시고, 이 상황을 하나님의 의도된 계획 안으로 정렬시키는 곳으로 되돌리시기 위해 계획하시는 하나님의 마음을 숙고해 왔습니다. 역사의 모든 시대 안에서 하나님께서 인류의 사건 속으로 개입하시는 것을 선택하셨을 때, 하나님께서는 사람들로부터 누군가를 부르시고 그들을 그 시대의 삶의 사고체계, 관습들, 그리고 방식들로부터 따로 떨어뜨리셨습니다. 하나님께서는 그들을 하나님을 위해서 구별시키셨고 그래서 하나님께서는 하나님께서 하실 일을 통해서 하나의 그릇이 되도록 그들을 준비시키셨습니다.

구별됨의 필요(The Need to be Set Apart)

만약 우리가 기꺼이 하나님께서 우리를 구별하시도록 하지 않는다면 이 땅에서 그리고 우리의 세대 안에서 부흥의 도구로 쓰임 받을 수 있는 사람은 아무도 없습니다. 우리는 열방들의 생각, 방식들, 사고체계, 개념들이 어떤지 깨닫지 못하고 있으며, 관점이 색깔을 가지고 있고, 영향을 받고 있고, 형성되고 우리를 만드는지 깨달지 못하고 있습니다. 우리는 하나님께서 우리 안으로 얼마나 깊이 들어오실 필요가 있는지, 하나님께서 모든 것을 변화시켜야 할 필요가 있는지 이해하지 못할 것입니다. 그러나 하나님은 우리가 이렇게 말하도록 부르시고 계십니다. "제가 내려놓고, 당신을 따르겠습니다. 주님께서 저에게 요구하신 것을 수행하겠습니다."

> 하나님의 목적들을 위해 사용할 수 있는 하나의 그릇으로 나를 만들고 준비시키실 수 있는 분은 오직 하나님이시다.

우리는 통제하려 하지 말고 우리 자신의 일들을 보여주려는 시도를 멈추어야 합니다. 우리는 하나님께서 우리 스스로 결코 가본 적이 없는 곳으로 데려가시게 해 드려야 합니다. 하나님께선 우리의 심령 안에 모든 우상을 숭배하는 장소와 우리가 하나님을 신뢰하거나 믿지 못하는 모든 장소와 그리고 하나님 안에 머무르지 않고 순종하지 않는 장소를 어떻게 드러내시는지 알고 계십니다. 하나님께서는 이 과업을 성취하는 것으로부터 우리를 방해하는 모든 것을 어떻게 제거하시는지 알고 계십니다. 그리고 하나님께서는 우리 안에 모든 것을 어떻게 세우실지도 아십니다. 그래서 우리가 앞에 놓인 과업을 수행할 수 있는 것입니다. 우리는 우리 자신을 반드시 포기해야 하며, 하나님께서 이 과업을 수행하시도록 해드려야 합니다.

많은 경우에 사람들은 변혁을 가져오는 부흥을 보기 위한 갈망을 가지고 있습니다. 그러나 그들은 어떻게 전진해야 하는지 알지 못합니다. 그들은 그들이 어떻게 해야 할 지 아는 모든 일을 해 봅니다 그리고 어떤 사람들이 행했던 것을 보고 들은 모든 것도 해봅니다. 그러나 아무것도 돌파는 이루어지지 않습니다. 그 이유는 그들이 하나님께서 사용하실 수 있는 그릇이 되기 위해 그들을 준비시키도록 하나님을 허용해드리지 않았기 때문입니다. 그들은 구별되도록 하나님을 허용해 드리지 않습니다.

만약 우리가 우리 안에 돌파가 일어나도록 그리고 세상의 시스템 위에 일어나도록 하나님을 허용해 드리지 않는다면 우리는 문화와 우리의 세상 시스템을 돌파할 수 있는 능력을 가질 수 없습니다. 우리가 하나님께서 그것을 하시도록 허락해 드리자마자, 우리는 우리의 열방들을 포로로 붙잡고 있는 일들을 대항해서 나아올 수 있는 필요한 믿음, 권위, 이해를 가지기 시작할 것입니다.

▶ 연습문제(Exercise):

사무엘상 2:12-36절을 읽으십시오. 백성들이 그들의 제물을 바치러 왔을 때 무슨 일이 일어났는지 적어보십시오. _____
_____
_____

대제사장 엘리의 아들들은 사악한 사람들이었습니다. 그들은 제사장이었습니다.

Week 7　　　Lesson 2

그러나 그들은 하나님을 중히 여기지 않았고 하나님의 제사를 경멸스럽게 취급했습니다. 심지어 하나님께서 요구하셨던 지방이 타기도 전에, 제사장의 사환들이 제사를 드린 사람에게 다가와 말했습니다. "제사장에게 구워드릴 고기를 내라. 그가 네게 삶은 고기를 원하지 아니하고 날 것을 원하신다." 어떻게 그 땅이 더럽혀졌는지 보십시오. 엘리는 노년에, 그의 자식들이 행했던 모든 것들과 사악함을 들었습니다. 그리고 그들을 책망했습니다. 그러나 주님께서 그들을 죽음에 두시기로 작정을 하셨기 때문에 아들들은 아버지의 꾸지람을 듣지 않았습니다. 이 패역한 중에, 하나님께서는 이 땅을 준비할 수 있는 어떤 자를 세우시기 시작하셨습니다. 사무엘이 주님 앞에서 섬기고 있다고 성경은 말하고 있습니다. 사무엘은 하나님의 임재 안에서 자랐습니다. 그리고 키가 자랐고, 하나님과 사람들에게 평판이 좋았습니다.

여러분은 이 구절들이 이 땅의 어두움을 묘사하고 있는 것을 알아차리셨습니까? 그러나 이 구절들은 또한 이렇게 말하고 있습니다. "그러나 사무엘은 하나님의 임재 가운데 있더라." 이 땅의 부패는 제사장들이 제사를 경멸할 수 있을 정도로 심했습니다.

교회에 예배를 드리러 가는 것을 생각해 봅시다. 여러분들은 부담을 가지고 있고, 기도하러 와서는, 하나님께로 돌이키고 엎드리며 도움을 구합니다. 이것이 엘리 제사장 시대 동안의 제단이었습니다. 하나님께 합법적으로 여러분의 제사를 드리는 장소이며, 여러분의 짐들을 다루어달라고 요구하는 곳입니다. 그러나 하나님의 사람인 제사장들이 경멸스럽게 제사를 취급해 왔습니다. 여러분의 기도와 여러분의 요구들과 여러분이 가져온 짐들에 대해 저들이 무엇을 해야 하는 것입니까? 하나님께서 여러분에 간구를 들으셨다는 것을 알고 믿음으로 여러분이 나갈 수 있습니까? 아닙니다! 제사장들은 단지 힘으로 그들을 취급했습니다. 제사장들은 비도덕적이었습니다. 그래서 패역함을 온 땅에 더욱 열어놓은 것입니다. 온 땅에 깊게 영향을 끼쳤습니다. 그러나 계속해서 사무엘은 하나님의 임재 안에서 자라났으며 하나님의 임재 안에 머물렀습니다.

한 하나님의 사람이 주님의 말씀을 엘리에게 말했습니다, 엘리와 엘리의 조상들이 지녔던 소명을 엘리 앞에서 내려놓고, 그리고 나서 엘리와 엘리의 후손들을 끊어 버리시려고 하는 하나님의 의도를 선포했습니다. 왜냐하면 소명을 저버리고 하나님의 이름을 경멸했기 때문입니다. 하나님의 사람은 엘리와 엘리의 아들들에게 다가오는 임박한 재난에 대해서 그리고 하나님의 마음과 생각 안에서 모든 것을 수행할 충실한 한 제사장을 일으키실 약속을 예언했습니다(삼상 2:27-36).

이때는 우리와 별반 다르지 않은 어둠의 시기였습니다. 심지어 주님의 집에서 심각한 부패가 있었고 거룩한 일들을 평범한 것처럼 취급했습니다. 성경은 주님의 말씀이 희귀하였다고 말하고 있습니다(삼상 3:1). 그러면 그들은 무엇을 설교했습니까? 그들은 주님의 말씀을 설교하지 않았습니다. 그래서 그들의 말은 생명을 지니고 있지 않았고 돌파를 할 능력도 지니지 못했습니다. 그 시대에는 충분히 회개를 할 힘조차 없었습니다. 심지어 심판에 대해서 엘리에게 말했을 때 이렇게 말했습니다.

"그가 이르되 이는 여호와이시니 선하신 대로 하실 것이니라 하니라"(삼상 3:18). 심지어 사악했던 왕 아합도 그의 옷을 찢고, 머리에 재를 뿌리고, 주님으로부터 심판을 받아들일 때 자비를 위해서 울기 시작했습니다(왕상 21:27). 그러나 엘리는 회개할 힘조차 가지고 있지 못했습니다. "단지 주님이 하시고자 하는 일을 하시게 하라." 이 때는 아주 힘들고 어두운 때였습니다. 여러분은 이런 종류의 환경을 상상할 수 있습니까?

> 아이 사무엘이 엘리 앞에서 여호와를 섬길 때에는 여호와의 말씀이 희귀하여 이상이 흔히 보이지 않았더라... 사무엘이 자라매 여호와께서 그와 함께 계셔서 그의 말이 하나도 땅에 떨어지지 않게 하시니
> 사무엘상 3:1, 19

어떻게 사무엘은 이런 상황에 둘러싸여 부패하지 않을 수 있었습니까? 사무엘은 주님의 임재 안에 머물렀습니다. 성경 본문은 반복해서 계속 이야기합니다, "그러나 사무엘은 하나님의 임재 안에 머물렀다."

▶ 연습문제(Exercise):

사무엘상 3:1, 19-21, 7:1-17, 그리고 12:12-25절을 읽으십시오. 사람들은 사무엘에 대해서 어떻게 생각했습니까? _____
_____
_____

무엇이 사무엘을 다른 사람들과 다르게 만들었습니까? _____
_____
_____

그 시대 동안에, 하나님의 말씀은 희귀했고, 이상이 흔히 보이지 않았습니다. 사무엘이 하나님의 임재를 끌어들이기 시작하자마자, 하나님의 말씀이 규칙적으로 다가오기 시작했습니다. 하나님께서는 자신을 사무엘에게 드러내셨습니다. 그리고 모든 이스라엘은 사무엘이 선지자였다는 것을 깨달았습니다. 사무엘과 같은 사람은 없었습니다. 그가 말을 할 때, 사람들은 그가 주님의 말을 한다는 것을 알았습니다. 그들은 사무엘이 하나님의 사람이라는 것을 알았습니다. 사무엘이 이스라엘 백성들에게 우상을 제거하라고 말했을 때, 백성들은 순종했으며, 주님께서 그들의 적들을 진압시키시는 때와 약속을 하시는 때를 보았습니다. 사무엘은 그의 생명을 다해 이스라엘을 재판했습니다. 백성들을 주님께로 향하게 했으며, 그들을 둘러싼 세상의 방식들로부터 떠나게 했습니다.

왜냐하면 사무엘은 하나님께 구별된 자였습니다, 사무엘은 하나님께서 그의 과업을 수행하실 수 있는 그릇이었습니다. 하나님께서는 사무엘을 단지 백성들과 그 땅의 영적인 삶뿐만 아니라, 그의 시대의 왕들과 정부지도자들에게 영향을 주기 위해서도 사용할 수 있었습니다.

구별된 그릇(A Set Apart Vessel)

사무엘은 하나님께서 그와 같은 강력한 방식으로 사용하셨던 하나의 그릇만이 아

Week 7   Lesson 2

니었습니다. 성경에는 많은 사람들이 언급이 되고 있습니다. 두 서너 가지 예를 들자면, 예레미야, 세례 요한, 바울과 같은 사람입니다. 이 모두 하나님께 구별된 자들이었습니다. 하나님께서는 이 세상의 일들에 대해서 뽑아내고, 떼어버렸습니다. 하나님께서 하나님이 누구시고, 하나님과 어떻게 일하는지 그들을 가르치셨습니다. 그런 다음 하나님께서는 그들을 통해 하나님의 권능과 함께 영향과 변화를 가져오는 과업을 수행하도록 다시 그 환경 속으로 돌려보내셨습니다.

모세는 하나님께 구별된 그릇의 좋은 실례입니다. 모세는 애굽의 시스템과 사고체계 아래에서 일해 왔습니다. 모세가 처음에 구원을 가져오도록 시도했을 때, 애굽의 방식으로 행했습니다. 그는 손에 칼을 들고 갔으며 한 애굽 사람을 죽였습니다.

모세는 히브리인들의 인도자로 부름을 받았습니다. 그러나 모세는 한 가지 알고 있는 방식으로 그것을 수행하려 했습니다. 모세는 그 방식으로 결코 구원을 가져올 수 없었습니다. 모세가 문화와 그 시대의 방식들로부터 구별이 되어 광야에 있는 동안, 하나님께서는 모세의 예전 사람을 변화시키기 시작했습니다. 하나님께서는 모세가 일들을 바라보는 방식과 애굽의 사고체계와 방식으로부터 벗어나도록 변화시키셨습니다. 하나님께서는 모세 안에 깊은 겸손과 신뢰하는 것과, 믿음을 세우기 시작하셨습니다. 그래서 하나님께서 모세를 애굽에 돌려 보내셨을 때, 전체 애굽의 시스템이 하나님께서 자신을 위해 구별한 그릇으로 인해 깨어지기 시작했습니다. 애굽의 모든 시스템이 하나님의 한 그릇으로 인해 흔들려 버렸습니다.

> 애굽의 모든 시스템이 하나님의 한 그릇으로 인해 흔들려 버렸습니다.

다니엘은 자신을 바벨론의 것들로 더럽히지 않았습니다. 다니엘은 그 땅에 있었습니다. 그러나 하나님으로부터는 구별이 되었습니다. 그 시대의 사람들과 왕들은 지속적으로 다니엘의 삶에서 하나님이 일하시는 것을 증거했습니다. 다니엘의 하나님 같은 하나님은 없다고 알았습니다. 다니엘의 삶을 통해서 하나님께서는 많은 왕들의 사고체계를 변화시키셨고, 이스라엘 백성들이 그들의 고향으로 돌아가기 위한 길을 만들기 위해, 예레미야의 예언이 성취되도록 준비하시기 시작하셨습니다.

여러분은 반복해서 이것을 보실 것입니다. 한 그릇이 완전히 하나님께 순복합니다. 하나님의 임재를 이끌어 들일 수 있습니다. 그리고 모든 공동체와 나라를 변화시키기 위해서 하나님에 의해 사용이 될 것입니다. 이것이 하나님의 방식입니다.

많은 경우에 우리는 왜 우리가 돌파를 볼 수 없을까, 왜 우리는 변혁과 부흥이 오는 것을 볼 수 없을까 의아해 합니다. 우리는 하나님께서 하나님 자신을 위해 우리를 구별해 주시도록 허용할 필요가 있습니다. 우리는 얼마나 많이 우리의 땅이 아직까지 우리에게 영향을 미치고, 덮고 있는 생각과 방식들, 개념들 그리고 교훈들을 깨닫지 못하고 있습니까.

> 하나님께 구별되는 것은 선택이 아닙니다. 우리는 반드시 하나님께 자신을 드려야 합니다.

주님의 임재가 변화를 가져온다(The Presence of the Lord Brings Change)

사람들이 주님의 임재에 머무를 때 하나님을 구하고, 하나님을 위해 울 때 그들의 삶은 변화되기 시작합니다. 그들은 그들의 사악했던 길들로부터 떠나오며 그들 자신을 하나님의 말씀에 맞춥니다. 계시가 날카롭고, 깊고, 명확해질수록, 그들은 하나님의 나라를 그 모습 그대로 보기 시작하며, 세상으로부터 떠나 주님의 방식들 안으로 들어가기 시작할 것입니다. 그들은 하나님께 순복되어집니다. 그들이 그들 자신을 순복하는 생활양식으로 드리기 시작할 때, 하나님께서는 거주하실 수 있는 분위기를 창조하시기 시작하십니다. 하나님의 임재의 기름부음은 또한 그들에게 머물고, 그래서 그들이 길거리를 걸어갈 때, 그들은 단지 그들 자신으로 인해 걷는 것이 아닙니다. 그들은 하나님의 임재와 기름부음을 운반하는 것입니다. 그리고 이것이 진짜로 영향을 미치는 주님의 임재인 것입니다. 이 구별된 개인들이 함께 모였을 때, 임재는 강해지고, 그리고 그들이 예배를 드리고 기도할 때, 하나됨으로 사회에 나아가기 시작할 때, 이것이 마치 엄청난 영향력을 가지는 권능의 파도를 풀어놓는 것처럼 되는 것입니다.

행동 포인트: 하나님께서 우리를 구별시키시도록 허락해 드리는 것
(Action Point: Allowing God to Set Us Apart Unto Himself)

하나님께 구별되어지는 삶의 중요한 하나의 관점은 과거에 우리가 행했던 무엇인가가 아니라는 것입니다. 이것은 우리가 우리의 남은 생애 동안 지속적으로 수행할 무엇인가라는 것입니다. 우리는 하나님께서 지속적으로 우리의 삶에 대해서 통제하시고 우리를 하나님께 포기하는 것으로 이끄시도록 해드리는 것입니다. 이것은 완전케 되는 무엇인가가 아니라 생활양식이며, 계속되는 과정입니다.

구별된 삶의 두 가지 구성요소(The Two Components of the Set Apart Life). 구별된 삶의 두 가지 핵심 구성요소가 있습니다. 하나는 순복하는 것입니다(One is surrender). 우리의 삶을 내어드리고, 통제를 내어드리고, 달려 나가려고 하는 것과 우리 자신이 일들을 경영하려는 것을 내어드리고, 의존하게 되는 것을 배우는 것이며, 하나님께 포기되어지는 것입니다. 우리는 일들을 풀어내려는 시도를 하지 않고, 우리의 힘과 능력으로 어떤 것을 처리하거나 해결하려고 하지 않습니다. 우리는 하나님께서 모든 자기 의존성, 인간의 노력, 우리를 움직이는 일들 심지어 우리 자신에게도 돌아서도록 우리를 가르친 우리의 문화 안에서는 일들을 드러내고 끄집어내기 위해 우리의 마음을 기경하시도록 해드립니다. 하나님께서는 우리를 우리 자신으로부터 이끌기 시작하시고 우리를 순복하고 양도해 드리고 하나님을 의존하는 곳으로 데려가십니다.

> 구별된 삶의 두 가지 구성요소:
> 1. 우리의 삶을 내어드리는 것입니다. - 순복
> 2. 진정한 신뢰의 자리로 나아가 기도하는 것이며 하나님을 신뢰하는 것입니다.

만약 우리가 하나님께서 순복하는 곳으로 데려가시는 것을 허락해 드리지 않는다면, 우리가 지혜와 힘과 능력과 위로를 구하는 것에서 우리의 문화로 되돌아가는 것을 발견하게 될 것입니다. 만약 우리가 그런 종류의 깨어짐의 깊이를 허락하지 않는다면, 만약 하나님께서 우리를 더 깊은 곳으로 데려가시도록 허락해 드리지 않는다면, 우리는 또한 항상 우리 안에는 어떤 완고함과 방향, 주저함, 미루는 버릇 또는 저

Week 7　　　Lesson 2

항하는 형태의 어떤 것이 있다는 것을 발견하게 될 것입니다. 우리는 언제든지 하나님과 함께 하는 곳까지만 갈 수 있다는 것을 발견할 것입니다. 우리 안에는 우리를 뒤로 물러나게 만드는 곳들이 있습니다. 하나님께서 "나와 함께 가자."라고 말씀하셨을 때, 우리는 말합니다, "왜요? 이것은 어떻습니까? 저것은 어떤가요?" 우리의 삶은 완전히 주님께 드려지지 못했습니다.

구별되는 삶의 두 번째 구성요소는 신뢰입니다. 만약 우리가 우리의 삶을 내어드리지 않는다면 그것은 하나님을 전적으로 신뢰하지 않는 것입니다. 우리는 항상 두려워하고, 긴장하고, 조마조마하고 또한 걱정하게 될 것입니다. 깊은 신뢰의 단계를 얻기 위해서 우리는 반드시 기도하기 시작하고, 하나님께서 그가 말씀하신 그 분이라는 것을 믿어야 합니다. 하나님께서 우리의 믿음을 세우실 것입니다. 그러나 우리는 반드시 서야 하고, 우리의 자기 - 보호와 자기 - 노력 또는 자신들의 방식으로 물러나서도, 되돌아가서도 안 됩니다. 우리는 더 깊이 주님을 신뢰하는 것을 배워야 합니다.

신뢰는 우리가 계속적으로 기도로 들어가는 실제의 장소입니다. 하나님께서는 우리를 우리 자신의 방식들과 우리 문화들의 방식들로부터 더욱 멀리 멀리 떠나도록 이끌기 시작하실 것입니다; 그 한가운데서 우리가 진실로 기도하기 위해 필요한 장소들을 보기 시작할 것이며, 주님을 신뢰하는 곳으로 올 것입니다. 우리는 우리의 안락함과, 우리의 힘을 부여잡고 있었습니다. 그리고 지금은 하나님께서 우리를 이끌어내시고 말씀하십니다. "나를 믿어라." 하나님께서 우리를 펼치시고, 성장하게 하실 때 신뢰의 장소 안에서 머물기 위한 지속적인 기도가 요구되어집니다. 하나님께서는 우리를 믿음 안에서 걸어 나가고, 우리가 전에는 결코 가져본 적이 없는 방식 안에서 하나님을 의지하도록 우리를 부르셨습니다. 그렇게 함으로써, 하나님께서는 우리 안에 믿음을 세우실 수 있게 되고, 우리는 우리의 언약의 자리에 성취 안으로 더욱 깊게 나아갈 수 있게 됩니다.

여러분이 이 구별된 삶을 걸어 나갈 때, 여러분은 순복함으로 들어가 기도하는 것과 완전한 기초 위에서 여러분이 수행해야 하는 무엇인가를 신뢰하는 것을 발견하게 될 것입니다. 여러분은 또한 반드시 지속적으로 언약의 자리 안에서 기도해야 합니다. 사실, 만약 여러분이 하지 않는다면, 여러분은 신뢰와 포기하는 어떤 것을 잃어버릴 것입니다. 그리고 세상의 시스템이 여러분을 사로잡기 시작하는 것과 여러분을 뒤로 물러나게 하는 것을 느끼기 시작할 것입니다.

> 언약의 자리는 우리가 반드시 싸워야 하는 곳입니다. 우리는 지속적으로 자신에게 허락된 언약의 자리를 지키고, 강화해야 합니다. 언약의 자리는 하나님과 우리 사이를 직접적으로 연결해 줍니다. 그래서 우리는 더 깊이 교재로 들어가야 합니다.

Lesson 2 — Week 7

> ▶ **깊이 생각해 보는 시간(Time for Reflection):**
>
> 여러분이 오늘 읽은 말씀이나 표현 가운데 가장 의미 있는 것은 무엇입니까?
> _____
> _____
> _____
>
> 하나님께서 이것에 대한 응답으로 당신에게 원하시는 것은 무엇입니까?
> _____
> _____
> _____
>
> 오늘/이 주에 여러분의 기도제목으로 기도드릴 때, 여러분들은 성령님께서 하시는 말씀이나 여러분을 향한 부르심이 무엇이라고 느낍니까? 그리고 여러분이 직면한 영적 전쟁은 무엇입니까?
> _____
> _____
> _____

▶ **기도의 시간(Prayer Time):**

만약 우리가 인간의 능력, 힘 그리고 사고 안에서 선다면, 우리가 이 과업이 행해지는 것을 볼 수 있는 어떤 길도 없다는 것을 깨닫게 되는 장소로 나아오도록 기도하시기 바랍니다. 하나님께서는 우리를 그것들로부터 반드시 구별시키실 것이며 그리고 우리에게 어떻게 더 하나님 안에 깊게 설 수 있는지를 보여주실 것입니다. 여러분의 전 생애를 순복하고, 하나님께서 그 어떤 관점들을 빛으로 가져오시는 것을 시작하십시오. 풀어질 때까지 지속적으로 기도하십시오. 여러분의 삶을 하나님께 전적으로 내어드리는 것을 보기 시작할 때 두려움과 걱정들이 일어나기 시작할 것입니다. 그러한 일들과 성령님께서 여러분에게 보여주신 어떤 것들을 가지고 하나님을 신뢰하는 것 안에서 기도하십시오.

Week 7 Lesson 3

LESSON 3:

지역적 생활양식 변화 – 나의 지역 안에서 거룩한 제사장을 일으키는 것

Regional Lifestyle Change – Raising Up a Holy Priesthood in My Area

여러분 가운데 많은 분들이 우간다에서 돌파가 일어난 간증을 잘 알고 있을 것입니다. 그들이 기도의 제단들을 도입하기 시작하기 전에, 주님께서는 말씀하셨습니다. "만약 너희가 우간다 전역에 연합된 기도의 네트워크를 설립하는 것을 시작하지 않는다면, 너희 나라 위에서 다스리고 있는 사악한 왕국(the evil principality)을 극복할 수 없을 것이다. 만약 너희가 너희의 사역과 교단의 경계들을 넘어서는 비전을 가지고 있지 못한다면, 그리고 우간다를 향한 나의 목적들의 큰 그림을 보지 못한다면, 너희는 어둠의 세력들을 결코 극복할 수 없을 것이며, 우간다에 나의 왕국을 세울 수 없을 것이다." 하나님은 계속해서 말씀하셨습니다. "나는 너무나 많은 교단의 사람들을 가지고 있다. 심지어 너희가 상상해 본적이 없는 장소들에서도 마찬가지다. 가까이 있는 사람과 멀리 있는 사람을 연합되도록 불러 모아라. 하나의 사역도, 교회도 또는 교단이 아니며, 교회가 얼마나 크든 말든, 그 어떤 나라 안에서도 단독으로 나의 왕국을 가져오기 위한 과업을 수행할 수 있는 것은 없다. 반드시 이것은 그리스도의 전체 몸의 과업이 될 것이다."

우간다로부터의 간증

1990년대 후반, 어려운 상황들로 인해 우간다는 국제사회로부터 평판이 안 좋았습니다. 1962년부터 1986년까지, 우간다는 10명의 대통령들이 있었고, 유혈이 낭자하고, 전쟁이 반복되고 있었습니다. 결과적으로 우간다는 에이즈(AIDS)가 만연했습니다. 국제 보건 기구(WHO)에서는 보고서를 통해 우간다가 에이즈 바이러스로 인해 국민들 36%가 감염되어 세계에서 가장 높은 에이즈 발병 국가가 되었다고 선언했습니다. 2000년까지, 전체 인구의 30%가 에이즈로 죽어나갈 것이며, 생존자들은 노년층과 영유아들이 될 것이며, 이들 가운데 에이즈에 감염된 아이들이 있을 것으로 보았습니다.

에이즈에 대한 보고서를 접한 후에 정부 관료들은 목사님들을 만나서 이렇게 말했습니다. "정부는 어떤 해결책도 가지고 있지 못합니다. 의료적인 해결책도 없습니다. 국제 사회는 어떤 희망도 없습니다. 이것에 대해 하나님만 우리를 도우실 수 있습니다." 이 관료는 대통령을 대신해서 말하면서 목회자들이 국가기도 모임을 태동시킬 수 있는지 제안했습니다.

이것은 힘든 과제처럼 보였습니다. 첫 번째 반응은 소망이 없어 보였습니다. 우리가 하나님께 무엇을 했어야 합니까? 우리는 계속된 위기를 맞았습니다. 그런데 한 젊은 목회자가 일어나서, 다른 사람들을 격려하기 시작했습니다. "주님의 이름을 대항해서 일어서지 맙시다. 주님은 이전에도 우리를 도우셨고, 다시 우리의 도움이 되실 것입니다. 우리는 자신을 겸손히 내어드려 하나님께 나아가야 합니다. 그리고 간절히 도움을 구하며 부르짖어야 합니다."

Lesson 3　　Week 7

우리는 우리의 공동체들과 도시들 또는 나라들에 혼자서는 변혁을 가져올 수 없습니다. 하나님께서는 몸의 한 부분을 가지고서 일하는 것이 아니라 몸으로써 일하십니다. 사람들이 다른 사역들과 교회들로부터 함께 나아올 때, 우리는 새로운 단계의 법적 권한을 가지게 됩니다. 거기에서부터 어둠의 왕국과 싸울 수 있는 것입니다.

> 우리는 우리의 공동체들과 도시들 또는 나라들에 혼자서는 변혁을 가져올 수 없습니다. 하나님께서는 몸의 한 부분을 가지고서 일하는 것이 아니라 몸으로써 일하십니다.

불가능이 없으신 하나님(Nothing Is Impossible for God)

불가능한 일은 없습니다. 이것은 가장 명성있는 설교자들을 찾으러 가야한다는 것 또는 가장 큰 경기장을 찾아야만 한다는 것을 의미하지 않습니다. 이것은 보통 사람들에게 시작하는 것입니다. 이것은 다음과 같이 기꺼이 말하고자 하는 우리 각 사람에게서 시작하는 것입니다. "나는 이 땅을 구원하는 것을 시작하기 위해, 어둠을 꿰뚫고 지나가기 위해서 기도의 제단을 세울 것입니다. 그리고 하나님의 임재를 나의 가슴과 나의 가정에 이끌어 들이겠습니다." 그런 다음 다른 사람들과 나누고, 같은 일을 하도록 그들을 격려합니다.

우리는 매일 하나님의 말씀에 잠기는 것과 주님의 이름을 거룩히 여기는 것에 전념합니다. 우리는 그리스도 안으로 더 깊이 이끌리기 시작합니다. 그리고 우리가 하나님께서 우리의 가정에서 움직이시는 것을 보기 시작할 때, 우리의 믿음의 단계는 증가될 것이며 우리는 의심없이 하나님께서 우리의 공동체와 도시를 움직이시는 것을 알기 시작합니다. 그런 다음, 다른 사람들과 같은 일을 하기 위해 모일 때, 우리는 서로를 위해서 그리고 하나님의 목적들, 마음 그리고 전에는 결코 싸워본 적이 없는 왕국을 위해서 싸울 것입니다.

우간다로부터의 간증 2

우리가 가야할 방향을 위해서 하나님께 울부짖고 간구할 때, 하나님께서 말씀하셨습니다. "이 땅의 문제들로부터 너희의 눈을 떼라, 그리고 나의 목적을 구하기 시작해라. 이 나라가 나의 목적들로 방향을 돌릴 때, 나는 너의 문제들을 통해서 너를 볼 것이다. 그리고 나의 이름을 위해 영광을 가져올 것이다. 우간다에서 행해지는 것들이 전 세계에 모든 사람에게 하나의 역사가 될 것이다." 우리가 하나님의 목적들을 어떻게 추구해야 할지 구하기 시작할 때, 하나님께서 이렇게 말씀하셨습니다. "첫 번째로 해야 할 일은 이 땅을 기도의 제단으로 채우는 것이다"

하나님께서는 저희들에게 가정의 제단들을 세움으로 기도의 불길이 나라에 불타오르게 하는 것을 말씀하셨습니다. 그리고 공동체 안에서 연합의 기도를 세우도록 하셨습니다. 하나님께서는 말씀하셨습니다. "너희가 어둠의 능력을 깨드릴 수 있는 유일한 길은 이 땅에 악한 세력에게 권한을 내어준 사악한 길로부터 회개하는 것뿐이다. 그리고 너희가 나에게로 향하며, 나는 너희가 할 수 없는 것, 즉 어둠이 물러나도록 하는 것을 행할 것이다. 그것들은 너희들에게 힘겨운 것이 되겠지만, 악한 것들을 밀쳐낼 수 있도록 너희가 회개하고 악한 것으로부터 떠나서 이 땅을 자유롭게 할 합법적인 권한을 내가 가지게 되면, 이 땅을 치유할 수 있다"

사랑하는 여러분, 교회는 계속해서 알렸습니다. 기도가 전국적으로 점화되기 시작했습니다. 교회의 지체들이 모이게 되었고, 사람들은 전국적으로 기도의 제단들을 세우기 시작했습니다. 사람들의 마음속에, 가정에, 일하는 장소, 학교, 마을 그리고 큰 공동체 안에서 기도의 제단이 세워졌습니다. 정부는 콘돔으로 에이즈를 맞서려 했습니다. 교회는 말했습니다. "아닙니다. 우리는 에이즈를 성경의 원리들을 통해서 맞설 것입니다." 처음에는 대립이 있었습니다. 그러나 결국에는 정부도 교회의 손에 모든 것을 맡겼습니다. 이 캠페인은 지속되었고, 오늘날 우간다는 하나의 모델로써 알려지게 되었습니다. 에이즈는 36%에서 6%로 줄어들었습니다. 하나님께 영광을 돌립니다.

Week 7　　　Lesson 3

만약 우리가 이것을 개인적으로 한다면, 우리는 이 땅에 영향을 끼칠 수 없을 것입니다. 사실 우리가 점점 더 나빠지는 영적인 환경 안에 있게 될 것이기 때문에 그리고 우리가 우리 자신을 방해하려는 시도를 할 것이기 때문에 우리는 뒷걸음질 치기 시작할 것입니다. 우리가 사는 지역에 환경을 전염시키기 시작할 필요가 있습니다. 그렇게 하기 위해서는 우리는 반드시 기도의 제단을 세우기 시작해야 합니다. 강력한 기도의 제단은 영적인 영역에서 영향력을 가집니다. 지역을 관통해서 기도의 레벨을 퍼트리도록 돕기 위해 군대가 일어나는 것과 사람들이 깨어나는 것을 보기 시작하는 것 그리고 돌파를 위해서 하나님께 울부짖는 것을 볼 필요가 있습니다. 우리는 또한 다른 사람을 불러오기 위한 증인을 가질 필요가 있습니다. 우리는 상황을 열어 놓을, 어둠을 밀어낼 그리고 우리를 둘러싼 사람들에게 영향을 끼치기 시작할 기도의 제단을 설립할 필요가 있습니다.

> **우간다로부터의 간증 3**
>
> 1997년 우간다의 대통령은 회개와 화해를 위한 집회에서 기적적인 일을 행하셨습니다. 연설을 마친 다음, 대통령은 국가를 중보자들에게 넘기셨습니다. 대통령은 말씀하셨습니다, "나는 이 국가를 중보자 여러분에게 넘겨드립니다. 여러분이 바로 변화를 가져올 수 있는 분들입니다. 우리는 여기저기에서 많은 시도를 했습니다. 그러나 성공할 수 없었습니다. 이제 우간다는 여러분 손안에 있습니다."
>
> 무엇이 대통령이 이것을 행하시도록 자극한 것입니까? 개인적으로 그리고 가정들과 작은 모임들, 교회들에서 시작한 기도의 네트워크였습니다.

제단은 무엇인가?(What Is an Altar)

아브라함의 때로부터, 기도의 제단은 이 땅을 덮고 있는 어둠을 물러가게 하기 위해서 하나님에 의해서 사용되어졌습니다. 하나님께서는 아브라함과 그의 후손들에게 가나안 땅을 주시겠다고 약속하셨습니다(창 13:13-17 그리고 15:7-21). 그 나라 전체를 관통해서 아브라함에게 이동하라고 지시하신 것과 아브라함은 그가 머물렀던 모든 곳에서 주님께 제단을 세웠습니다(창 13:17).

제사장(The Priesthood)

"제사장"은 제단에서 사역을 하기 위해 하나님 앞에 서있는 사역자입니다. 실질적이고 거룩한 제사장은 이 땅에 하나님의 임재를 이끌어옵니다. 이 땅의 제사장들이 바른 일을 행한다면 온 나라에 어둠보다는 하나님의 임재가 덮이게 될 것입니다(신 28:1-14, 슥 3:6-9, 대하 31:2-21). 사실상, 다른 여러 나라들과 이스라엘이 다르게

Lesson 3 — Week 7

만들어진 것이 이것입니다. 하나님께서는 이스라엘이 다르게 되어지도록, 오직 하나님만 경배하도록 그들에게 명령하셨고 어둠과 사악한 문화와 방식들을 이스라엘에게 열어놓는 다른 나라의 우상들에게 결코 절하지 않도록 의도하셨습니다.

> 제단은 이 땅을 대신해서 주님 앞에 서있는 제사장(파수꾼)들의 장소입니다. 제사장들은 제단에서 하나님께서 이 땅에 다음과 같은 일들을 사역하시도록 간구합니다.
>
> - 하나님의 임재가 이 땅에 임하시도록
> - 사람들의 죄를 위해서 중보하며, 막아서시도록
> - 하나님과 이 땅에 언약을 맺도록
> - 어둠 아래 이 땅이 머물도록 하는 사악한 제사장들의 악한 영향으로부터 대적하시도록
> - 이 땅에 하나님의 법과 원칙이 세워지도록 그래서 하나님의 길을 따라가는 문화를 세우도록

제사장은 누구입니까?(Who Is a Priest)

하나님에 따르면, 제사장들은 주로 주님의 이름으로 인해 부름을 받은 사람들입니다. 모든 이스라엘이 제사장 국가가 되는 것이었습니다(출 19:6). 장자들은 특별한 방식으로 하나님께 바쳐짐과 더불어 이스라엘의 모든 아들들이 주님의 종들이었습니다(출 13:2). 이것이 모든 남자들은 매년 세 차례 다른 절기 동안에 하나님 앞에 나와야 한다고 하나님께서 요구하신 이유입니다(출 23:14-17, 신 16:16). 사실, 레위인들은 하나님께 사역을 하는 중에 제사장 국가의 다른 남은 자들을 이끌었던 사람들이 되는 것이었습니다(민 16:9, 신 10:8).

▶ **연습문제(Exercise):**

베드로전서 2:9절을 읽으십시오. 누가 제사장으로 부름을 받았습니까?
_____
_____

말씀에 따르면, 제사장들은 무엇을 하라고 부름을 받았습니까? _____
_____
_____

> 제단에서는 많은 일들이 일어납니다(창8:20-21, 출29:38-44, 삼하24:18-25, 신27:1-9, 욜1:13-14)
>
> - 제단은 여러분이 하나님을 만나는 장소입니다. 이곳에서 여러분이 주님을 더욱 닮도록 변화시키시며, 능력을 주시고, 다른 사람들과 땅이 변하도록 기름을 부으십니다.
> - 제단은 이 땅과 백성들이 언약을 맺게 하는 장소입니다.
> - 제단은 희생과 제물을 드리는 장소입니다.
> - 제단은 하나님으로부터 예언을 듣는 장소이며, 이 땅에 세워지도록 하나님의 충고를 듣는 장소입니다.
> - 제단은 하나님의 임재를 끌어 모으는 장소이며, 하나님이 일하시는 분위기를 창조하는 곳입니다.
> - 제단이 지속적으로, 강력하게 드려지면, 이 땅의 어둠을 관통해서 하늘을 열어놓게 합니다.

성인이든 아니면 아이들이든, 남자든 여자든, 하나님의 모든 자녀들은 제사장이 되도록 부름을 받았습니다. 모두 왕 같은 제사장(Royal Priest)으로 여겨집니다. 우리를 어둠으로부터 구별시키시고, 우리를 빛으로 데려가시는 분께 찬양을 선포하도록 부름을 받았습니다. 우리 각자는 주님이 제사장으로써 우리의 위치에 자리를 잡기 위해 그리고 우리의 여러 나라들을 위해 몸으로 막아서는 것으로 부름을 받았습니다. 우리는 가정, 학교, 직장에서 우리가 제사장이라는 것을 다른 믿는 자들과 우리의 가족들에게 가르칠 필요가 있으며, 우리의 사고 체계 안에서, 우리의 삶의 방식 안에서 그리고 하나님과 이웃을 향한 우리의 헌신 안에서 우리 자신을 제사장으로써 떠맡고 가는 것을 구할 필요가 있습니다.

제사장의 삶의 방식(The Lifestyle of the Priest)

제사장의 책임은 단지 기도에 관한 것과 하나님께 간청하는 것뿐만이 아닙니다. 제

Week 7 — Lesson 3

사장은 제단을 도입하는 모든 개념을 지닙니다. 아래의 것들을 포함합니다.

- 그 제단의 제사장이 되는 것
- 당신의 삶을 제단의 산 제물로 드리는 것
- 거룩하고 성별된 사람으로 살아가는 것
- 하나님의 사역을 하고 하나님의 임재를 이끌어 오는 것
- 여러분의 집과 공동체 또는 나라를 하나님과 언약을 맺는 곳으로 인도하고 그래서 하나님의 왕국이 임하며 하나님의 뜻이 하늘에 이루어진 것 같이 이 땅에서 이루어 지도록 하는 것

▶ **연습문제(Exercise):**

제사장과 관련된 다음의 말씀 구절들을 읽으십시오: 에스라 9, 10장, 말라기 2:1-9절, 민수기 25:6-13, 레위기 10:1-3, 그리고 사무엘상 2:12-13절. 여러분이 이 말씀들을 읽을 때, 제사장들을 향한 주님의 요구사항들과 그리고 이 요구사항들이 완수되거나 혹은 완수되지 못하는 긍정적, 부정적 결과들을 아래 네모 칸에 적으십시오.

제사장들을 향한 요구사항들

완수되어진 요구사항들의 결과들	완수되지 못한 요구사항들의 결과들

하나님께 구별됨(Set Apart Unto God). 제사장직은 어둠, 모든 세속적인 영향, 그리고 열방의 생활양식을 밀쳐내는 것입니다. 하나님을 영화롭게 하는 생활양식을 살기 위해 우리를 허용해 드리는 것입니다. 이것이 제사장이 하나님께 그렇게 중요한 이유인 것이고, 제사장들은 하나님께 구별되어지고 헌신되어지는 것이며, 세상의 삶에서 다른 사람들과 섞이지 않는 것입니다. 하나님께서 아브라함에게 하신 첫 번째 일은 아브라함을 그의 백성들과, 문화, 아버지의 가정 밖으로 부르신 것입니다. 그래서 아브라함으로부터 하나의 새로운 나라와 새로운 사람의 부류가 시작이 되었던 것입니다(창 12:1-4). 이것은 결코 바뀌지 않습니다. 하나님께서는 다른 백성들을 가지시기로 결정했습니다. 이것이 바로 하나님께서 항상 원하셨던 것입니다.

예수님께서 말씀하셨습니다, "또 그들을 위하여 내가 나를 거룩하게 하오니 이는 그들도 진리로 거룩함을 얻게 하려 함이니이다"(요17:19). 우리의 임무는 하나님께 헌신되고 성별되는 것입니다. 말씀에 순종하여 우리를 거룩하게 만드는 것입니다(요 17:17). 오늘날의 제사장이 이와 같은 방식 안에서 걸어갈 때, 우리 역시 이 땅을 보호해 줄 것이고, 하나님께서 열방을 다스리시도록 하게 할 것입니다.

희생제물(Sacrifice). 구약에서 제사장들은 백성의 유익을 위해 동물 제사를 드립니다. 신약에서는 제사장들이 제물이 됩니다. 성경은 말합니다. "너희 몸을 하나님이 기뻐하시는 거룩한 산 제물로 드리라"(롬 12:1). 우리의 삶 전부를 하나님께 순복할 때, 우리는 하나님께 우리 자신을 제물이 되게 해야 합니다. 우리의 삶을 제단 위에 내려놓고, 하나님의 임재의 불을 우리 위에 임하도록 끌어들여야 합니다.

기도와 예배(Prayer and Worship). 주님은 제사장들에게 말씀하셨습니다. "제단의 불은 꺼지지 않게 할지니"(레 6:12-13). 모세의 시대에 성막의 제단의 불은 지속적으로 불타고 있었습니다. 불은 꺼져서는 안 되었습니다. 오늘날, 불은 지속적인 기도와 예배 그리고 하나님의 말씀에 순종하는 생활양식, 이것은 제사장의 매일의 삶의 뼈대의 한 부분이 되는 것이며, 끊임없는 기도의 생활양식을 의미합니다(살전 5:17, 계 5:8).

회개(Repentance). 말씀은 이스라엘이 매번 하나님으로부터 벗어나려고 한 것을 보여줍니다. 주님께서 제단으로 다시 부르신 것이 제사장들이었습니다. 매번 제사장은 제단을 떠났고, 다른 일들을 하러 갔습니다. 하나님께서 이스라엘이 돌아오기를 원하셨을 때 하나님께서는 제사장의 회개를 청하셨던 것입니다(대하 29:3-11, 엘 1:13-14, 엘 2:17, 말 2:1-2, 7-8). 제사장직은 백성들의 죄를 위해 속죄하도록 하는 것과 그들의 행위를 회개하도록 의무가 지워져 있었습니다(레 16, 대상 6:49, 히 2:17, 레 12:7, 14:19, 15). 모든 나라와 도시에서 하나님께서는 이 장벽을 세우고 하나님 앞에서 몸으로 막아설 제사장을 찾고 계십니다. 이 땅을 대신해서 분리된 곳을 고쳐서 하나님께서 그것을 멸하지 못하도록 할 사람들입니다(겔 22:30-31).

거룩한 제사장 대 사악한 제사장(Holy Versus Unholy Priesthood)

Week 7　　Lesson 3

> 제사장직은 한 장소에 영향을 미치고, 그 땅을 누가 다스릴지 결정합니다.

경건한 제사장들은 단지 제사장이 아닙니다. 모든 땅에는 두 제사장이 있습니다; 악마의 제사장과 거룩한 제사장입니다. 제사장은 제단을 섬기고 그 땅 위에 권한을 가져 땅을 대신해서 몸으로 막아서는 자들입니다(히 7:12).

엘리야의 이야기에서(왕상 18), 엘리야가 오기 전에 바알의 제사장들이 땅의 통치자였습니다. 왜냐하면 그들이 정기적으로 그들의 제단에 희생제물을 드렸고, 악한 신들과 끊임없는 교통을 했기 때문입니다. 그들은 백성들의 마음을 바알에게 돌렸습니다. 심지어 우리의 시대에도, 사탄의 제사장들이 활동하고, 온 땅 위에 제단을 가지고 있습니다. 여러분들이 모스크들과 힌두 사원들, 불교의 신당들 그리고 술사들이 이 땅에서 증가되는 것을 볼 때, 여러분의 지역 위에 영적인 행위에 대한 물리적인 발현들이라는 것을 알게 됩니다.

이 마지막 시대에, 열방들에 어둠이 침투하고, 사악한 제사장들이 군림하는 것을 우리가 보게 될 때, 자신들의 삶을 하나님께 기꺼이 내어드리고, 하나님의 임재를 갈망하고, 이끌어 들이기를 추구하는 하나님의 군대가 일어나는 것은 반드시 요구되어지는 것입니다. 오늘날 거룩한 제사장들은 각자가 구약의 제사장들을 위해서 필연적인 것과 마찬가지로 같은 종류의 헌신과 전념을 요구하는 것으로 부름을 받았습니다.

오늘날 우리는 어떻게 하나님의 제단을 짓고 유지할 수 있는가?
(How Do We Build and Maintain an Altar to God Today?)

오늘날의 상황에서, 어떻게 제단을 짓고 세울 수 있습니까? 제단은 예배와 중보기도 그리고 교제 안에서 하나님과 교통하기 위한 목적을 위해 따로 떼어놓은 시간과 장소인 것입니다. 이것은 어느 곳이나 가능하고, 어느 때나, 그리고 가능한 한 자주 할 수 있습니다.

> 우리의 마음에 타오르도록 하나님의 불길을 유지하는 7가지 요소들
>
> - 말씀의 기초 - 하나님의 말씀에 드려진 삶
> - 찬양과 경배의 삶의 스타일
> - 기도 - 깊은 교재와 하나님의 목적들을 잉태할 수 있는 진통
> - 예언적 관점들
> - 육성을 죽임
> - 적들을 예의 주시
> - 때마다 부여된 목적

개인 제단(The Personal Altar). 제단을 세우는 일은 우리의 마음을 하나님께 돌리는 개인적인 헌신으로 출발합니다. 제단은 하나님의 임재의 안식처와 같습니다. 그리고 하나님의 불이 우리 마음에 타오르는 것으로 지속할 일들을 수행하기 위해 헌신하는 것입니다. 우리는 아브라함이 했던 것처럼 우리의 마음으로 시작해야 합니다. 그리고 우리의 삶 위에 열린 하늘이 만들어지기 위해서 하루의 특별한 시간에 기도의 제단을 일으켜야 합니다. 우리의 마음을 하나님께 양도해 드릴 때, 우리는 기도의 제단, 움직이는 제단이 되는 것입니다. 우리가 어떠한 자이든, 우리의 마음 속에서 끊임없는 기도가 콸콸 솟아오르도록 하나님과 교제를 나눌 것입니다.

가정 제단(The Family Altar). 하나님께서는 가정으로써 공동의 교제와 기도를 우리에게 원하십니다. 많은 가정들이 함께 살고 있습니다. 그러나 안에서는 단절되고 있습니다. 그들의 집에서 하나님과의 교제나 관계를 이끌어오지 못하고 있고 그래

서 하나 되지 못하고 있습니다. 둘 사이에 아니 더 많은 부분들의 그 어떤 관계에서 가장 크게 결속시키는 요인은 하나님이시고, 하나님의 말씀입니다.

> **우간다로부터의 간증**
>
> 주님은 우리에게 이 나라가 기도로 불타올라야 한다고 하셨습니다. 주님은 이렇게 말씀하셨습니다. "이것이 너희가 어떻게 수행하도록 하게 하는 것이다. 모든 가정에게 기도의 제단을 세우도록 요청해라. 모든 가정이 함께 기도하는 곳으로 모이게 해라. 가정마다 울부짖게 해라. 단지 저들의 필요를 구하는 것이 아니라. 이 땅을 위해, 이 땅을 몸으로 막아서도록 해라. 너희의 자녀들을 잠자리에 들지 못하도록 하며, 1분 동안 기도하도록 시켜라. 그런 다음 성인들이 기도로 나아올 때는 너희의 자녀들이 너와 함께 하도록 해라. 너희의 자녀들이 너희와 함께 울도록 해라. 나에게 간청하는 소리를 저들이 듣게 해라. 이 땅의 죄들에 대한 고백을 너희의 자녀들이 듣게 해라. 너희의 자녀들이 어둠을 물리치는 너희 기도를 듣게 해라. 저들에게 이것을 배우게 해라."

여러분의 자녀들은 미래에 목사들이며, 선지자들이고, 리더들이며 정책 결정자들입니다. 만약 여러분이 역사를 돌아보면, 모든 엄청난 문명의 파괴는 가정의 기초가 허물어졌을 때 시작했습니다. 가정에서 실질적인 간절한 기도가 없을 때, 다음 세대의 교회를 잃어버리는 것입니다. 우리가 가정 제단을 일으키는 것은 반드시 해야 하는 것입니다.

공동의 제단(The corporate Altar). 공동의 제단은 개인과 가정 제단의 맥락 밖에서 성장하는 것입니다. 그리고 교회의 제단과 공동체의 제단을 포함합니다(하나의 교회 또는 모임보다 더 함께 모일 때, 일터, 학교 또는 다른 사회적 환경이 되는 것입니다). 이것은 사람들이 특별한 시간과 시즌에 협력적으로 기도와 중보를 일으킬 목적을 위해 도시나 국가 제단으로 성장할 수 있습니다.

행동 포인트: 기도의 수준을 높이는 것(Action Point: Raising the Level of Prayer)

우리가 배워온 것들 중에 하나는 만약 우리가 영토들을 둘러싼 어둠의 권세를 깨뜨릴 것이라면 영적 추진력(spiritual momentum)을 세울 필요가 있다는 것입니다.

우리가 영적인 추진력을 세우는 방법 중에 하나는 기도의 단계를 높이기 시작하는 것입니다. 주님의 임재를 끌어오고 불타오르고 화염이 이는 불과 같은 기도의 제단을 각 개인, 가정, 교회, 공동체가 세우는 것입니다. 교회가 일어나기 시작하고, 거룩한 제사장직 안으로 순결하게 되어 교회 스스로 양도해 드릴 때, 우리는 이 불들이 어둠을 관통하고, 밀어내 버리는 빛을 볼 것입니다. 우리가 기도의 단계를 높이고 어둠을 밀쳐낼 때, 우리는 더 많은 하나님 나라의 현상들을 보기 시작할 것입니다.

Week 7 — Lesson 3

영적인 눈가림이 온 열방에서 찢어지고, 상처 입은 것들이 다루어지며 치유가 일어날 것이며, 받아들여진 죄의 양식들이 더 이상 받아들여지지 않고 거부되기 시작할 것입니다.

우리는 연합을 위한 문들이 열려지는 것을 볼 것입니다. 문들이 정부와, 시민들의 광장, 그리고 다른 사회의 영역 안으로 열려질 것입니다. 그리고 하나님의 왕국이 진격할 것입니다. 함께 일어나 연결되기 시작한 제사장은 널리 퍼지기 시작할 것이고, 그래서 우리는 이 땅에 강력한 군사로서 작전을 벌일 수 있을 것입니다.

결론(Conclusion)

하나의 교단이나 교회로 인해 도시에 영향을 미칠 수는 없습니다. 오래도록 지속되는 변화를 가져오기 위해 필요로 하는 기름부음, 이해, 은사 또는 강대상을 가진 모임은 없습니다. 이것은 그리스도의 몸 전체가 있어야 하는 것입니다.

하나님의 임재를 끌어오고, 우리 지역을 완전하게 바꾸는 변화를 가져오기 위해 만약 우리가 진정으로 이 역할을 짊어질 것이라면, 우리가 절실하게 서로를 위해서 필요하다는 이해 가운데 반드시 나와야 합니다. 우리는 우리가 살아가는 시대의 긴박성을 위해서 그리고 우리 지역의 기도의 단계를 높이기 위해, 다른 사람들과 함께 하는 것의 중요성을 위해 우리의 눈을 열어달라고 하나님께 간구할 필요가 있습니다.

우리 지역에서 다른 사람들과 연합되는 것을 갈망하기 시작할 것입니다. 우리는 다른 지역을 알아가는 것을 시작하기 위해서 지도를 펼치게 될 것이고, 동쪽, 서쪽, 남쪽, 북쪽을 위해서 울부짖기 시작할 것입니다. 우리는 사람들과 연결되고, 지역 전체의 기도연합을 이루어 내기 위해 주님께 간구할 것입니다. 다른 믿음의 진영의 사람들과 삶의 다른 영역에서, 영적인 리더들과 사업가들과, 교육자들과 정부 공무원들과 그리고 연예 사업에 종사하는 사람들과 우리가 연합되도록 하나님께 간구할 것입니다. 지역의 삶의 모든 장소들에서 변화가 일어나는것을 볼 수 있기를 소망할 것입니다. 그리고 우리는 이것이 모든 지역으로 널리 퍼져 나가는 것을 보도록 갈망하기 시작할 것입니다.

우리의 생활양식에서 개인적 변화들보다 더한 것들을 반드시 만들어 낼 것입니다. 우리는 또한 사고체계의 변화를 반드시 경험할 것입니다. 우리는 더 이상 하나님의 과업을 개개인의 수행으로 하지 않습니다. 우리는 하나님의 군사의 부분입니다. 어둠을 밀어내는 것을 돕기 위해 전 지역에 지역적인 기도의 제단들과 협력 안에서 우리는 반드시 다른 사람들을 모집하고, 함께 해야 합니다. 그리고 주님께서 영적 각성(awakening)을 가져오시는 것을 보기 시작할 것입니다. 이것은 우리의 지역들에 영적 각성을 가져오기 위해, 명확한 사명과 목적을 가지고 하나가 됨으로써 함께 나아와 주님의 이름으로 부름 받은 사람들을 취할 것입니다.

Lesson 3 — Week 7

우리는 많은 곳에서 이것이 이루어지는 것을 보아왔습니다. 이것은 비전을 붙잡기 시작하고 사명으로 받아들인 단지 서 너 명의 사람들로 시작합니다. 만약 그들이 더 앞으로 나아가는 추진력을 보기 원한다면, 즉시 깨닫기 시작해서 다른 사람에게 다가가 손을 잡기 시작합니다. 그리고 이 사명은 100명의 사람들, 어떤 경우에는 1,000명의 사람들이 기도로 함께 나아오는 것으로 결실을 맺을 수 있었습니다. 돌파를 보기 시작하는 때가 이 때입니다.

> ▶ **깊이 생각해 보는 시간(Time for Reflection):**
>
> 여러분이 오늘 읽은 말씀이나 표현 가운데 가장 의미 있는 것은 무엇입니까?
> ___
> ___
> ___
>
> 하나님께서 이것에 대한 응답으로 당신에게 원하시는 것은 무엇입니까?
> ___
> ___
> ___
>
> 오늘/이 주에 여러분의 기도제목으로 기도드릴 때, 여러분들은 성령님께서 하시는 말씀이나 여러분을 향한 부르심이 무엇이라고 느낍니까? 그리고 여러분이 직면한 영적 전쟁은 무엇입니까?
> ___
> ___
> ___

▶ **기도의 시간(Prayer Time):**

주님 앞에서 겸손하시기 바랍니다. 여러분의 가정, 교회, 일터, 학교 그리고 공동체에서 한 명의 제사장이 되도록 헌신하시기 바랍니다. 하나님의 임재를 끌어들일 제단의 제사장이 되는 것을 방해하는 여러분의 마음의 그 어떤 것이라도 보여주시도록 간구하십시오. 성령님께서 여러분에게 보여주시도록 하나님 앞에 여러분의 모든 것을 내려놓으십시오. 하나님께서는 여러분이 수행하라고 부르신 그 과업을 행하도록 여러분을 준비시킬 수 있으시다는 것에 감사하시기 바랍니다. 여러분의 마음을 하나님께 양보해 드리고 여러분의 시간을 주님의 임재 안에서 머물도록 하시기 바랍니다. 이 마지막 때에 하나님께서 일으키시는 군대의 부분이 되는 여러분의 의지를 선포하시기 바랍니다.

Week 7　　Lesson 4

LESSON 4:
우리 사명에 대한 사고체계의 전환 –
하나님의 군대에 함께 하는 것
A Mindset Change of Our Mission – Joining the Army of God

우리는 여러분들이 공손한 자세를 가지고 오늘의 공부를 살펴보시기를 부탁을 드리고 싶습니다. 본문을 기도하는 마음으로 통독하기 위해서, 그런 다음 성령님께서 여러분의 마음 안에서 동요를 주는 것에 대해 응답하기 위해서, 충분한 시간을 따로 떼어놓으시기 바랍니다. 부디 여러분들이 즉각적으로 반응해야 한다고 느끼지 마십시오. 그러나 하나님 마음의 소망이 여러분안에 들어오도록 인도하실 것이라는 믿음을 가지시기 바랍니다.

하나님은 군대를 일으키시고 있습니다. 그것이 우리입니다!

존 물린디 목사님의 소책자인 "The Call of the Hour, © 2005"로부터 발췌된 아래의 내용을 읽으시기를 바랍니다.

저는 남자들과 여자들이 모든 열방으로 흩어지는 것을 보았습니다. - 젊은이와 늙은이, 모든 피부색의 사람들, 종종 고립되거나, 홀로인 자들 - 이들은 삶과 열방의 상황에 대해서 절박한 관심을 지닌 자들이었습니다. 그들의 마음은 시간의 흐름을 대항해서, 이 세상의 시스템에 대항해서 반발하고 있었습니다. 그리고 그들 깊은 곳 안에서는 울부짖음이 커지고 있었습니다. "더 이상은 안 된다!"

그들은 더 이상 못 참지 못했습니다! 더 이상 현재의 상황을 참을 수가 없었습니다. 그들은 변화를 가져 올 수 있는 것이 그들 안에는 아무 것도 없다는 것을 알고 있었습니다. 그래서 그들은 변화를 가져오기 위해 절박하게 하나님을 찾았습니다. 그들의 마음은 오직 하나님으로부터 오는 진리를 위해 울부짖었습니다. 그들은 성경의 하나님을 필요로 했습니다. 깊은 고통과 그들이 살아왔던 모든 것을 잃어버리는 위험을 무릅쓰고, 그들은 세상을 등졌고 그들의 모든 삶으로 주님을 중심으로 구하기 위해 자신을 드렸습니다. 그들은 오늘날 배교와 타협이 가르쳐지는 것을 거부하며, 오래된 성경 안에서 진리를 찾고 있습니다. 그들은 자신을 하나님께 드리는 것을 선택했으며 그래서 하나님의 목적들은 그들의 삶을 통해 성취될 수 있는 것입니다.

그들이 주님을 위해 자신을 구별했을 때, 주의 성령께서 "너희를 가까이"(약 4:8) 하시기 시작하실 것입니다. 그들은 왕을 섬기기 위해 3년 동안 훈련을 받은 다니엘과 그의 친구들처럼 아직까지 숨겨져 있습니다(단1:3-20). 그러나 하나님께서 그들 안에서 일하고 계십니다. 하나님께서는 그들을 앞에 있는 시간들을 위해서 준비시키십니다. 이 시기는 큰 환난과 유혹으로 가득 차 있을 것입니다. 많은 자들이 타락하고 그들의 믿음을 저버릴 것입니다. 만약 주님께서 그들을 지탱해주지 않으신다면, 아무도 견딜 수 없을 것입니다. 오직 자기의 하나님을 아는 백성은 강하여 용맹을 떨치게 될 것입니다(단11:32).

저는 또한 소수의 남자들과 여자들이 이 숨겨진 리더들과 연합하는 것을 보았습니다. 이들은 그들보다 앞서 나간 선두주자들에게 충실한 조언을 받고 훈련이 되었습니다. 이 멘토링은 학문적인 가르침이나 훈련에 기초를 두고 있지 않았습니다. 그러나 서로를 도우면서 하나님께 대단히 깊고 친밀하게 연결이 되어있습니다. 하나님께서는 직접적으로 각 개개인 스스로 가르치시기 시작하셨습니다(렘31:33-34). 철이 철을 날카롭게 하는 것처럼, 선두주자들은 그들의 행보를 나누고 다른 사람들을 격려합니다. 그러나 모든 사람이 그들을 거룩하게 가르치고 다루시는 하나님과 직접적인 만남을 가지고 있었습니다.

이것은 특별한 남자들과 여자들의 단체였습니다. 그들은 모든 사랑 때문에 언약 안에서 하나님과 서로에게 헌신되어있습니다. 그들이 서로 겸손으로 섬길 때 아무도 서로에게 큰 자로 여기지 않았습니다. 이제 그들은 모두 하나님께서 그들의 삶을 위한 운명과 목적에 따라서 은사와 부르심이 거룩하게 각자에게 주어졌다는 것을 깨달았습니다. 기꺼이 그들은 하나님께서 그들을 위해서 선물로 주신 역할들을 취하기 위해 서로에게 자리를 양보합니다. 그들은 진실로 그리스도를 닮음으로 그들의 무가치함을 기뻐하고 그들 자신보다 다른 사람을 선호합니다.

이 남자들과 여자들은 하나님의 사람들로부터 잃어버린 자들과, 눈먼 자들, 속박의 쇠사슬을 깨뜨리기 위해서, 미혹의 덮개, 이 세상의 시스템을 잡으려는 자들에게 다가가기로 결정했습니다. 그들은 즉각적으로 공권력과 세워진 교회의 많은 자들로부터 핍박받고 왜곡되어버리는 곳으로 들어가 버립니다. 그들은 두려움과 떨림이 있지만 겸손 가운데 착수합니다. 이제 그들은 복음을 위해 그리고 섬기라고 부름을 받은 사람들을 위해 그들의 삶을 기꺼이 내려놓습니다.

그들은 하나님을 찾고 기도하는 작은 모임으로 만납니다. 교회 빌딩, 가정, 커피숍, 운동장 그리고 일하는 곳과 같은 장소에서 그들은 서로에게 용기를 주고 사역을 하기 위해 함께 모여듭니다. 그들은 자신들의 삶이 자신들의 것이 아니라는 것을 압니다. 그들은 "값으로 산바 된 것"을 알고 있고 하나님께 속해 있습니다(고전 6:20).

충격(The Impact)

그들의 삶에서 시련과 어려움에도 불구하고, 하나님을 위해 자신을 구별한 이 사람들의 사역과 일들은 근대 교회의 역사 안에서 언제나 증언되어진 어떤 것과 비교를 뛰어넘는 강력한 것입니다. 그들이 나아갈 때, 산들은 평탄하게 되고 골짜기는 돋우어질 것입니다 (사40:4).

전역에서 모든 방법들 가운데서 불행하게 삶의 의미를 추구해 왔던 수천의 사람들이 갑작스럽게 삶의 진정한 의미가 있다는 것을 깨닫습니다. 볼 수 없는 자들이 치유가 되고, 저는 자들이 걷게 되고, 구속된 자들이 자유하게 되며, 교만한 자가 겸손케 되고, 탐욕스러운 세상의 욕망들을 포기하고, 탕자들이 집으로 달려가게 됩니다. 전통적인 교회들은 더 이상 추수를 수용할 수 없습니다. 그래서 새로운 구조가 급하게 정립될 것입니다. 대가가 어떻게 지불이 되든지 사람들은 그들의 삶과 마음을 함께 하고 하나님을 추구할 것입니다.

이 움직임은 지속해서 성장할 것이고 도시들과 나라들을 뒤흔들 것이며, 하나님의 나라를 눈으로 명백하게 볼 수 있도록 할 것입니다. 이것은 어떤 한 사람이나 조직의 통제 아래에 있는 움직임이 아닙니다. 심지어 선두주자조차도 이 엄청난 휘몰아침으로 사라져 버릴 것입니다. 오직 하나님만 그것을 위해 앞으로 나아가시는 것으로 보일 것입니다(욜 2:11).

저는 일생을 바친 사람들의 산고의 기도가 하늘을 관통하는 것을 보았습니다. 어둠의 구름들이 항복하기 시작했으며, 모든 공동체가 성령님의 권능과 영향에 문을 열게 되었습니다. 이 세상의 시스템은 다 허물어지기 시작했고, 인류가 신뢰했던 모든 것들이 항복하기 시작했습니다. 반면 그들의 세상적인 일들을 고수하기 위한 인간적인 방식 안에서 몇 가지 갈등은 점점 더 진행되는 과정 안에서 약화되었습니다. 많은 사람들이 주님 안에서 더욱 소망과 쉼을 발견하게 됩니다. 모든 지역과 각계 각층에서 공동체가 변합니다.

교회는 부흥되고 변화됩니다. 가정은 새로운 안정감과 진리의 형태를 떠맡게 됩니다. 하나님의 사랑이 모든 안전함과 충만함을 느끼게 만듭니다. 공무원들과 정치지도자들이 공공 기관들에게 그들의 일을 통해서 나타나기 시작한 진리의 의미를 발견합니다. 열방은 변화될 것입니다. 이는 힘으로 되지 아니하며 능력으로 되지 아니하고 오직 나의 영으로 되느니라(슥 4:6).

같은 시기에 사탄의 세력들이 더욱 흑암으로 공격적으로 자라나기 시작하는 일이 일어납니다. 기독교인이 되는 것은 더 이상 값싼 쉬운 경험이 아닐 것입니다. 사람들은 예수님을 위해서 모든 신념을 버리게 될 필요가 있거나 또는 압박과 핍박 그리고 흑암에 저항할 수 없게 될 것입니다. 이것은 전쟁이 될 것입니다. 그런데 하나님으로 인해 준비된 모든 사람들에게는 승리의 시간이 될 것입니다.

이 움직임은 단지 한 지역에 제한되지 않을 것입니다. 구별되도록 부름을 받은 사람들은 전 세계에서 일어날 것입니다. 전 세계적인 숨겨진 사람들의 움직임이 있을 것입니다. 그들의 숫자는 아프리카, 아시아, 아메리카, 유럽, 태평양 지역, 중동, 북극 부근의 지역들, 그리고 해안도서 지역 전체에서 증가할 것입니다. 이 움직임이 대륙과 대양을 뒤흔들 것입니다. 하나님께서는 세계를 관통해서, 모든 지역에 저항들을 무사히 헤쳐 나가게 하기 위해서, 준비된 사람들을 그의 군사로 세우신 것과 마찬가지로 하나님 스스로 이 움직임을 몰고 나가실 것입니다.

부르심(The Call)

이 비전들이 이미 실현되기 시작했습니다. 전 세계를 통해서, 남자들과 여자들이 구별되라는 주님의 부르심을 들어왔습니다. 어떤 사람들은 들었지만 망설이고 있었고, 쓸데없는 핑계를 댔습니다. 그러나 많은 사람들이 이미 부르심에 응답했고 일을 시작했습니다. 그들은 대가를 계산했으며, 계속해서 "헛되어 바람을 잡는 것"(전2:11)이 어리석다고 결론지었습니다. 그들은 오늘날 주님의 교회로 인해 배격당하고, 잘못 표현되어진 오직 '그분' 안에서 발견되어진 부유함과 풍성함을 따르는 것을 추구하고 싶어합니다. 하나님께서는 이미 이 사람들의 삶 가운데서 일하고 계십니다. 그들은 주님의 안전한 장소에 숨겨져 있으며, 그들과 더불어서 하나님께서는 그들을 증가시키고 있습니다.

성령님과 하나님에 대한 갈망을 가지는 사람들에게, 하나님께서 행하시는 것은 분명하십니다. 구별되도록 부름을 받는 것은 무엇에 관해서 논쟁하거나 또는 무엇을 대항해서 갈등을 일으키는 것이 아닙니다. 선택은 논란의 여지가 없습니다. 인간의 노력은 인간의 문제들을 해결하는데 실패했습니다. 그리고 만약 예수님께서 빨리 개입하시지 않으신다면, 교회 안에서 진행되고 있는 일들의 방식은 의심의 여지없이 우리를 그대로 두게 할 것입니다. 오늘날의 교회로는 주님이 성경적인 교회로 알아볼 수 없을 것입니다.

주님은 그의 백성들을 강요하지 않으십니다. 우리가 우리의 방식들 안에서 꼼짝 못할 때 우리에게 찾아오시는 분도 아니십니다. 하나님께서는 우리의 삶을 주님을 위해 내려놓도록 부르셨습니다. 하나님의 영광은 주님의 생명이 흘러가는 곳으로 흘러갑니다.

이것이 우리 시대의 부르심입니다: 여러분 자신을 주님께 구별하시기 바랍니다. 다가오는 시대를 위해서, 여러분을 준비시키기 위해, 여러분의 삶에서 하나님께서는 깊게 일하십니다. 하나님께서는 여러분 자신을 위해서 할 수 없는 것을 여러분 안에서 행하실 것입니다. 그리고 하나님께서는 여러분을 이 세상에서 여러분의 운명을 성취하시도록 데려가실 것입니다.

하나님의 일을 하도록 우리는 반드시 함께 나와야 합니다. 우리는 하나님께서 모든 교단들로부터, 모든 믿음의 진영으로부터, 그리고 모든 지역으로부터 함께 나아온 우간다 사람들을 어떻게 부르셨는지 이전 과에서 살펴보았습니다. 그리고 그들이 어떻게 진정으로 기도하기 시작했는지, 또한 그들이 행했던 것처럼 어둠의 세력이 깨뜨려지는 것을 보기 시작했습니다. 우간다만의 이야기가 아닙니다. 이런 일들이 일어난 장소가 전 세계적으로 많이 있습니다. 하나님께서는 이 시대에 일하고 계십니다. 그러나 현재의 상태를 고수하는 사람들을 통해서 그렇게 하신 것이 아닙니다. 이 일은 하나님의 부름에 응답하고 일어난 사람들을 통해서 하신 것입니다.

개인적 헌신 - 긴박함을 유지하는 것(Personal Commitment - Maintaining a

Week 7 Lesson 4

Sense of Urgency). 우리가 부탁하는 것들 중에 하나는 우리 모두가 반응하기 시작해야 한다는 것입니다. 우리는 이번 주에 우리가 해야 할 필요가 있는 반응들과 우리가 싸울 필요가 있는 긴박함에 대해서 살펴보았습니다. 우리는 잠자는 자들의 영적인 힘에 대항할 필요성을 논의했습니다. 만약 우리가 그렇게 하지 않는다면, 예수님께서 우리에게 말씀하신 것처럼, 이것이 우리를 사로잡을 것이고, 우리에게 주어진 과업을 우리가 마치지 못하게 할 것입니다. 우리 마음에 인상을 주는 것들입니다.

우리가 이 과업을 마치는 것을 숙고할 때, 우리는 그것을 하기 위해서 지속적으로 반드시 명령의 자리로 들어가 기도해야 하는 것을 깨닫습니다. 우리는 하나님께서 우리에게 주신 과업을 수행하기 위해서 반드시 위임과 하나님의 비전을 붙잡는 것, 우리의 언약의 자리 그리고 지시사항들과 명령들, 선물들과 약속들, 은혜와 기름부음 안으로 들어가서 기도를 해야 합니다.

> 우리는 반드시 우리 자신을 다른 삶의 양식으로 드려야 합니다.

개인적 헌신 - 하나님께 구별되는 것(Personal Commitment - Being Set Apart Unto God). 이것이 우리에게 긴박함을 만들고, 목적의식을 부여하고, 그리고 우리가 오락 활동에 휘말리지 않고 집중하게 할 것입니다. 그런 다음 우리는 이 일의 범위가 너무나 크다는 것을 깨달았기 때문에 우리 자신을 하나님께 포기할 것입니다. 이것은 우리가 수행할 수 있는 것보다 뛰어납니다. 그래서 우리 스스로 순복하고 스스로를 포기합니다. 그리고 하나님께서 우리 자신의 능력을 넘어서 우리를 확장하시기 시작하실 때, 우리는 완전한 순복과 하나님을 신뢰하는 장소에 머물게 됩니다.

지역적 헌신 - 거룩한 제사장을 일으키는 것(Regional Commitment - Raising Up a Holy Priesthood). 신뢰의 자리 안에서, 우리는 제단을 세우는 것과 우리의 가정에서, 교회에서, 공동체와 국가에 기도의 수준을 높이는 것에 헌신합니다. 우리는 거룩한 제사장과 하나님의 왕국을 세우고, 어둠을 밀어내고, 이 시대와 때에 일어나는 하나님의 군대의 일부분이 되는 것에 헌신합니다.

우리가 그렇게 했을 때, 사람들은 오직 하나님만이 하실 수 있는 변화를 하나님께서 가져오는 것을 믿고 깨닫기 시작할 것입니다. 그들은 하나님의 임재 안에서 기꺼이 더 많은 시간을 보낼 것입니다. 사람들이 그들의 기도가 달라졌다는 것을 깨닫게 될 것이기 때문에 "나는 기도할 수 없습니다."라고 과거에 말한 것은 사라지게 될 것입니다. 그들은 주님의 임재에 머물기 원할 것입니다. 그들의 갈급함으로 인해 하나님 앞에서 시간을 보내기 시작할 것입니다. 그리고 그들의 기도에 응답하시는 하나님을 믿기 시작할 것입니다.

우리는 계속해서 일어나는 한 사람과, 한 거룩한 제사장을 보게 될 것입니다. 우리가 열방의 증인이 되기 전에, 만약 우리가 진정으로 함께 걸어가기 시작하면, 길게 - 아마 1년이 못되어 - 걸리지 않을 것입니다.

사고체계의 변화 - 하나님의 군대로 헌신하기(Mindset Change - commitment to the Army of God). 교회가 일어나기 시작할 때, 우리는 어둠이 뒤로 물러나는 것을 보기 시작할 것입니다. 우리는 하나님 나라가 더 많이 나타나는 것을 또한 보기 시작할 것입니다. 영적인 덮개가 열방에서 부서지게 될 것이며, 상처 입은 것들이 해결되고 치유가 발생할 것이며, 죄와 타협의 형태들이 거절되어지고, 더 이상 용납되지 않는 것이 받아들여질 것입니다. 우리는 연합을 위해서 또는 정부와 도심 지역에서 문들이 열려지게 되는 것과 그리고 사회의 다른 영역 안에서 하나님의 나라가 발전하는 것을 보기 시작할 것입니다. 기도가 널리 퍼지면서 연결되는 것을 보기 시작할 것이며, 우리 지역의 다른 사람들과 함께 하기 시작하며, 그 땅에서 강력한 군대로 기능하게 될 것입니다.

이렇게 하기 위해서, 우리 모두는 사고체계의 변화가 필요합니다. 우리는 더 이상 하나님을 위해서 개인적으로 일하지 말아야 합니다. 우리는 주님께서 다시 오시는 날을 위해서 그리스도의 몸을 준비하고, 교회를 깨우기 위해 명확한 사명과 초점을 가지고 있는 지구적인 군대의 일원입니다.

여러분은 그 때를 위해서 부르심을 듣고 있습니까? 여러분은 하나님께서 이 시대와 때에 행하시는 것에 대한 부르심을 듣고 있습니까?

하나님께서 여러분의 눈을 열어 보게 하신 것을 나누십시오. _____
_____
_____
_____
_____
_____
_____
_____

헌신의 시간(Time for Commitment)

여러분은 긴박성과 교회가 깨어나는 것이 우리에게 중요한 것이라는 깨달음 없이 이 공부를 해서는 안 됩니다. 이 공부를 하기 위해서는, 우리 각자가 진전된 하나님의 목적들을 우리의 시대와 때에 보기 위해서 함께 해야만 한다는 것을 반드시 깨달아야 합니다. 우리는 다른 생활양식을 살아가기 위해, 사소한 차이로 인해 우리의 시간을 더 이상 헛되게 하지 않기 위해 혹은 우리 자신의 작은 세상과 왕국 내에 살지 않기 위해서 우리 자신을 반드시 드려야 합니다. 우리는 함께 가도록 해야 하며, 하나님의 목적으로 힘을 합쳐야 합니다.

이 마지막 때에, 하나님께서는 우리를 군대로 부르시고 있습니다. 이 지구적인 군대는 이미 형성되었습니다. 군대의 일부분이 되기 위해서 헌신과 의무 그리고 우리 모두가 따라야 할 훈련을 취해야 합니다. 포기하려는 정신과, 하나님의 목적을 위해 기꺼이 고통을 받으려는 마음 또한 요구되어 지는 것입니다. 이것은 우리가 생각하기에 우리의 것이라고 정당하게 생각하는 것들을 기꺼이 포기하려는 마음을 반드시 가져야 한다는 것을 의미합니다. 만약 그것이 대의의 성공을 위한 것이라면, 우리는 그것들을 포기하고 다른 것들이 우리를 차지하도록 허락할 것입니다. 만약 그것이 대의의 성공을 위한 것이라면, 우리는 그것이 일어나도록 허락할 것입니다. 이것이 하나님의 군대 정신의 모든 것입니다.

개인주의적인 군대는 없습니다. 모든 군대는 단체정신을 강조하고 하나의 목적을 가지고 함께 일합니다. 군대로 징집이 될 때, 군사는 하나의 특별한 일을 하기 위해서 징병에 응한 것뿐만 아니라, 자발적으로 대의를 위해 죽기 위해서 입대한 것입니다. 군사는 또한 복종하기 위해, 훈련을 받기 위해, "서로를 지켜주는 자들이"되기 위해서 단체 정신에 헌신된 것이며, 이 모든 것들은 군대로 징집되는 것에 따라오는 결과들입니다. 군대의 일부분이 되는 것은 전체를 지원해주는 것입니다. 이것은 단지 개인적인 재능들, 기름부음, 능력들을 위한 것이 아닙니다.

전략(Strategy)

하나님께서는 군대를 일으키시고 전 세계적으로, 전략적으로 그리고 특별한 기간에 군대를 배치하기를 원하십니다. 월드 트럼펫 미션(World Trumpet Mission)은 이 군대의 일원이 되도록 부름을 받았습니다. 그리고 하나님께서 은혜로 우리에게 앞으로 나아가야 할 길을 위한 하나님의 비전과 사명을 주셨습니다.

우리는 기꺼이 그들의 삶을 내어드리고, 하나님의 임재를 끌어오며, 하나님의 목적들을 추구하고, 갈망하고 그리고 우리의 시대에 하나님 마음의 소원이 성취되는 것을 보기 위해서 다른 사람과 함께 하는 신병들을 모집해서 군대를 일으켜야 할 필요가 있습니다.

이 군대의 사명은 단지 새로운 환경을 유지하고 창조하는 것만이 아닙니다. 우리는 "나팔을 불고" 교회를 깨우고, 주의 날을 위한 하나님의 사람들을 준비시키기 위해서 위임이 되었습니다. 우리는 열방 가운데서 하나님의 임재를 끌어오고, 어둠을 밀어내는 제사장을 일으키는 것으로 인해 이것을 성취할 것입니다; 하나님을 닮아가는 것 안에서 변화되어지도록 우리를 허락해 드림으로 하나님의 임재를 끌어옵니다.

우리는 몇 몇의 매우 특별한 일들에 우리 자신을 신실하게 헌신함으로 이 공부를 마치기 원합니다. 우리 모임 안에서 이 헌신들을 하게 할 것입니다. 많은 경우에, 우리는 어떤 것이 진리라는 것을 인식할 수 있습니다. 그러나 우리 자신을 진리에 온전하게 내어드리지 않습니다. 그래서 우리는 다른 사람들과 하나님 앞에서 이 헌신을 하기 원합니다. 우리는 우리 자신을 하나님의 뜻에 양도해 드리고, 우리 자신을 하나님께 포기해 드리고, 우리의 삶을 통해서 이 헌신을 성취하기 위해 하나님을 신뢰할 것입니다. 이 헌신은 다음에 것들을 포함하고 있습니다.

1. **개인적 영역(Personal)**: 하나님께 여러분을 구별하시도록 내어드리는 것에 헌신하십시오. 여러분은 주님께 완전한 포기 가운데 자신을 반드시 드려야 합니다. 여러분의 모든 마음과 영혼으로 주님을 구하기 시작하십시오. 이것을 하도록 돕기 위해서 여러분들은 아래의 내용에 헌신하셔야 합니다.

   a. 매일 하나님의 말씀에 흠뻑 젖으셔야 합니다. (날마다 10-15장)

   b. 기도의 시간을 늘리고 주님의 임재를 더 깊이 끌어와야 합니다.

   c. 위임명령의 자리 안에서 기도하십시오.

2. **지역적 영역(Regional)**: 여러분은 다른 사람들과 정기적으로 모여 기도하는 것을 반드시 시작하셔야 합니다. 이것은 우리가 개인주의적으로 될 수 있는 것들에 관한 것이 아닙니다. 우리는 부르심과 목적들을 위한 협동 정신이 필요합니다. 심지어 하나님을 구하기 위해서 함께 우리 자신을 포기하는 것입니다. 우리는 서로가 마음을 상하게 하면 안 된다는 것 역시 반드시 기억하셔야 합니다. 우리는 마음과 목적이 하나 되는 것 안에서 반드시 함께 길을 찾아야 하는 것입니다.

3. **사명이 계속 진전되도록 준비하기(Prepared to go on mission)**: 우리가 다른 사람들과 함께 하기 시작할 때, 우리는 하나님의 일들이 확장되기 위해서, 교회가 깨어나기 위해서, 메시지가 나아가도록 하기 위해서, 기도 모임들에 활기를 북돋아 주기 위해서, 길을 열어 달라고 하나님께 간구할 것입니다. 여러분은 이 문들이 열릴 때 부응하도록 대비하고, 준비되어지도록 반드시 헌신하셔야 합니다.

4. **지속적으로 진행 중인 훈련(Continuing ongoing training)**: 반드시 여러분은 지속적으로 세워지도록 헌신하셔야 합니다. 여러분이 사명에 부름을 받음으로써 더욱 더 효과적이 될 수 있습니다.

결론(Conclusion)

만약 하나님께서 이 공부를 여기까지 인도하셨다면, 여러분은 우리의 시대에 하나님의 목적들이 성취되는 것을 보기 위해 자신의 삶을 내어드린 전 세계의 한 남자나 여자와 마음 안에서 연합이 된 것입니다. 월드 트럼펫 미션은 단지 하나님께서 군대를 일으키기 위해 사용하시는 다른 그릇들 중의 하나입니다. 하나님께서 이러한 방식으로 일으키시는 단체들은 많지 않습니다. 그러나 월드 트럼펫 미션은 그중의 하나입니다.

영역들(Zones): 하나님의 이 움직임은 하나의 지구적인 실체입니다. 우리는 하나님께서 일하시는 과업들에 관해서 다른 영역들로부터 계속해서 간증을 듣습니다. 여러분은 전 세계의 모든 열방에서 군대로 연합되었습니다.

아프리캠프(AfriCamp): 만약 가능하시다면, 아프리캠프에 참가하기 위한 회원으

Week 7   Lesson 4

로 요청합니다. 매년 1월에 세계적인 모임이 개최됩니다. 전 세계의 WTM 가족들이 기도와 힘을 얻고, 비전과 교제를 위해서 함께 하는 시간입니다. 모든 다른 영역권으로부터 깊은 충격을 경험하고 있는 그리고 오늘날 이 세계에 하나님께서 행하시고 있는 것을 우리의 마음속에 그리도록 도움들을 지닌 사람들이 모입니다; 이것은 우리를 하나님의 사명과 마음의 소망에 대한 큰 그림을 얻도록 도움을 줍니다.

진행 중인 훈련(Ongoing training): WTM에서는 매년 다른 시기에 정해진 기간 동안 선교 훈련을 세계 여러 다른 지역에서 진행하고 있습니다. 이와 같은 훈련이나 컨퍼런스들의 정보들은 격월마다 발간되어 배부되는 국제 소식지를 통해 제공되고 있습니다(WTM 국제 소식지를 받고 싶으시다면, e-mail을 이곳에 보내시거나 홈페이지에 방문하시면 됩니다). office@worldtrumpet.com / www.worldtrumpet.com

선교 모집(Missions enlistment): 아프리캠프에서는 매년 1월에 WTM이 일 년간 붙잡게 될 사명과제를 선언합니다. 이것은 군사로 함께 할 사람들과 사역을 위해, 열려져 있는 도시나 국가들에서 장기 혹은 단기 선교에 자원하기 위해 요구되어진 훈련을 통과한 사람들에게 기회입니다.

헌신 카드(Commitment Card)
이것은 긴급한 것입니다. 이것은 시대의 부르심입니다. 선택해야 할 시간은 지금입니다. 여러분들은 우연히 여기에 있는 것이 아닙니다. 만약 여러분들이 여기까지 왔다면, 주님께서는 이미 여러분에게 말씀하셨으며, 여러분의 마음을 뒤흔들어 놓으셨습니다. 이 기회를 놓치지 마십시오, 이것이 여러분을 지나치게 하지 마십시오. 이스라엘은 초청의 때를 놓쳤습니다. 우리는 이것이 오늘날의 교회에서 일어나게 할 수 없습니다.

우리는 하나님의 사람들을 깨워야 할 필요가 있으며, 여러분들이 그 일에 일부가 되어야 합니다. 이것은 가볍게 결정할 것이 아닙니다. 그러나 만약 여러분이 거부하면, 여러분은 다시는 이와 같은 다른 경험을 결코 얻지 못할 것입니다. 만약 여러분이 하나님께서 여러분에게 하라고 하신 것으로부터 떠나간다면, 심지어 여러분이 이 교재를 공부하기 위해 다시 돌아올 때 조차도, 지금 여러분을 감싸고 있는 하나님의 은혜와 기름부음을 다시 느낄 수 없을 것입니다.

월드 트럼펫 미션은 여러분이 이 군대에 함께 하기를 초청합니다. 부디 아래의 헌신 서식을 작성하시고, 여러분의 리더들에게 제출하시기 바랍니다(또는 여러분이 지역 WTM 사무실에 편지를 하시거나, office@worldtrumpet.com에 e-mail을 보내시면 됩니다). 이것은 WTM과 사명에 대한 여러분의 관심과 하나님의 목적이 성취하는 것을 보기 위해 우리와 함께 여러분의 헌신을 우리에게 보여줄 것입니다. 우리는 열방 가운데 하나님께서 수행하라고 우리를 부르시고, 어떻게 여러분이 그 과업에 일부가 될 것인지에 관해서 여러분과 소통하기 위해 여러분의 정보를 사용할 것입니다.

이 군대의 강력한 멤버가 되기 위해서, 여러분들이 지켜야 할 특별한 헌신들이 있습니다. 이것들은 주님과 함께하는 여러분의 여정 안에서와 여러분이 직면한 전투들에 도움이 될 것입니다. 부디 기도하는 마음으로 각 항목을 읽으시고, 여러분의 대답을 이 서식에 적으시면 됩니다.

다음 장의 헌신 면에 표시하시고, 여러분의 리더에게 제출하시기 바랍니다. 여러분의 모임 리더들은 모든 헌신 서식을 월드 트럼펫 사무실에 제출할 책임을 가지고 있습니다.

특별한 헌신(이 서식을 채우시고, 다음 장에 표시해 주시기 바랍니다)
Specific commitments(please fill out and sign the back of this form)

개인적 헌신(Personal Consecration):

____ 네, 하나님께서 저를 구별하시는 것에 대해 헌신합니다. 저는 주님께 완전히 포기함으로 제 자신을 드릴 것이며, 저의 모든 마음과 영혼으로 하나님을 구하기 시작할 것입니다. 이것을 행하도록 돕기 위해서 저는 이렇게 헌신합니다.

 매일 하나님의 말씀에 흠뻑 젖는 것 (날마다 10-15장)
 기도의 시간을 늘리고 주님의 임재를 더 깊이 끌어옴
 명령의 자리와 나의 언약의 자리 안에서 매일 기도하는 것

____ 아니오, 저는 이 시간에 헌신하는 준비를 하지 않겠습니다.

지역적인 연결(Regional Connection):

____ 네, 저는 기도를 위해서 저의 지역의 다른 분들과 정기적으로 함께 하는 것에 헌신합니다. 저는 부르심과 목적의 협동 정신을 달라고 하나님께 구할 것입니다. 저는 나누어짐과 분열의 원인이 되는 어떤 공격도 허락할 여유가 없다는 것을 기억할 것입니다. 저의 가장 큰 소망 가운데 하나는 마음과 목적의 연합 안에서 나아온 저의 지역의 다른 사람들과 함께 할 것입니다.

____ 아니오, 저는 이 시간에 헌신하는 준비를 하지 않겠습니다.

사명을 위한 준비(preparing for Mission):

____ 네, 제가 다른 사람들과 기도를 위해서 모일 때, 저는 사역의 확장을 위해서 길이 열리도록 하나님께 간구할 것입니다. 왜냐하면 교회가 깨어나게 되고, 메시지가 더 앞으로 나아가고, 기도의 모임들에 활기를 북돋아 주기 위해서 입니다. 저는 이 문들이 열릴 때 부응하도록 대비하고 준비되어지도록 헌신합니다.

____ 아니오, 저는 이 시간에 헌신하는 준비를 하지 않겠습니다.

진행중인 사역(Ongoing Training):

____ 네, 저는 지속적으로 세워지도록, 훈련되는 것에 헌신합니다. 그래서 제가 사명에 부름을 받음으로써 더욱 더 효과적이 될 수 있습니다.

____ 아니오, 저는 이 시간에 헌신하는 준비를 하지 않겠습니다.

여러분의 헌신에 관하여 하나님께서 여러분에게 말씀하신 것에 무엇을 느끼셨는지 나누시기 바랍니다: _____
_____
_____
_____

Lesson 4 | Week 7

이 름 : _____

서 명 : _____ 날 짜 : _____

E-메일 : _____@_____

주 소 : (우편번호 :   -   ) _____

_____

리더에게 서명을 받으시기 바랍니다.

리더 이름 :

서명 : _____ 날짜 : _____

연락처(E-메일, 핸드폰) : _____

모임 주소 : _____

(모임 리더 분들은 World Trumpet Mission Korea에 연락을 주시기 바랍니다.
홈페이지는 다음 카페입니다. 카페 명칭은 **WTM KOREA** 입니다)
(www.wtmkorea.org)

WTM KOREA